DER MENSCH
DER RENAISSANCE

DER MENSCH DER RENAISSANCE

Herausgegeben von
Eugenio Garin

Magnus Verlag

Die Originalausgabe L'UOMO DEL RINASCIMENTO
erschien 1988 bei Editori Laterza, Rom

Übersetzungen: Aus dem Französischen und Englischen (Kapitel 1, 2, 4, 7, 8, 9) Linda Gränz; aus dem Italienischen (Einführung und Kapitel 3, 5, 6) Asa-Bettina Wuthenow.

Dieses Buch erscheint im Rahmen eines 1985 getroffenen Abkommens zwischen der Wissenschaftsstiftung Maison des Scienes de l'Homme und dem Campus Verlag. Das Abkommen beinhaltet die Übersetzung und gemeinsame Publikation deutscher und französischer geistes- und sozialwissenschaftlicher Werke, die in enger Zusammenarbeit mit Forschungseinrichtungen beider Länder ausgewählt werden.

Cet ouvrage est publié dans le cadre d'un accord passé en 1985 entre la Fondation de la Maison des Sciences de l'Homme et le Campus Verlag. Ce accord comprend la traduction et la publication en commun d'ouvrages allemands et français dans de domaine des sciences sociales et humaines. Ils seront choisis en collaboration avec des institutions de recherche des deux pays.

Schutzumschlag: Atelier Warminski, Büdingen
Umschlagmotiv: Vittore Carpaccio »Vision des heiligen Augustinus«

Lizenzausgabe mit freundlicher Genehmigung der Campus Verlag GmbH, Frankfurt/Main

ISBN 978-3-88400-803-4

Inhalt

Einführung
Der Mensch der Renaissance
Eugenio Garin
7

Kapitel 1
Der Fürst
John Law
21

Kapitel 2
Der Condottiere
Michael Mallett
49

Kapitel 3
Der Kardinal
Massimo Firpo
79

Kapitel 4
Der Höfling
Peter Burke
143

Kapitel 5
Der Philosoph und der Magier
Eugenio Garin
175

Kapitel 6
Der Kaufmann und der Bankier
Alberto Tenenti
215

Kapitel 7
Der Künstler
André Chastel
251

Kapitel 8
Die Frau
Magaret L. King
282

Kapitel 9
Der Reisende und der Eingeborene
Tzvetan Todorov
341

Literaturhinweise
371

Autorinnen und Autoren
383

Einführung

Der Mensch der Renaissance

Eugenio Garin

1

Die Renaissance ist ungefähr zwischen Mitte des 14. und Ende des 16. Jahrhunderts anzusetzen, hat ihren Ausgang von den italienischen Stadtstaaten genommen und sich von dort aus auf Europa ausgedehnt. In der Literatur und der Geschichtsschreibung, die sich mit dieser Epoche befassen, ist häufig, fast leitmotivisch, die Rede vom »Menschen der Renaissance«. Man gewinnt den Eindruck, es habe in jener Zeit eine große Zahl von Menschtypen und Individuen gegeben, die sich durch besondere Eigenschaften, einzigartige Begabungen und Talente oder neue gesellschaftliche Funktionen auszeichneten.* Sicherlich wandelten sich diese Typen und Eigenschaften beträchtlich, als sie im Laufe der Zeit von den italienischen Städten auf andere europäische Länder übergriffen (wo sie, in verschiedenen Ausprägungen, noch lange nachwirkten – bis an die Schwelle des 18. Jahrhunderts).

Es ist jedoch zu betonen, daß die Vorstellung von der »Renaissance«, von der »Wiedergeburt«, die kulturelle Bewegung jener Epoche schon seit ihren Anfängen in mancherlei Hinsicht gleich einem Mythos und einem Traum begleitete. Im 15. Jahrhundert ist die Vorstellung, daß nunmehr eine neue Ära angebrochen sei, so nachhaltig präsent, daß sich bis vor nicht allzu langer Zeit zahlreiche Historiker immer wieder mit ihr auseinandersetzten und schließlich zu der Feststellung gelangten, es han-

---

* Speziell zu dem Begriff »Mensch der Renaissance« siehe die ausführliche Darstellung von Ágnes Heller, *Der Mensch der Renaissance*, Frankfurt/Main 1988.

dele sich hierbei um ein distinktives Merkmal der gesamten Epoche.* Wie zweifelhaft eine solche Schlußfolgerung auch immer ist,so muß man sich dennoch vor Augen halten, daß damals die Rückkehr zur Welt der antiken, klassischen, griechischen und römischen Werte programmatisch geltend gemacht wurde. Die für die Renaissance von Anfang an charakteristische kulturelle Wiedererweckung liegt überdies darin, daß »der« Mensch und auch menschliche Werte in verschiedenen Bereichen, von den Künsten bis hin zum bürgerlichen Leben, neue Geltung erlangen. Nicht von ungefähr ist es gerade die Hinwendung zum Menschen, zu seiner Welt und zu seinen Taten, die bei den Schriftstellern wie bei den Geschichtsschreibern von Beginn an am meisten ins Auge springt. Zwar mag der berühmte Ausspruch Jacob Burckhardts (den dieser übrigens von Michelet übernommen hat), daß »die Kultur der Renaissance [...] zuerst den ganzen vollen Gehalt des Menschen entdeckt und zutage fördert«**, heute kaum mehr vertretbar sein. Als gerechtfertigt erscheint er jedoch insofern, als die Renaissance eine Zeit war, in der die Geschichte, das Wirken, die einzelnen Personen und auch der Körper des Menschen in den Mittelpunkt des Interesses rückten – eine Zeit, in der Maler und Bildhauer das Wesen »Mensch« auf unvergeßliche Weise abbildeten und Philosophen immer wieder ausriefen: »Ein großes Wunder ist der Mensch *(magnum miraculum est homo)*.«

Wer sich nun auf die analoge Wendung »der Mensch des Mittelalters« und ihre verschiedenen Bedeutungszusammenhänge besinnt, sollte gleich mitbedenken, daß in der Renaissance (die gängige zeitliche Abgrenzung einmal vorausgesetzt) ganz andere Fragestellungen auftauchen und sich auch mit dem Begriff »Mensch« ganz andere Inhalte verbinden als im Mittelalter.

Wie wir bereits erwähnt haben, ist die eigentliche, die »große« Renaissance im Vergleich zum Mittelalter überaus kurz: Sie umfaßt wenig mehr als zwei Jahrhunderte.*** Ihren Anfang hat sie in Italien genommen. Dies

---

* Zu den von H. Weisinger (1944–45) und teilweise auch von Franco Simone vertretenen Thesen vgl. W. K. Ferguson, *The Renaissance in Historical Thought*, Cambridge, Mass. 1948.

** Jacob Burckhardt, *Die Kultur der Renaissance in Italien*, Stuttgart 1922, S. 226.

*** Zur Unterscheidung von »großer« Renaissance und den vielen »kleinen« Renaissancen seit karolingischer Zeit, vgl. E. Panofsky, *Die Renaissancen der europäischen Kunst*, Frankfurt 1979, und meine eigenen Ausführungen in *Rinascite e rivoluzioni*, Rom/Bari 1976, S. 3-47.

sind die Koordinaten, innerhalb derer der Mensch der Renaissance, wenn es denn einen solchen mit klar abgegrenzten Merkmalen tatsächlich gegeben hat, zu suchen, innerhalb derer er anzusiedeln wäre. Betrachten wollen wir eine Reihe von Menschentypen, die ihren jeweiligen Tätigkeitsbereichen alle auf eine ähnliche Weise neue Wesensmerkmale verliehen haben: der Künstler, der nicht nur Schöpfer originaler Kunstwerke ist, sondern durch seine Arbeit seine Stellung in der Gesellschaft neu definiert, am Leben der Stadt Anteil nimmt, seine Beziehungen zu anderen Menschen gestaltet; der Humanist, der Notar, der Rechtsgelehrte, die alle Ämter in der Stadtverwaltung übernehmen und mit ihren Schriften Einfluß auf das politische Leben gewinnen; der Baumeister, der mit dem Fürsten verhandelt, um der Stadt »Gestalt« zu verleihen.

2

Häufig kehrt in den einschlägigen Erörterungen der Name Jacob Burckhardts wieder, wenngleich seine Studie zeitlich bereits weit zurückliegt und oftmals in Frage gestellt und angegriffen worden ist: Er war es, der das sehr beständige Bild von der Renaissance als einer entscheidenden Epoche der italienischen Kulturgeschichte entworfen hat. Tatsächlich brachte gerade Burckhardt, einer der Schöpfer des Begriffs »der Mensch der Renaissance«, immer wieder zwei verschiedene, aber eng verbundene Themen miteinander in Verbindung (was durchaus auch zu Mißverständnissen geführt hat). Zum einen führte er aus, daß man in der Renaissance dem Menschen ein so großes Interesse entgegenbrachte wie nie zuvor, daß man bestrebt war, ihn zu beschreiben, zu preisen, zum Mittelpunkt des Universums zu machen; daß sich eine Philosophie des Menschen entwickelte, die eine Bildungs- und Erziehungstheorie einschloß; daß eine neue Pädagogik Konturen gewann, in der auch politische Erwägungen eine Rolle spielten.

Zum anderen aber wies er darauf hin, daß in jener Zeit durch die gesellschaftliche Krise und den gesellschaftlichen Wandel neue Berufe entstanden und die alten sich veränderten, was zur Folge hatte, daß eine einzigartige Vielfalt von Sozialtypen zutage trat. Tatsächlich gingen damals aus den Werkstätten der Künstler ebenso wie aus den Schulen der Humanisten originelle, ja bisweilen einzigartige Menschen hervor. Ihr Tätigkeitsbereich veränderte sich, wandelte sich manchmal völlig, und es entstanden »neue« Menschen, die aber auch wieder degenerierten: So wurde das Vorbild zur Maske, zur Karikatur, zur Zielscheibe des Spotts. Hier der schrullige und wunderliche, fein- und tiefsinnige Maler und Bildhauer, der einzigartige Späße ersinnt, durch welche die Identität des Betroffenen, ja die Grundlagen seiner Existenz in Frage gestellt werden (so zum Beispiel in der *Novelle vom Holzfäller Grasso*); dort der Humanist, der sich zu einem unerträglichen Pedanten entwickelt, zur Kehrseite des gebildeten Menschen, und zum Gegenstand von Satiren und Komödien wird.

Burckhardt neigt dazu – wobei durchaus die Gefahr einer Verwechslung besteht –, die Entwicklung einer neuen Philosophie (»die Entdeckung des Menschen«) und das Interesse für die Geschichte der Menschen in der Gesellschaft miteinander zu verbinden, ja er sieht sogar in der neuen Konzeption vom Menschen in der Welt die Wurzeln jenes ausgeprägten Interesses des Menschen am Menschen, welches für die Renaissance kennzeichnend ist. Die Italiener, so schreibt er, »haben [...] zuerst von allen Europäern den historischen Menschen nach seinen äußern und innern Zügen und Eigenschaften genau zu schildern eine durchgehende Neigung gehabt«.* Sie blieben nicht »bei der geistigen Schilderung der Individuen und der Völker« stehen, sondern »auch der äußere Mensch ist [...] das Objekt«** genauer und eingehender Betrachtung. So stellt Burckhardt ausführlich dar, wie *das Auge des Künstlers* in Dokumenten aller Art – auch dort, wo man es am wenigsten erwartet hätte – Individuen und Typen zu erkennen vermag.

3

Ist es auch notwendig, klar zwischen der neuen Philosophie vom Menschen, der Geschichte der Individuen und der Entwicklung neuer Menschentypen zu unterscheiden, so muß doch anerkannt werden, daß Burckhardt den großen Erkenntniswert der zahlreichen Biographien und Autobiographien jener Zeit gut erfaßt hat und zu Recht hervorhebt,

* Jacob Burckhardt, op. cit., S. 242.
** Jacob Burckhardt, op. cit., S. 253.

welch großen Anklang in der Renaissance die umfangreichen Sammlungen von Lebensbeschreibungen aus dem klassischen Altertum fanden: Diese wurden unermüdlich gelesen und waren auch in populären Ausgaben verbreitet, die auf Leser aus bescheidenen Verhältnissen und mit geringer Bildung zugeschnitten waren. Man las einerseits Plutarch mit seinen Helden und Diogenes Laertius mit seinen Weisen, während andererseits in der Volkssprache verfaßte Bearbeitungen und Kompendien von Anekdoten und Sentenzen der griechischen Philosophen, die zum Teil noch aus dem Mittelalter stammten, in handlichen illustrierten Editionen herausgebracht wurden, welche eindeutig auf das Volk zugeschnitten waren.

Mit anderen Worten, das allgemeine philosophische Interesse am Menschen nimmt konkrete Gestalt an in einzelnen Biographien und vor allem in der Erinnerung an das eigene Leben, der Schilderung des eigenen Daseins, eben: des »Menschen der Renaissance«. Die Archive vieler Städte sind voller sogenannter *ricordanze* (dt. Erinnerungen), von denen einige hundert gedruckt, die meisten aber in handschriftlicher Form überliefert wurden, und selbst in Verwaltungsdokumenten aller Art, so etwa in Katastereintragungen, sind Fragmente von Lebensbeschreibungen enthalten. So vermerkt z. B. im Grundbuch von 1480 ein armer Holzfäller aus Florenz: »Ich habe mein Geschäft nicht mehr, weil ich die Miete nicht bezahlen kann.« Sein Sohn »macht Dienst im Hospital, lernt Kranke versorgen und bekommt keinen Lohn«. Ein anderes Beispiel ist Antonio di Balduccio: Er hat »Beschwerden am Körper und an den Beinen« und einen Haufen Kinder, die junge Lehrbuben sind oder in die Schule gehen, »um zu lesen« – ausgenommen Balduccio *Junior*, der »nichts tut, er ist noch klein, sechs Jahre alt«; dennoch muß Antonio sich um die Mutter kümmern, die »72 ist und die Gicht hat und die nicht aufstehen kann, weil sie Krämpfe hat. Sie ist krank, es geht ihr schlecht, und sie bereitet der ganzen Familie Mühe.« »Zum Glück«, setzt Antonio hinzu, »wohne ich mit meinen Söhnen im Haus des Bartolomèo da Nicholaio, meinem Schwiegervater, einem Glashändler, und ich schulde ihm gar keine Miete, und ich und meine Söhne gehen ihm bei der Arbeit zur Hand.«

So verwandelt sich – und das ist kein Einzelfall – selbst eine Steuererklärung in einen autobiographischen Abriß. In noch größerem Maße trifft dies auf die in Latein oder in der Volkssprache abgefaßten Briefe zu, seien sie nun von einfachen oder gebildeten Männern, von Kindern oder Frauen verfaßt. Der Brief ist ein Genre, das immer größere Verbreitung findet, in dem die Ereignisse des täglichen Lebens festgehalten werden und das immer wieder in eine Selbstdarstellung oder einen Persönlichkeitsvergleich übergeht.

In ihrer umfangreichen Darstellung *Der Mensch der Renaissance*, die 1967 in Budapest erschien, stellt Ágnes Heller, eine Lukács-Schülerin, fest, daß die Renaissance »das Zeitalter der großen Autobiographien« war, und zwar deshalb, weil sich in der im Werden und im Wandel begriffenen, von sich selbst Zeugnis ablegenden Gesellschaft jener Zeit zahlreiche einzigartige Persönlichkeiten heranbildeten. Auf einen statischen Moment, so Heller, war ein dynamischer gefolgt. Der neue, der moderne Mensch war ein Mensch, der im Werden begriffen war, der sich selbst erschuf und sich dieser Tatsache auch bewußt war; kurz: der »Mensch der Renaissance«.

4

Eines ist offensichtlich: Ein theoretisches Nachdenken über den Menschen, seine Natur und sein Schicksal, sein Fühlen, seine Aufgaben und Tätigkeiten, seine Beziehungen zur weltlichen Gesellschaft ebenso wie zur Kirche und zu Gott trägt notwendig dazu bei, daß der Mensch selbst und die Gesellschaft, in der er lebt, sich wandeln. Auch die menschlichen Typen verändern sich zugleich mit den ihnen zugewiesenen Aufgaben. Man braucht sich nur kurz vor Augen zu führen, welch große Bedeutung im 15. Jahrhundert bestimmte »Intellektuelle« wie Notare, Rhetoren, »Humanisten« in manchen Stadtstaaten hatten, und schon fallen einem die Gestalten der Kanzler, der Sekretäre und Gesandten in ihrer Verschiedenartigkeit, mit ihren Entwicklungen und Wandlungen, ihren Handlungen und ihren Aufgaben ein.

Erst recht aber kommen einem die Baumeister in den Sinn, die in den Städten, welche sich zur Zeit der Renaissance oft von Grund auf wandelten, eine überaus wichtige Rolle spielten. Als Filarete (Antonio Averlino, genannt Filarete) seinen Traktat, der nicht allein von der Architektur, sondern auch von der Politik handelt, zunächst dem Herzog von Mailand, Francesco Sforza I., dann Piero, dem Sohn Cosimos des Älteren, widmete, machte er deutlich, welches Verhältnis zwischen ihm und dem Herrscher bestand: Er trat ihm als Techniker gegenüber, der die neue

Stadt in all ihren Strukturen entwarf, unterstrich gleichzeitig den Zusammenhang zwischen der Form des jeweiligen Gebäudes und seiner späteren Verwendung, etwa als Amtsgebäude – ein Aspekt, der für die militärischen Bauten natürlich von besonderer Wichtigkeit war –, und diskutierte all dies auf gleichberechtigte Weise.

Die Renaissance war zweifellos eine Epoche, in der die Berufe und die Art und Weise, in der sie ausgeübt wurden, sich rasch veränderten. Man denke nur an die Kriegführung, an die Auswirkungen, welche die neuen Techniken der Kriegskunst, die neuen Waffen und Geräte sowohl auf die Architektur als auch auf die Truppen hatten, von den Condottieri bis hin zu den Söldnern. Oft werden in diesem Kontext die scharfsinnigen und subtilen Bemerkungen Guicciardinis zitiert, der zu der Feststellung kam, daß der Krieg im 15. Jahrhundert sein Gesicht völlig veränderte, und dies nicht allein, weil »das Feuer der schweren Geschütze« eingeführt wurde, sondern auch, weil sich die Art der Verteidigung und in der Folge auch die Bauten in den Städten wandelten. Vor allem aber wandelten sich die Heere, die Art und Weise der Truppenführung und auch die Menschen, die in den Kampf zogen. Es wandelte sich, wie Guicciardini schreibt, »der Geist der Menschen«. In seiner *Geschichte Italiens* stellt er fest: »Der Geist der Menschen, angesichts der grausamen Angriffe in Schrekken versetzt, begann, sich mit den Methoden der Verteidigung vertraut zu machen.«

Auch die Soldaten waren nun andere als zuvor. Die spanischen Söldner, die 1512 an der Plünderung Pratos (»Sacco di Prato«) beteiligt waren, wurden von einem Chronisten als »rohe Barbaren und Ungläubige« bezeichnet. Dies waren bereits Landsknechte wie jene, die später Rom plünderten, häßliche Gestalten, die noch lange auf Zeichnungen und Drucken abgebildet wurden, oft selbst gräßlich verstümmelt, Plünderer und Folterer, lustvolle Peiniger ihrer Mitmenschen, Männer, die aus purer Grausamkeit und Habgier Blutbäder anrichteten. Erasmus hat immer wieder über sie geschrieben; er sah in ihnen Konstanten in einem von Kriegen verwüsteten Europa (»es gibt nicht einen Winkel auf der Welt, in dem sich nicht die gräßlichsten Übel zugetragen hätten – Diebstähle, Epidemien, Händel und Kriege«). Auch sie waren »Menschen der Renaissance«, Soldaten der Renaissance, Pippo Spano zum Beispiel und später Francesco Ferrucci.

Und Frauen der Renaissance waren nicht nur hingebungsvolle Mütter wie Alessandra Macinghi Strozzi, die ganz dem Handel und ihren Kindern lebte, oder hochgebildete Damen wie Isotta Nogarola und Cassandra Fedele, oder Alessandra Scala mit ihren »blassen Veilchen«, Battista Montefeltro oder auch Margarete von Navarra. Frauen der Renaissance waren ebenso Tullia d'Aragona und ihre »Kolleginnen« – die Prostituierte Tullia, deren Mutter bereits Prostituierte gewesen war und die den erlesenen *Dialog über die Unendlichkeit der Liebe* verfaßte, oder Veronica Franco mit ihren Briefen und Versen, die sich in Venedig in Santa Maria Formosa »für 2 Scudi hingab«, wobei ihre Mutter die Kunden vermittelte. Veronica Franco versprach in ihren *Terzinen:* »Entdecken werde ich euch Eigenschaften/von unendlicher Zärtlichkeit, die in mir verborgen.« Zu nennen wären hier auch Nanna und Pippa und die anderen Protagonistinnen der *Giornate* des Pietro Aretino, die mit so bitterer und illusionsloser Sachkenntnis über die Techniken ihres Gewerbes, die Entlohnung und die Arbeitsunfälle sprechen.

Vielleicht liegt gerade hier, in der autobiographischen Reflexion, in der Besinnung, der Erinnerung und im kritischen Nachdenken über die Gesellschaft, kurz, in dem kulturellen Niveau, das sie erreicht haben, die Besonderheit der Kurtisanen der Renaissance (oder zumindest einiger berühmter Kurtisanen jener Zeit), von Veronica Franco bis hin zu Tullia d'Aragona und Gasparaa Stampa, deren Andenken dank ihrer Schriften neben dem der Veronica Gambara und dem der Vittoria Colonna erhalten geblieben ist. Nicht umsonst äußerte Montaigne Ende des 16. Jahrhunderts seine Bewunderung für die »einer Prinzessin würdige Eleganz« *(vestements de princesses)* vieler Prostituierter, denen er in Italien begegnet war, während andererseits Veronica Franco, die in ihrem Gewerbe offenbar eher bescheidene Erfolge erzielte, »literarische« Briefwechsel mit Kardinal Luigi d'Este und sogar mit Heinrich III. von Frankreich unterhielt.

5

Trotz alledem wird der Leser unter dem Titel *Der Mensch der Renaissance* weder etwas entdecken, das den historisch-philosophischen Ausführungen gleicht, welche Ágnes Heller in ihrer gleichnamigen Studie präsentiert, noch wird er ein Porträt des neuen Söldners oder der Gunstgewerblerin mit all den Widersprüchen entdecken, die typisch waren für eine im Wandel begriffene Zeit. Statt dessen wird er, und dies nahezu vollständig, jene Menschentypen finden, die in der einschlägigen Literatur bereits als kennzeichnend für die Epoche genannt worden sind: jene Menschentypen, in denen die Neuartigkeit der »neuen« Zeiten ihren formalen Ausdruck gefunden hat, oder die, zumindest in unseren Augen, durch die Titel berühmter literarischer Werke ebenso wie durch einzigartige Kunstwerke untrennbar mit der Renaissance verbunden sind. Sie begegnen uns in den von Donatello oder Verrocchio geschaffenen Statuen der Condottieri auf den öffentlichen Plätzen, in den Abhandlungen über den Fürsten, den Kardinal *(De cardinalatu)*, den Hofmann *(Il Cortegiano)* und auch im »Leben der ausgezeichneten Maler, Bildhauer und Baumeister« *(Le vite dei più eccellenti architetti pittori e saltori)* und anderem mehr. Dies sind die augenfälligen Hinweise, aus denen hervorgeht, welch große Bedeutung dem Fürsten und dem Condottiere, dem Kardinal und dem »Hofmann«, dem Künstler und dem Philosophen, dem Kaufmann und dem Bankier, vielleicht auch dem Magier und dem Astrologen in jener Zeit zukam.

Zweifellos wird man auch manch eine typische Gestalt vermissen, so zum Beispiel die des humanistischen Kanzlers, der bei der Entstehung einiger italienischer Republiken sowohl in politischer als auch in kultureller Hinsicht eine wichtige Rolle spielte. Doch andererseits sind die bedeutendsten jener Gestalten – Salutati, Bruni, Bracciolini, Loschi und Decembrio – in gewisser Weise mit behandelt in der Darstellung all der Humanisten, Rechtsgelehrten und Intellektuellen von gewissem Niveau, die auf verschiedene Weise am politischen Leben an den Höfen der neuen Herren, im Umfeld großer kirchlicher Würdenträger oder in den Kanzleien der letzten Republiken teilnahmen. Es handelte sich von Fall zu Fall um Kurialen oder Höflinge, die bei Fürsten und Kardinälen in Dienst standen oder mit ihnen zusammenarbeiteten. Sie waren es, die systematisch die alten Bibliotheken der Klöster durchforsteten, neue Bibliotheken gründeten und gleichzeitig Manifeste der neuen Kultur verbreiteten, indem sie in literarischen Texten von seltener Schönheit die Wiederentdeckung der Antike schilderten und einen Vergleich mit dem modernen Leben anstellten. Sie schufen die Grundlagen der neuen Philologie. Sie organisierten die neuen Schulen in mehr oder minder öffentlicher Form: Sie sorgten für die Bildung und Erziehung adliger Frauen wie Battista Malatesta, für die auch ein berühmter »Humanist« wie Leonardo Bruni, der Kanzler von Florenz, einen Traktat schreiben konnte; es waren dies Schulen wie jene Guarino da Veronas in Ferrara oder »das Haus der

Spiele« in Mantua, das unter der Leitung Vittorino da Feltres stand – Schulen für die »Vornehmen«, die jedoch keine Einzelfälle blieben und bald Nachahmung fanden.

Dies ist gewiß nicht der Ort, um im einzelnen die Wesenszüge, die Ausprägungen und die Ursprünge der neuen humanistischen Kultur darzustellen, welche auf die neuerliche Verbreitung der großen griechischen und lateinischen Quellen, der großen Wissenschaft und der großen Kunst gegründet war. Sicher ist jedoch, daß diese Kultur auf immer breitere Bevölkerungsschichten übergriff. Lauro Matines hat den Titel für seine Studie über die italienischen Stadtstaaten der Renaissance gut gewählt: *Power and Imagination*. Tatsächlich waren an dieser Kulturbewegung Kaufleute und Schriftsteller beteiligt, jene Kaufleute und Schriftsteller, von denen Vittore Branca uns vorzügliche Texte vorgelegt und über die Christian Bec eine eindrucksvolle Darstellung verfaßt hat.* Sie waren Forscher und Unternehmer, Buchhändler und Verleger – Verleger, wie sie auch in einem der Beiträge zu diesem Buch im Hintergrund, zwischen den Kaufleuten und Bankiers, sichtbar werden. Natürlich darf in diesem Zusammenhang nicht vergessen werden, daß Erasmus in Venedig im Hause des Aldus Manutius in der Nähe von Rialto freundschaftlich aufgenommen wurde: bei jenem Verleger, der den Druck der *Adagia* besorgte, jenes großartigen Buches, das die in Italien wiedergeborene humanistische Kultur in ganz Europa verbreiten sollte. Das Essen, welches auf den Tisch kam, war nichts Besonderes, doch Venedig war »die herrlichste aller Städte«, und Erasmus führte zahlreiche Gespräche mit Lascaris und dem großen Gräzisten und späteren Apostolischen Nuntius Hieronymus Aleander – Gespräche mit Kennern des Griechischen und berühmten »Humanisten«. Es war eine »Werkstatt«, wie es ihrer viele gab. Alberto Pio da Carpi war der Patron, zum Freundeskreis gehörten Erasmus und Reuchlin. Aus der Zusammenarbeit in diesem Kreis war, schon lange bevor Erasmus hinzukam, zwischen 1495 und 1498 die herrliche erste griechische Druckausgabe der gesamten Schriften des Aristoteles in fünf Foliobänden hervorgegangen – ein wahres Meisterwerk der Bildung und der Buchdruckkunst. Später wurden die Werke Petrarcas und Polizianos veröffentlicht. 1500 war Lukrez erschienen, den Aldus kurz vor seinem Tod im Jahre 1515 noch einmal in einer sorgfältigen

---

* L. Martines, *Power and Imagination. City-States in Renaissance Italy,* New York 1979; *Mercanti scrittori,* hrsg. v. V. Branca, Mailand 1986; Ch. Bec, *Les marchands écrivains. Affaires et humanisme à Florence 1375 – 1434,* Paris-La Haye 1967.

»Taschenbuchausgabe« drucken ließ – ein Text, der mit der christlichen Lehre beim besten Willen nicht zu vereinbaren war.

Das Verlagshaus des Aldus Manutius, das mit den Gelehrten aus Griechenland und allen möglichen europäischen Ländern eine Schmiede des Humanismus und – wie bei den großen Malern – zugleich »Akademie« und »Werkstatt« war, mutet bisweilen an wie eine Art Sanktuarium der großen »Humanisten«, die sich nun schon den technischen Fortschritt zunutze machten, um ein Vorhaben mit europäischen Dimensionen auszuführen: Mit Hilfe des Buchdrucks brachten sie wertvolle Ausgaben nicht nur des Platon und des Aristoteles, sondern auch der Werke Polizianos und Erasmus' in Umlauf, später auch Ausgaben von Grammatiken und Wörterbüchern sowie jenen Werken, die am besten geeignet erschienen, einen Zugang zur Philosophie und zur alten wie neuen Wissenschaft zu ermöglichen.

Die Buchdruckerei des Aldus war ebenso eine »Werkstatt« der »Humanisten« wie es, wenn auch auf etwas andere Weise, die des Vespasiano da Bisticci in Florenz gewesen war, die nicht nur an die Bibliotheken der italienischen Fürsten, sondern auch an die des ungarischen Königs Matthias Corvinus elegante, mit Miniaturen geschmückte Handschriften lieferte. Sie stellte einen Treffpunkt für »Humanisten«, für »schreibende Kaufleute« dar, die noch ganz dem »humanistischen« Klima des frühen Quattrocento, der »Entdeckung« der Antike, der Griechen und Römer, verhaftet waren. Nicht von ungefähr ging auf den gelehrten »Papierwarenhändler« Vespasiano da Bisticci die erste umfassende Sammlung von Biographien über »Menschen der Renaissance« zurück, die bereits nach bestimmten Gestalten geordnet war: Päpste, Kardinäle und Bischöfe, Fürsten und Condottieri, Ratsherren, Humanisten usw. Tatsächlich waren, zumindest in jener außergewöhnlichen Epoche, die man als »Renaissance bezeichnet, *alle* Intellektuellen und ein großer Teil der Ratsherren und Kaufleute bis zu einem gewissen Grade auch »Humanisten« – sie waren es oder wollten zumindest diesen Eindruck erwecken und suchten ihre Gesellschaft –, während andererseits ein Philosoph wie Marsilio Ficino die lateinische Ausgabe des Platon Cosimo de'Medici, Piero, dem Sohn Cosimos, Lorenzo dem Prächtigen und Federigo, dem Herzog von Urbino, widmete. Sie waren die lebenden Beispiele dafür, daß das platonische Ideal des »weisen Herrschers« seine Gültigkeit hatte.

Doch auch wenn der Humanismus tatsächlich als eine Art gemeinsamen Bezugspunktes für den »Menschen der Renaissance« gesehen werden kann, so ist zu bedenken, daß sich damals auch die kleinen Schullehrer, die Grammatik und Rhetorik unterrichteten, als »Humanisten« bezeichneten. Sie brachten die jungen Schüler zum ersten Mal mit jenen Autoren der Antike in Berührung, die nun endlich an die Stelle der *auctores octo* des Mittelalters getreten waren, welche Erasmus und Rabelais noch Schauder des Entsetzens über den Rücken gejagt hatten. »Was waren das für Zeiten«, fragte sich Erasmus, »als man den Kindern mit viel Aufhebens und langatmigen Erläuterungen die moralisierenden Gedichte Johannes' von Garlandia erklärte!« In unvergeßlichen Werken sollte Rabelais eine mustergültige Darstellung vom radikalen Wandel des Bildungsideals geben, auch wenn sich die Dinge in der Realität letztendlich nicht so einfach darstellten. Im Sommer des Jahres 1443 wurde in Ferrara, der Stadt, in welcher Guarino, einer der bedeutendsten Erzieher des 15. Jahrhunderts, wirkte und an deren Universität Rudolf Agricola und Kopernikus studierten, die Regelung eingeführt, daß jeder, der unterrichten wollte, den Nachweis erbringen mußte, daß er im Besitz der *bonae litterae* war (d. h. der *studia humanitatis,* der humanistischen Studien). Wer sich nicht daran hielt und weiterhin Barbarisches verbreitete, sollte wie ein wildes Tier aus der Stadt vertrieben werden *(de civitate ejiciatur, ut pestifera bellua).*

Wie dem auch sei, mit der Zeit verschwanden die *auctores octo,* die aus dem Mittelalter stammenden Lesebücher für Schulkinder, ganz von der Bildfläche; sie wurden nicht mehr gedruckt, und schon im 16. Jahrhundert benutzten viele »der kleinen Lehrer der niederen Schulen« für den Lateinunterricht die *Colloquia* des Erasmus. Schon bald wurde die humanistische Botschaft wieder das, was sie ursprünglich gewesen war: eine Botschaft der Freiheit. Hieran erinnert Seidel Menchi in ihrer ausführlich dokumentierten Studie über die Wirkung des Erasmus von Rotterdam in Italien, in welcher sie zahlreiche kleine »humanistische« Schullehrer vorstellt. Von Erasmus sagte ein Richter: »Unter dem Vorwand, Grammatik zu lehren, lehrte er die Ketzerei.«* Doch dies ist ein anderes Thema.

---

* S. Seidel Menchi, *Erasmo in Italia. 1520–1580,* Turin 1987, S. 122-42.

6

Eines noch muß sich der Leser dieses Buches vor Augen führen: Die Renaissance als historische Epoche und als Epoche der abendländischen Kulturgeschichte ist, was ihre Anfänge, ihre zeitliche Abgrenzung, ihre Inhalte, ihre Merkmale und ihre gesamte Beschaffenheit betrifft, bis heute Gegenstand kontroverser Deutungsversuche geblieben. Strittig ist nach wie vor ihr Verhältnis zum Mittelalter: Handelt es sich um einen polemischen Zwiespalt oder um eine substantielle Kontinuität? Lassen sich die Epochen zeitlich genau gegeneinander abgrenzen? Sind hier wirklich gleichzeitig oder fast gleichzeitig in den verschiedenen Bereichen menschlichen Wirkens (Künste und Wissenschaften, Politik und Wirtschaft usw.) eine zum Teil tiefgehende Zivilisationskrise und ein vollständiger kultureller Wandel eingetreten? Hat die Renaissance, nachdem sie sich über die italienischen Städte, in denen ihre Ursprünge lagen, hinaus ausgebreitet hatte, einige ihrer Charakteristika bewahren können und wenn ja, welche? Welches Verhältnis besteht zwischen den einzelnen Bereichen, in denen die Renaissance sich manifestierte? Stehen den Werken eines Künstlers wie Michelangelo ähnliche Errungenschaften auf wissenschaftlich-technischem Gebiet gegenüber? Und umgekehrt: Ist das außergewöhnliche Können eines Baumeisters wie Brunelleschi überhaupt denkbar ohne einen bedeutenden technischen Fortschritt im allgemeinen? Inwiefern ist die von Machiavelli aufgeworfene moralisch-politische Problematik, die – selbst eine bedeutende politische Philosophie – die Menschen noch heute bewegt, eine Reaktion auf konkrete historische Erfahrungen und kann dazu beitragen, diese zu verstehen?

Allgemeiner gefragt: Inwieweit können Mythen und allgemein anerkannte Deutungsversuche, deren ferne (oft bis in die Renaissance zurückreichenden) Ursprünge, wie sich immer deutlicher gezeigt hat, in interessengebundenen Zielsetzungen liegen, heute noch Gültigkeit beanspruchen?

Es bleiben viele offene Fragen, über die man streiten kann und in die unseligerweise fast unmerklich alle möglichen Vorurteile, Ideologien und auch »nationaler Dünkel« einfließen. Während d'Alembert 1751 in seiner Vorrede zur *Encyclopédie* dankbar anerkannte, daß die italienische Renaissance uns »die Wissenschaften [...], die schönen Künste und unser künstlerisches Urteil [geschenkt hat], zu dessen Schulung sie uns eine Reihe unvergleichlicher Vorbilder geboten hat«,* sprechen manche Historiker auch heute noch von der »sogenannten Renaissance« und stellen damit sowohl die Existenz als auch die Bedeutung dieser Epoche in Frage.

Die in diesem Band vereinten neun Studien, allesamt von Kennern der Materie verfaßt, sollen getreu den gegenwärtigen Stand der Forschung widerspiegeln, erheben jedoch nicht unbedingt den Anspruch, allgemeingültige Interpretationen zu sein. Die Auswahl wurde in der Absicht getroffen, verschiedene Methoden einander gegenüber- und, soweit nötig, auch in Frage zu stellen – Methoden, um die Diskussion in der konkreten Auseinandersetzung mit den Menschen, die wirklich gelebt haben, offenzuhalten. Immer wieder wird zwischen der Skizzierung typischer »Gestalten« und der Darstellung realhistorischer Menschen abgewechselt, und gerade dadurch, daß die Typen an Kontur verlieren, sich überlappen, ineinander übergehen und an immer neue Erscheinungsformen denken lassen, werden einzelne Frauen und Männer der Renaissance in ihrer ganzen lebendigen Individualität erkennbar.

* Jean Le Rond d'Alembert, *Einleitung zur Enzyklopädie von 1751.* Franz. u. deutsch. Hrsg. u. eingel. v. Erich Köhler, Hamburg 1955, S.129.

Kapitel 1

Der Fürst

John Law

Einleitung

In einem der ersten Kapitel seiner historischen Abhandlung *Die Kultur der Renaissance in Italien* (1860) erzählt Jacob Burckhardt eine Begebenheit, in der Papst Johann XXIII. (Baldassare Cossa) und der Kaiser, Siegmund von Luxemburg, auftreten. Der geistliche und der weltliche Führer der Christenheit waren 1414 in Cremona anläßlich jener Verhandlungen zusammengetroffen, die später im Konzil von Konstanz münden sollten. Ihr Gastgeber, der Stadtherr Gabrino Fondulo, führte seine erlauchten Gäste auf einen der höchsten Aussichtspunkte der Stadt, den *Torrazzo*, damit sie den Ausblick genießen konnten. Dort überkam Fondulo die Versuchung, seine Gäste in den Tod zu stoßen. In der kaum weniger melodramatischen Version von John Addington Symonds (in *The Age of the Despots*, dem ersten Band seines Werkes *The Renaissance in Italy* von 1875), in der sich der Autor auf Antonio Campos Geschichte der Stadt Cremona aus dem Jahre 1645 bezieht, sollte es Fondulo später bitter bereuen, die beiden Männer nicht beseitigt zu haben: dann nämlich, als 1425 in Mailand seine eigene Hinrichtung bevorstand.

Burckhardt nennt seine Quelle nicht (vermutlich war es *Le Vite di Huomini Illustri* von Paolo Giovio aus dem Jahre 1561), doch ist die beschriebene Anekdote im Zusammenhang seines Werkes vor allem von historiographischer Bedeutung. Sie verdeutlicht eine – teils positive, teils negative – Sicht des Renaissancefürsten und des Renaissancestaates, wie sie Burckhardt mit den Historikern seiner Zeit teilte und zu deren Verbreitung er wesentlich beitrug.

Der dramatischste und auffälligste Aspekt dieses Bildes ist wohl, daß dem Renaissancefürsten ein skrupelloses, zynisches Eigeninteresse im Umgang mit anderen Menschen unterstellt wird, seien es nun seine Untertanen, seine Ratgeber, andere Herrscher oder gar seine Familienangehörigen. Zweitens wird er häufig als Gegner des mittelalterlichen Konzepts der Christenheit gesehen, der insbesondere durch seinen mangelnden Respekt für eine hierarchische und geordnete Gesellschaft unter der Herrschaft der »zwei Schwerter«, des Papsttums und des Reiches, auffiel. Der Renaissanceherrscher ist kein Fürst im Sinne des Feudalismus mehr, sondern eher das, was Machiavelli und andere politische Denker der klassischen Tradition in ihm sahen: ein unabhängiger Herrscher, der sich viel mehr auf seinen eigenen Verstand und seine materiellen Ressourcen verließ als auf seine Herren und seine eigene, ihm von Gott zugewiesene Position in einer pyramidenförmig strukturierten Gesellschaft. Und drittens findet sich die – vielleicht etwas positivere – Auffassung, daß der Renaissancefürst die Regierungsgeschäfte in einem neuen Geist betrieb, d. h. daß er sich Veränderungen gegenüber aufgeschlossen zeigte, ja sogar ein begeisterter Neuerer war, anstatt sich dem Althergebrachten anzupassen. Aus diesem Grunde schreibt man ihm eine besonders kreative Rolle bei der Entwicklung des Staatswesens zu.

Der vorliegende Beitrag will nun vor allem belegen, daß die Historiker mit ihrer Behauptung von der Existenz eines typischen »Renaissance«-Fürsten übertrieben haben, und daß während der betreffenden geschichtlichen Epoche zwar sehr wohl Veränderungen festzustellen sind, diese jedoch eher oberflächlicher als grundlegender Natur und vielmehr das Ergebnis von Zufällen als das Resultat bewußter Entscheidungen waren. Zur Untermauerung dieser Auffassung werden Beispiele aus dem Italien des 15. Jahrhunderts herangezogen, das von Burckhardt und anderen Historikern als Vorläufer und Modell für die Entwicklung der Renaissance im restlichen Europa angesehen wurde. Abgesehen von seiner Bedeutung in der Geschichtsschreibung bietet das Italien des 15. Jahrhunderts auch eine gute Gelegenheit, die verschiedenen Typen von Fürstenherrschaft zu studieren: Signorien oder »despotische« Herrschaften und Monarchien nach europäischem Vorbild; Herrschaften lokalen Ursprungs und von begrenztem Einfluß ebenso wie von länderübergreifender Bedeutung; Emporkömmlinge und Fürsten, die sich auf ihre Abstammung und sogar auf göttliche Bestimmung beriefen.

Gewalt und Macht

Selbst wenn man beide Versionen der oben geschilderten Begebenheit um Gabrino Fondulo und die beiden Oberhäupter der Christenheit als Legende oder Anekdote abtut, so spiegeln sie doch die Tatsache, daß der Herr von Cremona zu Recht für seine Gewalttätigkeit und Grausamkeit berüchtigt war. Der gut unterrichtete zeitgenössische Chronist Andrea de Redusio aus Treviso stellt nämlich in seinem Bericht über die beschriebene Begegnung in Cremona fest, daß es sowohl dem Papst als auch Siegmund angesichts gewisser Ereignisse in der Vergangenheit ratsamer erschien, ihren Aufenthalt bei einem so wenig vertrauenswürdigen und gefährlichen Gastgeber nicht allzusehr auszudehnen. Die Geschehnisse, auf die Redusio hier anspielt, reichen in den Monat Juli des Jahres 1406 zurück, als Fondulo die Macht in Cremona ergriffen hatte: Er hatte die Mitglieder der vorherigen Herrscherfamilie, die Cavalcabò, ermordet, als diese die Gastfreundschaft ihres ehemaligen Gefolgsmannes auf seiner Burg Maccastorno zu genießen glaubten. Die düstere Rolle, die der *Torrazzo* in der Geschichte aus dem Jahre 1414 spielte, läßt sich wohl damit erklären, daß Gabrino im Jahre 1407 zwei seiner Gegner von diesem Turm hinabstürzen ließ.

Hier zeigt sich, daß oft Gewalt im Spiele war, wenn die Fürsten der Renaissance nach der Macht griffen, sie zu erhalten suchten oder sie verloren. So setzten Fürsten häufig Gewalt ein, wenn sie sich ihrer Rivalen entledigen wollten. Im Jahre 1392 entmachtete Jacopo d'Appiano seinen früheren Gönner Pietro Gambacorta und ermordete ihn, um sich die Herrschaft über Pisa zu sichern. Cesare Borgia ließ viele jener Herrscher umbringen, die der Dynastie der Borgia den Papststuhl im Kirchenstaat hätten streitig machen können; 1502 wurde Giulio Cesare da Varano, der Herrscher von Camerino in der Mark Ancona, zusammen mit seinen beiden Söhnen im Gefängnis ermordet.

Mit Gewalt wurde auch gegen Untertanen vorgegangen, die ihren Herrscher zu stürzen drohten. Nachdem der Kastellan von Nocera 1421 zwei führende Angehörige des Geschlechts der Trinci aus Foligno ermordet hatte, stürmte deren überlebender Bruder Corrado das Schloß der Familie und tötete nicht nur den Schuldigen, sondern auch dessen Familie und Gefolgsleute. König Ferrante von Neapel überlistete viele der führenden Köpfe unter seinen Baronen, die nach seinem Thron trachteten, und ließ sie inhaftieren und hinrichten (1486). Am schockierendsten war aber für die Zeitgenossen wie für die Nachwelt, daß sich sogar Mitglieder ein- und derselben Herrscherdynastie gegenseitig umbrachten, um die Macht zu erlangen und um Rivalen und Thronprätendenten auszuschalten. Im Jahre 1381 ließ Antonio della Scala, der Herr von Verona, seinen älteren Bruder umbringen, kurz nachdem dieser volljährig geworden war – eine sehr drastische Maßnahme, zu der Antonio möglicherweise aus Furcht um sein eigenes Schicksal verleitet worden war. Giangaleazzo Visconti gelang es 1385, seinen Onkel Bernabò zu überlisten und gefangenzunehmen, so daß er das gesamte Erbe der Visconti an sich reißen konnte.

Ebenso wie bei der Machtergreifung und -erhaltung spielte Gewalt häufig eine Rolle, wenn ein Fürst seine Macht verlor. Im Mai 1435 wurde Tommaso Chiavelli, der Herr von Fabriano in der Mark Ancona, während eines Besuchs der Heiligen Messe – zusammen mit seiner Familie – Opfer einer Verschwörung der Bürger. Der Aufstieg Corrado Trincis fand ein jähes Ende, als Foligno von einer päpstlichen Armee unter dem Kommando des entschlossenen und fähigen Kardinals Giovanni Vitelleschi belagert und die Herrscherdynastie nach einem Aufstand in der Stadt dem Feind ausgeliefert wurde (1439). Am 26. Dezember 1476 fiel Galeazzo Maria Sforza, der Herzog von Mailand, in der Kirche San Stefano unter den Dolchen seiner Mörder, die ihre Tat als Tyrannenmord rechtfertigten.

Der starke und bleibende Eindruck von der Gewalttätigkeit der Zeit, den solche Vorfälle vermitteln, verstärkt sich noch, bedenkt man die kriegerische Natur jener Männer, die herrschten oder gerne geherrscht hätten und von denen viele Berufssoldaten und *Condottieri* waren. Manche unter ihnen stammten aus alteingesessenen Herrscherdynastien wie den d'Este aus Ferrara, den Gonzaga aus Mantua und den Montefeltre aus Urbino. Andere, die erst in der Renaissance einen Aufstieg erlebten, sahen in der Herrschaft über einen eigenen Staat einen attraktiven, angemessenen und prestigeträchtigen Lohn. Nicht alle unter ihnen aber konnten sich letztlich durchsetzen. Giovanni Vitelleschi hatte, als er in den Diensten des Papstes stand, eine gewaltige Armee aufgebaut und besaß eine beeindruckende Zahl von Schlössern, Herrschaftsgebieten und Landgütern, die alle im Kirchenstaat lagen. Auch hatte er hohe kirchliche Ämter erlangt – den Erzbischofsstuhl von Florenz, das Patriarchat von Alexandria (1435) und einen Kardinalsstuhl (1437) –, und es ging das Gerücht, daß er ein Auge auf die päpstliche Tiara geworfen habe. Möglicherweise aus genau diesen Gründen wurde er in der Engelsburg gefangengesetzt, wo er 1440 starb. Sehr viel erfolgreicher war Francesco Sforza, der aus einem Söldnergeschlecht stammte. Sforza hatte in den Jahren nach 1430 im Kirchenstaat ein Herrschaftsgebiet nach dem anderen an sich gerissen, bevor er 1450 Herzog von Mailand wurde, und zwar teils durch Erbschaft (in Folge seiner Heirat mit Bianca Maria Visconti), im wesentlichen aber aufgrund seiner militärischen Stärke und seines politischen Geschicks.

Man ist daher nur zu leicht geneigt, die Gewalttätigkeit, die nach weit verbreiteter Auffassung in der italienischen Renaissance mit der Ausübung von Macht verbunden war, in einem übertriebenen Licht zu sehen. Den Zeitgenossen erging es wohl ähnlich, denn plötzliche Schicksalsschläge gehörten zu den Lieblingsthemen der Chronisten und Moralisten. So gab die Gefangennahme Bernabò Viscontis Anlaß zur Komposition von *lamenti* über die Grausamkeit des Geschicks. Als Francesco »il Vecchio« da Carrara die Herrschaft über Padua und Treviso infolge einer militärischen Niederlage und eines Volksaufstandes im Jahre 1388 verlor, berichteten die örtlichen Chronisten, daß er sich die Kleider vom Leib gerissen und sich selbst gegeißelt hätte, um die Prophezeiung zu erfüllen, daß er Padua nackt und bloß verlassen werde.

Derartige Begebenheiten inspirierten Künstler, Komponisten, Schriftsteller und popularisierende Erzähler späterer Zeiten. Zu den die Phantasie der Nachwelt am meisten anregenden und wohl berüchtigsten jener »Fälle« gehörten die Borgias. Der Librettist Felice Romani beispielsweise verwendete Victor Hugos Roman *»Lucrezia Borgia«* als Vorlage für die gleichnamige Oper Donizettis. Selbst relativ schlecht belegte und unbedeutende Vorfälle beflügelten die Phantasie der Romantiker. Das Massaker, das Corrado Trinci in Nocera unter seinen Feinden anrichtete, wurde als Stoff für eine Erzählung und ein Theaterstück verwendet. Der erwähnte Felice Romani schrieb auch für den Komponisten Bellini das Libretto der Oper *Beatrice Tenda*. Beatrice war vermutlich die Tochter des Condottiere Ruggero Cane und wurde später mit einem anderen Condottiere, Facino Cane, vermählt. Nach dessen Tod heiratete sie im Jahre 1414 Filippo Maria Visconti. Obwohl älter als ihr zweiter Ehemann, war sie für den Herzog aufgrund der von Facino ererbten Herrschaftsgebiete in politischer Hinsicht attraktiv, denn dieser trachtete danach, den nach dem Tode Giangaleazzos im Jahre 1402 weitgehend zerfallenen Staat der Visconti wiederaufzubauen. Beatrices Anziehungskraft für ihren

Ehemann hielt allerdings nicht lange an. 1418 wurde sie des Ehebruchs angeklagt, gefoltert und des Nachts auf der Burg Binasco hingerichtet.

Natürlich fanden die Romantiker auch außerhalb Italiens reichliche Möglichkeiten der Inspiration. Zu den Libretti, die Romani für den Komponisten Donizetti schrieb, gehörte die ebenfalls tragische Heldin, Anna Boleyn. Auch das Schicksal eines weiteren Opfers der Tudorära, nämlich Maria Stuarts, der Königin der Schotten, erwies sich als beliebtes und ergiebiges Thema für Schriftsteller, bildende Künstler und Musiker. Doch so faszinierend die in der Romantik übliche Lesart – oder Ausschmückung – der Geschichte für das Studium der Kulturgeschichte und der historiographischen Traditionen auch sein mag, sie vermittelt leicht ein verzerrtes Bild des Renaissancefürsten als ein amoralisches, »machiavellistisches« Scheusal.

Denn man darf keinesfalls übersehen, daß die Fürsten der italienischen Renaissance unter ihren Zeitgenossen Feinde hatten, die ein persönliches Interesse hegten, ihre Untaten noch schlimmer erscheinen zu lassen und ihrem Ruf zu schaden. So galt Giangaleazzo Visconti im republikanischen Florenz nicht als wahrer »Graf der Tugend« – ein Titel, den er durch eine Heirat mit Isabella von Valois, der Gräfin von Vertus (1360), erworben hatte –, sondern als grausamer und ungerechter Tyrann, als Ausbund an Laster und Verrat. Für die Propagandisten des Viscontistaates wie dem Humanisten Andrea Biglia waren »reguli« (kleine Könige) wie Gabrino Fondulo eine Quelle der Zwietracht. Ähnliche Anklagen wurden im 15. und 16. Jahrhundert auch seitens des wiedereingesetzten Papsttums gegen aufrührerische Untertanen wie die Trinci und die Bentivoglio vorgebracht. Die Borgias schließlich waren aufgrund ihrer spanischen Abkunft und der aggressiven Durchsetzung ihrer dynastischen Politik sowohl in Italien als auch in anderen Regionen Europas (ob nun katholisch oder protestantisch) Zielscheibe feindseliger Polemik.

Darüber hinaus erteilten die allgemeinen Moralvorstellungen und das politische Denken der besagten Epoche dem Gewaltherrscher keine Absolution, geschweige denn, daß sie sein Vorgehen guthießen. Doch mußten Aufrührer natürlich bestraft und Feinde besiegt werden; aus diesen Gründen hieß der Römische Senat im Jahre 1436 Giovanni Vitelleschi als den dritten Gründer Roms nach Romulus willkommen und erwägte, zu seinen Ehren eine Reiterstatue aufzustellen, nachdem er das Geschlecht der Colonna besiegt hatte. Auch die militärischen Erfolge Francesco Sforzas wurden von den Propagandisten und Anhängern seiner Dynastie gepriesen, obwohl man sich nicht entschließen konnte, ein Reiterdenkmal für den Herzog zu errichten. Jener Herrscher jedoch, dessen Herrschaft auf purer Gewalt beruhte, dessen Wohnsitz eher einer Zitadelle als einem Palast glich, ein solcher Herrscher war eher ein Tyrann als ein wahrer Fürst. Diese Binsenweisheit, die sich über das politische Denken des Mittelalters bis in die Antike zurückverfolgen läßt, äußert sich in den Warnungen, die gegen Alfons V. ausgesprochen wurden, als er sich anschickte, das Castel Nuovo in Neapel (um 1440) wieder aufbauen zu lassen. Ebensolche Reaktionen provozierte Papst Nikolaus V., als er die Befestigungen der Engelsburg verstärkte (um 1450), und Francesco Sforza, als er die Festung der Visconti an der Porta Giovia in Mailand wiederaufbauen und erweitern ließ (um 1450).

Das gleiche Thema taucht, wenn auch aus entgegengesetzter Blickrichtung, im politischen Denken und in der Propaganda auf, mit denen Herrscher wie Giangaleazzo Visconti unterstützt werden sollten. So wird etwa in einer anonymen Abhandlung – die allerdings mit ziemlicher Sicherheit um 1396 von einem Höfling Viscontis verfaßt wurde – in dramatischen Worten an die Stadt Genua appelliert, den Herzog als Herrscher zu akzeptieren. Der Verfasser behauptet, daß er im Traum gesehen habe, wie Giangaleazzo auf seiner »uneinnehmbaren Burg« in Pavia inthronisiert worden sei. Doch wenn der Herzog auch als »kaiserlich«, »majestätisch« und »erhaben« gerühmt wird, so beziehen sich diese Attribute doch eher auf seine Weisheit, Pracht, Gerechtigkeit und seine körperliche Erscheinung als auf seine militärische Stärke. Der Autor beschreibt, wie der Herzog die in Gestalt einer bittstellenden Frau erscheinende Stadt Genua empfängt, die alle Unbillen aufzählt, welche sie als einstmals so große Stadt erlitten habe, wobei die schlimmste von allen die »infernalische und teuflische Zwietracht« sei; Giangaleazzo biete hier die einzige Hoffnung auf Errettung aus solchem Unheil. Tatsächlich wurden später auch ähnlich formulierte Appelle von seiten Genuas an Herrscher aus den Geschlechtern der Visconti und der Sforza gerichtet.

Das in dieser Abhandlung aus dem Jahre 1396 gezeichnete Bild des gerechten Herrschers, der voller Großmut seinen glanzvollen Hof regiert, weist bereits darauf hin, daß der Renaissancefürst trotz seiner dunklen, gewalttätigen Seiten auch aus einer anderen Perspektive gesehen werden kann: Er und sein Hof erscheinen dann als Inbegriff des guten Geschmacks und der Renaissancekultur. Sogar Gabrino Fondulo hatte ein kaiserliches Privileg für die Universität von Cremona erhalten! Als beispielhafte Personifizierung der Kultur der Renaissance wird in der Geschichtsschreibung Federigo da Montefeltre, der Graf und spätere Herzog (1474) von Urbino, präsentiert. Obwohl er durch die Ermordung seines legitim geborenen älteren Bruders Oddantonio (1444) an die Macht kam und als Söldner für die furchtbare Plünderung der Stadt Volterra mitverantwortlich war, gilt er gemeinhin als Gönner sowohl der Künste als auch seiner Untertanen. Das hochzivilisierte Gepräge von Montefeltros Hof in Urbino hat durch Baldassare Castigliones Werk *Il Cortegiano* (1528) Unsterblichkeit erlangt. Darüber hinaus bot die Lektüre des guterhaltenen, sehr aussagekräftigen Briefwechsels zwischen Urbino und anderen Höfen, so zum Beispiel Mantua und Ferrara, genug Anregung und Stoff für ein Genre von biographisch gestützten Studien, wie sie von Autoren wie Dennistoun und Cartwright durchgeführt wurden – um nur zwei britische Vorreiter auf diesem Gebiet zu nennen.

Aus der erwähnten Korrespondenz wird häufig eine recht konventionelle Art der Frömmigkeit ersichtlich, die sich noch durch andere Hinweise bestätigt. Niccolò d'Este (1393–1441) unternahm Pilgerfahrten nach Jerusalem und Vienne (zum Schrein des Heiligen Abts Antonius); sein Sohn Ercole (1471) tat sich als Förderer der Kirchenmusik hervor. Und wenn auch aus den Herrscherdynastien der italienischen Renaissance keine Heiligen hervorgingen, so fanden sich unter ihnen doch herausragende fromme Männer und Frauen, von denen einige – u. a. Paolo Trinci († 1391) und Battistada Varano († 1524) – später seliggesprochen wurden. Galeotto Roberto Malatesta aus Rimini erlangte für seinen strengen Glauben eine solche Berühmtheit, daß schon kurz nach seinem Tode im Jahre 1431 ein regionaler Kult um ihn zu entstehen begann. Natürlich konnte Frömmigkeit auch Ausdruck von Reue und Schuldgefühlen sein. Im Jahre 1446 zum Beispiel geriet Filippo Maria Visconti aufgrund der hohen Steuern, die er seinen Untertanen aufgebürdet hatte, in solche Gewissenskonflikte, daß er einen Kreis von Theologen um Rat ersuchte. Bona von Savoyen, die Witwe Galeazzo Maria Sforzas, beichtete dem Papst die Sünden ihres Gemahls. Die Erfahrung militärischer Niederlagen und politischer Mißerfolge bewegte Alfons II. von Neapel 1494 zum Eintritt in ein sizilianisches Kloster.

Allerdings sind schon im mittelalterlichen Europa allerorten Herrscher zu finden, die sich in reumütigen Gesten übten und der Kirche Unterstützung zukommen ließen, während sie gleichzeitig eigene kirchliche Amtspositionen ausnutzten und sich am Vermögen der Kirche gütlich taten; es dürften deshalb Zweifel angebracht sein, inwieweit das oben geschilderte politische Vorgehen der Fürsten als für die Renaissance typisch gelten kann. Zwar beschuldigte Papst Pius II. Sigismondo Malatesta, den Herrn von Rimini, im Rahmen eines Propagandafeldzuges des Heidentums und der Götzenanbetung und ersann für ihn sogar eine umgekehrte »Heiligsprechung«, um seinem Feind einen Platz in der Hölle zu sichern (1461). Aber abgesehen von solchen Schmähungen deutet wenig darauf hin, daß der Renaissancefürst sich in seiner Haltung zu Moral und Religion in irgendeiner Form von seinen mittelalterlichen Vorgängern im übrigen Europa unterschieden oder eher zu Gewalt gegriffen hätte als jene, um Macht zu erringen und sie zu erhalten. Immerhin existierte im Italien jener Epoche ein glühender Kult um Thomas Becket, der von den Schergen Heinrichs II. von England zu Tode gemartert worden war (1170). Und immerhin gipfelte die Blutfehde zwischen den Häusern Plantagenet und Montfort in der Ermordung Heinrichs von Almain (dem Sohn von Richard, dem Herzog von Cornwall und deutschen König) durch seinen Vetter Guy de Montfort in der Kirche von San Silvestro in Viterbo (1271); ein Ereignis, das Dante zur Erbauung nachfolgender Generationen in seiner *Göttlichen Komödie* (*Inferno,* XII, 119–120) verewigte. Kein Renaissancefürst schließlich beging eine Freveltat, die der Ermordung Bonifaz' VIII. in Anagni im Jahre 1303 (*Purgatorio*, XX, 86–87; *Paradiso*, XXX, 148) durch die Agenten Philipps II. gleichgekommen wäre.

Das Streben nach Legitimität

Daß in der Renaissance Gewalt sehr wohl mit Tyrannei assoziiert wurde, geht nicht nur aus den politischen Abhandlungen jener Epoche, sondern auch aus den Regierungsreglements hervor. Wenn zum Beispiel der Papst seinen höhergestellten Untertanen Lehen oder Vikariate übertrug, dann war eine solche Auszeichnung normalerweise mit gewissen Klauseln verknüpft, denen zufolge der Herrscher angehalten war, gut zu regieren, seine Untertanen zu schützen und ihre Freiheiten und ihr Eigentum zu respektieren. Ähnliche Ermahnungen richteten die Signori ihrerseits an die von ihnen ernannten oder bestätigten Magistrate.

Aufgrund dieser Tatsachen ist die erwähnte Anekdote über Gabrino

Fondulos »revolutionäre« Pläne und seine spätere Reue nicht allzu wörtlich zu nehmen, geschweige denn als exemplarisch zu betrachten. Der Herr von Cremona zog nämlich aus genau jener hierarchischen Ordnung, die er angeblich zu zerstören trachtete, persönlichen Nutzen. 1413 ernannte ihn der spätere Kaiser Siegmund zum Reichsvikar und bestätigte außerdem alle Titel, die ihm schon von den Visconti verliehen worden waren: den eines Grafen von Soncino und den eines Marquis von Castellone. Im März 1412 machte Papst Johann XXIII. Constantino Fondulo zum Bischof von Cremona. Die Verleihung all dieser Titel und die Tatsache, daß Siegmund mitsamt seinem Hofstaat über einen Monat in Cremona weilte, sowie die in einigen Quellen geäußerte Auffassung, daß sowohl der Papst als auch der Kaiser sehr freigebig bewirtet wurden, sprechen dafür, daß Gabrino in deren Visite eine Chance für sich sah, die er eher zu nutzen und zu genießen als zu verschleudern gedachte.

Der Herr von Cremona stellte in dieser Hinsicht keine Ausnahme dar. Sicherlich wurde der Aufstieg, der einigen Familien gelang, niemals formal abgesegnet oder durch ausdrückliche Verleihung bestimmter Titel bestätigt. Im politischen Denken der Epoche gehörten Familien wie die Bentivoglio aus Bologna oder die Baglioni aus Perugia – und sogar die Medici in Florenz, bevor sie ihren Adelstitel erworben hatten – zur Kategorie der »heimlichen Tyrannen«. Die moderne historische Forschung neigt zu dem Schluß, daß sich diese Familien die ökonomische und politische Macht teilten und eher als »primi inter pares« denn als Fürsten anzusehen sind.

Aber auch unter jenen Herrschern, deren Vormachtstellung weit mehr gesichert schien, lassen sich kaum eindeutige Beispiele für Renaissancefürsten finden, die sich gegen die traditionelle mittelalterliche Hierarchie aufgelehnt hätten. Wohl gab Filippo Maria Visconti seinen Zeitgenossen Rätsel auf, als er der Krönung Siegmunds mit der Eisernen Krone der Lombardei (die 1431 in Mailand stattfand) ostentativ fernblieb, obwohl seine Anwesenheit bei dieser theatralischen Zeremonie seinem Ansehen sehr zugute gekommen wäre; wahrscheinlicher ist jedoch, daß Filippo Maria eher aus Furchtsamkeit als aus Trotz handelte, denn bei anderen Gelegenheiten war er sehr darum bemüht, dem Herzogtum der Visconti die Unterstützung und Anerkennung Siegmunds zu sichern. Wenn Francesco Sforza sich vom Volk Mailands zum Herzog ausrufen ließ (1450) – eine Vorgehensweise, deren unorthodoxer Charakter sowohl ihm als auch seinen Söhnen bewußt war, da die Familie andererseits auch versuchte, eine kaiserliche Investitur zu erlangen, was Lodovico »il moro« 1493 schließlich auch gelang, als ihm der Titel von Kaiser Maximilian gegen Zahlung von 400000 Dukaten verliehen wurde –, bezeugt dies eher einen gewissen Respekt vor der Tradition und nicht deren Mißachtung. 1461 lehnte Francesco Sforza einen ihm angebotenen französischen Adelstitel ab, der ihm sicher gewesen wäre, hätte er statt der kaiserlichen die französische Oberherrschaft anerkannt.

Der vielleicht berühmteste Fall allerdings, in dem während der Renaissance das mittelalterliche Autoritätskonzept verworfen wurde, war Lorenzo Vallas vernichtende Kritik an der Konstantinischen Schenkung (1440), jenem Dokument, mit dem das Papsttum seine weltliche Herrschaft über den Kirchenstaat und seine feudale Oberherrschaft über das Königreich Neapel und die Inseln Sizilien, Sardinien und Korsika zu rechtfertigen suchte. Entgegen häufigen Behauptungen der Humanismusforscher schrieb Valla nicht aus rein historischem und philologischem Interesse, sondern wollte seinem Gönner Alfons V. von Aragon gefällig sein, der seine Ansprüche auf Neapel und die Inselkönigreiche durch die päpstliche Suprematie gefährdet sah. Als sich der Papst und der König geeinigt hatten (1443), wollten die Politiker von Vallas Gelehrsamkeit nichts mehr wissen.

Die traditionelle Ordnung war also im Italien der Renaissance so unbestritten, daß wir dieses Thema lieber unter umgekehrten Vorzeichen betrachten sollten. Während der gesamten Epoche bestand ein ungebrochenes Interesse an den europäischen Fürsten- und Königshäusern außerhalb Italiens und an Neuigkeiten von deren Höfen – ein Interesse, das im Lichte neuerer Forschungsergebnisse in den Republiken ebenso lebhaft gewesen sein muß wie in Gebieten mit einer anderen Herrschaftsform und das sich wahrscheinlich noch verstärkte, als sich eine zunehmende Verflechtung der italienischen Politik mit den Staatsangelegenheiten im restlichen Europa abzeichnete. Manchmal hing dies mit militärischen und politischen Belangen zusammen, wie in den verschiedenen Phasen der Auseinandersetzung um den Thron von Neapel zwischen den Häusern Anjou-Durazzo, Anjou-Provence und Aragon-Trastamara. Bei anderen Gelegenheiten galt die Aufmerksamkeit entfernteren Ereignissen wie den erstaunlichen Siegen Heinrichs V. von England und der Erniedrigung des französischen Königreichs, gefolgt von dem vorzeitigen Tod des Königs, der Thronerhebung des Infanten Heinrich VI. und den Ruhmestaten Jeanne d'Arcs. Großes Aufsehen erregten auch königliche Besucher auf der Halbinsel, wie sich bei der Rundreise des Königs von Dänemark im Jahre 1474 zeigte.

Wenig verwunderlich ist deshalb auch, daß die italienischen Herrscher von Stolz auf die Ehrentitel und Privilegien erfüllt waren, die sie aus königlichen oder fürstlichen Händen erhielten. So zeigen die kaiserlichen Register, die Siegmunds Reisen dokumentieren, welche ihn in seiner Eigenschaft als Kaiser und König nach Italien führten, daß er eine Vielzahl von solchen Titeln und Rechten verlieh oder verkaufte: Ritterwürden, Ernennungen zum Angehörigen des kaiserlichen Hofstaats, Feudaltitel und das Recht, mit dem Wappen des Kaisers versehene Mäntel und Waffen zu tragen. Ein besonders herausragender Günstling war Amadeus VIII. von Savoyen, der vom Grafen zum Herzog erhoben wurde (1416). Ähnliches Glück widerfuhr auch Gianfrancesco Gonzaga, der 1433 zum Marquis von Mantua ernannt wurde. Zuvor war ihm bereits das Recht verliehen worden, die Tracht des englischen Königshauses zu tragen und dieses Recht seinerseits anderen zu gewähren – ein Privileg, das 1436 von Heinrich VI. bestätigt wurde. Ein von Joos van Gent und Pedro Berruguete stammendes Portrait Federigo da Montefeltres zeigt den Herzog von Urbino mit dem Abzeichen des Hermelinordens (der ihm von König Ferrante von Neapel verliehen worden war) und dem Abzeichen des Hosenbandordens (eine Auszeichnung König Edwards IV. von England). In einem ziemlich ungeschickten Versuch, dem Herzog den letzteren Ehrentitel streitig zu machen, behaupteten die da Varanos, die Herrscher von Camerino, daß einem ihrer Vorfahren die Zugehörigkeit zum Hosenbandorden schon im Jahre 1285 gewährt worden sei, also lange bevor dieser Ritterorden überhaupt gegründet worden war! Ebenso stolz waren die italienischen Herrscher auf das Recht, königliche oder fürstliche Embleme auf ihren Waffenröcken tragen zu dürfen; so zum Beispiel die Bentivoglio aus Bologna, die ihre Schilde mit dem kaiserlichen Adler zieren durften – ein Privileg, das ihnen im Jahre 1460 verliehen worden war.

All dies erklärt, warum man in der italienischen Renaissance überall Bräuche beobachten kann, die eng mit der europäischen höfischen Kultur verknüpft sind, aber lange Zeit als »mittelalterlichen« oder »fremden« Ursprungs angesehen wurden: die illustrierten Stundenbücher und Versromane in den Bibliotheken der Visconti und der d'Este; der Freskenzyklus mit den kalendarischen Monatsbildern, die von dem Fürstbischof von Trient in Auftrag gegeben worden waren (um 1400); die Szenen aus der Artussage, die Pisanello für den Palast der Gonzaga in Mantua schuf (um 1400) und nicht zuletzt die historischen und mythologischen Themen und Rittermotive, die die Wände der Paläste der Trinci in Foligno und der da Varano in Camerino schmückten. Ebensowenig kann es überraschen, daß sich die italienischen Herrscher um enge Bindungen zu anderen Königs- und Fürstenhäusern inner- und außerhalb Italiens bemühten. Die d'Este beispielsweise ließen ihre Kinder am aragonesischen Hof in Neapel erziehen und arrangierten außerdem eine Anzahl von Heiraten mit Angehörigen dieses Herrscherhauses, das den Einfluß der südlichen Monarchie in der italienischen Staatenwelt in hohem Maße gestärkt hatte.

Natürlich zogen Dynastien königlichen Geblüts den Spott und die Kritik ihrer Feinde auf sich, wenn sie sich mit Emporkömmlingen verbanden. Der Florentiner Chronist Matteo Villani äußerte sich abwertend über die Heirat Isabellas von Valois (Gräfin von Vertus und Tochter Johanns II. von Frankreich) mit Giangaleazzo Visconti im Jahre 1360: »Was gibt es Merkwürdigeres als Fürsten von alter und erlauchter Abstammung, die sich dazu herablassen, Tyrannen zu dienen?« König Wenzel, der Giangaleazzo 1395 den Herzogtitel verkauft hatte, leistete damit seiner Absetzung im Jahre 1400 Vorschub. Nachdem Cesare Borgia das Herzogtum Valentinois erworben (1498) und anschließend die Schwester des Königs von Navarra geehelicht hatte (1499), fanden Hohn und Spott über den französischen Hof kein Ende. Doch unterstreichen derartige Reaktionen nur, welchen Wert solche Heiraten für die italienischen Herrscherfamilien der Renaissance besaßen. Der Stammbaum der Visconti etwa enthüllt (sowohl gelungene als auch lediglich angestrebte) Verbindungen mit Königs- und Fürstenhäusern in Zypern, Sizilien, dem Hl. Römischen Reich, Frankreich und England. Auch will die Überlieferung wissen, daß Beatrice »Tenda« eine Tochter von Pietro Balbo II., dem Grafen von Tenda (Piemont), war und somit von dem byzantinischen Kaisergeschlecht der Lascariden abstammte; wäre dies allerdings wirklich der Fall gewesen, hätte Filippo Maria Visconti sich ihrer wohl nicht so leicht entledigen können.

Unter dem Aspekt der Verfassungsmäßigkeit läßt sich das Einverständnis mit der hierarchischen Ordnung daran erkennen, daß die Fürsten der italienischen Renaissance bald kaum mehr als Lippenbekenntnisse zum Prinzip der Volkssouveränität ablegten; öffentliche Begeisterung und Beifallsbekundungen waren bei der Machtübernahme und der Krönung willkommene Beigaben, doch spielte das Wahlprinzip überhaupt keine

Rolle mehr. Dies galt sowohl für die kirchlichen als auch für die weltlichen Fürstentümer im Norden (z.B. das Fürstbischoftum von Trient und das Haus Savoyen), die Monarchien im Süden, die Inseln und das Papsttum.

Anders gestaltete sich die politische und rechtliche Situation in jenen Regionen der Halbinsel, wo die rechtlichen Grundlagen der Machtausübung nicht eindeutig waren, nämlich in den Herrschaftsgebieten des Kirchenstaats und im Königreich Italien. Dort wurde noch weit eher Wert darauf gelegt, daß auf Seiten der betroffenen Kommunen ein Schein von Einverständnis gewahrt blieb. Besonders deutlich zeigte sich dies bei Sforzas Machtübernahme im Herzogtum Mailand. Trotz seiner militärischen Überlegenheit hielt es Francesco für opportun, den Eindruck aufrechtzuerhalten, daß die Kommunen sich ihm freiwillig und in gegenseitigem Einverständnis ergeben hätten, und inszenierte seine Ernennung zum Herzog von Mailand als theatralisches Spektakel, um das Fehlen eines Erbanspruchs zu vertuschen. Die gleiche Strategie verfolgten die Appiano, um sich die Herrschaft über Piombino zu erhalten. Als die direkte männliche Linie des Geschlechts im Jahre 1451 ausstarb, wurde der Kommune die Rolle übertragen, Emanuèle als Nachfolger zu bestimmen. Und sogar Cesare Borgia kam nicht ohne das formale Einverständnis der Kommunen mit seiner Herrschaft aus, als er 1499 die Romagna erobert hatte.

Doch bestand in den meisten derartigen Fällen kein Zweifel daran, daß die eigentliche Initiative zur Einsetzung eines Herrschers nur selten bei den Untertanen lag. So verdankte Giovanni II. Bentivoglio es weniger einer kommunalen Entscheidungsfindung in Bologna, daß ihm auf Lebenszeit der Titel des Bannerträgers der Gerechtigkeit verliehen wurde, sondern vielmehr dem Einfluß auswärtiger Schutzmächte und Verbündeter. Im allgemeinen dienten die Berufung auf das Einverständnis der Kommunen und auf die angeblich von ihnen verliehenen Titel vor allem propagandistischen Zwecken. Außerdem meinte man, daß eine solche Demonstration »freien Willens« die Untertanen fester an ihren zukünftigen Herrscher binden würde. Ebenso unbestritten ist, daß auch dort, wo irgendeine Form von Volksbeteiligung fortbestand, die Fürsten der italienischen Renaissance ihren Herrschaftsanspruch lieber anderweitig begründeten.

In den weltlichen Staaten Italiens beriefen sich die Territorialfürsten – was, wie anderswo auch, traditionell am naheliegendsten war – auf die

Erblichkeit der Herrscherposition. Die starke Appellwirkung dieser Begründung läßt sich daran ermessen, daß sie von den Herrscherdynastien besonders hervorgehoben wurde. Manche Fürsten erfanden sich ihren eigenen Stammbaum und rühmten die angeblichen großen Taten ihrer Vorfahren. Oft wurde die Kontinuität auch durch die Verwendung einer relativ geringen Anzahl bestimmter christlicher Vornamen unterstrichen – z. B. Jacopo bei den Appiano, Ugolino und Corrado bei den Trinci. Diese propagandistische Selbstdarstellung der Herrschergeschlechter war ebenso wie im restlichen Europa des Mittelalters und der Renaissance ein auffallender Zug der höfischen Kultur in Italien. Im späten 15. Jahrhundert ließ Giulio Cesare da Varano sogar zur zusätzlichen Zierde seines Palastes in Camarino Familienporträts anfertigen. Der Glaube an das Erblichkeitsprinzip zeigte praktische Konsequenzen, wenn ein Herrscher seinen Nachfolger in die Regierungsgeschäfte miteinbezog und versuchte, seine Nachfolge nach seinem Willen zu regeln. So übernahm Leonello d'Este in den letzten zehn Jahren vor dem Tode Niccolòs III. (1441) einen immer größeren Teil der Regierungsverantwortung, und Rodolfo III. da Varano unternahm vor seinem Tode im Jahre 1424 mehrere Versuche, einen seiner Söhne zu seinem Nachfolger zu bestimmen. Die Fürsten der italienischen Renaissance waren außerdem bestrebt, von ihren Lehensherren erbliche Herrschaftsrechte zu erhalten. Sowohl im Kirchenstaat als auch in den kaiserlichen Herrschaftsgebieten bemühten sich die Territorialfürsten zur Sicherung ihrer Nachfolge um kaiserliche oder päpstliche Vikariate. Außerdem waren sie bereit, erhebliche politische, diplomatische und finanzielle Anstrengungen zu unternehmen, um erbliche Feudaltitel zu erwerben. Im Reichsgebiet des italienischen Königreichs war hierin Giangaleazzo Visconti, der 1395 den Titel eines Herzogs erlangte, wohl das berühmteste Beispiel. Aber auch andere Dynastien schafften den Aufstieg: Die Gonzaga wurden 1433 zu Marquis ernannt und die d'Este im Jahre 1452 zu Herzögen von Modena. Ähnliche Ambitionen hegten auch die Vikare des Kirchenstaats. So konnten die d'Este 1471 den Titel der Herzöge von Ferrara erwerben, und die Montefeltre erreichten in Urbino (1474), die da Varano in Camerino (1515) den gleichen Rang.

Sicher sollte man die Bedeutung dieses Strebens nach Titeln und rechtlicher Legitimation nicht überbewerten. Francesco Sforza gelang es zwar, Eugen IV. als Ehrung für seine Eroberungen im Gebiet von Ancona den Titel eines Marquis abzuringen (1434), doch ergab sich daraus weder in militärischer noch in politischer Hinsicht eine Stärkung seiner Herrschaft. Wie an anderer Stelle noch ausgeführt werden wird, beruhte die Macht des Renaissancefürsten nicht auf seiner Legitimation als Herrscher und boten auch eine erbliche Nachfolgeregelung und der Erwerb von Titeln keine Sicherheit vor inneren und äußeren Feinden.

Zuweilen konnten solche »Errungenschaften« sogar eine Schwächung nach sich ziehen. Die französischen Ansprüche auf die Nachfolge der Visconti stellte für die Sforza sogar schon vor den Italienischen Kriegen eine Bedrohung dar. In noch stärkerem Maße galt dies für das Königreich Neapel, wo sich die Barone des Königreichs durch die Ansprüche des Hauses Anjou und die anerkannte päpstliche Oberherrschaft ermutigt fühlten, der aragonesischen Krone Widerstand zu leisten. Die aggressive Verfolgung dynastischer Interessen seitens vieler Renaissancepäpste hatte oft zur Folge, daß deren Sippe nach dem Tode ihres päpstlichen Schutzherrn wehrlos dessen Widersachern ausgeliefert war. Francesco Maria della Rovere, der Neffe Julius II. und Herzog von Urbino, wurde 1516 durch den Medici Leo X. seines Fürstentums beraubt, der dieses seinem eigenen Neffen Lorenzo übergab. Allerdings gelang es Francesco Maria nach dem Tode dieses Papstes im Jahre 1521, sich erneut die Herrschaft zu sichern.

Die Anerkennung der päpstlichen oder kaiserlichen Oberherrschaft, die sich im Streben nach prestigeträchtigen Titeln zeigte, konnte zudem dazu führen, daß die Betreffenden sich der höheren Autorität, der sie sich unterstellt hatten, zuweilen nicht mehr entziehen konnten. So beschuldigte Alexander VI. die Fürsten im Kirchenstaat des Verrats und warf ihnen vor, der Zahlung der obligatorischen Kopfsteuer nicht nachgekommen zu sein. Die Sforza waren trotz all ihrer diplomatischen Bemühungen und ihres glanzvollen Hofes ebensowenig wie die Herzöge von Burgund in der Lage, das Ansehen und die Sicherheit einer souveränen, königlichen Stellung zu erreichen.

Diese Beispiele zeigen zum einen, daß all die Titel keineswegs bedeutungslos waren, und daß zum anderen die meisten italienischen Fürsten keine wirklich souveräne Machtstellung besaßen. Für das Gebiet des Kirchenstaats des späten 15. Jahrhunderts wird dies schon seit langem als zutreffend anerkannt, denn die Historiker konnten feststellen, daß in dieser Periode fast nur die Päpste ihre Autorität sowohl in den Provinzen als auch in Rom selbst planvoll ausbauen und festigen konnten. Aber auch in der voraufgehenden Zeit, die vom Schisma und vom Konziliarismus geprägt war, war päpstliche Unterstützung und Billigung hochgeschätzt, auch wenn sie in den meisten Fällen erst auf Ersuchen der Untertanen gewährt wurde.

Was die kaiserliche Oberherrschaft im Norden Italiens anbetrifft, so haben die Historiker diese oft als einen Anachronismus abgetan, der lediglich die Macht des Kaisers nördlich der Alpen schwächte und zersplitterte, während sie sich auf der Halbinsel als bloßer Schein erwies. Aber eine solche Auffassung verkennt nicht nur die erheblichen Bemühungen der Fürsten, kaiserliche Ehrungen und Titel zu erhalten, sondern ignoriert auch die Tatsache, daß Dynastien wie die Gonzaga und die d'Este voller Ungeduld kaiserliche Besuche herbeiwünschten. Auch wird hier übersehen, daß die Kaiser in wirren und ungewissen politischen Situationen immer noch politischen und militärischen Einfluß ausüben konnten. Die Unterstützung, die Siegmund sowohl den Anwärtern auf die Nachfolge der Scala in Verona als auch Ludwig von Teck zukommen ließ, der die Position des Patriarchen von Aquileja anstrebte, stellte sehr wohl eine Gefährdung für die venezianische Expansion in Italien dar – eine Bedrohung, die noch zunahm, nachdem das Haus Habsburg die Kaiserkrone erlangt hatte.

Aspekte des Regierens

Die im voraufgehenden Abschnitt erwähnte Vergabe von Auszeichnungen und Titeln beinhaltete mehr als einen bloßen Zuwachs an gesellschaftlichem Ansehen. Der solchermaßen Geehrte erhielt dadurch auch die Mittel, als Gönner aufzutreten und seine Autorität zu stärken. Gianfrancesco Gonzaga, dem das Privileg zuerkannt worden war, die englische königliche Tracht zu tragen, verlieh etwa fünfzig von seinen Höflingen das gleiche Recht. Der Titel eines Pfalzgrafen, der vom Kaiser recht großzügig vergeben wurde, berechtigte den Träger, Bastarde für legitim zu erklären und Notare zu ernennen. Durch einen Feudaltitel wie Marquis und Herzog hatte ein Herrscher größere Möglichkeiten, Rechte zu verleihen und Lehen zu vergeben. Er konnte Untersuchungen über Rechte einleiten, die seine Untertanen besaßen oder forderten; er konnte bei Streitigkeiten als Schlichter auftreten und einigen besonders geschätzten und wichtigen Untertanen Feudaltitel von geringerem Rang verleihen. So fühlte sich Filippo Maria Viconti durch seinen herzöglichen Rang berufen, rechtliche und territoriale Ansprüche der Familien Pallavicino und Anguissola zu untersuchen, was schließlich zur Enteignung der ersteren (1428) und zum Aufstieg der letzteren führte (1438). Kaiser Siegmund befahl den großen Feudalgeschlechtern der Malaspina, Fieschi und Campofregoso im Jahre 1428, die Autorität seines Repräsentanten, des Herzogs Filippo Maria Visconti, zu respektieren.

Die praktische Verwendung, die die Herrscher für ihre Auszeichnungen und Titel fanden, führt uns zu einer allgemeineren Untersuchung der Autorität des Fürsten. Dieses Thema interessiert die Historiker schon seit langem, da sie in der Renaissance eine Zeit schneller und radikaler Veränderungen in der Natur des Staates erkannten, die einen beachtlichen effektiven Autoritätszuwachs für den Herrscher zur Folge hatten. So vollzog sich etwa im militärischen Bereich insofern ein Wandel, als eine Entwicklung hin zu stehenden Berufsheeren von immer größerem Umfang zu beobachten war. Um den Unterhalt dieser Truppen zu gewährleisten, mußten die Regierungen die Steuerlast erhöhen und eine merkantilistische Politik betreiben, die die Wirtschaft ankurbeln und die Feinde ihrer Ressourcen berauben sollte. Auch wird angenommen, daß der Renaissancefürst die »mittelalterlichen« Freiheiten von Adel, Klerus, Zünften und Gilden in Frage stellte, indem er seine eigenen Ziele artikulierte und seine Autorität mit Hilfe eines größeren und professionelleren Beamtenapparats durchsetzte.

Diese Interpretation geht im Kern größtenteils auf Jacob Burckhardt zurück, der den italienischen Staat des 15. und 16. Jahrhunderts als »das Ergebnis von Reflexion und Kalkulation, als Kunstwerk« beschrieb. Aus seiner Sicht erlebten die Herrscher der Renaissance ebenso wie die Künstler und Schriftsteller eine Befreiung von den Zwängen der mittelalterlichen Welt: Die Herrscher hätten sich stärker der Verfolgung ihrer Ziele gewidmet; ihre Autorität sei weniger Beschränkungen unterworfen und stärker zentralisiert gewesen; sie hätten eine immer perfektere Beherrschung der Techniken und Hilfsmittel des Regierens erreicht; sie hätten außerdem ein zunehmendes Bewußtsein für den Wert politischer Propaganda und des höfischen und öffentlichen Zeremoniells entwickelt.

Zweifel an der Richtigkeit dieser These tauchen beinahe sofort angesichts der Art und Weise auf, wie Burckhardt die Geschichte der Territorialfürstentümer der italienischen Renaissance abhandelt, denn er konzentriert sich hier eher auf Anekdoten und individuelle Schicksale als auf politische Vorgänge. Die jüngere Forschung scheint jedoch zumindest einige von Burckhardts Schlußfolgerungen zu bestätigen – obwohl der Schweizer Historiker in seinem Werk derartige Entwicklungen der Staatswesen nicht auf fürstliche Herrschaften beschränkt sah, sondern auch für republikanische Regierungen als charakteristisch betrachtete. So waren z.B. manche Herrscher des 15. Jahrhunderts gesetzgeberisch tätig: Sie setzten Magistraturen ein und unterstützten das Bemühen ihrer Untertanen, Bedrohungen wie Hunger und Krankheiten zu bekämpfen. Alfons V. beispielsweise förderte 1429 den Bau eines großen zentralen Hospitals in Palermo, und Francesco Sforza unterstützte 1456 in Mailand ein ebensolches Vorhaben. Auch strebten die Herrscher danach, in ihrem Territorium eine größere Kontrolle über die Verteilung kirchlicher Pfründe zu erlangen. So drohte Filippo Maria Visconti, das Basler Konzil zu unterstützen, falls der Papst ihm nicht mehr Hilfe zukommen ließe. Nikolaus V. gewährte Francesco Sforza in einer Bulle aus dem Jahre 1450 das Recht, eigene Kandidaten für den päpstlichen Stuhl zu präsentieren. Die Ursprünge des Merkantilismus wiederum lassen sich auf Bemühungen, die lokale Wirtschaft zu stärken, zurückführen. So förderte z. B. Francesco Sforza die berühmte Mailänder Waffenfabrikation und trieb den Bau von Kanälen und die Anpflanzung von Maulbeerbäumen voran.

Andererseits modifizieren viele jüngere Forschungsarbeiten die Auffassung Burckhardts und seiner Schüler über die sich angeblich wandelnde Natur des Staates in der Renaissance und verwerfen sie teils sogar völlig. Denn hinsichtlich der oben erwähnten Regierungsmaßnahmen kann nachgewiesen werden, daß sie zur Bekämpfung von Hunger und Krankheiten nicht nur völlig untauglich waren (z. B. auf dem Gebiet von Hygiene und Medizin), sondern auch keinerlei systematischen Charakter hatten. Wenn die Päpste der Renaissance auch sehr darauf bedacht waren, den Anbau und die Einfuhr von Lebensmitteln in bzw. nach Rom zu fördern, so waren sie doch auch gleichzeitig bereit, Genehmigungen zur Ausfuhr eben dieser Waren zu erteilen.

Ähnliches gilt auch für den volkswirtschaftlichen Bereich. Die zahlreichen gesetzgeberischen Maßnahmen zum Schutz der Mailänder Wollspinnereien vor fremder Konkurrenz sind eher Ausdruck von politischem Versagen als von Planung: Aus den meisten Quellen, die zur Erläuterung der Wirtschaftspolitik der damaligen Regime zitiert wurden, geht bei näherer Betrachtung hervor, daß es sich oft lediglich um die Erfüllung von Gesuchen der Untertanen und nicht um gezieltes politisches Vorgehen handelte. Sie waren eher Ausdruck des Strebens der Untertanen nach persönlichem Vorteil als ein Zeichen der politischen Initiative der Herrscher. Im kirchenpolitischen Bereich gelang es keinem der Fürsten der italienischen Renaissance, Konkordate mit dem Papsttum zu schließen, die es ihnen erlaubt hätten, die Kirche innerhalb ihres Herrschaftsgebietes zu kontrollieren. Relativ wenige der Herrscherdynastien im Kirchenstaat konnten sich eine unangefochtene Hegemonialstellung über die Kirche in ihrem Machtbereich sichern, und selbst die Francesco Sforza betreffende Bulle aus dem Jahre 1450 gewährte ihm keine uneingeschränkte Kontrolle über die Benefizien in seinem Herrschaftsgebiet.

Auch ist auf allen Ebenen der Gesellschaft ein unbeschadeter Fortbestand von Privilegien zu beobachten. 1453 mußte sich Francesco Sforza sagen lassen, daß seine eigene Autorität aufgrund der vielfältigen und zahlreichen Vorrechte, über die der Adel von Piacenza verfügte, nur noch nominellen Wert hatte. Vielleicht am augenfälligsten im Italien des 15. Jahrhunderts war jedoch, daß manche Herrschaften – wie die Gabrino Fondulos – so kurzlebig und turbulent waren, daß sie sich eher zur Erörterung militärischer, politischer und diplomatischer Aspekte eignen als zur Untersuchung von Fragen des Regierens und der Verwaltung. Schließlich soll nicht vergessen werden, daß kein einziger der italienischen Renaissancestaaten über die volle Gerichtshoheit verfügte, sondern daß die meisten Herrschaften auf die Autorität und den Schutz anderer Mächte angewiesen waren. So waren etwa im 15. Jahrhundert die Herren von Piombino, die Appiano, in dieser Hinsicht von Genua, Florenz und Neapel abhängig.

Um diese Untersuchung über den Fürsten der Renaissance fortzuführen, werden wir uns im folgenden einigen Schlüsselbereichen der Regierungstätigkeit zuwenden: den Staatsfinanzen, der Verwaltung und der Rolle des Hofes. Diese sollen am Beispiel der stabileren und führenden italienischen Staaten dargestellt werden.

Steuern

Die öffentlichen Finanzen sind für das Studium des Renaissancestaates ein Thema von zentraler Bedeutung; denn auch wenn der finanzielle Bedarf des Staates in dieser Zeit einen Anstieg zu verzeichnen hatte – der hauptsächlich auf die Explosion der Militärausgaben zurückzuführen war –, blieben die Haupteinnahmequellen der Regierungen immer noch dieselben wie im Mittelalter. Zum Teil konnte der Staat seine Einkünfte aus Rechten bestreiten, die er schon seit alters her für sich beanspruchte. So hatten zum Beispiel die jüdischen Gemeinden besondere Steuern zu entrichten, das Eigentum aufständischer Untertanen konnte konfisziert werden, und so gut wie überall hatte der Staat eine Monopolstellung im Handel mit Salz. Andere Regalien hingegen waren auf bestimmte Staaten beschränkt. Sowohl die Krone von Neapel als auch die Krone von Kastilien pochten auf das Recht zur Erteilung der Erlaubnis für den Umtrieb großer Rinder- und Schafherden. Das Papsttum versuchte sich das Monopol auf die Alaungewinnung in den 1462 entdeckten Minen von Tolfa zu sichern.

Ein weiter verbreitetes und wichtigeres Mittel zur Sicherung der Staatseinkünfte war die indirekte Besteuerung, die jedoch gerade dann am wenigsten einbrachte, wenn die Regierungen ihrer am dringendsten bedurften: in Kriegszeiten, bei Seuchen und Hungersnöten. Daher ging man dazu über, die öffentlichen Einkünfte auf eine andere Art zu sichern, die einst als »außergewöhnlich« gegolten hatte, in der Renaissance aber bereits fest etabliert war. Diese direkten Steuern wurden von den Staaten in Nord- und Mittelitalien erhoben, während im Feudalstaat Piemont-Savoyen und in den Königreichen Neapel, Sizilien und Sardinien ein Verfahren üblich war, demzufolge die Regierung zunächst das Einverständnis des Parlaments einzuholen hatte. Vor den parlamentarischen Versammlungen ließen sich die beantragten Steuern als traditionelle Feudalabgaben rechtfertigen, obwohl immer häufiger auch die Erfordernisse der Reichsverteidigung als Grund angeführt wurden. Beispielsweise gewährte das Parlament von Sardinien König Ferdinand im Jahre 1500 für die Dauer von drei Jahren eine Schenkung und außerdem noch eine Unterstützung, die vorgeblich die bei der Heirat seiner Tochter anfallenden Kosten abdecken sollte.

Die den Regierungen zur Verfügung stehenden Finanzquellen und die zur Erforschung dieser Technik noch erhaltenen Dokumente könnten den Schluß nahelegen, daß die Geschichte der Staatsfinanzen die wachsende Autorität des Renaissancefürsten widerspiegelt. Doch sind hohe Steuern nicht unbedingt als Beweis für die Stärke einer Regierung zu werten: Nach der Ermordung Galeazzo Maria Sforzas (1476) wurden im Herzogtum Mailand die Steuern gesenkt, und die Autorität seines Bruders Lodovico »il Moro« wurde durch Gerüchte in Mitleidenschaft gezogen, denen zufolge die Untertanen des Königs von Frankreich nur Steuern zahlten, wenn sie zuvor selbst ihr Einverständnis dazu gegeben hatten.

Darüber hinaus enthüllt ein eingehenderes Studium der vorhandenen Dokumente, wie schwierig es für den Fürsten war, die ihm theoretisch zur Verfügung stehenden Einkommensquellen zu sichern und zu nutzen. Als das Königshaus Aragon begann, Sizilien, Sardinien und Neapel zu erobern (oder wiederzuerobern), waren die Rechte und Einkommensquellen der Krone größtenteils von anderer Seite usurpiert worden. Außerdem wurden durch Schmuggel die staatlichen Monopole (wie der Salzhandel) weitgehend unterwandert und auch die Einkünfte aus indirekten Steuern geschmälert. Die weitverbreitete Praxis der Naturalabgaben bereitete dem Staat noch zusätzliche Verluste.

In der ungeheuren Menge von schriftlichen Dokumenten, die bei der Steuerschätzung und -erhebung anfielen, sind nirgends regelmäßige Haushaltsaufstellungen und Finanzübersichten zu finden. Stattdessen entdecken wir überall Hinweise darauf, welchen Schwierigkeiten der Staat bei der Geldbeschaffung begegnete. Aus den Berichten über die Finanzen Neapels, die 1517 und 1520 an Karl V. ergingen, ist ein deutlicher Schwund der königlichen Einnahmen zu ersehen. Ganz allgemein waren die Untertanen natürlich wenig zahlungswillig und führten dafür gern ihre Privilegien und ihre eigene Armut als Vorwand an. Anträge auf die Bewilligung von Steuern, die den Parlamenten von Piemont-Savoyen und der Aragonesischen Königreiche vorgelegt wurden, wurden verschleppt und gaben Anlaß zu Zänkereien über Änderungsgesuche. 1522 erschienen die Sizilianer, welche die Steuerforderungen Karls V. ablehnten, bewaffnet im Parlament.

Es ist deshalb kaum verwunderlich, daß die Fürsten der italienischen Renaissance oft auf Notbehelfe angewiesen waren, um sich die verzweifelt benötigten Einkünfte zu beschaffen. So mußten das Haus Savoyen, das Geschlecht der Sforza und die neapolitanische Krone ihren Juwelenschatz versetzen – Alfons V. von Neapel mußte sogar seine Kronjuwelen verpfänden, obwohl er ein Jahr zuvor einen triumphalen Einzug in die Stadt erlebt hatte. Oft waren Ämter, Titel, Privilegien und sogar manche Einkommensquellen der Preis für teure Anleihen. 1461 regelte Ludwig von Savoyen auf diese Weise die Schulden, die er bei seinem eigenen Sekretär hatte. Die päpstlichen Finanzen befanden sich im Jahre 1525 weitgehend in den Händen toskanischer und römischer Bankiers.

Verwaltung und Hof

Weitere bedeutende Veränderungen sind im Bereich der staatlichen Bürokratie und des Hofes zu beobachten. So sind aus der Renaissance nicht nur besonders viele Regierungsdokumente erhalten geblieben, sondern es scheint auch eine Erweiterung und gleichzeitige Spezialisierung der Regierungsgeschäfte stattgefunden zu haben. Damit in Zusammenhang stehen ein starker Zuwachs an öffentlichen Ämtern und eine zunehmende Professionalisierung, die die Historiker schon vor längerer Zeit in der Renaissancediplomatie und kürzlich auch in der militärischen Verwaltung dieser Epoche festgestellt haben.

Für Regierungsämter konnten Männer mit besonderem Sachverstand und Erfahrung bestimmt werden. 1453 ernannte der Herzog von Savoyen einen Mann, der mit den Institutionen und den administrativen Gepflogenheiten anderer italienischer Staaten vertraut war, zu seinem Sekretär. Auch zeichneten sich Kanzlei- und Schatzbeamte durch zunehmende Effizienz und Integrität aus. Cicco Simonetta, jener große Kanzler der Sforzadynastie, reformierte sein eigenes Amt und achtete peinlich genau darauf, daß Schreiben an fremde Regierungen formal korrekt abgefaßt waren. Als Zeichen für den wachsenden *Korpsgeist* kann speziell für Mailand gelten, daß der Humanist Tristano Calco eine Darstellung des Regierungsapparates der Sforza schrieb und daß die Kanzleien der meisten italienischen Staaten verstärkten Wert auf die Ausbildung ihrer Amtsträger legten, damit insbesondere die offizielle Korrespondenz in elegantem lateinischen Stil verfaßt werden konnte. Daraus erklärt sich auch, warum immer mehr Herrscher, von der Signorie der da Carrara in Padua bis zur Krone von Neapel, Humanisten in ihre Verwaltungen beriefen.

Schließlich gilt allgemein der Hof – obwohl er sich kaum exakt als Institution, als besondere gesellschaftliche Gruppe oder als Ereignis definieren läßt – als Ausdruck der neuen Autorität und der gewachsenen Ambitionen des Renaissancefürsten. Die Stadtpaläste und die Villen vor den Toren der Städte und auf dem Land, welche von Dynastien wie den da Varano, den d'Este und den Montefeltre erbaut wurden, hatten anscheinend mehr als eine bloße praktische oder gesellschaftliche Funktion und dienten dem Fürsten sowohl als schmeichelhafte Spiegelung seiner selbst als auch als Instrument der politischen Propaganda. Keinesfalls beschränkte sich die Botschaft des Fürsten auf die Sphäre innerhalb der Palastmauern: Das höfische Zeremoniell besaß von seiner traditionellen

Bestimmung her meist einen extem öffentlichen Charakter. Alfons V. ließ Banner mit Wappen anfertigen, mit denen er seine Ansprüche auf den Thron von Neapel verkündete. 1442 zog er auf einem Triumphwagen in die Stadt ein, umringt von den Wahrzeichen aller seiner Königreiche und von Festwagen, die die Rechtmäßigkeit seines Erfolgs triumphierend bestätigten – zum Gedenken an dieses Ereignis wurde schließlich am Eingang zum Castel Nuovo ein Triumphbogen im Renaissancestil errichtet.

Dennoch sollte man weder die Effizienz und Kompetenz des Renaissancestaates noch die Kontrolle des Fürsten über seinen Hof und über die politische Propaganda überschätzen. Manche Staatswesen besaßen nicht einmal einen festen Regierungssitz oder einen Hof (das herausragendste unter diesen war wohl das Haus Savoyen). Die Regierungsarchive wirken unsystematisch, was angesichts der ausufernden Zahl öffentlicher Ämter auf fehlende Spezialisierung und Organisation schließen läßt. Und nicht nur die zentrale Regierung schätzte den Wert des geschriebenen Dokuments, was eher die Probleme des Fürsten als die Ehrerbietung seiner Untertanen belegt. So entsprachen die Satzungen von Gilden und anderen Zusammenschlüssen der Bürger, auch wenn sie unter dem Namen des Fürsten ausgegeben wurden, vor allem traditionellen Regeln und dem Eigeninteresse der Untertanen und waren weniger Ausdruck des Herrscherwillens.

Die Vergabe einer immer größeren Zahl öffentlicher Ämter, die in allen fürstlichen Regimen üblich war, entsprang dem Wunsch des Herrschers, seine Gefolgsleute und Anhänger zu belohnen oder – wie bereits oben erwähnt – Geld zu beschaffen und Kredit zu erhalten. Als Alfonso V. seine spanischen Gefolgsleute mit öffentlichen Ämtern bedachte, löste dies – wie der König selber erkannte – in seinem Staate Unmut aus, doch nicht etwa bei den angeblichen Reformern des Renaissancestaates, sondern bei seinen gekränkten neapolitanischen und sizilianischen Untertanen. Die Bemühungen, Amtsmißbräuchen durch Reformen zu begegnen, waren selten, inkonsequent und unwirksam: Als Alfonso in den Jahren 1455 und 1456 versuchte, gegen die Korruption in der königlichen Verwaltung vorzugehen, wurde er mit Bittgesuchen um eine Generalamnestie bestürmt.

Letztlich war das, was die Historiker gern als »Propaganda« bezeichnen, zu persönlich gefärbt und absichtlich geheimnisvoll gehalten, um diese Bezeichnung wirklich zu verdienen. Für einige ausgesprochen renaissancetypische Spielarten galt dies ganz besonders. So waren z. B. Gedenkmünzen, welche offensichtlich von antiken Vorbildern inspiriert waren und häufig die besonderen Ansprüche und Vorlieben des Herrschers widerspiegelten, nicht für eine massenhafte Verbreitung, sondern nur für einige besondere Begünstigte bestimmt. Viele der von den Renaissanceherrschern als Motto gewählten Sinnsprüche waren außerdem mit voller Absicht verschwommen und zweideutig formuliert, so daß nur Eingeweihte sie verstehen konnten.

All dies deutet bereits darauf hin, daß der Hof beileibe kein klarer Spiegel des fürstlichen Willens war. Herrscher und ihre Ratgeber betonten häufig, wie wichtig es sei, Vertrauten und Anhängern gegenüber großzügig zu sein; *magnanimitas* sei eine Tugend, die traditionell von einem Herrscher erwartet werde, so erinnerte Francesco Sforza (möglicherweise mit Bedauern) und rechtfertigte damit seinen Wunsch, die in seinem Herrschaftsbereich anfallenden Pfründe als Entlohnung an seine Gefolgsleute zu verteilen. In Abhandlungen über den Hof wird dies entweder direkt oder unterschwellig durch schmeichelhafte Bemerkungen über den Herrscher oder durch Idealisierung seiner Person bestätigt – womit natürlich häufig gerade der Fürst gemeint war, dem das Werk gewidmet wurde. Ein gutes Beispiel hierfür ist das aus dem frühen 15. Jahrhundert stammende Traktat *De Institutione Regiminis Dignitatum*, das der reisende Humanist Giovanni Tinto Vicini für den Herrn von Fabriano, Battistachiavello Chiavelli verfaßte.

Derartige Schriften entsprachen zuweilen auch in anderer Hinsicht der mittelalterlichen Tradition, wenn sie den Eigennutz und die Intrigen jener Höflinge tadelten oder verspotteten, die sich an der Großzügigkeit des Herrschers bereicherten und seine Ignoranz oder Gutmütigkeit auszunutzen wußten. Zu dieser Kategorie gehören z. B. auch die Abhandlungen Giovanni Conversinis aus Ravenna (1343 – 1408), die dieser aufgrund seiner Erlebnisse am Hofe von Carrara verfaßte. Gleiches gilt für die Beobachtungen bei Hofe, die von zwei bekannteren »Renaissance«-Gestalten, Leon Battista Alberti (1404 – 72) und Aeneas Sylvius Piccolomini (1404 – 64), stammen und in denen sich beide sowohl auf ihre persönlichen Erfahrungen als auch auf die Lektüre der Werke von Walter Map (1140 – 1209), eines anglo-normannischen Höflings Heinrichs II., beriefen. In einem Bericht über den Hof der da Varano in Camerino, der in den Jahren 1502 / 03 verfaßt wurde, erscheint dieser als ein Ort, wo die Untertanen des Fürsten mit Nahrung, Arbeit, Klatsch, Unterhaltung, Wärme und Sport und Spiel versorgt wurden, und weniger als Hintergrundkulisse für ein zur Verherrlichung Giulio Cesare da Varanos (der den stolzen Titel eines »Signore« trug) inszeniertes Spektakel.

Schlußbemerkung

Der soeben erwähnte Bericht aus den Jahren 1502/03 war für Papst Alexander VI. bestimmt, auf dessen Befehl die da Varano 1502 aus Camerino vertrieben worden waren. Kurz nachdem der Papst gestorben war, gewann die Dynastie zwar wieder die Macht zurück, doch 1545 wurde das kleine Fürstentum mit der Hauptstadt Camerino endgültig vom Kirchenstaat geschluckt. Hierin zeigt sich eine deutliche Tendenz in der Geschichte der Renaissancefürstentümer, die den historischen und politischen Abhandlungen von Zeitgenossen wie Machiavelli und Guicciardini ihre Brisanz und Aktualität verlieh: Die Epoche erlebte nämlich einen zahlenmäßigen Rückgang der autonomen Staaten. Was nicht bedeutet, daß alle kleineren Fürstentümer verschwanden – die d'Este in Ferrara und die Gonzaga in Mantua existierten bis 1598 bzw. 1708 fort. Doch nahmen auf der politischen Landkarte Italiens und Europas die Monarchien bald immer mehr Raum ein und drängten ihre kleineren Nachbarn – wie die Appiano von Piombino oder die Pio von Carpi – in die Rolle von Klientelstaaten.

Daß dies nicht schon früher geschehen war, lag zum großen Teil an den internen Streitigkeiten und äußeren Bedrohungen, die den größeren europäischen Staaten im 15. Jahrhundert zu schaffen gemacht hatten. Zugleich scheint dies einer der Gründe zu sein, warum die italienischen Fürstentümer des 15. Jahrhunderts ihren Ruf als frühe Modelle staatlicher Organisation und fürstlicher Macht erlangen konnten. Aber es war ja eines der Hauptziele dieses Beitrags, zu beweisen, daß die Historiker das Ausmaß des sich vollziehenden Wandels überbewertet haben. Natürlich soll hier nicht geleugnet werden, welche Anstrengungen die Staaten zur Maximierung ihrer wirtschaftlichen und finanziellen Ressourcen unternahmen. Die Armeen wuchsen und entwickelten sich zu stehenden Heeren mit besser ausgebildeten Soldaten. Die Verwaltungen wurden erweitert, ihre Tätigkeiten umfassender dokumentiert. Die aufstrebende Kultur der Renaissance verlieh dem höfischen Leben seinen Glanz und hatte Einfluß auf die Art und Weise, wie der Fürst sich als Gönner betätigte und mit welchen Mitteln er seine Propaganda gestaltete.

Doch kann der Schein trügen. So ist zu bedenken, daß von den Archiven der Renaissance mehr erhalten blieb als von den Dokumenten früherer Epochen und daß das heute zur Verfügung stehende Material dank der Erfindung des Buchdrucks und der zunehmenden Verwendung der

Landessprachen für die Historiker leichter zugänglich ist. Dies allein ist jedoch noch kein Beweis für einen plötzlichen und fundamentalen Wandel der Auffassungen über den Staat oder der »Mentalität« insgesamt. Ebensowenig ist die Zunahme von Regierungsaufzeichnungen *per se* ein Beweis für die wachsende Autorität des Fürsten oder für eine größere Effizienz seiner Beamten. Viele Historiker – und nicht nur jene, die sich mit den Herrschern der Renaissance beschäftigten – haben oft nur ungern zugegeben, daß ein Großteil ihres Archivmaterials entweder »von unten« verfaßt wurde oder uns das Bild eines Staates in der Defensive vermittelt, der mit seinen widerspenstigen, streitsüchtigen und opportunistischen Untertanen zu kämpfen hat.

Auch sind die Historiker nur allzu gern bereit, sich zu »Königsfreunden« zu machen, wie es K. B. McFarlane im Zusammenhang mit dem mittelalterlichen England ausdrückte. Eine derartige »Gefolgschaft« – und eine Interpretation des Staates, die ganz die Sicht des Herrschers übernimmt – überschätzt leicht die Effizienz der zentralen Regierung und neigt zu einer allzu kritiklosen Einschätzung ihrer politischen Ziele. Relativ unbeachtet bleiben andererseits die »Provinz«-Archive, Berichte von Beobachtern des höfischen Spektakels und von vorgeblichen Vertretern der Reaktion wie dem »feudalen Adel«.

Schließlich wird auch häufig jene Warnung überhört, die C. H. Haskins einmal im Zusammenhang mit dem Normannen- und Hohenstaufenkönigreich in Sizilien aussprach: Es sei nicht Aufgabe der Historiker, Preise für »Modernität« zu vergeben. Nimmt man sich diesen Rat nicht zu Herzen, wird man schnell das Ausmaß des Wandels überschätzen und seine Bedeutung verzerrt beschreiben. So stellt der zuvor im Zusammenhang mit dem Legitimitätsstreben des Renaissancefürsten behandelte und oft beobachtete Wandel von der »Signorie« zum »Prinzipat« eine Entwicklung zu einem traditionelleren, »mittelalterlichen« Regierungsverständnis dar – obwohl keiner der neu emporgekommenen Fürsten Nord- und Mittelitaliens jemals jene geheiligte Autorität erlangte, auf die sich Monarchien wie die Kronen von Neapel und Frankreich beriefen und die auch der Papst genoß. Auch erreichte Machiavellis *Principe* eine solche Berühmtheit, daß der Neuheitscharakter des Werkes überschätzt und die umfangreiche ältere Literatur zu diesem Thema übersehen wurde. Daher werden die starken konservativen und traditionellen Elemente im politischen Denken der Renaissance meist unterbewertet. Die Konzeption vom Staat bewahrte in dieser Epoche – zumindest aus moderner Sicht – einen zweischneidigen Charakter: Der Staat konnte als geo-politische Erscheinung aber auch als persönliches Attribut des Herrschers verstanden werden.

Ein gutes Beispiel für diese Sicht, den Staat als persönlichen Besitz zu betrachten, liefert uns Ferrante von Neapel, der seine königliche Autorität zur Spekulation auf den Korn-, Öl- und Wollmärkten einsetzte. Sein Zeitgenosse König Heinrich VII. von England war ebenfalls für die List bekannt, mit der er seine habgierigen Ziele verfolgte. Diese Ähnlichkeit läßt vermuten, daß nicht nur für Italien die Beweise für die Existenz eines typischen »Renaissancefürsten« überbewertet wurden, sondern daß dies auch für den Rest Europas gilt. Alle Anmerkungen zur Geschichtsschreibung, die hier über die italienische Situation gemacht wurden, treffen auch auf andere Länder zu, wobei noch eine weitere Überlegung hinzugefügt werden kann: Für viele zeitgenössische Beobachter wie Machiavelli und Castiglione und auch für spätere Generationen war das frühe 16. Jahrhundert für Italien eine Zeit politischer und militärischer Katastrophen, eine Zeit, die zumindest in mancher Hinsicht das Ende der Renaissance bedeutete. In Frankreich, England, Spanien oder im Habsburgerreich hingegen war dies, insgesamt gesehen, nicht der Fall. Historiker, die sich mit diesen Monarchien befassen, betrachten diese Epoche traditionell als eine Zeit, in der die Autorität und die Grenzen (sowohl die inneren als auch die äußeren) des Staates sich festigten und erweiterten. Eine neue Generation von Herrschern wie Isabella von Kastilien und Heinrich VIII. von England gründete Höfe und betrieb eine politische Propaganda, die zum Objekt eifriger, ja sogar mit Servilität betriebener Studien erkoren wurden. Und die Vorstellung, daß sich in dieser Epoche entscheidende Wandlungen hin zur Modernität vollzogen, wurde mancherorts – ganz sicherlich aber in Großbritannien – für ganze Generationen zur Gewißheit.

Wenn also gezeigt werden kann, daß die Autorität des Fürsten in den relativ kleinen, homogenen Staaten im Italien des 15. Jahrhunderts weit mehr persönlich geprägt und außerdem unbeständiger, eingeschränkter und gefährdeter war, als Jacob Burckhardt meinte, haben dann nicht manche Historiker möglicherweise auch die »neuen Monarchien« im Europa des 16. Jahrhunderts, ihren innovativen Charakter und ihre Stärke überbewertet?

Kapitel 2

Der Condottiere

Michael Mallett

Jedes Bild der Renaissance weist krasse Gegensätze auf, und wohl auf keine Gestalt der Epoche trifft dies so sehr zu wie auf die militärischen Führer Italiens, die Condottieri. Dies zumindest ist der Eindruck, den uns ihre Zeitgenossen von ihnen vermitteln, wie etwa die wortgewandtesten Männer im Italien des 14. und 15. Jahrhunderts, die Humanisten: Inspiriert von der Literatur der Antike, hegten sie eine Bewunderung für militärische Unternehmungen, sofern sie im weitesten Sinne dem Wohle der Gemeinschaft dienten, und begeisterten sich für Kriegshelden und ihre Taten; Söldnern gegenüber empfanden sie jedoch heftige Abscheu. Allerdings waren die von Aristoteles und Platon so scharf verurteilten und von Vegetius so bedauerten Söldner Soldaten fremder Herkunft, die von Tyrannen angeworben oder von einer im Niedergang befindlichen Zivilisation, die nicht mehr fähig war, sich aus eigener Kraft zu verteidigen, zu Hilfe geholt worden waren. Jene Söldner, gegen die sich Petrarca wandte, waren ebenfalls fremder, nicht-italienischer Herkunft und gehörten zu den Regimentern der deutschen, ungarischen, französischen und englischen Truppen, die während fast des gesamten 14. Jahrhunderts in Italien präsent waren. Als die *oltramontanes*, »die von jenseits der Alpen«, gegen Ende des 14. Jahrhunderts allmählich verschwanden und durch italienische Heeresführer ersetzt wurden, weckte dies bei Petrarca, Salutati und Bruni die Hoffnung auf eine Wiederbelebung der antiken militärischen Tugenden. Aber der im Zuge der Entstehung des italienischen Staatensystems wachsende Bürgerstolz und Patriotismus hatte auch die Humanisten des 15. Jahrhunderts erfaßt, und so beklagten sie es, daß von außerhalb der Grenzen eines Staates Söldneroffiziere angeworben wurden – gleich ob diese nun Italiener oder *oltramontanes* waren. Die Condottieri stellten eine potentielle Bedrohung für die bürgerliche Freiheit dar und hinderten einen Staat daran, seine eigene natürliche Verteidigungsfähigkeit, eine Bürgerwehr, zu entwickeln. Diese Auffassung war besonders stark in Florenz vertreten, da die Stadt in ständiger Furcht vor den Vorstößen des Landadels und vor plündernden Heeren lebte. Anderswo in Italien, wo die Humanisten häufig als Sprecher der fürstlichen Regierungen auftraten, setzte man eher auf einsatzwillige, vertrauenswürdige Heerführer (wobei deren Herkunft als recht bedeutungslos angesehen wurde) und fürchtete die naheliegende Alternative: die Bewaffnung der Zivilbevölkerung. Aber selbst wenn höfische Humanisten wie Candido Decembrio, Guarino Guarini und Flavio Biondo manchmal Lobeshymnen auf die Condottieri sangen, so übten sie nicht minder scharfe Kritik an ihnen; beides gestützt auf klassische Vorbilder, zeitgenössische politische Einstellungen und auf die Beobachtung des tatsächlichen Verhaltens dieser Hauptleute.

Im 16. Jahrhundert wurden viele dieser Themen von noch einflußreicheren Autoren wie Niccolò Machiavelli, Francesco Guicciardini und Paolo Giovio aufgegriffen. Zu dieser Zeit lag der Schatten der Fremdherrschaft sogar auf den stolzesten und stärksten italienischen Staaten. Und es ging nun weniger darum, ob es eine Schwächung der Bürgerschaft bedeutete, die Verteidigung des Staates allein den Söldnern anzuvertrauen, als vielmehr um das offensichtliche Versagen der Condottieri bei der Erfüllung eben dieser Aufgabe. Hatten Bruni und seine Zeitgenossen noch widerstrebend die Heldentaten und das militärische Können der Condottieri anerkannt, so erreichte die Kritik bei Machiavelli und Guicciardini nach der Schmach des Einmarschs Karls VIII. in Neapel und nach der mühelosen Eroberung Mailands durch Ludwig XII. einen neuen Höhepunkt. »Söldnerführer sind entweder hervorragende Fachleute des Kriegshandwerks oder sie sind es nicht; im ersteren Fall kannst du dich nicht auf sie verlassen, denn sie streben immer nur danach, ihre eigene Macht zu vergrößern, und setzen entweder dich, ihren Herrn oder Fremde gegen deinen Willen unter Druck. Ist aber ein Söldnerführer nicht tüchtig, so richtet er dich auf dem gewöhnlichen Weg zugrunde.« (Machiavelli 1533 (1978):50) Machiavellis beißende Kritik erscheint noch heute als krasser Gegensatz zu dem Bild, das die großen Condottiere-Denkmäler wie etwa die Reiterstatuen von Gattamelata und Colleoni vermitteln. In jedem Falle handelt es sich um einseitige Darstellungen, die mehr Rhetorik als Wahrheit enthalten, und es ist schlichtweg unmöglich, sie zu einer Art Gesamtbild der Gestalt des Condottiere zusammenzusetzen.

Doch was stimmt nun eigentlich an dem Bild des Condottiere als typischem »Menschen der Renaissance«, als Vertreter jenes Individualismus, jenes Strebens nach Ruhm und großen Taten; was stimmt also an diesem Bild, das Burkhardt und Symonds so überzeugend zu beschreiben vermochten? Heutige Historiker neigen dazu, solche Begriffe sparsamer zu verwenden als ihre Vorgänger im 19. Jahrhundert; stattdessen betonen sie stärker, in welchem Ausmaß die Menschen der Renaissance von den Institutionen, Strukturen und Lebensumständen ihrer Zeit gefesselt und eingeschränkt wurden, und bestehen weniger auf der Bedeutung der damaligen Versuche, sich von den Traditionen und den Vorurteilen der Vergangenheit loszusagen. Wenn es auch zutrifft, daß die italienische Renaissance in vielen Bereichen ein ganzes »Bündel« hervorragender Geister hervorgebracht hat – woraus wir bereits einiges über die Chancen und Anreize dieser Zeit erfahren –, so entspricht es doch ebenso der Wahrheit, daß das Leben und die Geschicke der meisten Männer und Frauen weiterhin den traditionellen und in einigen Fällen sogar neuen Zwängen unterlagen. Dies galt für die Condottieri genauso wie für die Künstler in ihren Werkstätten, die Humanisten in ihren Kanzleien und die Kaufleute in ihren Kontoren. Das Schicksal eines Condottiere hing eher von seiner Abstammung, von seiner Zugehörigkeit zu einem Condottieregeschlecht, von den Unwägbarkeiten des Dienstes für den Staat und von den wirtschaftlichen Schwankungen im Mittelmeerraum ab als von seinen persönlichen Qualitäten oder seiner militärischen Erfahrung. Der Aufstieg bestand meist in der vertraglichen Zusicherung von zehn zusätzlichen Lanzen pro Monat oder in einer Anhebung des Monatssoldes pro Lanze um einen halben Florin – und nicht so sehr in der Eroberung von Städten und der Inbesitznahme von Palästen. Zwar hatte der Condottiere bis zu einem gewissen Grad Kontrolle über seine Truppe, doch hing sein Schicksal letzten Endes von den Fähigkeiten, Bedürfnissen, Zielen und dem Vermögen des Fürsten oder des Staates ab, in dessen Diensten er stand.

Über 200 Jahre hinweg wurde in Italien Krieg durch Söldnerverträge, d. h. also mit Hilfe der Condottieri geführt. Es kann deshalb kein einheitliches Bild des Condottierewesens, noch irgendeine einzelne oder gar mehrere Momentaufnahmen geben, die eine zufriedenstellende Synthese dieses ganzen Zeitraums liefern. Das folgende ist deshalb letztlich nicht mehr als ein persönlich gefärbter Versuch, diese Fragen zu klären.

Obwohl wir den Condottiere üblicherweise dem 14. oder 15. Jahrhundert zuordnen, sind die Ursachen für die Entwicklung des Söldnerwesens in der europäischen Kriegführung des 13. Jahrhunderts zu suchen. Zu dieser Zeit tauchten die Söldner zum ersten Mal in größerer Zahl in den Heeren der Feudalherren und frühen Kommunen auf. Insbesondere in Nord- und Mittelitalien führte das rasche Wachstum der Wirtschaft, der Städte und des urbanen Wohlstands zu immer lohnenderen Kriegszielen, aber auch zu immer größerem Aufwand an Mensch und Material. Die Rivalitäten zwischen den einzelnen Städten, die zunächst wirtschaftliche Gründe, dann aber zunehmend territoriale Streitigkeiten zur Ursache hatten, führten zu fortgesetzten Spannungen und ständigem Kleinkrieg. Im Laufe des 13. Jahrhunderts wurde es jedoch für die Städte immer schwieriger, genügend Bürger anzuwerben, um aggressive Vorstöße gegen die Nachbarstädte zu unternehmen. Zwar setzte das Wirtschaftswachstum die zur Anwerbung von Berufsheeren nötigen Mittel frei, ließ aber zugleich den Bedarf an Arbeitskräften in die Höhe schnellen. Zur gleichen Zeit führten das Bevölkerungswachstum, die Kreuzzugsbewegung und das Aufkommen des Erstgeburtsrechts in den landbesitzenden Schichten bestimmter Regionen Europas zu einer Überzahl von gut ausgebildeten, aber häufig beschäftigungslosen Kampfverbänden, die begannen, nach Italien zu ziehen, wo scheinbar noch am ehesten Aussicht auf Anwerbung und Kriegsbeute bestand.

Ursprünglich war also die Mehrzahl der Söldner nicht-italienischer Herkunft. Im Zuge der Eroberung Süditaliens durch das Haus Anjou kam eine große Zahl von französischen Truppen ins Land, die bald auch in anderen Teilen Italiens ihre Dienste anboten. Mit der Ankunft Heinrichs VII. und einer Erneuerung seiner imperialen Machtansprüche in Italien strömten im frühen 14. Jahrhundert viele Deutsche nach Süden; in den Jahren nach 1340, nachdem Johanna von Neapel den jüngeren Bruder des Königs von Ungarn geheiratet hatte und dieser später ermordet worden war, kamen große Kontingente ungarischer Truppen hinzu. Nach 1360 folgten schließlich noch straff organisierte englische und französische Truppen, denen sich keine Einsatzmöglichkeiten mehr boten, seit durch den Frieden von Bretigny der Hundertjährige Krieg vorübergehend abgeflaut war.

Zunächst waren diese fremden Truppenverbände noch relativ klein. Die ersten noch erhaltenen Soldverträge, die *condotte*, stammen aus den Jahren zwischen 1260 und 1270, und die Heerführer, die sie unterzeichnet hatten, waren bald als Condottieri bekannt. Es war jedoch unvermeidlich, daß diese fremden Söldner sich in Gruppen zusammenschlossen und nicht jeweils einzeln ihre Dienste anboten: Denn ebenso wie es für die militärischen Führer nur natürlich war, soviele Gefolgsleute wie möglich um sich zu versammeln, waren die betreffenden Regierungen bestrebt, ihren Bedarf an Soldaten mit sowenig Verträgen wie möglich abzudecken. Um 1320 operierten bereits einige sehr große Truppenverbände in Italien, deren gute militärische Ausbildung und Erfahrung es den einzelnen Staaten immer schwerer machte, überhaupt Krieg zu führen, ohne deren Dienste in Anspruch zu nehmen. Bis zu einem gewissen Grad entwickelten diese Regimenter eine Art Korpsgeist und schufen gewisse Mechanismen zur kollektiven Entscheidungsfindung und zur Verteilung von Kriegsbeute, weshalb sie eher wie zunftartige Zusammenschlüsse denn als Gefolgsleute eines Hauptmanns erscheinen. Aber obwohl dieser, anders als es später im 15. Jahrhundert der Fall sein sollte, nicht der alleinige Unterzeichner des Soldvertrags seiner Truppe war, trug er doch persönlich eine große Verantwortung für ihren Ruf. Man sollte daher keine allzu klare Trennungslinie zwischen einer »Epoche der Söldnertruppen« und einer »Epoche der Condottieri« ziehen.

Ebensowenig wäre es zutreffend, zwischen zwei Epochen zu unterscheiden, in der die Söldnerkriege in Italien einerseits von fremden und andererseits von italienischen Condottieri bestimmt wurden. Fremde Söldnerregimenter blieben bis um 1370 überall in Italien leicht verfügbar, sie waren meist zahlenmäßig stärker und kampferprobter als italienische Truppen, und außerdem erschien ihre Anwerbung politisch weniger heikel als die einheimischer Soldaten. So befürchtete man bei einem ausländischen Söldnerführer weniger als bei einem italienischen Adligen, daß er nach der Herrschaft in einem italienischen Staat streben könnte. Aus diesen Gründen beherrschten während fast des gesamten 14. Jahrhunderts fremde Söldnerführer und fremde Truppen den italienischen Kriegsschauplatz. Doch dienten in den großen fremdländischen Söldnerheeren auch viele Italiener, ebenso wie in den Diensten fremder Truppen italienische Söldner unter italienischen Condottieri standen. Pandolfo Malatesta, der für Florenz kämpfte, besiegte 1359 die Große Kompanie von Corrado Lando auf dem Campo delle Mosche; 20 Jahre später errang Alberigo da Barbiano bei Marino seinen berühmten Sieg über die Bretonen. In den letzten drei Jahrzehnten des 14. Jahrhunderts allerdings befanden sich die *oltramontanes* bereits auf dem Rückzug, so daß die italienischen Söldnerführer am Ende des Jahrhunderts unangefochten das Feld beherrschten. Deshalb stellt sich hier eher die Frage, warum die Fremden das Land verließen, und weniger, was die Italiener dazu veranlaßte, zu den Waffen zu greifen. Zum Teil erklärt sich dies aus den neuen Kriegsschauplätzen im übrigen Europa, zum Teil aus der in der zweiten Hälfte des 14. Jahrhunderts darniederliegenden italienischen Wirtschaft, dem sich daraus ergebenden Verlust an Wohlstand und dem Abflauen der Wirtschaftstätigkeit. Viel wichtiger war jedoch in diesem Zusammenhang, daß mit dem Erstarken der italienischen Staaten eine wachsende Fremdenfeindlichkeit einherging. Die Rhetorik Petrarcas und der Humanisten, die Briefe und Predigten der Heiligen Katharina von Siena, die entschlossene Wahl eines italienischen Papstes durch die Kardinäle im Jahre 1378, die Bereitschaft der italienischen Staaten, sich unter Umständen sogar zu verbünden, um die fremden Söldnertruppen aus dem Lande zu vertreiben – all diese Faktoren summierten sich nach 1370 und brachten die ausländischen Söldnerführer in eine schwierige Lage. Zur gleichen Zeit standen außerdem bereits erfahrene und gut ausgebildete italienische Heerführer zur Verfügung. Überdies gelang es Kardinal Albornoz die Romagna neu zu ordnen, indem er Adlige aus dieser Region als apostolische Vikare einsetzte und damit die Entstehung einer Gruppe von Hauptleuten förderte, deren gesellschaftliche und territoriale Ansprüche bereits teilweise zufriedengestellt waren und die über ausreichende Mittel zur Aufstellung kampfstarker Truppen verfügten. Hier also lagen die Hintergründe für diesen allmählichen Wandel: ein Wandel, bei dem die wachsende Macht und Entschlossenheit der Staaten eine Rolle spielte.

Die folgende Periode, die vom Beginn des Schismas und der Schlacht von Marino bis zur Schlacht von Aquila im Jahre 1424 und bis zum Tode Sforzas und Braccios anzusetzen ist, wird oft als das goldene Zeitalter der Condottieri bezeichnet. Es war eine Zeit politischer Wirren, die zum Teil durch das Schisma ausgelöst wurden, aber noch in viel stärkerem Maße durch die Politik Mailands, Venedigs, Florenz' und schließlich auch des Kirchenstaats und Neapels bedingt waren, die ihre Macht auf Kosten ihrer kleineren Nachbarn zu erweitern wußten. Zwar boten sich in dieser Zeit findigen Söldnerhauptleuten große Chancen, doch da sich die Zahl der möglichen Dienstherren verringerte und die Söldnerführer für größere, mächtigere und weit mehr geeinte Staaten kämpften, waren die Aussichten zugleich erschwert. Dennoch handelte es sich hier keineswegs um eine ungebrochene politische Entwicklung. So gelang es Giangaleazzo Visconti in den letzten beiden Jahrzehnten des 14. Jahrhunderts mit Hilfe einer Gruppe berühmter Heerführer, zu denen Männer wie Jacopo dal Verme, Facino Cane, Alberigo da Barbiano und Pandolfo und Carlo Malatesta zählten, einen expandierenden Staat zu gründen. Nach seinem Tode im Jahre 1401 zerfiel dieser jedoch wieder, und die Condottieri teilten das Erbe vorübergehend unter sich auf; die Verhältnisse in Mailand mußten daher erneut stabilisiert werden, wobei diesmal Carmagnola die Schlüsselrolle zufiel. Aufgrund des Erfolgs von Giangaleazzo Visconti waren Florenz und schließlich auch Venedig gezwungen, regelmäßig die Dienste der Söldnerführer in Anspruch zu nehmen und sie auch entsprechend zu entlohnen. Die Verteidigung von Florenz oblag, bis zu seinem Tode im Jahre 1394, dem Söldnerführer Hawkwood; danach wurde es für die Stadt schwierig, einen der großen Condottieri dauerhaft an sich binden, obwohl sie enorme Summen für die Kriegführung ausgab. Oft, so hieß es, dienten die Condottieri lieber einem Fürsten als einem Stadtstaat, und sicherlich bekundete Florenz gegenüber seinen Söldnerführern ein Mißtrauen, das in der Renaissance ein beständiges Hindernis für die Entwicklung seiner militärischen Stärke war. Venedig dagegen bemühte sich nach 1404 mit Entschlossenheit um den Aufbau einer starken Militärmacht, stützte sich hierzu jedoch zunächst auf einen festen Stamm langjähriger, nicht so hochrangiger Condottieri, ohne sich die Dienste einer der bekannteren Hauptleute zu sichern. Dies erklärt sich teilweise dadurch, daß die ehrgeizigeren unter den Söldnerführern in den ersten drei Jahrzehnten des 15. Jahrhunderts ihr Interesse stark nach Süd- und Mittelitalien verlagerten. Hier hatten Krisen wie das Schisma und die Rivalitäten zwischen den Häusern Anjou und Aragon im Kirchenstaat und in Neapel zu Auseinandersetzungen geführt, die jenen Ambitionen und jener Art von unabhängigem Handeln förderlich waren, welche wir so häufig mit den Condottieri assoziieren. Unter diesen Voraussetzungen schien die Konkurrenz zwischen den zwei Condottiereschulen, den Sforzeschi und den Bracceschi, bedeutender zu sein als die Rivalitäten zwischen Rom und Avignon oder Anjou und Aragon. Als aber Martin V. 1420 unangefochten zum Papst gekürt wurde, markierte dies unzweifelhaft den Beginn eines neuen Kapitels in der Geschichte des Kirchenstaats, obwohl auch der neue Papst anfangs fast völlig von seinem Condottierehauptmann Bracchio da Montone abhängig war. Ähnlich schuf die allmählich wachsende Überlegenheit Alfons' V. von Aragon in Neapel eine neue Situation, die die wagemutigeren unter den Condottieri dazu veranlaßte, ihre Dienste anderswo anzubieten.

Eine neue Gelegenheit ergab sich durch den dauerhaften Konflikt zwischen Mailand und Venedig, der die meiste Zeit über von Florenz, das zwischen 1425 und 1454 eine Vormachtstellung einnahm, geschürt wurde. Dieser Konflikt führte zu einer ununterbrochenen Abfolge von Kriegen, die den Condottieri wohl ein neues Betätigungsfeld bescherte, aber auch die Entwicklung stehender Heere und eine ständige Dienstverpflichtung der Soldaten begünstigte, so daß etwaige politische Ambitionen im Zaume gehalten wurden. Einige der großen Führer dieser Periode waren zwar Condottierefürsten, doch hatten sie den Fürstenstatus schon vorher besessen, und ihre Macht als Condottieri hing vom Reichtum ihrer Staaten ab. Guidantonio Manfredi, Giovanfrancesco Gonzaga, Niccolò d'Este, Sigismondo Malatesta und Federigo da Montefeltre – sie alle genossen während der sich hinziehenden Kriege dieser Zeit eine solche Stellung. Doch bis zum Aufstieg der beiden letzteren in den Jahren nach 1440 waren die großen Befehlshaber keine Condottierefürsten gewesen, sondern Heerführer, die von den kriegführenden Staaten bevollmächtigt worden waren, stattliche Truppen in einer Stärke von 2000 bis 3000 Mann aufzustellen. Niccolò Piccinino, Carmagnola, Gattamelata, Michele Attendolo, Francesco Sforza und Bartoleméo Colleoni begründeten auf diese Weise ihren Ruhm. Francesco Sforza gelang der gesellschaftliche Aufstieg, wie es damals häufig vorkam, durch die Heirat mit der Tochter Filippo Mario Viscontis und wurde später als Herzog von Mailand der größte aller Condottierefürsten. Insgesamt boten sich den Condottieri während dieser Periode also genug Einsatzmöglichkeiten und Chancen, Ehre und sogar großen Reichtum zu erwerben, doch war ein politischer Aufstieg nur in einem sehr begrenzten Rahmen möglich.

Nach dem Frieden von Lodi im Jahre 1454 kehrte für eine Zeitlang relative Ruhe in Italien ein. Zwar gab es in den nächsten 40 Jahren sehr wohl Kriege und Kriegsgerüchte, doch ging es dabei um recht geringfügige Streitfragen, die meist rasch geklärt werden konnten – sei es nun auf diplomatischem oder militärischem Wege. Die politische Landkarte Italiens war nun weitgehend gefestigt, und die Regierungen konzentrierten ihre Aufmerksamkeit darauf, die neugeschaffenen Staaten im Inneren zu ordnen. Die stehenden Heere wurden zwar beibehalten, jedoch zahlenmäßig reduziert, womit sich einige unter den Condottieri nur schlecht abfanden. Die meisten jedoch ließen sich auf ihren Landgütern oder in ihren Haupstädten nieder. Mancher Heerführer der früheren Kriege übte auch weiterhin großen politischen Einfluß aus. So suchten die italienischen Herrscher häufig bei Federigo da Montefeltre Rat, obwohl er nur noch selten gerufen wurde, um als Feldherr im Kampfe zu dienen. Roberto da Sanseverino und Bartoloméo Colleoni genossen in Norditalien noch zwanzig Jahre lang eine einflußreiche Position, ebenso wie Braccio da Montone und Napoleone Orsini im Kirchenstaat und Diomede Carafa in Neapel.

Um 1480 erlebte Italien den Aufstieg einer neuen Generation von Condottieri. Für diese Männer war Krieg eher ein seltenes und sorgfältig vorbereitetes Unterfangen als eine Hauptbeschäftigung, und ihre Interessen reichten in wachsendem Maße über eine bloße militärische Karriere hinaus. Niccolò Orsini, der Graf von Pitigliano, Bartoloméo d'Alviano, Gianjacopo Trivulzio, Gasparo und Giovanfrancesco da Sanseverino sowie Prospero und Fabrizio Colonna präsentierten sich als weit abgerundetere Persönlichkeiten als ihre Vorgänger. Und zwischen den Condottierefürsten dieser und der nächsten Generation war der Wandel wiederum noch augenfälliger; denn ihre Aufgaben als Herrscher nahmen einen ungleich breiteren Raum ein als ihre gelegentlichen soldatischen Unternehmungen. Insbesondere beinhalteten ihre Dienstverträge mehr und mehr die Aufgabe, Truppen aufzustellen und zu unterhalten und weniger, diese unbedingt in die Schlacht zu führen.

Kernstück des Codottierewesens war die *condotta*, der Vertrag, der festlegte, unter welchen Bedingungen der Söldnerführer und seine Männer zu dienen hatten. *Condotte* waren natürlich nicht auf den militärischen Bereich beschränkt, sondern auch im Wirtschaftsleben üblich, bei der Einstellung von Lehrern und Universitätsprofessoren, bei der Gründung eines Hofes oder der Bildung eines fürstlichen Gefolges. Ähnliche militärische Verträge wurden im Hundertjährigen Krieg auch auf englischer und französischer Seite geschlossen. Die *condotte*, die weitgehend von den Staaten diktiert und nicht etwa von den Condottieri gefordert wurden, wurden im 14. Jahrhundert in Italien zunehmend nach einem sorgfältig ausformulierten, festgelegten Konzept abgefaßt. Wohl trifft es zu, daß sich hinter diesem manchmal geheime Abmachungen verbargen, die die offiziellen Vertragsbedingungen aufhoben oder modifizierten, doch wäre es absurd anzunehmen, daß die mehreren Hundert heute noch erhaltenen *condotte* (und die Tausenden, die verlorengingen oder vernichtet wurden) nichts als Scheinverträge waren. Sicher sollte sich das Augenmerk des Historikers auf die von den Staaten erdachten Mechanismen zur Durchsetzung der Vertragsbedingungen richten, um beurteilen zu können, wie effizient die den Söldnerführern und Soldaten auferlegten Kontrollen waren. Doch ändert dies nichts an der Tatsache, daß der Handlungsspielraum der Condottiere eher im Versagen dieses Systems als in dem System selbst begründet lag.

Der Vertrag bestimmte die Art der vereinbarten Dienste (voller Lohn, halber Lohn oder Lohn *in aspetto*), die Größe, Ausrüstung und Waffengattung der Truppe, die den Dienst aufnehmen sollte, die Besoldungsskala, zusätzliche Vergütungen, Vertragsstrafen und die Dauer der Dienstzeit. Bezüglich des letzten Vertragspunktes waren vom 14. bis zum 15. Jahrhundert entscheidende Veränderungen zu beobachten. Im 14. Jahrhundert war die Vertragsdauer speziell an den unmittelbaren militärischen Erfordernissen orientiert: Die Dienstzeit war auf einen bestimmten Feldzug beschränkt und dauerte zwischen einem und höchstens sechs Monaten. Es bestand wenig Aussicht auf eine Verlängerung oder Erneuerung des Vertrags, insbesondere nicht über die für Feldzüge geeignete Jahreszeit hinaus. Nach Ablauf des Vertrags waren die Condottieri wieder Herr ihrer selbst. Im 15. Jahrhundert wurde es dann üblich, eine Möglichkeit zur Erneuerung des Vertrags einzubauen, indem eine Einhaltungs- *(rispetto)* oder Einwilligungsfrist *(beneplacito)* festgelegt wurde, die sich an die normale Vertragsfrist *(ferma)* anschloß. Dadurch erhielt der Dienstherr eine Bedenkzeit, in der er entscheiden konnte, ob er den Vertrag erneuern oder es dem Condottiere erlauben wollte, anderswo seine Dienste anzubieten. Die Möglichkeit, Söldnertruppen über den Winter hinweg und schließlich auf Dauer zu verpflichten, zeigte sich an den insgesamt längeren Vertragsfristen. Mitte des 15. Jahrhunderts schlossen die meisten Staaten *condotte*, deren Mindestdauer ein Jahr betrug, und die meisten Condottieri konnten mit einem permanenten Dienstverhältnis rechnen. Die Erneuerung des Vertrags wurde eher zu einer Formalität, und die Verträge selbst waren flexibler und weniger restriktiv formuliert. Dies kam unter anderem darin zum Ausdruck, daß für den Dienst in Friedens- wie auch in Kriegszeiten ein- und derselbe Vertrag gelten konnte, in dem die jeweils unterschiedlichen Soldhöhen und Truppenstärken festgelegt waren. Auf diese Weise konnte ein Condottiere, der in Friedenszeiten im Winterquartier lag, zu den Waffen gerufen werden, die Ermächtigung zur Anwerbung von zusätzlichen Soldaten erhalten und dafür einen dementsprechend höheren Sold bekommen – all das im Rahmen eines einzigen Vertrags. Derartige Vertragsbedingungen waren ebenso unter umgekehrten Bedingungen sinnvoll, weil dadurch ohne Auflösung des Vertrags eine Demobilisierung und die Kürzung der Militärausgaben möglich wurde, ohne daß man die Risiken eines weitreichenden Truppenabbaus auf sich nahm. Die unsichere Situation der freien Söldnerregimenter und der Druck, dem sich die Staaten nach Beendigung eines Krieges von Seiten der von Entlassung bedrohten Condottieri ausgesetzt sahen, stellten die Hauptgründe für die Einführung dieser flexibleren Vertragsbedingungen im 15. Jahrhundert dar. Der Condottiere tauschte also zu einem recht frühen Zeitpunkt seine relative Unabhängigkeit gegen ein sicheres Dienstverhältnis ein, ein Aspekt, der für unsere Sicht seines Erscheinungsbildes von großer Bedeutung ist.

Theoretisch galt jeder Soldat, der sich durch Unterzeichnung einer *condotta* zum Militärdienst verpflichtet hatte, als Condottiere, und der Begriff wurde sowohl für Kriegsleute verwendet, die sich lediglich zur Anwerbung von fünf Gefolgsleuten verpflichtet hatten, als auch für große Heerführer, die 2000 Mann unter ihrem Kommando hatten. Nichtsdestoweniger meinen wir heute meist die Befehlshaber zahlenmäßig starker, berittener Truppen, wenn wir den Titel »Condottieri« benutzen. Hauptleute der Infanterie wurden zwar auf die gleiche Weise angeworben, jedoch normalerweise als *conestabili*, und nicht als Condottieri bezeichnet; über sie läßt sich jedoch in jeder Hinsicht, sogar in bezug auf ihr gesellschaftliches Prestige, das gleiche sagen wie über die Condottieri.

Die große Mehrheit der Condottieri war adliger Herkunft, denn die Fertigkeit und die Bildung, den gesellschaftlichen Status und die wirtschaftliche Basis, die im späten Mittelalter zur Anwerbung und Führung von Truppenverbänden erforderlich waren, besaßen im wesentlichen allein Angehörige des Adelsstandes. Nur wenige Nicht-Adlige kamen durch eine militärische Laufbahn zu Ruhm und Ehren. Natürlich gab es auch Ausnahmen: Muzio Attendolo, der unter dem Namen Sforza bekannt war, gehörte zu einer nicht-adligen und weniger bedeutenden Sippe von Grundbesitzern aus der Romagna, die jedoch durch ihren Landbesitz und ihre gesellschaftlichen Verbindungen große Vorteile bei der Anwerbung von Soldaten genossen. Muzio gelang der Aufstieg in den Adelsstand, weshalb sein Sohn Francesco, der oft als Paradebeispiel für den erfolgreichen Condottiere angeführt wird, ideale Voraussetzungen für seine eigene Laufbahn vorfand. Er konnte von seinem Vater eine der am bestorganisierten und meistgefürchteten Söldnertruppen in Italien übernehmen und auf die Unterstützung aller Söldnerhauptleute aus der Attendolosippe zählen. Nichtsdestoweniger ist sein Aufstieg zum Herzog von Mailand und die Gründung einer Herrscherdynastie in jeder Hinsicht außergewöhnlich. Niccolò Piccinino und Erasmo da Narni, der unter dem Namen Gattamelata bekannt wurde, können als Beispiele für jene Männer von weniger hohem gesellschaftlichem Rang angesehen werden, die mit militärischem Können und Glück emporkamen. Beide erlangten mächtige und angesehene Positionen, doch war ein derartig steiler sozialer Aufstieg höchst selten. Die allermeisten Condottieri trugen adlige Namen: Sie stammten aus den Geschlechtern der Orsini und der Colonna, der Baglioni und der Fortebracci, der Malaspina, der Sanseverina und der Trivulzio. Viele unter ihnen hatten im Laufe des 14. Jahrhunderts als Signori oder als päpstliche Vikare die Herrschaft über eine Stadt erlangt und verdankten deshalb ihre militärische Karriere sowohl dieser Machtposition als auch ihrem Landbesitz. Im wesentlichen jedoch konnten die ruhmreichen Condottieregeschlechter der Manfredi, der Malatesta, der Montefeltre, der d'Este, der Gonzaga und der Bentivoglio ihren Aufstieg zu *signori* auf ihrer adligen Herkunft aufbauen.

Das 14. Jahrhundert, und insbesondere das späte 14. Jahrhundert, war für den landbesitzenden Adel eine schwierige Periode. Der Wert des Bodens und seiner Erträge war nach dem Wüten des Schwarzen Todes stark gefallen, und die Realteilung des Erbes ließ dem Adel in Nord- und Mittelitalien kaum mehr Ressourcen als das schwindende Arbeitskräftepotential auf ihren Besitzungen. Zur gleichen Zeit bedrohte das rasche Wachstum der Städte das soziale Ansehen und die Lebensweise des Adels. Und so waren diese Männer versucht, das unruhige und in dieser Periode noch sehr risikoreiche Söldnerleben auf sich zu nehmen. Meist konnten sie sich dabei auf die treue Gefolgschaft aller Gutsangehörigen stützen und ihre Besitzungen als Ruheort zwischen den verschiedenen Feldzügen nutzen. Sie verfügten außerdem über die Mittel, ihre Truppen über eine kürzere Zeitspanne hinweg selbst zu unterhalten, falls der vertraglich vereinbarte Sold aus irgendeinem Grunde nicht eintraf bzw. falls kein Dienstverhältnis zustandekam oder zumindest in Aussicht stand. Diese Condottieri hatten häufig das Glück, schlagkräftige Truppen von anderen Hauptleuten zu »erben«. So erwarben sich Piccinino und Gattamelata ihren Ruhm zwar durch ihr persönliches militärisches Können, doch hatten sie ihre Soldaten von Braccio da Montone übernommen, in dessen Diensten sie groß geworden waren und dessen Erbe sie sich teilten. Eine gute Partie konnte ebenfalls ein wichtiger Faktor für den Erfolg eines Condottiere sein. Piccinino heiratete zunächst die Tochter seines ersten Kommandanten und vermählte sich später, nachdem er sie wegen Ehebruchs umgebracht hatte, mit einer Nichte von Braccio. Gattamelata heiratete in die Familie Brunoro da Leonessas ein, wodurch er sich die lebenslange Unterstützung dieses umbrischen Adelsgeschlechts sicherte. Die ehelichen und familiären Bindungen der Condottieri boten also oft eine Erklärung für ihre politischen und militärischen Allianzen. In manchen Fällen erklärt sich die Entscheidung für eine Condottierelaufbahn auch durch die im Italien der Renaissance häufige Praxis der politischen Verbannung. Exilierte stellten oft potentielle Kandidaten für eine Militärlaufbahn dar und waren auch ansonsten in der unruhigen politischen Landschaft des damaligen Italien überall anzutreffen.

Die Condottiere waren demnach meist Sprößlinge des landbesitzenden Adels, doch bot ihnen das Waffenhandwerk nicht nur die Chance, Reichtum zu erwerben, sondern auch Ansehen und einen gesellschaftlichen Rang zu erlangen, der für sie im Rahmen der sozialen Hierarchie ansonsten nicht erreichbar gewesen wäre. Landbesitz und eine gehobene soziale Stellung sicherten hier zwar eine gute Ausgangsposition, der letztendliche Erfolg hing jedoch von den mehr persönlichen Qualitäten des Einzelnen ab. Damit sind aber nicht unbedingt so offensichtlich notwendige Eigenschaften wie Tapferkeit und physische Stärke gemeint. In der Rangordnung der klassischen militärischen Tugenden liegt *prudentia* vor *fortitudo*, und auch in der Renaissance wurde der militärischen und politischen Klugheit bei der Beurteilung eines Kommandanten ein großer Stellenwert beigemessen. Natürlich mußte ein ehrgeiziger Heerführer auch eine Reihe militärischer Erfolge vorweisen können, wenn er nach einem neuen Dienstvertrag oder einer Beförderung strebte; der Ruf eines Condottiere aber, der für seine weitere Laufbahn entscheidend war, hing außer von seiner Fähigkeit, kampfstarke Truppen anzuwerben und zu führen, in nicht unerheblichem Maße von seinem politischen Urteilsvermögen ab. So ist in einem Bericht, der Mitte des 15. Jahrhunderts in der Stadt Florenz verfaßt wurde, zu lesen, inwieweit es ratsam sei, dem Sigismondo Malatesta eine *condotta* anzubieten: »Es wäre sehr wichtig, Sigismondo auf gemeinsame Kosten einzustellen, sowohl aufgrund der Leute, die er zu seiner Verfügung hat, als auch wegen seiner Kampferprobtheit und der Autorität, die er bei allen genießt.« Sigismondo verfügte im Grunde nicht über dasselbe Maß an politischer Umsicht wie sein Zeitgenosse Federigo da Montefeltre, weshalb er letztlich bei weitem weniger erfolgreich in seiner Suche nach einträglichen und dauerhaften Dienstverträgen war. Jene Qualitäten, die Mitte des 15. Jahrhunderts von den Staaten am höchsten geschätzt wurden, waren erwiesene Treue und die strikte Einhaltung der Vertragsregeln. Dies waren genau jene Eigenschaften, die man von einem langgedienten Söldnerführer erwartete, der in Friedenszeiten für den Unterhalt einer verläßlichen Truppe zu sorgen und im Krieg diese Truppe als Befehlshaber anzuführen hatte.

Vieles an dem traditionellen Bild vom skrupellosen, anmaßenden und ehrgeizigen Condottiere muß im Lichte der sich im 15. Jahrhundert vollziehenden Entwicklungen revidiert werden. Zwar gab es immer schon ehrgeizige Soldaten, doch beschränkten sich deren Ambitionen insgesamt gesehen darauf, sich eine sichere materielle Basis zu schaffen und ein gewisses Maß an Respekt und gesellschaftlichem Ansehen zu erlangen. Ein großes Gut oder Lehen und gesicherte Einkünfte waren – weit mehr als die Herrschaft über eine Stadt – für den durchschnittlichen Condottiere das höchste aller Ziele. Sicherlich gab es auch solch rastlose Gestalten wie Roberto da Sanseverino, der sich anscheinend sogar noch nach 1480 keinem militärischen Befehl und keiner politischen Entscheidung anderer unterordnen konnte. Die Mehrheit der Söldnerführer allerdings lernte bald, ihre eigennützigen Bestrebungen aus Sorge um ihren Ruf in Grenzen zu halten, und mied mögliche Risiken, anstatt Bravourstücke zu vollbringen. Krieg mochte zwar eine bessere Bezahlung und eine größere Truppe bedeuten, er mochte viele Gelegenheiten für Abenteuer, Heldentaten und so manchen Extragewinn bieten – gleichzeitig beinhaltete er aber das Risiko empfindlicher Verluste bei begrenzten Ressourcen, konnte dem hart erarbeiteten Ruf schaden und Gefahren für Leib und Leben heraufbeschwören. Bezeichnenderweise zeigten die großen italienischen Condottieri des 15. Jahrhunderts wenig Begeisterung, als es darum ging, auf dem Balkan gegen die Türken zu kämpfen. Der Grund hierfür lag nicht nur darin, daß dieser Feldzug härter und gefahrvoller war als andere, sondern auch darin, daß sie dadurch aus ihrem gewohnten Rahmen herausgerissen wurden, der ihnen zwar begrenzte, aber sichere Einkünfte und Positionen gewährleistete. Sigismondo Malatesta, der sich bereit erklärt hatte, das venezianische Heer 1463 in der Morea zu befehligen, nachdem mehrere große Condottieri auf diese Ehre verzichtet hatten, mußte bald feststellen, daß der Papst ihm seine Machtstellung in Rimini während seiner Abwesenheit streitig zu machen versuchte.

Ein weiterer Faktor für die Stabilisierung des Condottierewesens waren die Söldnertruppen selbst. Sie stellten das Kapital des Condottiere dar; sein Ruf und seine Chancen auf ein längerfristiges und gewinnträchtiges Dienstverhältnis hingen von seiner Fähigkeit ab, eine schlagkräftige und loyale Truppe zu unterhalten. Aus genau diesem Grunde war eine sichere Basis für den Condottiere so wichtig; er bedurfte eigener Winterquartiere, wo seine Truppe sicher untergebracht war, falls der Staat, dem er diente, keine Unterbringungsmöglichkeiten anbot. Auch wenn der Condottiere noch keinen längerfristigen Dienstvertrag hatte abschließen können, mußte er seine Soldaten möglichst in ständiger Dienstbereitschaft halten. Dies erreichte er durch den Abschluß von *condotte* mit all seinen Schwadronskommandanten und mit vielen seiner Soldaten, die er durch feste, ständige vertraglich verlängerbare Dienstperioden an sich band. Die Geltungsdauer dieser Verträge war nicht auf die Fristen jener Verträge abgestimmt, die den Condottiere und seine ganze Truppe gegenüber einem Dienstherrn verpflichteten. Durch dieses System sowie durch das Bemühen des Condottiere, sich der Loyalität seiner Leute zu versichern und für ihre materiellen Bedürfnisse zu sorgen, wurde eine festgefügte Einheit geschaffen, die vom Vater an den Sohn oder an einen vom Condottiere selbst bestimmten Nachfolger weitergegeben werden konnte. Wenn es also einem Condottierefürsten wie Federigo da Montefeltre gelang, über eine lange Zeit hinweg ein beträchtliches Rekrutierungs- und Quartiersgebiet zu kontrollieren und seinen Hof in Urbino zu einem zusätzlichen Anreiz für längerdauernde Dienstverhältnisse zu machen, so wird dies nicht überraschen. Weit erstaunlicher erscheint hier das Beispiel der Truppe von Michele Attendolo in den Jahren 1425 bis 1448. Attendolo verfügte über diesen gesamten Zeitraum hinweg über keinen anderen Stützpunkt als seine Familienbesitzungen in der Romagna, während seine Truppe sich nacheinander jeweils mehrere Jahre lang im Dienst des Papstes und der Städte Florenz und Venedig befand. Aus den bemerkenswert gut erhaltenen Rechnungsbüchern seiner Truppe geht hervor, daß diese während der erwähnten 23 Jahre normalerweise 600 bewaffnete Lanzen zählte und daß Attendolo 512 Condottieri unter Vertrag hatte. Über 100 dieser Condottieri dienten mehr als 10 Jahre lang in seiner

Truppe; nur 31 quittierten ihren Dienst vor dem Auslaufen ihres Vertrags. 25 Condottieri starben während ihrer Dienstzeit, 15 davon im Kampf. Es besteht kein Grund zu der Annahme, daß Michele Attendolos Truppe eine Ausnahme darstellte. Jacopo Piccinino, Gattamelata, Roberto da Sanseverino und Bartoloméo Colleoni hatten wohl sehr ähnliche Vorkehrungen getroffen, um ihre großen Truppenverbände über längere Zeiträume hinweg zusammenzuhalten, ohne über Einkünfte aus einem eigenen kleinen Staat zu verfügen, die sie zum Unterhalt ihrer Soldaten hätten verwenden können. (Colleoni erhielt schließlich um 1455 von der Stadt Venedig Malpaga als Lehen.)

Natürlich entwickelte eine solche Truppe im Laufe der Zeit ihre eigene Verwaltung und ihr eigenes Versorgungssystem. Der Condottiere behielt einen beträchtlichen Anteil des Soldes ein, den er für seine Truppen einnahm, um dafür Proviant, Kleidung, Waffen und andere Ausrüstungsgegenstände etc. zu beschaffen. In dieser Hinsicht erscheint das Militärwesen bereits als eine Art Großunternehmertum, durch das die Condottieri zu reichen Männern werden konnten. Gleichzeitig war es jedoch unbedingt erforderlich, daß die Truppen sowohl für die abgeleisteten Dienste angemessen bezahlt wurden als auch Sondervergütungen erhielten, um sich ihrer Loyalität zu versichern. Auch hier zeigen Attendolos Rechnungsbücher, daß seine Truppen regelmäßigen Sold erhielten und nicht auf gelegentliche Gewinne aus Beutezügen angewiesen waren.

All dies deutet darauf hin, daß es ein Irrtum wäre, die Truppen der Condottiere als eine Bande raubgieriger Söldner anzusehen, die am Rande der Gesellschaft ihr Unwesen trieben. Vielmehr lebten sie in festen Unterkünften und waren tief in der lokalen Gesellschaft und Wirtschaft verwurzelt. Meist waren sie diszipliniert, gut organisiert und durchaus in der Lage, ihre eigene Versorgung zu garantieren. Inwieweit sie angemessen besoldet wurden, lag ebenso sehr an dem Staat, dem sie dienten, wie an ihrem Condottiere. Häufig war dieser gezwungen, sein eigenes Kapital zu verwenden oder Geld von Bankiers zu leihen, um seine Truppen zu bezahlen, während er andererseits auf die oft im Verzug befindlichen Zahlungen seines Dienstgebers wartete. Dies war nur eines von vielen Problemen, die das Verhältnis zwischen den Condottieri und den Staaten vergifteten, was manchmal zu heftigen Reaktionen seitens der ersteren und bösartigen Verleumdungen durch die letzteren führte.

Der Condottiere war, genau entsprechend der Bedeutung seines Namens, ein vertraglich gebundener Soldat. Deshalb ist sein Verhältnis zu seinem Dienstherrn und die Frage, inwieweit der Vertrag von beiden Seiten erfüllt wurde, der Schlüssel zum Verständnis seiner historischen Rolle. Zweifellos ließen sich die italienischen Staaten des 14. und 15. Jahrhunderts und insbesondere die auf Handel spezialisierten Stadtstaaten besonders leicht durch große bewaffnete Truppen erpressen und einschüchtern. Um 1400 klafften zwischen professionellen Söldnerregimentern und hastig ausgehobenen Bürger- und Bauernwehren in bezug auf Ausbildung und Erfahrung so große Unterschiede, daß ein Staat ohne fremde Hilfe den Forderungen eines entschlossenen Condottiere nur schwerlich Widerstand leisten konnte. Obwohl es meist gelang, Söldnertruppen daran zu hindern, in eine größere Stadt einzudringen und sie zu plündern, war der Schaden, den sie auf den Handelswegen und im Umland einer Stadt anrichten konnten, so groß, daß dies den Bürgern der Städte Anlaß zu tiefer Sorge gab. Die Regierungen lebten daher in ständiger Furcht vor den Unruhen, die durch Nahrungsmittelknappheit und noch stärker durch Plünderungen ausgelöst wurden. Man sollte jedoch die Tatsache nicht unterschätzen, daß die italienischen Staaten im späten 14. Jahrhundert an Stärke gewannen und sich durch Schaffung von dauerhaften Regelungen und Strukturen abzusichern wußten. Während also noch im 14. Jahrhundert ein kleiner Stadtstaat von einer starken Söldnertruppe tyrannisiert werden konnte, waren die Flächenstaaten des 15. Jahrhunderts dieser Gefahr nicht mehr hilflos ausgeliefert: Sie entwickelten Mechanismen zur Kontrolle und Disziplinierung der Condottieri; sie hatten verschiedene Truppenverbände in ihren Diensten, wodurch sie sich eventuellem Druck durch einzelne Hauptleute oder Kompanien leichter widersetzen konnten; und sie bauten ihre Verteidigungsanlagen aus. All dies wirkte einem möglichen Militärputsch entgegen. Am wichtigsten war jedoch, daß die Staaten für eine regelmäßige und ausreichende Entlohnung der Söldnertruppen sorgten, um jeglicher bösen Absicht auf deren Seite entgegenzuwirken.

Von all den Mechanismen, die die italienischen Staaten zur Kontrolle der Condottieri ersannen, sind die zivilen Kommissare, die die Söldnerheere auf ihren Feldzügen begleiteten, wohl am bekanntesten. Dieses Amt hatte eine lange, bis ins 13. Jahrhundert zurückreichende Tradition; es handelte sich dabei immer um verdiente Angehörige der politischen Führung eines Staates, deren Aufgabe darin bestand, die Heeresführung politisch zu beraten und ihrer Regierung über das Verhalten der Soldaten Bericht zu erstatten. Natürlich hatten diese Männer kaum eine Möglichkeit, einen Condottiere, der zum Vertragsbruch entschlossen war, in irgendeiner Form zu disziplinieren, noch konnten sie gegen unliebsames Verhalten etwas anderes unternehmen, als es weiterzumelden. Ohne einen umfassenden Apparat von zivilen Beamten, die für die Anwerbung von Soldaten, die Abfassung von Verträgen, für Inspektionen, Sold, Unterkunft, Verpflegung etc. verantwortlich waren, blieb den Kommissaren kaum eine Möglichkeit der Einflußnahme. Ein solcher Apparat entstand aber in den meisten italienischen Staaten erst im späten 14. und frühen 15. Jahrhundert im Zuge des allgemeinen Ausbaus der bürokratischen Strukturen und einer zentralisierten Verwaltung.

Die Einsetzung einer wachsenden Zahl von zivilen Militärbeamten, die meist als *collaterali* bezeichnet wurden, ging mit einer wachsenden Stabilität des Systems insgesamt einher. So wurden die Condottieri nicht nur während ihrer Feldzüge von höheren Kommissaren begleitet, sondern darüber hinaus auch ständig von einer Schar rangniedrigerer Beamten kontrolliert und unterstützt. Aus der zweiten Hälfte des 15. Jahrhunderts stammende Abhandlungen über die Heeresorganisation (und hier insbesondere Chierighino Chiericatis *Trattatello della milizia*) belegen, welche Bedeutung diese Art der Kontrolle hatte. Chiericati war viele Jahre lang in Venedig *vice-collaterale* gewesen, und zwar während jener Zeit, als die Oberaufsicht über die gesamte Organisation des Heeres in den Händen von Belpetro Manelmi lag, einer legendären Gestalt der venezianischen Militärgeschichte. Chiericati ging nach 1460 auf Ersuchen des Papstes nach Rom und übernahm für die Dauer von dessen Amtszeit die Oberaufsicht über das päpstliche Heer. Ein ähnliches Amt hatte Orféo da Ricavo in den Jahren zwischen 1460 und 1480 in der Armee Mailands inne.

Es war unvermeidlich, daß in den Beziehungen zwischen den Söldnern und den zivilen Beamten Spannungen auftraten; dennoch blieb, wie sich ohne weiteres zeigen läßt, noch genug Raum für Zusammenarbeit und gegenseitigen Respekt. In einem System, in dem die Condottieri in wachsendem Maße auf regelmäßigen Sold, auf Belohnungen und Vergünstigungen seitens der Fürsten und Republiken angewiesen waren und sich weniger auf Plünderungen, Kriegsbeute und Lösegeld verlassen konnten, wurden die staatlichen Beamten neben ihrer Aufgabe als »Wachhund« zu wichtigen Vermittlern und Verbündeten.

Die Entlohnung der Condottieri war immer eine delikate Angelegenheit, denn die Eifersüchteleien und Rivalitäten unter ihnen waren sprichwörtlich und verringerten sich nicht unbedingt durch eine längere Dienstzeit in derselben Armee. Im 15. Jahrhundert gelang es, diese Probleme etwas zu entschärfen, indem man den Sold häufiger ausbezahlte und ihn stärker zu staffeln begann. Heimliche Geldzahlungen und in den Vertragsregeln niedergelegte geheime Sonderübereinkünfte zugunsten einzelner Condottieri waren zwar noch möglich, wurden aber immer mehr zur Ausnahme. Stattdessen entlohnte man langgediente Condottierehauptleute mit Landbesitz oder gar mit einem regulären Lehen. Durch diese Belehnung erhielt ein Condottiere, der nicht von Geburt an Untertan des betreffenden Staates war, einen Titel, Privilegien und den von ihm angestrebten sicheren Rückhalt, während von ihm im Gegenzug Engagement und die Übernahme von Verantwortung erwartet wurden. Die Condottieri waren nicht die einzigen Nutznießer dieses im 15. Jahrhundert auftretenden »neuen Feudalismus«, wobei dieser Begriff sicherlich etwas irreführend ist, denn die Lehensnahme verpflichtete einen Condottiere nicht automatisch zur Ableistung von militärischen Diensten, noch wurden ihm damit irgendwelche umfassenden richterlichen oder administrativen Aufgaben auf lokaler Ebene übertragen. Die beschriebene Praxis, die besonders in Mailand und Venedig verbreitet war, verlieh dem Condottiere jedoch einen neuen Status: Sie bedeutete die Adelung und Eingliederung von Männern, die wohl schon von vornherein adliger Herkunft gewesen waren, deren treue Gefolgschaft aber weit unklarer war.

Neben der Übertragung von Landbesitz konnten die Condottieri auch durch Verleihung einer Reihe von Ehrenrechten entlohnt werden. So wurden sie in den italienischen Fürstentümern ehrenhalber als Mitglieder der Herrscherfamilie anerkannt und fanden manchmal sogar durch Heirat mit einer – meist außerehelichen – Tochter des Herrscherhauses auch formell Aufnahme in die Familie. In den Republiken erhielten sie die Ehrenbürgerschaft und in Venedig konnten sie zu Mitgliedern des Großen Rates ernannt werden, was beides ebenfalls eine Erhebung in den Adelsstand bedeutete. Rittertitel wurden mit Bedacht schon auf den unteren Rängen der neuen Hierarchien verliehen, damit auch niedere Hauptleute und Infanteriekonstabler in den Genuß solcher Titel kommen konnten. In den Städten wurden den Condottieri Palazzi als Wohnstätten für ihre gelegentlichen dortigen Aufenthalte überlassen, wenngleich es weder besonders erwartet noch gewünscht wurde, daß die Söldner sich dort auf Dauer niederließen. Die großen Heerführer erschienen zu regelmäßigen Besuchen in den Hauptstädten ihrer Dienstherrn, um sich dort ein Kommando übertragen zu lassen, um entlohnt und geehrt zu werden, um Kriegsrat zu halten oder einen Sieg zu feiern. Solche Anlässe liefen nach einem genau festgelegten Zeremoniell ab und waren von Turnieren und Gastmälern umrahmt. Mitte des 15. Jahrhunderts hatten sich diese Gelegenheiten zu regelrechten Staatsakten entwikkelt, doch wenn der Condottiere auch in seinen Triumphen baden konnte und wie ein antiker Held gerühmt wurde, so kam er doch nur als ein Diener der Staates, der zwar umschmeichelt und umworben wurde, den man aber ansonsten möglichst bald wieder außerhalb der Stadtmauern wissen wollte.

Oft kehrte ein Condottiere letztmals in die Stadt zurück, wenn er zu Grabe getragen wurde. Ein Staatsbegräbnis war eine der letzten Ehren, die ein Staat einem Hauptmann und seiner Familie erweisen konnte. Es stellte zugleich eine Möglichkeit dar, den Soldaten zu beweisen, daß ihre Dienste und Opfer anerkannt wurden. Spätere Bildnisse und Monumente berühmter Condottiere sollten bei den Untertanen den Sinn für militärische Tugenden wecken.

Natürlich hatte das Verhältnis zwischen dem Condottiere und seinem Dienstherrn noch eine andere Seite. Ein Entlohnungssystem ist unvollständig, wenn nicht parallel dazu ein System von Strafen existiert. Man kann jedoch nicht sagen, daß die härteste aller Strafen, die gegen gefährliche oder aufsässige Condottieri verhängt wurde, die Todesstrafe, häufig und regelmäßig angewandt worden wäre. Sie wurde gemeinhin nur gegen Deserteure verhängt, bzw., um einer Fahnenflucht zuvorzukommen. Die Hinrichtung Carmagnolas, 1432 in Venedig, ist einer der bekanntesten Fälle dieser Art. Carmagnola war 1426 aus den Diensten Mailands desertiert und zu Venedig übergelaufen – der einzige große Treuebruch in seinem Leben, der zweifellos durch die Eifersucht, das Mißtrauen und den Verrat Filippo Maria Viscontis, des Herzogs von Mailand, provoziert worden war. Nachdem er die Fronten gewechselt hatte, konnte Venedig (nicht zuletzt seinetwegen) einige dramatische Gebietsgewinne auf Kosten Mailands verbuchen. Doch waren die Venezianer ständig von der Furcht geplagt, daß Carmagnola sich wieder Mailand zuwenden könnte. Er wurde deshalb auf Schritt und Tritt beobachtet, und alle seine Post wurde abgefangen. Das Verhältnis zwischen dem Condottiere und der Stadt verschlechterte sich schließlich so sehr, daß die Venezianer keinen anderen Ausweg sahen, als Carmagnola hinzurichten. Wohl hatten sie keine eindeutigen Beweise dafür, daß er irgendeinen Verrat plante, doch ein Condottiere, der unter offenem Verdacht stand, war allenthalben ein verlorener Condottiere, und Venedig konnte es unter keinen Umständen riskieren, daß Carmagnola wieder zu Mailand überlief.

Seine öffentliche Hinrichtung stellt jedoch in der Geschichte der Condottieri eine Ausnahme dar. Bei den meisten, die von ihren Dienstherrn beiseite geschafft wurden, geschah dies auf weniger demonstrative Weise. Jacopo Piccinino wurde 1465 vermutlich auf Befehl König Ferrantes von Neapel ermordet. Höchstwahrscheinlich stieß man ihn aus dem Fenster, obwohl offiziell verbreitet wurde, daß er bei einem Fluchtversuch hinabgestürzt sei. Ebenso wie Carmagnola hatte er das Vertrauen seiner Dienstherrn verloren, die ihn jedoch für zu gefährlich hielten, um ihn einfach zu entlassen. Niccolò da Tolentino und Tiberto Bradolini wurden auf Geheiß Mailands umgebracht – der eine als Strafe für begangenen Verrat, der andere, weil er im Verdacht stand, Verrat zu planen. In Bradolinis Fall hatte man von seinem Schreiber Giovanbattista da Narni ein detailliertes und etwas überzogenes Geständnis erpreßt und veröffentlicht: Es umfaßte eine Anzahl kleinerer Indiskretionen und ergebnislose Kontakte zu anderen potentiellen Vertragspartnern, die sich über die gesamten zehn Jahre erstreckten, in denen Bradolini in Mailands Diensten stand. Doch befand sich jeder angesehene Condottiere in dem Dilemma, solche Kontakte nicht gänzlich vermeiden zu können. Jeder Staat, der von einer sieggewohnten Armee bedroht wurde, bemühte sich, mit deren Befehlshaber oder mit einem der größeren Heerführer in Verbindung zu treten: Nicht unbedingt, um diese zum Überlaufen zu bewegen, sondern um einen Angriff abzulenken oder sogar einen Waffenstillstand zu erreichen. Aus der Sicht des Staates aber, in dessen Diensten der Condottiere stand, war jeder Kontakt verdächtig und barg Verrat in sich. Der Fenstersturz Baldaccio d'Anghiaris im Jahre 1441 war weniger aus Empörung über seine geheime Zusage, in den Dienst des Papstes zu treten, von den Florentinern veranlaßt worden (der Papst war zu jener Zeit Florenz' Verbündeter). Was schwerer wog, war, daß er sich von der Capponifraktion in politische Intrigen hatte verwickeln lassen, die gegen die in Florenz herrschenden Medici gerichtet waren.

Eine Hinrichtung, gleich ob öffentlich oder geheim, war jedoch ein extremes und vergleichsweise seltenes Mittel zur Lösung von Differenzen, die zwischen den Condottieri und den Staaten auftraten. Häufiger verhängte man Bußgelder gegen einen unbotmäßigen Condottiere oder entließ ihn. Geldstrafen oder die Einbehaltung von Soldzahlungen waren das übliche Mittel, um einen Söldnerführer, dessen Truppen nicht die erwarteten Leistungen erbrachten, in die Schranken zu weisen; Entlassung erschien als die beste Lösung, wenn ein Condottiere Befehlen zuwiderhandelte oder sich als undiszipliniert erwies. Als Sigismondo Malatesta zwanzig Wagenladungen antiken Marmors aus zwei Kirchen in Ravenna entwendete, um sich seinen *Tempio* zu bauen, kürzten die Venezianer seinen Sold um 3000 Dukaten. Eine Entlassung hingegen war mit besonderer Vorsicht zu handhaben, denn ob sie sich als sinnvoll bzw. überhaupt als möglich erwies, hing von der Organisationsstruktur des jeweiligen Heeres ab. Bei einer großen, relativ stabilen Armee, wie sie um 1450 in Mailand und Venedig existierte, konnten auch ziemlich mächtige Condottieri entfernt werden, indem man drohte, ihre Truppen mit anderen Regimentern anzugreifen. Venedig gelang es 1452 auf diese Weise, Bartoloméo Colleoni zu vertreiben; 1482 entledigte sich Mailand Roberto da Sanseverinos auf die gleiche Weise. In beiden Fällen war möglicherweise auch erwägt worden, die Condottieri zu verhaften, doch erschien eine Entlassung und Ausweisung wohl als die politisch akzeptablere Lösung. Bei weniger stabilen und durchstrukturierten Armeen jedoch, konnten sich durch die Entlassung eines einzelnen Söldnerregiments beträchtliche Schwierigkeiten ergeben, weshalb hier nur selten auf eine solche Lösung zurückgegriffen wurde. Andererseits wurden auf beiden Seiten oft Spannungen und Mißtrauen heraufbeschworen, wenn ein Staat versuchte, einen Condottiere dazu zu bewegen, freiwillig seinen Abschied zu nehmen, indem man ihm die Auszahlung seines Solds verweigerte – woraufhin der Condottiere meist versuchte, auf unrechtmäßige Weise zu seinem Geld zu kommen. Als Alessandro Sforza 1454 von Florenz im Zuge der Demobilisierung nach dem Frieden von Lodi entlassen wurde, entschädigte er sich für seine ausstehenden Soldzahlungen, indem er in Parma eine florentinische Händlerkaravane überfiel und ausraubte.

Das gegenseitige Mißtrauen war sicher eine der gravierendsten Schwächen des Condottierewesens. Während die Regierungen befürchteten, daß ihre Hauptleute desertierten oder ihre Waffen gegen ihren Geldgeber richten könnten, sorgten sich die Condottieri, daß die regelmäßigen Soldzahlungen ausblieben und die Regierungen eventuell aufgrund einer Änderung ihrer Kriegspolitik keine Verwendung mehr für sie hätten. Alles in allem hatten die Soldaten wohl mehr Grund zum Mißtrauen als die Regierungen. Es wäre allerdings ein Irrtum zu glauben, daß Probleme bei den Soldzahlungen und mit der Disziplin die einzigen Ursachen für Auseinandersetzungen zwischen den Condottieri und ihren Dienstherrn gewesen seien. Grundlegende Fragen der Kriegspolitik und der Militärorganisation waren ebenso häufige Streitpunkte. Während die Soldaten den Zivilisten meist voller Herablassung jegliches Verständnis für militärische Fragen absprachen, hatten die humanistischen Administratoren, die meist in den klassischen militärischen Abhandlungen belesen waren, andere Prioritäten und andere Vorstellungen als die Söldnerführer. Carmagnola führte jahrelang eine erbitterte Auseinandersetzung mit den *provveditori*, den für das Militär zuständigen Beamten, und dem venezianischen Senat über die Frage, wann es vernünftig sei, das Heer im Feld stehen zu lassen und wann man es lieber ins Quartier zurückführen sollte. Hierbei ging es nicht nur darum, zu welchem Zeitpunkt des Frühjahrs ein Feldzug begonnen werden bzw. wie weit man ihn in den Herbst hinein ausdehnen konnte; in der italienischen Militärtradition war es nämlich auch Sitte, zur Mittsommerzeit die Kämpfe zeitweilig zu unterbrechen, weil die Hitze und der Mangel an Viehfutter dann den Unterhalt eines im Felde stehenden Heeres erschwerten. Michele Attendolo hatte 1431 mit Florenz eine Auseinandersetzung darüber, ob es ratsam sei, die Hauptarmee der Stadt in die Lombardei zu führen. Die Frage, ob man eine bestimmte Schlacht riskieren solle oder nicht, wurde sowohl in den Heereslagern zwischen den Condottieri und den Kommissaren als auch in den Ratsversammlungen der Regierungen debattiert. Die Condottieri waren nur selten allein für den Ausgang einer Schlacht verantwortlich zu machen, obwohl man ihnen dies oft unterstellen wollte.

Was ließe sich also über die militärische Bedeutung dieser Soldaten der Renaissance sagen? Die zeitgenössischen Chroniken sind randvoll mit Hinweisen auf ihr Können: So besaß Musio Attendolo Sforza die Gabe, wortgewaltige Reden zu halten und seine Männer mitzureißen; Braccio verfügte über die schier unheimliche Fähigkeit, jeden seiner Leute mit Namen zu kennen und sich ihrer Loyalität zu versichern; Niccolò Piccinino war für seine glühende Kampfeslust, Francesco Sforza und Bartoloméo Colleoni waren für ihre ruhige, unerschütterliche Entschlossenheit berühmt. Auch heute noch staunen wir über Gattamelatas berühmten Marsch durch den Schnee, der ihn auf der Flucht vor einer Falle Mailands am Nordufer des Gardasees entlangführte; ebenso kühn erscheint uns Roberto da Sanseverinos Attacke gegen Ferrara im Jahre 1482, die er aus den Tartarussümpfen heraus führte. War es aber im Grunde nicht so, daß die Condottieri, wie Machiavelli meinte, nur Krieg spielten, weil sie viel zu sehr um ihre begrenzten Ressourcen besorgt und zu sehr an leichter Beute interessiert waren, um sich auf ernsthafte Schlachten einzulassen? Waren ihre Truppen nicht eher Anachronismen, die eine veraltete Kavallerietradition hochhielten, als die Kriegführung längst durch Pikeninfanterie und Schußwaffen revolutioniert worden war? Bis zu einem gewissen Grade trifft es wohl zu, daß Italien in der zweiten Hälfte des 15. Jahrhunderts der ausgedehnten Kriege müde war, doch ist darin eher eine politische Reaktion auf die durch den Krieg verursachten Kosten und Zerstörungen zu sehen und weniger ein Zeichen schwindender Energie auf Seiten der Militärs. Es war wohl unvermeidlich, daß die Berufssoldaten sich nach dem Abebben der Kriege im Jahre 1454 eher friedlichen Zielen widmeten, doch nutzten manche von ihnen die Gelegenheit, um im Ausland ihre Dienste anzubieten, vor allem bei den Herzögen von Burgund, die ihre Fähigkeiten besonders hochschätzten. Noch wichtiger ist jedoch, daß in dieser Periode relativer Ruhe das Waffenhandwerk nicht in Vergessenheit geriet. Die italienischen Staaten unterhielten stehende Heere und wendeten beträchtliche Mittel auf, um deren Einsatzfähigkeit zu sichern und die Kampfkraft zu stärken. Es war die Zeit der Erprobung und Entwicklung der Artillerie, wobei sich Venedig und Mailand besonders hervortaten; es war auch die Zeit der Neuerungen auf dem Gebiet des Festungsbaus, die von einer Generation herausragender Architekten – Baccio Pontelli, Francesco di Giorgio Martini, Giuliano da Sangallo (der Ältere) – eingeführt und in gewissem Maße von Hauptleuten und den Condottierefürsten angeleitet und inspiriert wurden. Und es war die Zeit, in der in den italienischen Armeen ein rasch wachsender Anteil an ausgebildeter Infanterie zu verzeichnen war und in der es kaum noch Condottiereregimenter gab, die nicht über Infanterie verfügten. Zudem entdeckten die Condottieri nun die Vorteile der leichten Kavallerie, weshalb sie ihren Truppen meist Schwadronen von berittenen Bogenschützen und anderer leichter Kavallerie angliederten.

Die Condottieri waren mithin kriegstechnisch alles andere als rückständig. So setzten die großen Söldnergeneräle bereits im frühen 15. Jahrhundert, als in Italien noch keine klare Infanterietradition wie die der englischen Bogenschützen oder die der Hussiten existierte, in ihren Regimentern Infanterie ein. Zum Teil war dies eine Antwort auf die befestigten Stellungen, die zwischen 1425 und 1454 während der Kriege in der

Lombardei in großer Zahl errichtet wurden. Doch hatten die Condottieri schon im späten 14. Jahrhundert von Hawkwood und seinen englischen Hauptleuten die Strategie übernommen, berittene Soldaten während der Schlacht zu Fuß und zusammen mit Bogen- und Armbrustschützen einzusetzen. Pietro da Fontana, der 1373 die Venezianer gegen Padua führte, erzielte mit dieser Taktik eine vernichtende Wirkung.

Angesichts des fortgesetzten Einsatzes der Infanterie und der ständigen Weiterentwicklung von Artillerie und Handfeuerwaffen kann es kaum überraschen, daß im 15. Jahrhundert die Kriege in Italien kaum weniger erbittert und blutrünstig verliefen als bewaffnete Auseinandersetzungen nördlich der Alpen. Die Anlässe und Ziele der von den Condottieri geführten Kriege hingen sowohl von den Staaten als auch von den Launen der Söldnerführer selbst ab. Nur selten waren die Staaten darauf aus, den Gegner zu vernichten, und ebenso wie die Condottieri waren sie wohl bedacht, ihre Armeen, die sie mit so großem Aufwand rekrutiert hatten, nicht zu verlieren. Infolgedessen neigte man zum Taktieren und vermied möglichst offene Schlachten, sofern die Umstände für die eigenen Truppen nicht außerordentlich vorteilhaft waren. Ein solches Vergehen war bereits für die mittelalterliche Kriegführung charakteristisch gewesen – gleich, ob es sich nun um Söldner oder um einheimische Truppen handelte –, doch erwiesen sich die Condottieri als Meister taktischer Manöver. Sie konnten sich dabei weitgehend auf ihre intime Kenntnis der geographischen Gegebenheiten und auf gute Kundschafter verlassen, so daß sie in der Lage waren, sich mit ihren relativ kleinen berittenen Truppenverbänden dem Zugriff des Feindes zu entziehen, gleichzeitig aber große Zerstörungen anzurichten. Bei solchen Manövern bot sich unter Umständen die Gelegenheit, den Feind zu überraschen oder ihn zu einem unvorsichtigen Verzweiflungsangriff zu verleiten, woraus sich dann eine regelrechte Schlacht entwickeln konnte. In der Realität aber gelang die Überrumpelung selten so vollständig, und eine Falle war selten so unfehlbar, wie die Strategen gehofft hatten. Letztlich hing deshalb der Entschluß, einen sich bietenden Vorteil zu nutzen und sich auf eine offene Schlacht einzulassen, davon ab, für wie frisch man die Truppen noch einschätzte, wie weit die Jahreszeit fortgeschritten war, und vor allem, worauf die von den Kommissaren überbrachten politischen Pläne hinausliefen.

Dieses Taktieren und vorsichtige Herangehen an offene Schlachten entsprach natürlich den in der klassischen Militärliteratur enthaltenen

Empfehlungen, weshalb wir uns noch mitder Frage beschäftigen sollten, inwieweit die Condottieri als Männer der Renaissance sich am klassischen Vorbild orientierten. Da sie in der Mehrheit dem gebildeten Adel entstammten, ist es kaum verwunderlich, daß sowohl sie selbst als auch ihre humanistischen Bewunderer gerne klassische Vorbilder zitierten und diese mit ihren eigenen Strategien verglichen. Dies entsprach den Denkgewohnheiten der Epoche, und so ist es höchst unwahrscheinlich, daß diese Männer der Tat sich nicht zu einem gewissen Grad von einem Ethos leiten ließen, das entschlossenem Handeln einen hohen Stellenwert beimaß. Alles deutet darauf hin, daß militärische Führer wie Federigo da Montefeltre, Gianjacopo Trivulzio und Antonio da Marsciano die Klassiker der Militärliteratur studiert hatten – ebenso wie viele andere begeisterte, jedoch von der Thematik weniger direkt betroffene Bibliophile. Man darf jedoch nicht vergessen, daß die Lehren von Vegetius und Frontinus schon seit dem Mittelalter einen tiefgreifenden Einfluß auf die Militärliteratur ausübten, weshalb es äußerst schwierig ist, bestimmte Kriegslisten oder Konzepte auf ein originäres klassisches Vorbild zurückzuführen. Zudem wurden in der Renaissance keine zuvor unbekannten antiken Werke von einiger Bedeutung entdeckt, so daß nicht mit Sicherheit entschieden werden kann, in welchem Maße nun ein eifriger Literaturmäzen wie Federigo da Montefeltre auf militärischem Gebiet durch seine klassische Lektüre beeinflußt wurde. Die Kriegführung der Renaissance wurde mit Sicherheit weitgehend von den sozioökonomischen und politischen Gegebenheiten der Epoche diktiert; die Kenntnis der klassischen Autoren war nur ein, und dazu noch ein recht vager Erfahrungswert, über den ein Condottiere verfügen mußte, um die unmittelbar anstehenden militärischen Probleme zu bewältigen. Allerdings mag es wohl zutreffen, daß die in der antiken Literatur so hochgelobte militärische Disziplin, die im 15. Jahrhundert aufgrund der permanenten Dienstverhältnisse immer wichtiger wurde, sich gegenüber den niederen soldatischen Rängen leichter durchsetzen ließ, wenn man auf die klassischen Autoritäten verwies.

In diesem Kapitel wurde vor allem gezeigt, daß die Söldnerführer der italienischen Renaissance nicht in dem Maße gesellschaftliche Außenseiter waren, wie meist angenommen wird. Dies gilt auch, wenn man den Einfluß, den sie im kulturellen Bereich ausübten, näher betrachtet. Der Krieg als künstlerisches Motiv war ein integraler Bestandteil der italienischen Kultur; es begegnet uns hier eine Welt, in der die Gestalten von Venus und Mars eine große Rolle spielen; in der Schlachtszenen die Wände von Lorenzo de' Medicis Schlafgemach zieren; eine Welt, in der der Typus des gelehrten Soldaten zum humanistischen Persönlichkeitsideal wird. Architekten, Goldschmiede und Maler arbeiteten voller Enthusiasmus am Bau von Festungen, der Konstruktion von Schußwaffen und dem Entwurf von Turnierfahnen mit. Die Turniere selbst waren gleichermaßen grandiose Schauveranstaltungen und Exerzierplatz für die Soldaten.

Natürlich bemühten sich die als Mäzene wirkenden Condottieri in gewissem Sinne um die Förderung von Vorhaben mit militärischer Thematik. In der Grabsteinkunst dominierten Soldatenbilder, wobei es nicht immer Soldaten und deren Familien waren, die diese bestellten; militärische Abhandlungen stammten oft aus der Feder von Humanisten, die im Umfeld der Condottieri lebten; Rüstungen wurden meist direkt für Soldaten entworfen und verziert. Ebenso läßt sich recht genau verfolgen, aus welchen speziellen Gründen Soldaten sich veranlaßt sahen, sich als Mäzene hervorzutun. Oft gilt in mobileren und flexibleren Gesellschaften das Streben nach gesellschaftlicher Anerkennung als Hauptmotiv für die Gönnerschaft im kulturellen Bereich. Zwar genossen die Condottieri insgesamt gesehen sehr wohl einen gewissen Status; manche von ihnen jedoch erlangten durch ihre militärischen Erfolge ein Ansehen und eine Berühmtheit, die ihren eigentlichen gesellschaftlichen Rang bei weitem übertrafen, so daß sie sich berufen fühlten, prestigeträchtige kulturelle Vorhaben zu unterstützen. Bartoloméo Colleoni, der eine sichere Position als General des venezianischen Heeres erreichte, ist ein gutes Beispiel für solch einen außerordentlich erfolgreichen Condottiere. Von der Republik Venedig erhielt er ein sehr großes Lehen, das an der Grenze zum Herzogtum Mailand gelegen war. Hier konnte er seine Truppen unterbringen und entschloß sich schließlich auch, an diesem Ort einen Hof zu gründen. Er spielte außerdem noch im nahegelegenen Bergamo, wo er sich seine eigene Begräbniskapelle errichten ließ, eine einflußreiche Rolle. Colleoni, der aus dem niederen Adel stammte, war ursprünglich Befehlshaber eines bescheidenen Regiments gewesen (eine Position, die seiner gesellschaftlichen Stellung entsprach). Es gelang ihm jedoch, sich hochzudienen, woraufhin er zu einer der wichtigsten, von Königen und Fürsten hofierten Persönlichkeiten im politischen und gesellschaftlichen Leben Italiens wurde. Dieser Umstand war eindeutig einer der Hauptanreize für sein Wirken als Mäzen. Die überwältigende Mehrheit der Condottieri schaffte allerdings keinen derartigen gesellschaftlichen Aufstieg, weshalb es noch andere Gründe für ihr Wirken als Gönner geben muß.

Wahrscheinlich hatten die Condottieri aufgrund ihrer Lebensumstände, wo ständig ein plötzlicher Tod drohte und Gewalt und Erpressung an der Tagesordnung waren, ein besonderes Verhältnis zur Kirche. Dafür spricht zumindest die enorme Anzahl von Kapellen, die sie in italienischen Kirchen errichten ließen. Bei den meisten Condottieri über die uns umfangreichere Zeugnisse erhalten geblieben sind, läßt sich eine derartige Gönnerschaft gegenüber der Kirche nachweisen – angefangen mit Sigismondo Malatestas schon beinahe heidnischem *Tempio* in Rimini bis hin zu Antonio da Marscianos sehr traditionellen Schenkungen an 25 kleine, in seinem Testament genannte umbrische Kirchen.

In gewisser Hinsicht waren diese Stiftungen eine für die Condottieri typische Art der Gönnerschaft. Dies galt besonders für das späte 14. und frühe 15. Jahrhundert, als die Söldnerführer häufig noch nicht fest an einen bestimmten Staat gebunden waren. In dieser Art von Mäzenatentum spiegelte sich der unstete Charakter des soldatischen Lebens wider, der wohl bei den Condottieri das Bedürfnis aufkommen ließ, in den verschiedenen Gemeinwesen, mit denen sie in Kontakt gestanden hatten, in irgendeiner Form Spuren zu hinterlassen. Ab etwa 1430 jedoch hatte sich das Leben der Condottieri weitgehend verändert: Sie verfügten nun über feste Winterquartiere und Stützpunkte, und dementsprechend änderten sich auch die Bereiche, in denen sie als Mäzene auftraten. So kam es, daß die Condottieri sich in ebensolcher Weise wie der Adel als Musenförderer zeigten – wie jener Stand also, aus dem viele von ihnen hervorgegangen waren und in den sie auch wieder als Lehensmänner Aufnahme fanden.

In einer sehr bedeutenden Hinsicht jedoch blieben die Condottieri eine ganz besondere gesellschaftliche Gruppe, denn trotz all ihrer Klagen und trotz Nichtzahlung vieler ihnen zustehender Gelder wurden sie vergleichsweise regelmäßig und in bar entlohnt. Die großen Condottieri hatten riesige Einkünfte, und oft mußten die Staaten ihre Schatzkammern plündern, um ihren Zahlungsverpflichtungen aus den Soldverträgen nachzukommen. Mitte des 15. Jahrhunderts waren Verträge über die Zahlung von 100 000 Florin nicht selten, wobei die Condottieri nach Auszahlung ihrer Soldaten und nach Sicherstellung von deren Versorgung noch einen beträchtlichen Teil dieses Geldes für sich behalten konnten. Niccolò da Tolentino besaß bei seinem Tode im Jahre 1434 etwa 200 000

Florin; Bartoloméo Colleoni, der 1475 starb, hinterließ allein 232000 Dukaten an Geldvermögen. Anders als Kaufleute und Bankiers, die sich mit unregelmäßigen Zahlungen seitens ihrer Kunden zufriedengeben mußten und außerdem in hohem Maße auf Kreditgeschäfte angewiesen waren, konnten die Condottieri beträchtliche Vorauszahlungen fordern, bevor sie mit ihren Regimentern ins Feld zogen. Dies war also alles andere als ein unverhoffter Gewinn in Form von Beute oder Lösegeld. Folglich hatten sie zu einer Zeit, als Bargeld ein relativ knappes Gut war, vorzügliche Möglichkeiten, sich als Musenförderer hervorzutun. Künstler und Humanisten rissen sich darum, in ihre Dienste zu treten, und dies insbesondere von dem Zeitpunkt an, als sich das Leben in der Umgebung der Condottieri ruhiger gestaltete. Ohne ihr durch militärische Dienste erworbenes Vermögen hätten die Gonzaga, die d'Este, die Malatesta und die Montefeltre sich wohl kaum einen so bedeutenden Namen als Mäzene machen können: Die herzöglichen Paläste in Mantua, Ferrara und Urbino konnten nur deshalb errichtet und so reich ausgestattet werden, weil die dortigen Condottierefürsten über Einkünfte verfügten, die weit höher lagen als die ihren Kleinstaaten zur Verfügung stehenden Mittel. Ohne diese gewaltigen Vermögen hätten außerdem viele andere herausragende Gönner von Kunst und Literatur keinesfalls Einfluß auf die kulturelle Entwicklung nehmen können. Italien gab während der Renaissance also insgesamt gesehen große Summen für seine Söldnerheere aus, doch erhielt das Land einen Großteil davon in Form von bleibenden kulturellen Werten zurück.

Machiavelli formulierte das in seinen Werken enthaltene negative Urteil über die Condottieri in den Jahren zwischen 1510 und 1530, bezog sich dabei aber in wesentlichen Aspekten seiner Kritik auf Anschuldigungen, die von Florentiner Humanisten gegen die Söldnerführer des späten 14. Jahrhunderts vorgebracht worden waren. Machiavelli sprach hier also von einer Zeit, die sich in vielen Belangen und auch im Verhalten der Condottieri stark von seiner eigenen Epoche unterschied. Im frühen 16. Jahrhundert war schon die Bezeichnung »Condottiere« beinahe ein Anachronismus. Zwar dienten die großen Söldnerführer noch immer unter Vertrag und ließen sich noch gelegentlich dazu verleiten, die Fronten zu wechseln. Doch unterschied sich ihre Lebensweise beträchtlich von der Barbianos, Broglio da Chieris, Biordo Michelottis und Tartaglias, und auch ihre Kriege waren andere geworden. Dies lag nicht daran, daß einige

Söldnerführer zu Machiavellis Zeiten in den Diensten Frankreichs und Spaniens standen, sondern war darauf zurückzuführen, daß sich die Staaten, ob nun die italienischen oder die *oltramontanes*, zwischenzeitlich sehr verändert hatten und daß ihre Armeen nun hauptsächlich aus Infanterie bestanden. Unter diesen Umständen ist es folgerichtig, daß Machiavelli eher für eine nationale Armee mit einer großen Zahl von militärisch recht dürftig ausgebildeten Bürgern plädierte. Bei seiner Feststellung, daß zwischen den Soldaten und den Gemeinwesen, denen sie dienten, eine Kluft bestehe, hat er sicher etwas übertrieben; nichtsdestoweniger sprach er damit aber ein Problem an, das angesichts der wachsenden Bedeutung von staatlicher Einheit und staatlichem Zusammenhalt akut geworden war. Als unmittelbar anzustrebende Lösung erschien allerdings nicht eine Miliz, sondern ein staatlich kontrolliertes Berufsheer, das in zunehmendem Maße aus Freiwilligen und schließlich aus Wehrpflichtigen bestand, die aus der Bevölkerung des betreffenden Staates eingezogen wurden. Als Machiavelli seine Traktate schrieb, hatte dieser Wandel in der europäischen Kriegführung der frühen Neuzeit die Condottieri schon erreicht. Das Ausmaß, in dem sie Ende des 15. Jahrhunderts in die stehenden Heere der Staaten integriert worden waren, war wohl für einen Florentiner wie Machiavelli weniger offensichtlich, weil Florenz in dieser Hinsicht noch nicht die Kontinuität und Stabilität der anderen italienischen Staaten erlangt hatte. Dies ist einer der Gründe, warum die Schmähungen des florentinischen Sekretärs mit Vorsicht zu genießen sind und die Geschichte der Condottieri in der Tat neu zu schreiben wäre.

Kapitel 3

Der Kardinal

Massimo Firpo

1

Im Jahre 1510, als die Portugiesen das ferne Goa eroberten und Botticelli und Giorgione starben, als in Italien Julius II. Schweizer Söldner anwarb, Modena unterwarf, Ferrara den Krieg erklärte und gegen den französischen König kämpfte, erschien ein Werk von klassischer humanistischer Würde mit dem Titel *De cardinalatu*, das dem regierenden Papst gewidmet war. Der Verfasser dieses Buches, Paolo Cortesi, dessen Tod noch nicht lange zurücklag, hatte es in der Abgeschiedenheit seines Landhauses bei San Gimignano erdacht und niedergeschrieben; dorthin hatte er sich im Jahre 1503 nach dem Tod Alexanders VI. zurückgezogen, nachdem er für mehr als zwanzig Jahre zunächst als *scriptor*, dann als Apostolischer Sekretär an der päpstlichen Kurie tätig gewesen war. Während dieser Zeit hatte er jene Erfahrungen sammeln können, die ihn in die Lage versetzten, ein derartiges Thema zu behandeln, indem er auf eine Fülle lebendiger Erinnerungen an Menschen und Begebenheiten zurückgriff. Es ist unmöglich, an dieser Stelle in angemessener Weise jenes Bild des idealen Kirchenfürsten nachzuzeichnen, das Cortesi in den drei Büchern seines Werks (*Ethicus et contemplativus*, *Oeconomicus* und *Politicus*) entwirft, in denen er, auf den genannten drei Ebenen, eine eindrucksvolle Darstellung des Kardinalslebens gibt: Er spricht von religiösem Ernst, moralischer Strenge und Verantwortung in einer führenden Stellung, privaten und öffentlichen Interessen, vom strengen Bewußtsein der großen Würde des Amtes und von den vielen schwierigen Pflichten, die es mit sich brachte, vom Purpurgewand als Symbol der Verpflichtung, den

Glauben *usque ad effusionem sanguinis* zu verteidigen. Es muß jedoch auf die Tatsache hingewiesen werden, daß der Autor in diesem Buch, das im selben Jahr wie Erasmus von Rotterdams *Institutio christiani principis* und etwas früher als Machiavellis großartige Schrift über den Fürsten erschien, ursprünglich *De principe*, also über den Fürsten hatte handeln sollen. Dieses Ziel hatte Cortesi schließlich unter dem Eindruck der raschen Veränderungen in jener ungestümen Zeit, in der er lebte, aufgegeben. Im Zentrum des politischen und auch des kulturellen Lebens in Italien standen in jenen Jahren nicht die schwachen Staaten und Kleinstaaten, die, von tiefgreifenden Krisen erschüttert, diplomatischen Ränken und dem »Wirken der Zeit« ausgeliefert waren und die in den auf der italienischen Halbinsel ausgetragenen Machtkämpfen zwischen den großen europäischen Monarchien hin und her schwankten. Vielmehr blickte man auf die römisch-katholische Kirche, an deren Spitze Päpste standen, welche ebenso skrupellos Fußsoldaten und Kavallerie einsetzten, wie sie Interdikte und Exkommunikationen aussprachen, und an denen sich bestätigte, daß die Regel Guicciardinis, man könne Staaten nicht nach dem Gewissen regieren, uneingeschränkte Gültigkeit besaß. Diese Kirche, die Handlungsmöglichkeiten und eine berufliche Laufbahn bieten, den Begabten und Ehrgeizigen Wege zum gesellschaftlichen Aufstieg eröffnen konnte, war für tatkräftige Männer durchaus attraktiv. Auch Guicciardini, jener überzeugte Antiklerikale, der die »ruchlosen Priester« rückhaltlos mit Schmähungen und höhnischem Groll bedachte, hatte in seiner Jugend an eine Laufbahn als Geistlicher gedacht, und dies, wie er selber schrieb, »nicht, um mich mit einem hohen Einkommen auf die faule Haut zu legen, wie es die Mehrzahl der Priester tut, sondern weil mir schien, daß ich jung und einigermaßen gebildet war, die Voraussetzungen dafür besaß, es in der Kirche zu etwas zu bringen, und darauf hoffen durfte, eines Tages Kardinal zu werden«. Hierin lag, wie uns Carlo Dionisotti in seiner außerordentlich scharfsinnigen Studie gezeigt hat, auch der Grund, weshalb Cortesis Werk *De cardinalatu* und nicht *De principe* handelte.

Es lohnt also die Mühe, einmal der Frage nachzugehen, wieviele Mitglieder das Kardinalskollegium – der heilige *Senatus*, wie Cortesi schrieb – zu dem Zeitpunkt hatte, zu dem in jenem vortrefflichen Werk der Idealtyp des Kardinals entworfen wurde, und was für Männer ihm angehörten. So weit Cortesis Bild des Kardinals auch von der Realität entfernt gewesen sein mag, aus ihm geht hervor, welche Verhaltensweisen dem Kirchenfürsten geziemten, welch große Verantwortung auf ihm zu Zeiten ruhte, in denen der Stuhl Petri nicht besetzt war, und welche Aufgaben er an der Seite des Heiligen Vaters bei der Lenkung der allumfassenden katholischen Kirche zu erfüllen hatte; und es wird deutlich, daß er, der in der Gesellschaft jener Zeit eine Spitzenposition bekleidete, ebenso großes Ansehen genoß wie die Fürsten von Geblüt. Beginnen wir mit einigen Zahlen. Es gab zu jener Zeit 34 Kardinäle, von denen 12 von Papst Julius II. und 22 von seinen Vorgängern ernannt worden waren; von diesen hatte einer den Kardinalshut von Paul II. erhalten, einer von Sixtus IV., zwei von Innozenz VIII. und 18 von Alexander VI. Die Gruppe der Kardinäle stellte somit eine kleine Elite dar, die sich im Laufe des Jahrhunderts allerdings vergrößern (in der Zeit nach dem Tridentinischen Konzil waren es 60 bis 70 Kardinäle und mehr) und deren Zusammensetzung sich fortwährend ändern sollte. Im 15. Jahrhundert waren, angefangen bei Papst Martin V. bis hin zu Papst Alexander VI., 171 Kardinäle ernannt worden, wobei knapp die Hälfte den Kardinalshut vom Borgia-Papst und von Sixtus IV. erhalten hatte; in den darauffolgenden 50 Jahren, der Zeit von Julius II. bis zu Paul III., sollten es dann 175 sein. Schließlich eine letzte Zahlenangabe: Die 27 Kirchenfürsten, die von Papst Julius II. ernannt wurden, waren durchschnittlich weniger als 10 Jahre im Amt; unter Clemens VII. stieg die durchschnittliche Amtszeit auf 13, unter Paul III. auf etwa 15 Jahre.

Hiermit sind nun die Voraussetzungen geschaffen, um das Heilige Kollegium, das kurz nach Erscheinen des *De cardinalatu* zu einem Konsistorium zusammenkam, um den Papst zu beraten, Gesandtschaften zu empfangen und Diözesen und Pfründen zu verleihen, einer näheren Betrachtung zu unterziehen. Mindestens fünf dieser Kardinäle waren Neffen von Päpsten, 14 waren Ausländer; unter den letzteren befanden sich sechs Spanier und sieben Franzosen. Die Italiener waren demnach eindeutig in der Überzahl, und auffällig viele von ihnen trugen den Namen eines der großen italienischen Patrizier- und Adelsgeschlechter. So gab es einen Grimani und einen Cornaro aus Venedig, einen d'Este aus Ferrara, einen Gonzaga aus Mantua, einen Medici und einen Soderini aus Florenz, einen Fieschi aus Genua und einen del Carretto aus Finale Ligure, einen Carafa und sogar einen Neffen König Ferrantes aus Neapel. Auch manch ein Mann der Tat war in den Reihen der italienischen Purpurträger vertreten – so der tatkräftige und verwegene Francesco Alidosi, ein langjähriger Freund Julius' II., der allerdings, von Giovio jeder nur erdenklichen Schandtat bezichtigt, in Ravenna auf offener Straße, sozusagen vor den Augen des Papstes, von dessen Neffen, dem Herzog von Urbino, meuchlings ermordet wurde; oder Federico Sanseverino, der den Sforza aus Mailand sehr nahestand; ferner Adriano Castellesi da Corneto, jener außergewöhnliche Mann, der sich aus dem Nichts hochgearbeitet hatte. Castellesi war hochgebildet und verstand es, erlesene Hexameter zu dichten, Abhandlungen über Themen wie *De vera philosophia* und *De sermone latino* zu verfassen und Texte auf Griechisch und Lateinisch zu lesen. Nachdem er sich ohne allzu große Skrupel aus einer übereilt geschlossenen Ehe gelöst hatte, machte er in der Kirche eine erstaunliche Karriere, dank seiner Erfahrung mit den Angelegenheiten der Kurie, seinem diplomatischen Talent, seinem Geschick bei der Anhäufung von Pfründen und Benefizien sowie der Protektion durch Papst Alexander VI. Diesem hatte er bereits 1498 als Gegenleistung für den Kardinalshut, den er dann fünf Jahre später erhalten sollte, 20000 Dukaten aus seinem riesigen Vermögen angeboten, welches er durch die systematische Ausplünderung der Kirche in England zusammengetragen hatte. Castellesi galt als »harter und finsterer«, »furchterregender Mann«, doch zeichnete er sich auch durch »singulare ingenium« aus und galt als »rerum omnium vicarius« des Borgia-Papstes. Dennoch geriet er in den Verdacht, er habe diesen zusammen mit dem Herzog von Valentinois vergiften wollen, um nicht selber von ihm ermordet zu werden. Zur Zeit Julius' II. war er zu abenteuerlichen Fluchten gezwungen; später beteiligte er sich an der Verschwörung Alfonso Petruccis gegen Leo X.; 1518, als ihm die Kardinalswürde entzogen wurde, verschwand er plötzlich von der Bildfläche, und man munkelte gar, er sei »zu den Türken übergelaufen«. Drei Jahre später wurde er dann von einem Diener ermordet. Am Beispiel Castellesis können wir uns ein vollständiges Bild vom Kardinal der Renaissance machen – mitsamt seinen Widersprüchen und letztendlich auch jenem Mythos, der ihn umgab.

Papst Alexander VI., jener »Lüstling«, wie ihn ein Zeitgenosse treffend bezeichnete, hatte im übrigen einem seiner zahlreichen unehelichen Söhne, dem berüchtigten Herzog von Valentinois, sowie fünf weiteren Verwandten – Neffen, Vettern und Großneffen – die Kardinalswürde verliehen und eine große Zahl von Männern in das Kardinalskollegium berufen, die den Prälatenhut mit klingender Münze bezahlen konnten. Diese waren Männer der Tat, die ungehemmt ihrem Ehrgeiz frönten, der darauf gerichtet war, ihrem Geschlecht zu mehr Einfluß und Ansehen zu verhelfen, während sie sich gleichzeitig für die großen Pläne eines Papstes benutzen ließen, von dem man gewiß nicht (wie man fälschlicherweise im August des Jahres 1493 noch glaubte) behaupten konnte, er gebe sich damit zufrieden, das Papsttum »in Ruhe und Frieden zu genießen«. Es lohnt die Mühe, einige dieser Kardinäle, die den Senat des Papstes bildeten, einmal näher zu betrachten, einen Senat übrigens, der im Vergleich zu früher beträchtlich gewachsen war: Nicht weniger als 43 Kardinäle gab es zur Zeit Alexanders VI., obwohl es theoretisch doch nicht mehr als 24 bis 26 hätten sein dürfen (wenig später sollte allerdings Cortesi ein *plenum* von 40 Mitgliedern für angemessen halten). Einer der Neuberufenen, Alessandro Farnese, war gewiß eine vollkommen respektable Persönlichkeit, doch besteht kein Zweifel daran, daß das nicht gerade beispielhaft keusche Verhältnis seiner Schwester Giulia mit dem Borgia-Papst (»Sponsa christi« nannte sie blasphemisch der Volksmund; als »concubina papae« bezeichnete sie, ohne mit der Wimper zu zucken, der Chronist der Kurie) bei seiner Ernennung eine Rolle gespielt hat. Ippolito d'Este, der die Kardinalswürde im Jahre 1493 im Alter von 14 Jahren erhielt, sollte es fertigbringen, seinem eigenen Bruder die Augen ausstechen zu lassen, da eine Frau, in die er sich verliebt hatte, an jenem mehr Gefallen fand als an ihm. Sein brillanter Vetter Luigi d'Este, dem die Kardinalswürde 1494 im Alter von zwanzig Jahren verliehen wurde, als er (nach dem Tod einer Nichte Innozenz' VIII.) bereits seit zwei Jahren Witwer war, war ein Fürst mit erlesenem Geschmack: Er liebte die Musik und die Jagd, gutes Essen und schöne Frauen, die Pferde und den Karneval, den er benutzte, um sich (zum Beispiel als Muselman) zu verkleiden und »die Ordensbrüder zum besten zu halten«. Giuliano Cesarini, Sproß einer Prälatenfamilie, die sich erst kurz zuvor mit den Borgia verschwägert hatte, wurde von Marino Sanudo als ein »junger Mann von geringem Ansehen« erwähnt. Bei Amanieu d'Albret, einem Bruder des Königs von Navarra, spielte unter anderem auch die Tatsache eine Rolle, daß er ein Jahr vor seiner Ernennung zum Kardinal ein Schwager des Herzogs von Valentinois geworden war; das hohe Amt jedenfalls schien ihn keineswegs zu einer Änderung seines nicht gerade unbescholtenen Lebenswandels zu veranlassen. Der tatkräftige Francisco Remolines, »ein Mann mit Verstand aus dem Geschlecht Papst Alexanders«, wie ihn der venezianische Gesandte 1517 beschrieb, war zum Zeitpunkt seiner Ernennung zum Kardinal offensichtlich mit einer Frau verheiratet, die geschickterweise in einem Kloster eingesperrt war; einst Inquisitor des Bußpredigers Savonarola, stand er, zu Recht oder zu Unrecht, in dem Ruf, einer der »schlimmsten, grausamsten und ruchlosesten Menschen« zu sein, »die in der Umgebung des Heiligen Vaters leben«. So schlecht war sein Ruf, daß er nach dem Niedergang der Borgia nach Neapel fliehen mußte. Über Giovan Battista Ferrari kursierte in Rom seinerzeit das Gerücht, er sei 1502 auf Geheiß des Papstes vergiftet worden, um den Zugriff auf das große Vermögen zu ermöglichen, das Ferrari in seiner Eigenschaft als Datar mit großer Gier anzuhäufen verstanden hatte. Als Musterbeispiel des Renaissancekardinals ist schließlich auch Cesare Borgia zu erwähnen, der 1498 die Kardinalswürde bereitwillig aufgab, als seine ehrgeizigen Ziele ihn an andere Orte riefen und der Papst, wie man im Februar jenen Jahres in Venedig notierte, schon längst nichts anderes mehr tat, als »seinen Söhnen Rang und Würden zu verleihen«. Die Namen vieler Kardinäle zeigen im Grunde nur, wie sich die politischen Gewichte von Frankreich nach Spanien verschoben und umgekehrt, oder sie zeugen vom Geldmittelbedarf der Kurie zur Finanzierung der Unternehmungen des Herzogs von Valentinois in der Romagna: Mit dem Einzug Karls VIII. in Rom zum Beispiel ging die Ernennung zweier Franzosen im Januar 1495 einher. Kaum ein Jahr danach, als der Papst eine andere Außenpolitik verfolgte, wurde vier Spaniern die Kardinalswürde verliehen. Und auf ungefähr 130000 Dukaten beliefen sich offenbar die Einnahmen aus jener Massenernennung, die im September 1500 vom Papst angeordnet wurde, der, wie Sigismondo de' Conti schrieb, »pecuniae omnes vias norit«.

Natürlich könnte man nun unter Rückgriff auf die meisterhaften Darstellungen der Renaissancekultur von Jacob Burckhardt oder Ferdinand Gregorovius ohne Schwierigkeit jenes finstere Klima der Gewalt, Zügellosigkeit, Gier und allgemeinen Korruption heraufbeschwören, welches offensichtlich zu jener Zeit die gesamte Kirchenspitze erfaßt und grenzenloses Gewinnstreben verbreitet hatte: Die Güter der Kirche wurden an Freunde und Verwandte abgetreten oder an den Meistbietenden verschachert, und auch die Kardinäle dachten offenbar allein daran, wie sie die Interessen ihrer Herren und ihrer Familien am besten wahrnehmen und sich die reichsten Pfründen, die einträglichsten Ämter sichern konnten, indem sie Städte und Schlösser, Diözesen und Abteien, Ämter und Legationen unter sich aufteilten. Rom war »zu einer Räuberhöhle ... geworden« und wurde von Gaunern aller Art beherrscht; es war das reinste »Schlachthaus« (»Nacht für Nacht findet man in Rom vier oder fünf Tote«, so berichete man um 1500 in Venedig, »und zwar Bischöfe, Prälaten und andere«) – eine Stadt, in der, folgt man den Chronisten jener Zeit,

»monasteria quasi omnia facta erant lupanaria« und in der es »ebenso viele Huren wie Mönche gab«. Vor diesem Hintergrund sind die scharfzüngigen Reden des Bußpredigers Savonarola zu sehen, der zu Felde zog gegen »die verbrecherischen Prälaten, den verbrecherischen Klerus«, die »schurkische, dirnenhafte Kirche«, gegen jenes Babylon, welches das rächende Schwert nicht zögern würde niederzustrecken. »Seht ihn euch doch an, den päpstlichen Hof, wo man heutzutage Benefizien und selbst das Blut Christi und der Jungfrau Maria gegen Geld verkauft.« So wetterte Savonarola von seiner Kanzel und wandte sich mit unerbittlicher Strenge gegen die kirchlichen Würdenträger, denen es auch am geringsten Schamgefühl mangelte: »Einst schämtest du dich des Hochmuts, der Begierde, jetzt aber schämst du dich nicht mehr ... Du stinkst bis in den Himmel.« »Nihil ius, nihil fas: aurum, vis et Venus imperabat«, so sollte das Urteil des gelehrten Augustiner-Eremiten und Reformators (und künftigen Kardinals) Ägidius von Viterbo über die Kurie Alexanders VI., jenes (nach dem Urteil Machiavellis) »ruchlosen Menschen«, lauten. An Machiavelli schrieb der Augustinermönch am 16. Juli 1501 aus Rom das folgende:

»Alle können sehen, daß [der Papst] dem einen seine Sachen, dem anderen das Leben raubt; den einen schickt er in die Verbannung, den anderen bringt er mit Gewalt in den Kerker, und wieder einem anderen nimmt er das Haus und steckt an seiner Stelle einen Schurken hinein, et haec nulla aut levi de causa [...]. Hier ist es leichter, Benefizien zu kaufen als Melonen oder Kringel und Wasser. Man folgt der Rota nicht mehr, denn alles Recht liegt in den Waffen und bei diesen Marranen, so daß es scheint, als bedürfe es hier des Türken. Und die Christen rühren keinen Finger, um dieser verruchten Gesellschaft den Garaus zu machen: ita omnes qui bene sentiunt uno ore locuntur [...]. Außer dem Papst, der dort stets einen Haufen von Bastarden hat, werden jede Nacht vom Ave-Maria bis zur ersten Stunde mehr als 25 Frauen von irgendjemandem im Huckepack in den Palast getragen, so daß der ganze Palast offenkundig zu einem Bordell voll Dreck und Schmutz geworden ist.«

Wie bereits angedeutet, waren die Kriterien, nach denen der Nachfolger des Borgia-Papstes seine Kardinäle bestimmte, nicht viel anders. Julius II., jener Mann »mit der weiten, vielleicht auch großzügig zu nennenden Seele, ungeduldig, impulsiv, offen und frei«, war ein kriegerischer und aufbrausender Kirchenfürst und, folgt man Guicciardini, nur dem Gewand und dem Namen nach ein Priester. Auch Julius, der entschlossen war, die Macht des Papstes über die Kirche und die der Kirche auf der italienischen Halbinsel zu festigen und zu vergrößern, Julius, der das grandiose Rom Bramantes, Raffaels und Michelangelos entstehen ließ, verstand es, die Verleihung der Kardinalswürde als Mittel zur Auffüllung der päpstlichen Kassen und zur Ausschaltung der Opposition im Konsistorium einzusetzen; er nutzte die Ernennung als Werkzeug seiner ehrgeizigen, antifranzösischen Politik und ging so weit, daß er ein regelrechtes Schisma im Kardinalskollegium heraufbeschwor. An vier seiner Verwandten verlieh Julius II. zu verschiedenen Zeitpunkten die Würde des Kardinals, und unter den neun Purpurträgern, die im März 1511 ernannt wurden, befanden sich Persönlichkeiten wie Matthaeus Schinner, ein Schweizer, der imstande war, den Papst mit seinen unbesiegbaren Formationen von Schweizer Fußsoldaten zu retten, oder Matthäeus Lang, jener »kühne, stolze und harte« Berater des Kaisers »von niederer Herkunft, aber hoher Tugend«, der dafür bekannt war, daß er »die fettesten Pfründen einstrich«, und der es nach Ansicht Giovios eher verdiente, »unter den herausragenden Feldherren genannt zu werden als unter den Kardinälen«. Natürlich gehörten damals zum Kardinalskollegium durchaus auch andere Persönlichkeiten, so etwa gebildete Männer wie Oliviero Carafa, der von allen seinen Zeitgenossen geschätzt wurde und nach Ansicht Sanudos »ein Kardinal von einzigartiger geistiger Größe« war, Giovanni Antonio Sangiorgio, »der erste unter den Rechtsgelehrten«, und Domenico Grimani. Andere wiederum waren lediglich Abkömmlinge mächtiger Adelsfamilien. Doch nur die allerwenigsten dieser Männer besaßen so etwas wie religiöses Bewußtsein, so zum Beispiel Francisco Jiménez de Cisneros, Regent in Spanien während der Abwesenheit Karls V., zugleich aber ein großer Theologe und Mystiker, der den Franziskanerorden, dem er angehörte, nach strengen Kriterien reformierte, die humanistische Universität von Alcala' de Henares gründete und die mehrsprachige Complutensische Bibel, jenes einzigartige Zeugnis der Philologie der Renaissancezeit, erstellen ließ.

Doch all dies erregte, wohlgemerkt, weiter keinen Anstoß, denn im Grunde gab es damals die klare Trennung zwischen Klerikern und Laien ebensowenig wie die Vorstellung, daß das Leben eines Kirchenmannes von strenger Disziplin und Buße geprägt sein müsse. Beides sollte sich erst zur Zeit der Gegenreformation durchsetzen, so daß Verhaltensweisen, die noch zu Beginn des Jahrhunderts als vollkommen normal galten, schließlich ganz und gar undenkbar wurden, wie etwa die Teilnahme von Kardinälen an Karnevalsfesten, Maskenbällen, Spielen und Streichen aller Art. Genauso verhielt es sich mit den sexuellen Gepflogenheiten vieler

Purpurträger jener Zeit, welche sich bekanntlich nicht gerade durch Sittsamkeit auszeichneten. Nicht wenige Kardinäle scharten eine mehr oder minder zahlreiche Nachkommenschaft um sich, die sie jedoch fast immer, ganz wie es sich geziemte, für rechtmäßig erklären ließen und auch mit guten kirchlichen Einkünften ausstatteten. Man denke nur an die vielen aufdringlichen Söhne, welche die berühmte Vanozza dem Kardinal Rodrigo Borgia geboren hatte und die später seine Politik als Papst bestimmen sollten. Ebenso war die Politik Innozenz' VIII. von der Notwendigkeit bestimmt gewesen, seinen Sohn Franceschetto standesgemäß zu verheiraten; diese Vorstellung nahm einen so wichtigen Platz im Denken des Papstes ein, daß er sich nach dem Tod des Sohnes wünschte, »Jesus Christus und die Heilige Maria und das gesamte himmlische Gefolge mögen vernichtet werden, denn auch ich bin vernichtet«. Ein weiterer späterer Papst, Alessandro Farnese, der 1493 im Alter von 25 Jahren zum Kardinal erhoben wurde, setzte mindestens vier Söhne in die Welt; einer von ihnen sollte später der erste Herzog von Parma und Piacenza werden. Ebenso viele Söhne hatte auch der Kardinal Innocenzo Cibo, der sich, wie der venezianische Gesandte 1533 schrieb, »weltlichen Vergnügungen und manch einer Unzüchtigkeit hingab«, sowie der einflußreiche Ercole Gonzaga, den im März 1563, als er den Vorsitz über die letzte Tagungsperiode des Tridentinischen Konzils führte, der Tod ereilte. Von Marco Vigeri, dem treuen Mitarbeiter Papst Julius' II., der ihm auch 1505 die Kardinalswürde verliehen hatte, heißt es, er sei »der Sinnenlust und dem Fleische so sehr verfallen gewesen, daß er sich in aller Öffentlichkeit eine Geliebte hielt und bei seinem Tod einige mit ihr gezeugte Kinder zurückließ«. Im Juli 1506 konnte ein Chronist der Kurie, ohne Anstoß zu erregen, notieren, daß der Tod eines bestimmten Kardinals ohne jeden Zweifel seinen sexuellen Ausschweifungen zuzuschreiben sei, »ex nimio, ut dicunt, coitu«. Dasselbe schrieb Garimberti über einen Neffen Leos X., den Kardinal Luigi de' Rossi, den nach Ansicht Garimbertis »sein liederliches [...], schändliches und ausschweifendes Leben« vorzeitig ins Grab gebracht hat. Und auch Kardinal Benedetto Accolti, jener durchtriebene Gauner, starb an den Folgen eines Schlaganfalls, der nach dem Urteil seiner Ärzte darauf zurückzuführen war, daß er »über Jahre hinweg unausgesetzt übermäßig getrunken«, »ein ausschweifendes Leben geführt und es mit vielen Frauen getrieben« hatte: »Und auch in der Nacht, in der er starb, hatte er eine bei sich.«

2

Geschick und Erfahrung im Umgang mit den Angelegenheiten der Kurie, Verwandtschaftsbeziehungen oder Freundschaft mit den jeweiligen Päpsten, in einigen seltenen Fällen eine leitende Stellung in einem religiösen Orden, die Protektion fremder Fürsten im Rahmen der Außenpolitik des Kirchenstaates – dies waren die Faktoren, die es im 15. und 16. Jahrhundert, vielleicht auch unter Zahlung mit klingender Münze, ermöglichten, an die Spitze der Kirche zu gelangen. Natürlich hatten die politischen Bedürfnisse des Heiligen Stuhls auch in der Vergangenheit eine entscheidende Rolle bei der Ernennung der Kardinäle gespielt. Unter diesen hatte es immer energische Tatmenschen gegeben wie beispielsweise Giovanni Vitelleschi (1437), ein echter Soldat, der seine Leute geschickt in den Kampf führte, um den unbotmäßigen römischen Adel zu unterwerfen, die Campagna zurückzuerobern und aufsässige Städte und Duodezfürsten niederzuwerfen. Vitelleschi, der eines gewaltsamen Todes starb, hing der Ruf an, »überaus grausam, wenig gottesfürchtig und ruhelos« zu sein, »emsig und wachsam, begierig auf eine Anhängerschaft und auf Ruhm, waghalsig und blutrünstig, [...] unersättlich«. Ein Tatmensch war auch Ludovico Trevisan (1440; auch bekannt als Scarampo), der Nachfolger Vitelleschis an der Spitze des päpstlichen Heeres, zu dessen Aufgaben es gehörte, die einstigen Gebiete des Kirchenstaates zurückzuerobern und den Papst wieder in den Vatikan zu führen. Trevisan war (er hatte dies sowohl dem Vertrauen, welches Eugen IV. ihm entgegenbrachte, als auch seinem geschickten und selbständigen Umgang mit den Angelegenheiten der Kurie zu verdanken) vom einfachen Arzt zum Camerlengo aufgestiegen. Kalixt III. nannte ihn einen »klugen Herrn in *agibilibus mundi*«. Innerhalb weniger Jahre gelang es ihm, ein ansehnliches Vermögen anzuhäufen – wie es jedoch mit seinem Eifer in Glaubensangelegenheiten bestellt war, läßt sich dem Spitznamen entnehmen, der ihm von seinen Zeitgenossen angehängt wurde: »Kardinal Lukullus«, oder auch den Äußerungen eines anderen Kardinals über seine Person: »utinam tam religiosi animi quam ad saecularia vigilis«. Auch an Persönlichkeiten, die eng mit auswärtigen Fürstenhöfen verbunden waren, hatte es nie gefehlt; zu diesen gehörten der prunkliebende Guillaume d'Estouteville (1439), in dessen Adern königliches Blut floß; der mächtige Jean Jouffroy (1461); der skrupellose Jean Balue (1467); der kaiserliche Berater Georg Hessler (1477; der Ernennung Hesslers hatte sich das Kardinalskollegium heftig widersetzt mit Begründungen wie »humilibus parentibus ortus« und »animi inquieti vir existimatus et novarum rerum cupidus«); ferner Juan de Margarit i Pau (1483), der Kanzler von Johann II. von Aragon; der Mailänder Giovanni Arcimboldi (1473); der Bruder Ludovico il Moros, Ascanio Maria Sforza (1484; ein Intrigant, der, wie Guicciardini schrieb, »von unersättlicher Gier nach Reichtum durchdrungen« war); des weiteren Vertreter römischer Adelsfamilien wie die Colonna, die Orsini, die Savelli sowie die Scharen von Neffen und übrigen Verwandten des Papstes.

Tatsache ist jedoch, daß die Geschichte der Kirche nach der langen Stagnation des Exils in Avignon, der Zeit der Schismen und der Konzilien von Konstanz und Basel einen kräftigen Aufschwung genommen hatte und daß nun, wenn auch nur gelegentlich, Männer, die sich durch Geist und Bildung auszeichneten, die Möglichkeit hatten, in die oberen Ränge der Kirchenhierarchie aufzusteigen. Die Rückkehr des Papstes nach Italien, die Konfrontation mit dem Konziliarismus sowohl auf diplomatischer als auch auf intellektueller Ebene, die Begegnung mit der Kultur des Orients auf dem Konzil von Ferrara und Florenz zur Wiedervereinigung mit der Ostkirche, die inneritalienischen Machtkämpfe und die Ausweitung der Kurialverwaltung – all dies machte es erforderlich, daß auch Päpste, die dem neuen Empfinden des Humanismus im Grunde fernstanden, sich mit Mitarbeitern umgaben, die den Forderungen jener Zeit gerecht werden konnten. Mit der Berufung von Persönlichkeiten wie Pietro Paolo Vergerio und Poggio Bracciolini, Leonardo Bruni und Ambrogio Loschi, Flavio Biondo und Manuele Crisolora in die Apostolische Kanzlei begann eine Tradition, die mehr als ein ganzes Jahrhundert andauern sollte, und auch Giacomo Ammannati, der später, 1461, von Pius II. die Kardinalswürde erhielt, trat in die päpstliche Kanzlei ein. 1439 waren der griechische Theologe Isidor, Johannes Bessarion und Torquemada, 1446 dann Tommaso Parentucelli aus Sarzana zu Kardinälen ernannt worden. Parentucelli wurde wenige Monate später zum Papst gewählt und leitete als Nikolaus V. den Ausbau Roms zu einer glanzvollen Renaissance-Stadt ein (auch der Bau der Peterskirche wurde unter seinem Pontifikat begonnen). Er vergab Aufträge an die größten Künstler seiner Zeit, bot ihnen Raum zu gewaltigen Entwürfen und rief »alle gelehrten Männer der Welt« an den päpstlichen Hof, von Bracciolini und Valla, Manetti und Decembrio bis hin zu Aurispa und Vespasiano da Bisticci, der später die große Freigebigkeit dieses Papstes, sein »göttliches

Ingenium« und seine »umfassende Kenntnis aller Dinge« rühmen sollte. Nikolaus V. war es auch, der Nikolaus von Kues in das Kardinalskollegium berief. Sein Amtsnachfolger Kalixt III., obwohl er von ganz anderem Temperament war und völlig in seinen Kreuzzugträumen wie in unmäßigen nepotistischen Ambitionen aufging, verlieh Aeneas Silvius Piccolomini die Kardinalswürde – und dieser sollte dann, nach weniger als zwei Jahren, im August 1458 als Papst Pius II. die Tiara entgegennehmen.

Piccolomini erfuhr ein ungewöhnliches, einmaliges Schicksal. Trotz der Armut seiner Familie hatte er es im Leben weit gebracht: durch Intelligenz und Fleiß, seine fundierten juristischen Kenntnisse (er war Schüler von Mariano Sozzini gewesen) und sein Ansehen als Humanist, der sich an den lateinischen Klassikern gebildet hatte und es gleichermaßen verstand, Liebesgedichte und politische Reden, Komödien im Stile Boccaccios, pädagogische und theologische Traktate, historische oder geographische Abhandlungen zu schreiben und sein Wissen und seine Eloquenz in den Dienst seines außergewöhnlichen diplomatischen Talents zu stellen. Ehrgeiz und Intelligenz, geistige Unabhängigkeit und Bildung, Geschicklichkeit und auch Glück, eine gute Sach- und Menschenkenntnis – dies waren die Waffen, mit denen er stritt. Er war Sekretär von Bischöfen und Kardinälen, ließ sich zum Dichter krönen (er signierte seine Werke eine Zeitlang als *Aeneas Sylvius Poeta*), war erst in der Kanzlei des Basler Konzils, dann in der des Gegenpapstes Felix V. tätig, arbeitete als Kanzler im Dienste des Kaisers und später im Dienste des Papstes, wurde zunächst Bischof von Triest, dann Bischof von Siena, um schließlich die Kardinalswürde zu erhalten. Er erreichte es, daß man, wenn auch nicht über seine bekannte Schwäche für weibliche Reize, so doch über sein Engagement für den Konziliarismus in Wort und Tat sowie über eine Schrift wie sein *De generalis concilii authoritate* hinwegsah, die er sich nicht scheute, im *De gestis Basiliensis concilii* selbst zu widerrufen. »Aeneam reiicite, Pium recipite«, sollte er später als Papst immer wieder sagen, als er all seine Kräfte in jenen großen Traum vom europäischen Kreuzzug gegen die Ausdehnung der osmanischen Herrschaft steckte. Piccolomini war es auch, der den gelehrten Giacomo Ammannati und den Ordensbruder Alessandro Oliva aus Sassoferrato in den Kardinalsrang erhob, jenen Oliva, der seine Stellung als Ordensgeneral der Augustiner seiner Begabung und seiner Gelehrsamkeit zu verdanken hatte; als einen »pauperem monachum, angustae cellae cultorem« bezeichnete ihn Pius II. in seinen *Commentarii*, in denen er seinen Schmerz über den Tod dieses »ingens sacri collegii decus« zum Ausdruck brachte.

Auch Francesco della Rovere, Beichtvater Johannes Bessarions und General der Franziskaner-Konventualen, der 1467 zum Kardinal ernannt wurde und 1471 als Sixtus IV. den päpstlichen Stuhl bestieg, hatte seine erfolgreiche Laufbahn in der Kirche der Tatsache zu verdanken, daß er ein gefeierter Prediger und Kenner der scholastischen Theologie war, mit Erfolg an den angesehensten Universitäten Italiens gelehrt und sich als zuverlässiger und geschickter Organisator hervorgetan hatte. So gelangte er trotz seiner bescheidenen Herkunft durch seine außergewöhnlichen Fähigkeiten an die Spitze jener machtvollen Institution; mit einem Nepotismus sondergleichen und einer wahren Flut von Pfründen und Benefizien, mit der er seine Verwandten überschüttete, versuchte er einen Teil dieser Macht auf seine Erben zu übertragen. »Es hätte diese Wahl beinahe zum Niedergang der Kirche des Herrn geführt«, bemerkte später Vespasiano da Bisticci. Einige Jahre später sollte das Haus della Rovere im Herzogtum Urbino die Montefeltre von ihrem Platz verdrängen, und Sixtus IV. holte (zusätzlich zu seinen Neffen Raffaele Sansoni-Riario und Pietro Riario, ersterer gerade 17jährig, letzterer ebenfalls blutjung) nicht weniger als vier Verwandte mit dem Namen della Rovere in das Kardinalskollegium. Einer von ihnen war der spätere Papst Julius II.

Insgesamt wurden unter Sixtus IV. 34 neue Kardinäle ernannt. Hinzu kamen jene, die von seinen Vorgängern bestimmt worden waren. Während seines Pontifikats erlebte der Senat des Papstes einen deutlichen Wandel im Zeichen einer ausgeprägten Verweltlichung, im Zuge derer auch die Ernennung der Kardinäle zu einem Mittel der Gestaltung italienischer Politik wurde, auf deren verschlungene Pfade und deren gewagtes Spiel sich der Papst nunmehr einließ. So wurde der Purpur an Vertreter der Höfe in Frankreich und Kastilien, Burgund und Portugal, Neapel und Mailand verliehen, und auch der römische Adel und die Patrizier Genuas und Venedigs erhielten ihre Kardinäle. Dies alles spielte sich vor dem Hintergrund jener Veränderungen ab, in deren Verlauf die Kurie immer simonistischer wurde, sich immer größerem Prunke hingab und von jenem fast barbarisch anmutenden Wunsch durchdrungen war, die eigene Macht, den eigenen Reichtum zur Schau zu stellen: »Für irgendetwas muß man die Schätze der Kirche ja verwenden«, vermerkte ein Chronist der Kurie, der später den Tod Papst Sixtus' mit scharfen Bemerkungen und heftigen Bezichtigungen begleitete. Wiewohl er unermüdlich neue Bauvorhaben anregte, sich als großzügiger Mäzen verdient machte und die Vatikanische Bibliothek gründete, die er auch dem Publikum zugänglich machte, läßt sich von diesem Papst sicher nicht behaupten, er habe der Gelehrsamkeit Tür und Tor geöffnet und Persönlichkeiten mit hoher Bildung an die Spitze der Kirche berufen.

Sixtus IV. war in jeder Hinsicht ein italienischer Fürst. Er schuf jenen Senat, aus dessen Reihen die Päpste Innozenz VIII. und Alexander VI. gewählt wurden: Innozenz, ein farbloser Mensch, den Guicciardini als »nutzlos für das Gemeinwohl« abstempelte und der ganz darin aufging, seine Nachkommenschaft zu verheiraten, ein gefügiges Werkzeug in der Hand des Kardinals Giuliano della Rovere; und Alexander, der sich die Stimmen seiner Kollegen im Konklave mit Dutzenden von Klöstern, Bistümern, Benefizien, einträglichen Ämtern und Pfründen aller Art erkaufte und damit vor allem die Gunst Ascanio Sforzas gewann, der, wie Giovo es formulierte, »sich mit reichen Geschenken bestechen ließ und allen voran die Wahl jenes ruchlosesten Menschen der Welt [...] zum Papst betrieb«.

Es dürfte also durchaus interessant sein, einige dieser Persönlichkeiten, die sich ohne allzu große Skrupel ihren Weg zur Spitze der Kirchenhierarchie gebahnt hatten, einmal näher zu betrachten. Jean Balue z.B., über dessen Herkunft, angefangen bei Geburtsdatum und Geburtsort, so gut wie gar nichts bekannt ist. »Vir magni animi et consilii«, schrieb Sigismondo de' Conti über ihn, »qui ex humili Pictavorum pago ortus sua industria ad cardinalatum pervenit.« Balue, ein finster wirkender Geistlicher, trat um die Mitte des 15. Jahrhunderts in den Dienst des Bischofs von Angers. Schon bald hatte er dessen Vertrauen erworben, ließ sich Benefizien zuteilen und wurde schließlich zu seinem Vikar. Im Jahre 1462 begleitete er seinen Bischof im Rahmen einer Gesandtschaft nach Rom, packte die günstige Gelegenheit beim Schopfe und mischte sich unverzüglich in das Machtspiel am päpstlichen Hof. Als er diesen wenige Monate später wieder verließ, hatte er wertvolle Erfahrungen gesammelt und Bekanntschaften geknüpft, den Titel eines Apostolischen Pronotars erhalten und die Gewißheit gewonnen, daß der Weg, den sein Ehrgeiz ihm wies, über Paris und nicht über Angers führen würde. Euphemistisch sagte man von ihm, »non abunde litteris ac scientia eruditus«; und gewiß lag es nicht an seiner Gelehrsamkeit, sondern an seiner skrupellos eingesetzten Tatkraft sowie seiner Fähigkeit, sich geschickt aus den schwierigsten Situationen zu lavieren, daß er sich Zugang zum päpstlichen Hof verschaffen und im Laufe weniger Jahre (in der Zeit von 1464 bis 1467) in der Kirche wie in der Politik eine steile Karriere machen sollte. Er wurde einer der angesehensten Ratgeber Ludwigs XI. und nutzte seine Stellung, um sich Ämter und Posten, Pensionen, Abteien und Priorate zu sichern. 1464 wurde er Bischof von Evreux, 1467 schließlich Bischof von Angers, nachdem er sich an den Ränken beteiligt hatte, die zur Amtsenthebung seines Vorgängers und einstigen Gönners führten. Im September des gleichen Jahres wurde Balue dann die Kardinalswürde verliehen. Dies war der Lohn dafür, daß er sich beim allerchristlichsten König zugunsten der Abschaffung der Pragmatischen Sanktion verwendet hatte, sowie für die zahlreichen politischen Dienste, die er der Krone bei Missionen, Intrigen, Verhandlungen und Aufträgen aller Art geleistet hatte. Zwar hatte er hierbei bisweilen auch sein Leben riskiert, doch war er stets darauf bedacht gewesen, für sich selbst Gewinn herauszuschlagen. Dem außergewöhnlichen gesellschaftlichen Aufstieg folgte schon zwei Jahre später der jähe Fall, als man gegen ihn den schweren Vorwurf der Unterschlagung des Zehnten und, was noch schwerer wog, der Majestätsbeleidigung und des Verrats erhob, worauf er auf Geheiß des Königs festgenommen wurde und eine lange, strenge Kerkerstrafe verbüßen mußte. Elf Jahre verbrachte Balue in Gefangenschaft, bis er 1480 auf Betreiben des Papstes freigelassen wurde. 1482 ging er nach Rom, wo er die Vergebung des Papstes erreichte, all seine Vorrechte und Ämter, Einkünfte und Benefizien zurückerhielt und am päpstlichen Hof neue Wirkungsbereiche und neue Macht gewann. 1483 wurde er anläßlich der Thronbesteigung Karls VIII. als päpstlicher Legat nach Frankreich entsandt. Zwei Jahre später kehrte er, überhäuft mit Ehren, Reichtümern und Privilegien, als französischer Gesandter nach Rom zurück, wo er noch bis zu seinem Tode im Oktober 1491 eine herausragende politische Rolle am päpstlichen Hof spielen sollte. Zu Balues Ableben bemerkte Garimberti, der keine Gelegenheit ausließ, »die schlechte und betrügerische [...] Natur« dieses Kardinals, der eine »wahre Bestie« gewesen sei, anzuprangern: Endlich habe er »das Kardinalskollegium [von seiner Anwesenheit] befreit«. Natürlich ist Balue ein außergewöhnlicher Fall. Doch an ihm läßt sich in beispielhafter Weise aufzeigen, nach welchen Mechanismen eine Karriere verlief, die allein auf politisches Geschick und das Vertrauen des Herrschers aufgebaut und für die es im Grunde unwesentlich war, daß sie im Rahmen der Kirche erfolgte.

Auch anderen, weniger grausamen und skrupellosen Ministern des französischen Königs wiederfuhr in jenen Jahren ein ähnliches Schicksal. Als Beispiel wäre hier etwa der Burgunder Jean Jouffroy zu nennen: 1461 sah Pius II. sich gezwungen, ihn gegen seinen Willen ins Kardinalskollegium zu berufen, da es den Anschein hatte, als liege bei ihm allein die »auctoritas Gallicae nationis«. Über ihn fällte der Papst ein vernichtendes Urteil: Zwar gestand er ihm Geist und Bildung zu, doch verurteilte er heftig die Habgier dieses Mannes, seinen Ehrgeiz »et in omne vitium prolapsi mores«. Jouffroy, ein Benediktiner, war zunächst Abt von Luxeuil, später Bischof von Arras und verfügte über zahlreiche einträgliche Pfründen. Zu seinem gesellschaftlichen Aufstieg verhalfen ihm vor allem seine juristische Bildung, sein diplomatisches Geschick und Feingefühl sowie die Gunst Ludwigs XI., doch eigentlich hatte er nie das Kardinalsgewand tragen wollen; er zog die Kutte seines Ordens vor. Der Nachwelt wurde, aufgrund des Hasses, den Pius II. und der Kardinal Ammannati gegen ihn hegten, ein ganz und gar negatives Bild dieses Kardinals überliefert. Doch verdient eine öffentliche Rede Erwähnung, die er 1468 in Paris hielt und in der er das Amt des Kardinals als die größte »fontem [...] gloriae« und als »segestem honoris« bezeichnete. Daher sei der Inhaber des Amtes dazu verpflichtet, sich dieser Ehre würdig zu erweisen und weder Mühen noch Gefahren »pro fide atque sede Romana« zu scheuen. Ähnlich verlief die Karriere des Jean de Bilhères-Lagraulas, der aus einer Familie des niederen gascognischen Adels stammte. Da er nicht der Erstgeborene war, wurde er für die geistliche Laufbahn bestimmt. Er war der Vertrauensmann Ludwigs XI. und Karls VIII. und wurde mit delikaten Aufgaben und Missionen betraut. 1473 wurde er Bischof von Lombés; im folgenden Jahr übernahm er von Jouffroy die reiche Abtei Saint-Denis. Er hielt sich als Gesandter seines Königs in Spanien, Deutschland und in Rom auf. Hier wurde er 1493 von Alexander VI. zum Kardinal ernannt. Bilhères-Lagraulas, der über eine beeindruckende Zahl von Benefizien verfügte, sich um die damit verbundenen kirchlichen Pflichten jedoch nicht im geringsten kümmerte, starb sechs Jahre später in der Ewigen Stadt, kurz nachdem er bei Michelangelo die berühmte *Pietà* in Auftrag gegeben hatte.

Aufschlußreich ist auch das Schicksal jener beiden venezianischen Kardinäle Domenico Grimani und Marco Cornaro, die Alexander VI. 1493 und 1500 ernannte: zwei völlig gegensätzliche Charaktere, die einander mit offener Abneigung begegneten – ein mittelmäßiger, ja kleinlicher Mensch der letztere, hochgebildet hingegen der erstere. Grimani galt, wie 1517 der Gesandte Venedigs zu berichten wußte, als »einer der belesensten Männer Italiens, anständig, von guten Sitten und verehrungswürdig«; er war ein leidenschaftlicher Sammler von Büchern, Antiquitäten und kostbaren Gegenständen, bewunderte Erasmus von Rotterdam, mit dem er in Briefkontakt stand (ihm widmete Erasmus seine Paraphrasen zum Römerbrief des Paulus), und war mehr als einmal Anwärter auf den päpstlichen Stuhl. Doch hatten sie beide die Kardinalswürde nur dank der vielen tausend Scudi erhalten, die von ihren reichen Familien bezahlt worden waren (Cornaro war zu diesem Zeitpunkt gerade 18 Jahre alt). Beide häuften eine unglaubliche Menge von Pfründen und Benefizien an, die sie dann geschickt an ihre Erben und Verwandten weitergaben, was zur Entstehung wahrer Prälatendynastien führte. So erhielten im 16. Jahrhundert vier weitere Cornaro die Kardinalswürde, und zahlreiche Mitglieder der Familie wechselten sich als Bischöfe in Padua, Brescia und Treviso ab, während Grimani seinem Neffen Marino die Diözese Ceneda, das Patriarchat Aquileja und den Kardinalshut hinterließ, der natürlich nur nach Zahlung einer neuerlichen, nicht unbeträchtlichen Geldsumme übergeben werden konnte; Giovanni, der andere Neffe, konnte die Nachfolge Marinos im Kardinalskollegium nur deshalb nicht antreten, weil er unerwarteterweise der Ketzerei bezichtigt wurde. Es waren dies durchaus keine Einzelfälle, im Gegenteil: Im 16. Jahrhundert war dies gängige Praxis, und zwar nicht nur in den Papstfamilien (Farnese, del Monte, Carafa, Medici), den Fürstengeschlechtern (Gonzaga, d'Este, Colonna) oder im französischen Hochadel (Amboise, Bourbon, Guise). Die Diözesen Ivrea und Vercelli beispielsweise sollten für lange Zeit (die eine von 1497 bis 1617, die andere von 1503 bis 1572 und dann wieder von 1599 bis 1611) Lehen der mächtigen Familie Ferreri bleiben, die immer wieder Vertreter in den Senat des Papstes entsandte: Giovanni Stefano (1500–1510), Bonifacio (1527–1543), Filiberto (1548–1549), Pietro Francesco (1561–1566) und Guido Luca (1565–1585). Dasselbe gilt für die Diözese Como, die fest in der Hand der Trivulzio war, welche im Lauf des Jahrhunderts nicht weniger als drei Kardinäle stellten, sowie für Feltre, das fast siebzig Jahre lang von den Campeggi aus Bologna gehalten wurde – einer einflußreichen Prälatenfamilie, die im päpstlichen Senat zunächst durch Lorenzo und später durch Alessandro vertreten war. Ähnliches läßt sich schließlich auch von der französischen Diözese Saint-Papoul sagen, die von 1537 bis 1568 von den drei Kardinälen des Hauses Salviati untereinander weitergegeben wurde, was allerdings den Unwillen der örtlichen Geistlichen und Gläubigen erregte, nach deren Einschätzung in jenen Jahren insgesamt gute 100000 Scudi an ihre pflichtvergessenen Seelenhirten gezahlt wurden.

3

Genau darauf war aber in erster Linie die Macht der Renaissancekardinäle gegründet: auf die Möglichkeit, durch die Gunst der Herrscher und Päpste große Reichtümer anzuhäufen, und auf die nunmehr gängige Praxis, sich die Einkünfte aus den Pfründen auch ohne die Ausübung der ursprünglich mit diesen verbundenen Kirchenämter auszahlen zu lassen. Unendlich groß war die Zahl der Benefizien, die Paul II. an seine zahlreichen, zu Purpurträgern gewordenen Verwandten wie Marco Barbo, Giovan Battista Zeno und Giovanni Michiel vergab. Über den letztgenannten kursierte das Gerücht, er sei vom Herzog von Valentinois vergiftet worden, da dieser danach trachtete, sich des ungeheuren Vermögens und der Abertausende blanker Dukaten zu bemächtigen, die Giovanni Michiel in seinen Schatztruhen hütete. Das Vermögen, welches Balue bei seinem Tod 1491 hinterließ, belief sich schätzungsweise auf 100000, das, welches der Camerlengo Ludovico Trevisan im Jahre 1565 hinterließ, gar auf 200000 bis 300000 Dukaten (»nemo affluentior in senatoria dignitate fuit«, schrieb Cortesi über diesen Kardinal).

Nicht minder legendär waren die Reichtümer des Guillaume d'Estouteville oder jene, welche Rodrigo Borgia vor seiner Wahl zum Papst in seiner 36jährigen Amtszeit als Kardinal angehäuft hatte und welche es ihm erst ermöglichten, sich im Konklave bei der Papstwahl die erforderlichen Stimmen zu erkaufen. Die Liste der Bistümer, Abteien, Archidiakonate, Priorate, Kanonikate, Propsteien, Kantoreien, Pensionen und Kirchenämter aller Art, mit denen er seinen Sohn Cesare bedachte, führt uns durch ganz Europa – von Valencia nach Nantes, von Poitiers nach Mailand, von Paris nach Arezzo, von Rennes nach Genf, von Lüttich nach Como, von Limoges nach Grosseto. Jedes dieser Benefizien garantierte Einkünfte von mehreren dutzend bis zu mehreren tausend Dukaten im Jahr. So warf zum Beispiel allein das Patriarchat Aquileja 10000 Dukaten ab, und einige einträgliche Diözesen jenseits der Alpen brachten noch mehr ein, wie etwa Valencia, das von Kalixt III. an seinen Neffen und späteren Amtsnachfolger Rodrigo Borgia und von diesem an seinen Sohn

Cesare weitergegeben wurde. Cesare wiederum, der 1498 auf die Kardinalswürde verzichtete, überließ Valencia einem anderen Purpurträger aus dem Hause Borgia: Giovanni. Als dieser wenige Monate später starb, ging die Diözese schließlich in die Hände des Bruders Pier Luigi über, der ebenfalls gleich im Jahre 1500 in den Genuß der Kardinalswürde kam.

Im folgenden Jahrhundert sollten sich die Verhältnisse nicht grundlegend ändern. Selbst die Reformbestimmungen des Tridentinischen Konzils hinterließen keine nennenswerten Spuren in der Praxis der Pfründenhäufung und des Handels mit den Einkünften aus den Benefizien. Im Gegenteil, der Gesamtbetrag der Einkünfte aus kirchlichen Ämtern und Gütern, über den die Mitglieder des Kardinalskollegiums verfügen konnten, stieg sogar weiter an und belief sich im Jahre 1571 auf mehr als 1 000 000 Scudi. Dabei ist allerdings zu bedenken, daß auch die Zahl der Kardinäle nicht unbeträchtlich zugenommen hatte und die Unterschiede in ihren Vermögensverhältnissen größer waren als früher. Der mächtige Kardinal de Tournon hielt zwischen 1530 und 1562 zeitweise mehr als 25 Klöster in Kommende, und Agostino Trivulzio verwaltete 1524 gleichzeitig die Diözesen Le Puy, Alessano, Toulon und Reggio Calabria. 1532 unterstanden Giovanni Salviati die Diözesen Ferrara, Bitetto, Volterra, Teano und Santa Severina. Domenico de Cupis verwaltete 1534 Trani, Macerata, Recanati, Montepeloso, Adria und Nardò, und noch 1548, als die Reformdekrete bereits ergangen waren, durch die eine derartige Häufung von Bistümern untersagt wurde, war Ippolito d'Este zugleich für die Diözesen Autun, Tréguier, Lyon und Mailand zuständig.

Dies sind nur einige wenige von zahlreichen Beispielen, die sich anführen ließen. Dasselbe gilt für die Einkünfte aus den Mensalgütern der Bischöfe und für die kleineren Benefizien, von denen ein Präbendar oft Dutzende innehatte: Diese konnten veräußert, ausgetauscht und mit Zutritts- und Regreßrecht Freunden und Verwandten überlassen werden, was schließlich dazu führte, daß private und kirchliche Güter nicht mehr unterschieden werden konnten, so daß mit einer entsprechenden Genehmigung des Papstes testamentarisch über sie verfügt werden durfte. Durch diese Verhältnisse läßt sich zumindest ansatzweise erklären, wie es zu jenem fortschreitenden Niedergang des Episkopats im 15. und 16. Jahrhundert kommen konnte, der so weit ging, daß die abschätzige Bemerkung, der Kardinal sei »ein Arsenal von Ämtern und Pfründen«, durchaus gerechtfertigt erscheint.

Führt man sich vor Augen, daß sich Ende des 15. Jahrhunderts in Rom der Lohn eines Handwerkers auf einige dutzend Dukaten im Jahr belief, der venezianische Gesandte aber 2000 Dukaten und mehr benötigte, um in einer seinem Range angemessenen Weise leben zu können, so nimmt es nicht wunder, daß bereits in den Wahlkapitulationen der Konklaven von 1471 und 1484 als Mindesteinkommen eines Kardinals die beachtliche Summe von 4000 Dukaten festgelegt wurde. Die tatsächlichen Einkünfte vieler Kardinäle gingen jedoch oftmals über diesen Betrag hinaus, in manchen Fällen sogar beträchtlich. So beliefen sie sich unter Papst Alexander VI. bei Giuliano della Rovere und Marco Cornaro auf über 20000 und bei Ascanio Sforza auf 30000 Dukaten. Diese Zahlen sind jedoch nur ungefähre Schätzungen; in Wirklichkeit dürften die Beträge sogar erheblich höher gelegen haben. So ist der Zorn des Herzogs von Mailand, der 1465 über die Gier der Kirchenoberen schimpfte, »die einen unersättlichen Schlund haben«, ebenso verständlich wie jene beißende Satire, in welcher Ariost feststellt: »Schon immer wußte ich und war mir klar: / Ob Bischof, Kardinal, ob Papst es war – / nie haben sie so Geld, wie sie es brauchen.«* Tatsächlich wurden schon wenige Jahrzehnte später jene Beträge erreicht, die in einem Verzeichnis der Einkünfte der Kardinäle für das Jahr 1571 aufgeführt sind (wobei allerdings auch die Geldentwertung im Laufe des 16. Jahrhunderts zu berücksichtigen ist): Charles de Guise erhielt 130000 Scudi, die bourbonischen und die portugiesischen Kardinäle, Ippolito d'Este und Alessandro Farnese, erhielten Beträge zwischen 60000 und 80000 Scudi. Über Farnese (es handelt sich um den Neffen Pauls III., der ebenfalls den Namen Alessandro Farnese trug), jenen »praepotens divitiis et clientelis«, wie ein Amtskollege 1565 über ihn schrieb, hieß es bei seinem Tode im Jahr 1589, er habe über regelmäßige Einkünfte von 120000 Scudi verfügen können, wogegen das Vermögen von über 200000 Scudi, welches kurz zuvor sein Vetter Guido Ascanio Sforza von Santa Fiora und der Kardinal von Trient Cristoforo Madruzzo ihren Erben hinterlassen hatten, eher bescheiden ausfiel. Mit diesem riesigen Vermögen nun (allein der Wert seiner Garderobe wurde auf 100000 Scudi geschätzt) konnte Farnese die Villa auf dem Palatin, den großartigen Caprarola-Palast und die stattliche Jesuskirche erbauen

* Deutsche Übersetzungen von Satiren Ariostos finden sich in: Ludovico Ariosto, *Kleinere Werke: Komödien, Lyrische Gedichte (Rime), Satiren*. Übers. u. eingel. v. Alfons Kissner. München 1909. Vgl. S. 533. *[Anm. d. Übers.]*.

lassen – und es sich dennoch erlauben, 1576 dem französischen König 40000 Scudi zu leihen und fünf Jahre später eine Anzahlung von 100000 Scudi zu leisten, mit der er lediglich ein Drittel jener Mitgift deckte, die er für die Hochzeit einer seiner Nichten mit dem Herzog von Mantua vereinbart hatte. Bei Ausgaben dieser Größenordnung vermochten nicht einmal Adelsfamilien wie die Colonna und die Orsini mitzuhalten. Dies sollte in Zukunft allein den Papstfamilien möglich sein, aus denen dann auch der neue römische Adel hervorging: die Buoncompagni, die Aldobrandini, die Borghese, die Ludovisi, die Barberini und die Pamphili.
Derartige Reichtümer waren natürlich das Privileg einiger weniger mächtiger Kardinäle, bei denen die zahllosen Pfründen mit einem ansehnlichen privaten Vermögen und außergewöhnlichen politischen und verwandtschaftlichen Beziehungen zusammentrafen. Zu Beginn des 16. Jahrhunderts zum Beispiel hatte ein Drittel der Kardinäle ein Einkommen in einer Größenordnung von 2000 bis 3000 Dukaten; nach dem Tridentischen Konzil allerdings mußten sich nicht wenige mit Pfründeneinkünften von mehreren hundert Scudi begnügen: 520 Scudi flossen beispielsweise dem Kardinal Giulio Antonio Santoro zu, 850 dem Franziskaner Felice Peretti (dem späteren Sixtus V.). Dieser wurde, als »armer Kardinal«, mit einer zusätzlichen Pension ausgestattet, die ihm Gregor XIII., der ihm feindlich gesonnen war, jedoch entziehen wollte, als er bemerkte, daß Peretti trotz allem in der Lage war, den Bau einer prächtigen Villa auf dem Esquilin zu finanzieren. So muß denn auch die Aussage aus dem Jahre 1531, daß es Kardinäle gebe, die »so arm sind, daß sie Hungers sterben müssen«, im Verhältnis zu dem hohen gesellschaftlichen Rang der kirchlichen Würdenträger und zu dem Lebensstandard gesehen werden, der sich für sie in einer stark hierarchisch gegliederten und an Statussymbolen orientierten aristokratischen Gesellschaft geziemte. Viele Mitglieder des Kardinalskollegiums – und nicht selten die reichsten und mächtigsten – mußten mehr als einmal auf Bankkredite zurückgreifen, um ihren Geldbedarf decken zu können, und hinterließen bei ihrem Tod ungeheure Schulden; andere wiederum erbaten vom Papst die Erlaubnis, sich in ihre fern von Rom gelegenen Diözesen zurückziehen zu dürfen, um so zu verbergen, daß sie sich jene drückend hohen, aber unumgänglichen Ausgaben, die ihnen durch ihre Stellung als Kardinal auferlegt wurden, nicht leisten konnten. Hieraus geht deutlich hervor, wie umfangreich die Ausgaben wirklich waren, die mit den beachtlichen Einkünften der Kardinäle bestritten werden mußten.

Tatsächlich stellten die Kardinalspaläste so etwas wie kleine Fürstenhöfe dar, die eine bestimmte Rolle auf der Bühne der römischen und der internationalen Politik spielten und wo es nur so wimmelte von Freunden, Mitarbeitern, Sekretären, Dienern, Köchen, Soldaten und Schergen, zu denen sich häufig noch Musikanten, Maler, Possenreißer, Astrologen und eine ganze Schar von Verwandten und Schmarotzern gesellten. Doch gab es natürlich auch hier beträchtliche Unterschiede, da, wie bereits erwähnt, das Gesamtvermögen einiger Kardinäle geringer war als die Einkünfte, die andere in nur einem Jahr bezogen. So schwankte zum Beispiel am Vorabend des *Sacco di Roma* (1527) die Zahl der Personen, die den 21 Kardinalsresidenzen in Rom angehörten, zwischen einem Minimum von 45 (Cajetan) und einem Maximum von 306 (Farnese), doch hatten gut und gern zehn der 21 Kardinäle ein Gefolge von mindestens 150 und nur vier ein Gefolge von weniger als 100 Personen. Pietro Riario und Ippolito de' Medici, junge Neffen von Sixtus IV. bzw. Clemens VII., hatten sogar einen Haushalt von ungefähr 500 Personen, und Ippolito d'Este ließ sich 1561 von 350 Personen nach Frankreich begleiten, während im darauffolgenden Jahr der Kardinal Gonzaga, der damals als Legat am Trienter Konzil teilnahm und sich somit ebenfalls fern der Heimat aufhielt, sich mit 160 Begleitern begnügte – ein Gefolge, das immer noch dreimal so groß war wie das der übrigen Kardinäle in Trient. Im Durchschnitt lebten im 15. und 16. Jahrhundert, auch wenn es beträchtliche Schwankungen gab, am Hof eines Kardinals ungefähr 150 Personen, von denen einige den begehrten und rechtlich mit allen dazugehörigen Privilegien und Vergünstigungen anerkannten Titel eines *familiaris domesticus et continuus commensalis* führen durften. Ob Künstler oder Edelmann, treuer Mitarbeiter oder niederer Diener – sie alle fielen unter die Kategorie der »Münder« (wie man damals zu sagen pflegte), die zu stopfen waren, was erhebliche Probleme mit sich brachte. So hatte zum Beispiel auch ein »hoher Herr« wie Francesco Gonzaga, der 1461, erst 17jährig, zum Kardinal ernannt worden war, nicht wenige Schwierigkeiten zu überwinden, bis er in Rom einen Palast fand, in welchem er und sein Gefolge untergebracht werden konnten – ein Gefolge, das schon bei seiner Ankunft in der Stadt mehr als 80 Personen umfaßte und zu dem ein Haushofmeister, ein Auditor, ein Sekretär, ein Kammerdiener, ein Notar, ein Arzt, ein Barbier, mehrere Kapläne und Kämmerer sowie Dutzende von Dienern, Stallburschen und Stallmeistern gehörten. Hinzu kamen weitere Verwandte und Protegés, die manchmal ebenfalls von einer Dienerschaft begleitet wurden.

Für eine solche Menschenschar benötigte man natürlich ungeheuer viel Wohnraum, Ställe, Lagerhäuser, sanitäre Anlagen sowie eine regelmäßige Versorgung mit Getreide, Speiseöl, Wein, Brennholz und Viehfutter, was Hunderttausende von Dukaten im Jahr verschlang. Hinzu kamen die Summen, die nötig waren, um all die Löhne und Pensionen zu zahlen, sowie die hohen Aufwendungen für die Miete oder den Kauf von geräumigen, für Repräsentationszwecke geeigneten Gebäuden. Cesare Borgia benötigte für seine Hofhaltung normalerweise 1 500 Dukaten im Monat, d.h. die Erträge aus zwei oder drei bischöflichen Mensalgütern. Die von Cortesi in *De cardinalatu* vorgetragene Einschätzung, daß ein Kardinal ein Gefolge von mindestens 140 Personen haben müsse und seine laufenden Ausgaben nicht unter den Betrag von 12 000 Scudi im Jahr sinken dürften, ist also durchaus realistisch. Tatsächlich mußte um 1540 Niccolò Ridolfi für seinen Haushalt ungefähr 6 500 Scudi und Giovanni Salviati knapp 11 000 Scudi aufwenden, während wenig später der Hof Alexander Farneses gar 30 000 Scudi verschlingen sollte (von denen etwas weniger als 18 000 für die Versorgung mit Nahrungsmitteln aufgewendet wurden). Für den Bau einer jener prachtvollen Kardinalsresidenzen schließlich, die man noch heute bewundern kann, benötigte man ganze Berge von Gold: so für den von Bramante erbauten Palast Raffaele Riarios, den Palazzo Venezia, den Palazzo Medici (heute Palazzo Madama), den Palazzo Farnese. Nicht selten wurden (gemäß einem Brauch, an dem auch in späterer Zeit festgehalten werden sollte) Gärten für die Sommerresidenzen in den umliegenden Bergen angelegt und luxuriöse Villen in der Vorstadt errichtet: etwa die Villa Giulia, die Farnesischen Gärten, die Villa Borghese, die Villa Pamphili... Kardinal Bernardo Salviati, dessen Einkünfte sich in den 60er Jahren des 16. Jahrhunderts insgesamt auf etwa 20 000 Scudi beliefen und der einen Hof mit ungefähr 100 Personen unterhielt (also nicht gerade einen der größten und prächtigsten jener Zeit), für welchen er 6 000 Scudi und mehr aufwenden mußte, gab über 40 000 Scudi für die Errichtung seines Palastes an der Lungara aus. Dies ist allerdings eine Kleinigkeit verglichen mit den fast 250 000 Scudi, die der Bau des Palazzo Farnese bis 1549 verschlang, oder mit dem Vermögen, das Ippolito d'Este für seine prächtige Villa in Tivoli mit ihren berühmten Gärten, ihren Brunnen und ihren faszinierenden Wasserspielen ausgab und für deren Bau der Kardinal sogar um die 50 türkische Sklaven kaufte. Natürlich konnten sich nicht alle Purpurträger derartige Residenzen leisten, doch auch im günstigsten Fall mußte man für den Kauf eines geeigneten Gebäudes zu Beginn des Jahrhunderts mehrere tausend Dukaten aufwenden. Hinzu kamen die Kosten für die Gemälde, die Fresken, die Skulpturen, die luxuriösen Kleinigkeiten, mit denen diese Paläste ausgeschmückt wurden, die prunkvollen Grabmäler, mit denen man der Nachwelt ein großartiges und unvergängliches Bild seiner selbst hinterließ, die Restaurierung alter Gebäude und die Errichtung neuer Kirchen, auf deren Fassaden nicht selten die hochtönenden Namen der jeweiligen Geldgeber prangten; so ließ sich z. B. auf der Fassade der Jesuskirche der Neffe Papst Pauls III. mit Riesenlettern als »Alexander Farnesius Sanctae Romanae Ecclesiae Vicecancellarius« verewigen. Führt man sich dies vor Augen, wird unmißverständlich klar, daß das prunkvolle Rom der Renaissance, in dem die bedeutendsten Künstler jener Jahre wirkten, vollkommen undenkbar gewesen wäre ohne den großen Auftraggeber Kirche und die schier unerschöpfliche Finanzkraft der Päpste und Kardinäle, die eine der wichtigsten sozialen Voraussetzungen für das Mäzenatentum der Kirche darstellte.

Hohe Ausgaben entstanden den Kardinälen des weiteren durch die zahlreichen Reisen, die sie von Amts wegen unternahmen. So mußte etwa der Legat in Spanien 1529 für diese regulären Kosten eine Summe von etwa 4000 Scudi im Monat aufwenden. All dies erfolgte im Zeichen jener »magnificentia«, die auch Charles de Guise veranlaßte, ein Gefolge von 80 Personen und einen Betrag von 30000 Scudi, den er für Ausgaben vorgesehen hatte, nach Rom mitzunehmen, als er sich 1547 dorthin begab, um die Kardinalswürde entgegenzunehmen. Als weiteres Beispiel ließe sich die lange Reise anführen, die den Kardinal Luigi d'Este 1517–18 nach Deutschland, Flandern und Frankreich führte: Sie kostete ihn nicht weniger als 15000 Dukaten, welche teils für den Unterhalt des aus etwa 40 Personen bestehenden (also bis auf das äußerste reduzierten) Gefolges, teils für den Erwerb von Gegenständen, Musikinstrumenten, Windhunden, Dutzenden von Pferden und Hunderten von Jagdhunden aufgewendet wurden – eine ungewöhnlich hohe Ausgabe, die im übrigen einen beträchtlichen Teil jener 24000 Dukaten verschlang, die der Kardinal damals an Einkünften erhielt. Anlaß für jene Aufwendungen war nicht zuletzt, daß er auf diese Weise seine Vorliebe für das Neue und Pittoreske, für Denkmäler, Kunstwerke und Kultur befriedigen konnte, wobei er sich nicht scheute, ungeheure Schulden zu machen, da es ihm einzig darauf ankam, sich mit all dem Glanz zu umgeben, der seinem Rang als weltlicher und kirchlicher Fürst angemessen war. In manchen Fällen grenzte die Prachtentfaltung der Kirchenfürsten fast schon an spektakulären Pomp, so etwa bei Leo X. mit seiner unendlichen Verschwendungssucht oder auch bei einem der Neffen Papst Sixtus' IV. – jenem Pietro Riario, der 1471 die Kutte der Franziskaner gegen das Kardinalsgewand eintauschte und es fertigbrachte, in den zwei Lebensjahren, die ihm noch blieben, Einkünfte in Höhe von 50000 Dukaten anzuhäufen und gleichzeitig mit prunkvollen Festen und Banketten über 300000 Dukaten durchzubringen. »Hätte nicht«, so sagte man, »der Tod dem ungestümen Lauf seiner großen Lüste Einhalt geboten, wären die Schätze der Kirche bald erschöpft gewesen.« Dabei darf nicht vergessen werden, daß dieses fürstliche Gepränge nicht allein eine maßlose Zurschaustellung des eigenen Reichtums war, sondern darüber hinaus politische Bedeutung hatte, daß die Inszenierung der Pracht und Hofhaltung, die Demonstration von Macht und Reichtum, die darin zum Ausdruck kamen, nicht nur dazu dienten, die Ruhmsucht von zu Kardinälen gewordenen Papstneffen und deren Familienangehörigen zu befriedigen, sondern auch dazu, die Würde der Kirche zu unterstreichen und diese auf triumphale Weise zu feiern. Geld benötigten die Kardinäle überdies für das Mäzenatentum in Kunst und Kultur, die Finanzierung religiöser und karitativer Einrichtungen, in einigen Fällen für das Glücksspiel (manche Kardinäle scheuten sich nicht, an einem einzigen Abend mehrere tausend Dukaten zu verspielen), die Vorliebe für Kunstgegenstände, Schmuck und wertvolle Stoffe, die Notwendigkeit, ein gewinnsüchtiges Gefolge von Verwandten und Höflingen zu befriedigen, die alle nach Wohltaten und Präbenden und vor allem nach Kurialämtern und Einkünften aus Benefizien gierten: All dies, bis hin zu den Anwandlungen von Größenwahn manch eines Kardinalsneffen, war Teil jenes fürstlichen Lebensstils, der als eine unvermeidliche gesellschaftliche Notwendigkeit angesehen wurde – ein Lebensstil, der auf die Nachahmung des Adels gegründet war sowie auf das Bestreben, den eigenen Einfluß, den eigenen guten Ruf und den der Familie sowie die hohe Würde des Amtes mit allen Insignien der damit verbundenen Macht und Größe auch nach außen hin zu bezeugen. Hierin liegt, wie leicht ersichtlich, der Grund für jene hohen Ausgaben, die in keinerlei Verhältnis zu den bescheidenen Einkünften standen, die den Kardinälen vom Konsistorium zugestanden wurden, und zu den Summen, die sie aus ihrem Anspruch auf Kostenrückerstattung aus den Benefizien erhielten; diese Ausgaben konnten deshalb nur unter Rückgriff auf das private Vermögen der Purpurträger bestritten werden, das in manchen

Fällen noch aufgestockt wurde durch die (gewiß nicht ohne Eigennut..) von Fürsten und ausländischen Herrschern gewährten Pensionen, die Einkünfte aus den wenigen gut bezahlten Kardinalsämtern (insbesondere das des Vizekanzlers, das des Pönitentiars und das des Camerlengo) und vor allem durch jene allseits betriebene Pfründenhäufung, auf die bereits hingewiesen wurde.

Als indirekte Bestätigung der herrschenden Mißstände können die zahlreichen Reformvorschläge angesehen werden, die in jener Zeit, wie schon in der Vergangenheit, immer wieder auftauchten. Wenn sie auch niemals verwirklicht wurden, so bezeugen sie zumindest, daß man sich des Problems bewußt war und erkannt hatte, daß es immer größere Ausmaße annahm und dringend einer Lösung bedurfte. Schon auf dem Konzil zu Konstanz waren die unzähligen Mißstände, die in der Kirche herrschten, die vielen Wunden, die sie *in capite* und *in membris* aufwies, angeprangert worden. Diese Kritik wurde auch später wieder laut und betraf unter anderem die Tatsache, daß das Kardinalskollegium den großen Aufgaben, die ihm oblagen, einfach nicht gewachsen war. Pius II. erarbeitete einen Entwurf für eine Kurienreform, in dem unter anderem festgelegt wurde, daß die zum Zeitpunkt des Inkrafttretens der neuen Bestimmungen bereits im Amt befindlichen Kardinäle ihr Gefolge auf höchstens 60, die in Zukunft zu ernennenden auf höchstens 40 Personen zu beschränken hatten. Für letztere setzte er eine Obergrenze des Pfründeneinkommens fest, die bei 4000 Florin lag. Untersagt wurde den Kardinälen überdies die Teilnahme an Jagden und der regelmäßige Besuch von Festen mit profaner Musik. Auch die Zahl der Pferde im Besitz der Kardinäle legte man genauestens fest, da nicht wenige Kirchenfürsten bei feierlichen Anlässen mit Dutzenden von Reitern im Gefolge am päpstlichen Hof zu erscheinen pflegten. Alexander VI., den der geheimnisvolle Mord an seinem Lieblingssohn, dem Herzog von Gandia, im Jahre 1497 auf den Straßen von Rom hart getroffen hatte, schien nach diesem Vorfall eine kurze Phase religiöser Hingabe zu durchleben, von der er sich zwar bald wieder erholte, in der er jedoch eine Kommission bilden ließ, die umgehend »eine heilige Reform der Kirche« in die Wege leiten und sich dabei auf einen bereits unter Sixtus IV. diskutierten Entwurf stützen sollte. Die Reformbulle, die natürlich nie über eine bloße Absichtserklärung hinausging, enthielt strenge Bestimmungen: Verboten werden sollte eine allzu weltliche Lebensführung, das Glücksspiel, die Teilnahme an Jagden, Turnieren, Banketten, der Besuch von Theatern und Maskenfesten sowie die Häufung von Bistümern. Des weiteren wollte man die Kardinäle dazu verpflichten, in Rom zu residieren, und es wurden Obergrenzen für die Erträge aus den Benefizien (6000 Dukaten), die Ausgaben für Repräsentationszwecke und die Größe des Gefolges der kirchlichen Würdenträger bestimmt; dieses durfte einen Umfang von 80 Personen nicht überschreiten, mußte einen hohen Anteil an Geistlichen aufweisen und Spielleute, Sänger, Seiltänzer und ähnliche Personen ausschließen. Die nachdrücklichen Ermahnungen der darauffolgenden Jahre, die nunmehr unaufschiebbar gewordene Reform endlich durchzuführen, lauteten im Kern nicht viel anders und blieben in gleicher Weise unbeachtet. Besonders laut erklang der Ruf nach einer Kirchenreform zur Zeit des V. Laterankonzils (1512–17). So unterbreiteten zum Beispiel die gestrengen venezianischen Patrizier Vincenzo Quirini und Tommaso Giustiniani in ihrem *Libellus ad Leonem X* (1513) den Vorschlag, den Kardinälen kirchliche Pfründen gänzlich zu untersagen (statt dessen sollte eine eigens eingerichtete päpstliche Kasse für ihren Unterhalt aufkommen), und in der Bulle vom 5. Mai 1514 wurde den Kardinälen durch eine Reihe minuziöser Bestimmungen (die ebenfalls niemals durchgeführt wurden) vorgeschrieben, »bescheiden, sittsam und fromm« zu leben und ihren seelsorgerischen Pflichten in den Pfarreien und Klöstern, die unter ihrer Obhut standen, gewissenhaft nachzugehen.

Neben den Reformaufrufen waren in jenen Jahren pausenlos Polemiken und Schmähungen gegen die Korruption in der Kirche, die Unwissenheit, die Habgier, die Gleichgültigkeit des Klerus und die Verderbtheit der Kurie zu vernehmen. Ein unermüdlicher Kritiker war der bereits erwähnte Savonarola, der beklagte, daß man die hölzernen Kelche und goldenen Prälaten der guten alten Zeit nach und nach durch goldene Kelche und hölzerne Prälaten ersetzt habe. Ein weiterer Kritiker war Machiavelli, in dessen Augen der Sitz des Papstes in Italien dafür verantwortlich war, daß das Land politisch gespalten und der Italiener »ungläubig und schlecht« geworden sei. Guicciardini schließlich, Vertreter eines nüchternen Antiklerikalismus alter Tradition, wünschte stets den »Untergang des Kirchenstaates« herbei und hoffte, daß es diesem »ruchlosen Gesindel« eines Tages so ergehen möge, wie es dies verdiene, daß es »entweder seine Laster oder seine Autorität verlieren« möge. Immer lauter wurden jedoch auch die kritischen Stimmen, die sich von jenseits der Alpen vernehmen ließen. So zögerte etwa Erasmus von Rotterdam nicht, unter vielen anderen Dingen auch die »Narrheit« jener mächtigen Kardinäle anzuprangern, die sich in satter Zufriedenheit über ihre immensen Reichtümer sonnten und immer mehr vergaßen, daß sie »nur die Verwalter« und nicht etwa die Besitzer der Kirchengüter waren. Diese und viele andere kritische Stimmen erhoben sich in einem Klima der Unruhe und der Spannungen, in dem man Nächte durchwachte, um die Zukunft heraufzubeschwören, und in dem man aufmerksam nach Vorzeichen für ein bevorstehendes Unglück, baldige Revolution und Katastrophen forschte, welche auf das bevorstehende Erscheinen des engelsgleichen Papstes und das rächende Schwert hindeuteten, das endlich die Räuber aus dem Tempel jagen und die Kirche von all dem Unrat säubern würde, von dem sie durchdrungen war.

4

Es wäre jedoch vollkommen falsch, sich darauf zu beschränken, die zunehmende Verweltlichung der Kirche im 15. und 16. Jahrhundert zu konstatieren, um sie zum Gegenstand steriler moralischer Werturteile zu machen und sie womöglich mit dem Wiederaufleben des alten Heidentums, dem damit einhergehenden Verlust der wahren religiösen Werte sowie dem Hinweis zu erklären, die kirchliche Hierarchie habe jene christliche Botschaft vorübergehend aus den Augen verloren, die im Mittelalter sorgsam gehegt und weitergegeben worden war und die die Katholiken des Trienter Konzils dann nach dem durch die Reformation entstandenen tiefen Bruch wiederaufgreifen und neu beleben wollten. Die historische Entwicklung der Kirche seit dem Ende des Exils in Avignon und der Zeit der Konzilien zu Beginn des 15. Jahrhunderts mitsamt den Widersprüchen, die sich aus der Doppelrolle der Kirche als geistliche und weltliche Macht ergaben, läßt sich besser rekonstruieren und begreifen, wenn man sie in einem europäischen Rahmen, vor dem Hintergrund der Errichtung der großen nationalen Monarchien sowie der Regionalfürstentümer in Italien, analysiert. Das lange Zwischenspiel in Avignon hatte gezeigt, daß ohne eine wirkliche territoriale und ohne eine sichere politische und finanzielle Autonomie jede Forderung nach Unabhängigkeit des Papsttums ungehört verhallen mußte. Die Rückverlegung des Heiligen Stuhls nach Italien machte es allerdings erforderlich, die Herrschaft des Papstes über die Ewige Stadt und jene Gebiete des

Patrimonium Petri wiederherzustellen, auf denen sich verschiedene neue Machtgruppen festgesetzt hatten, die nun, bevor ein Staat errichtet werden konnte, gewaltsam unterworfen werden mußten. Mit dieser Aufgabe wurden skrupellose, entschlossene Männer wie Giovanni Vitelleschi und Ludovico Trevisan betraut, deren Kardinalsgewand Harnisch und Schwert nur unvollkommen verbergen konnte. Ebenso wie in den weltlichen Staaten förderten auch im Kirchenstaat militärische Erfordernisse die Entwicklung von (weltlichen wie geistlichen) Finanz- und Verwaltungsstrukturen, die Entstehung eines diplomatischen Corps und eines Kanzleiwesens, eines stetig wachsenden Hofstaats und eines – wenn auch noch nicht ausgereiften – Regierungsapparats. So wuchs gerade in einer Zeit, in der die Apennin-Halbinsel eine Periode großer politischer Instabilität durchlebte und in der sie – von Mailand bis Venedig, Neapel bis Florenz – für die Rivalen Frankreich und Spanien das schwerwiegendste Problem der internationalen Politik und den Schauplatz ihrer Auseinandersetzungen darstellte, ein Territorialstaat, welcher notwendig zu einem Faktor der gesamtitalienischen und europäischen Politik wurde.

Vor diesem Hintergrund nun (der hier nur kurz angedeutet werden kann) sind die besonderen Merkmale des Papsttums und der hohen Kirchenämter in dessen Umfeld zu sehen, die wir zu beschreiben versucht haben. Die Zahl der ausländischen Kardinäle im Kollegium nahm proportional immer weiter ab, und bei den verbliebenen handelte es sich fast ausschließlich um französische oder spanische Prälaten. Dies lag am politischen Konflikt zwischen den beiden großen Mächten um die Vorherrschaft in Italien, in den das Papsttum, das sich notgedrungen mal mit der einen, mal mit der anderen Seite verbündete, unmittelbar verwickelt wurde. Immer häufiger kam es zudem vor, daß die Kardinäle nicht in Rom lebten, sondern am Hof ihres jeweiligen Herrschers, wo sie nicht selten auch – dies gilt in besonderem Maße für Frankreich – hohe Ministerämter bekleideten. Persönlichkeiten wie Jean Balue und Jean Jouffroy haben wir bereits erwähnt, doch auch andere verdienen Beachtung, so etwa Guillaume Briçonnet, der, wie Guicciardini feststellt, »an der Spitze der Regierung« stand, oder sein Nachfolger Georges d'Amboise, der allmächtige »Kardinal von Rouen« – eine Tradition, die (mit Richelieu und Mazarin) noch weit bis ins 17. Jahrhundert fortdauern sollte. Gleichermaßen einflußreich waren auch Figuren wie Thomas Wolsey, Lordkanzler unter Heinrich VIII., Matthäus Lang an der Seite Maximilians I., Francisco Jiménez de Cisneros und Adrian von Utrecht in Spanien.

Daß die Zahl der ausländischen Kardinäle im Heiligen Kollegium zurückgegangen war und ihre ursprüngliche Funktion, die allumfassende Kirche in ihren nationalen Gliederungen zu vertreten, an Bedeutung verloren hatte, läßt sich im übrigen auch daran ablesen, daß immer weniger von ihnen am Konklave teilnahmen: 1458 waren 9 von 18 Teilnehmern ausländische Prälaten; 1484 waren es 4 von 26, und 1492 sogar nur 2 von 23; 1503 (nach dem Pontifikat Alexanders VI.) stieg die Zahl wieder auf 14 von 36, um 1513 erneut auf 6 von 25 und 1521 (bei jenem Konklave, in welchem Hadrian VI. gewählt wurde, der letzte nichtitalienische Papst für mehr als viereinhalb Jahrhunderte) auf 3 von 39 zu sinken. Diejenigen ausländischen Kardinäle, die in Rom lebten, handelten im übrigen meist als Botschafter ihres Landes, vertraten also die Interessen eines bestimmten Staates und nicht die der Kirche. Hierin zeigt sich, daß der Begriff der *christianitas* an Kontur verloren hatte, ein Vorgang, der sich parallel zur Krise des Kaisertums, zur Entstehung der nationalen Monarchien, zur Konsolidierung des italienischen Staatengefüges und zur Erstarkung des Kirchenstaates vollzog. Nicht zufällig wurde gerade Ende des 15. Jahrhunderts das Amt des Kardinals, der die Interessen der ausländischen »Nationen« wahrnahm, institutionalisiert, und nicht zufällig erschienen gerade zu dieser Zeit im Senat des Papstes, in dem sie fortan ständig vertreten sein sollten, die Repräsentanten jener italienischen Herrschergeschlechter, die sich auf der Apennin-Halbinsel bereits eine Machtposition geschaffen hatten. Der erste Gonzaga, dem die Kardinalswürde verliehen wurde, war Francesco (1461); auf ihn folgten Sigismondo (1505), Ercole und Pirro (1527), Francesco (1561), Federico (1563), Gianvincenzo (1578) und Scipione (1587). Der erste Kardinal aus dem Geschlecht der d'Este war Ippolito (1493), gefolgt von einem anderen Ippolito (1538) und einem Luigi (1561). Papst Sixtus IV. ernannte einen Sforza und Papst Innozenz VIII. jenen Giovanni de' Medici zum Kardinal, dem es später als Leo X. gelingen sollte, die Herrschaft seines Hauses über Florenz zu konsolidieren und sicherzustellen, daß stets ein Vertreter seines Geschlechts im Kardinalskollegium saß: von Giulio (1513) bis hin zu Ippolito (1529), von Giovanni (1560) bis hin zu Ferdinando (1563) und Alessandro (1583).

Was dem Papsttum in diesem Prozeß des Ausbaus staatlicher Macht nach innen wie nach außen jedoch fehlte, war die eigentliche Grundlage für jene neue Form der zentralen Machtausübung, die sich allerorten allmählich mühsam durchzusetzen begann, nämlich die Kontinuität eines

Herrscherhauses und einer nationalen Monarchie. Das religiöse Oberhaupt des christlichen Abendlandes, das über die Kirche und die Ewige Stadt herrschte und sich Nachfolger Petri und Stellvertreter Christi auf Erden nannte, war in Wirklichkeit in seiner Position durchaus anfechtbar; sein Amt war ihm durch Wahl übertragen worden und konnte nicht vererbt werden, und da die meisten Päpste bei der Amtsübernahme schon in fortgeschrittenem Alter standen, waren die Pontifikate im allgemeinen von kurzer Dauer. Während der tiefgreifenden Krise des Papsttums in der Zeit der Schismen trug dies dazu bei, die politische Rolle der Kardinäle zu stärken. Sie wurde erst nach dem Niedergang des Konziliarismus und nach der Konsolidierung der päpstlichen Herrschaft geschwächt; doch auch dann sollte der Heilige Senat noch seinen Einfluß geltend machen, Kontrollfunktionen ausüben und sich dem Papst bisweilen widersetzen, wie das unbotmäßige Konzil von Pisa oder die von Alfonso Petrucci gegen Leo X. angezettelte Verschwörung in den ersten Jahrzehnten des 16. Jahrhunderts zeigen. Auch die Spaltungen innerhalb des Kardinalskollegiums, die sich zu Zeiten der Sedisvakanz noch verstärkten und zur Bildung regelrechter Parteien führten, in denen sich die jeweiligen Loyalitätsverhältnisse und die Privatinteressen ihrer Anhänger spiegelten, liegen in diesen Verhältnissen begründet; ebenso die Tatsache, daß der Senat des Papstes als Forum der Konfrontation, der Auseinandersetzung und des Ausgleichs zwischen besonderen Forderungen, persönlichen Ambitionen und widersprüchlichen Ansprüchen fremder Mächte diente, die nur allzu gern Abmachungen mit einzelnen Kardinälen trafen, um auf die Politik des Heiligen Stuhls Einfluß zu nehmen. Zudem bot sich hier für das Kollegium die Möglichkeit, geschlossen gegen den Papst vorzugehen, um seine Autorität einzuschränken und für sich selbst Reichtümer und Privilegien zu fordern. So versuchten die Kardinäle, das Konklave dazu zu benutzen, dem zukünftigen Papst verbindliche Wahlkapitulationen aufzuzwingen, und stellten sich jedem Versuch entgegen, den Senat zu vergrößern und dadurch sein Prestige zu schmälern. Das ganze 15. Jahrhundert hindurch mußten die Päpste, deren Wünsche sich nicht mit denen jenes Gremiums deckten, durch das sie gewählt worden waren, die Neuernennungen mühsam aushandeln. So stießen zum Beispiel die ersten Berufungen, die Pius II. 1460 bekanntgab, im Konsistorium auf heftigen Widerstand, und es gelang den Kardinälen, die Zahl derer, welche »cibum nobis auferant«, drastisch zu senken. Es war der mächtige Kardinal Trevisan, der, auch im Namen seiner Kollegen, diese Worte äußerte.

Trevisan erhob (nicht ohne einigen »qui hominem norant« ein Lächeln zu entlocken) heftigen Einspruch gegen die vorgesehene Ernennung von Personen bescheidener Herkunft, »quos nolim«, wie er verächtlich sagte, »in coquina mihi aut in stabulo famulari«.

Sieht man einmal die Wahlkapitulationen durch, die in den darauffolgenden Konklaven verabschiedet wurden, stößt man auf die gleichen Probleme: Gefordert wurde weiterhin die Durchführung einer Kirchenreform, die Einberufung eines Konzils, die Ausrottung des Ketzertums, der Kampf gegen die Türken und die Wiederherstellung des Friedens; doch wurden diese Forderungen zunehmend aus bloßer Gewohnheit neben die weitaus konkreteren Wünsche nach Vergünstigungen und Vorrechten gestellt: speziell neben die Forderung nach Zusicherung eines Mindesteinkommens (das noch im Jahre 1522 auf 6000 Dukaten festgesetzt war) sowie nach der Zusage, daß keine neuen Kardinäle mehr ernannt würden, die größten Benefizien nur mit Zustimmung des Konsistoriums vergeben werden dürften und die Meinung des Konsistoriums zu allen wichtigen Fragen gehört werden müsse. Die Beobachtung, daß diese Wahlkapitulationen regelmäßig nicht eingehalten wurden und die Zahl der Kardinäle über den gesamten hier betrachteten Zeitraum hinweg kontinuierlich zunahm, zeigt jedoch, daß die Rolle der Mitglieder des päpstlichen Senats mehr und mehr geschwächt, die Stellung des Papstes hingegen gestärkt wurde. Bestätigt wird dies dadurch, daß die Verfechter jener Auffassung, nach der das Kollegium als *pars corporis papae* eine göttliche Institution sei und folglich, als kollektives Gremium, das zusammen mit dem Papst die Verantwortung für die Verwaltung der Kirche trage, auch über das *ius divinum* verfüge, sich endgültig geschlagen geben mußten. Die Macht des Konsistoriums wurde geschwächt, während sich für einzelne Kardinäle, in welche die Päpste ihr Vertrauen setzten, neue Handlungsspielräume eröffneten. So gesehen läßt sich durchaus behaupten, daß Prunk und Reichtum der Renaissancekardinäle nur die eine Seite der Medaille waren: Sie kompensierten damit gewissermaßen den Verlust ihrer politischen Macht als Kollektiv und die Tatsache, daß sie ihre Forderung nach einer oligarchischen und konstitutionellen Herrschaftsform in der Kirche endgültig aufgeben mußten.

In dieser Situation war es für die Päpste von elementarer Bedeutung, Ratgeber und Verwaltungsbeamte zu haben, in die sie ihr volles Vertrauen setzen konnten; sie mußten Wege finden, die Nichterblichkeit ihres Amtes auszugleichen und den Widerstand des Kollegiums zu umgehen.

Hieraus erklärt sich auch der Nepotismus der Renaissancepäpste, der solche Ausmaße annahm, daß man fast glauben möchte, es sei ihnen zumindest ansatzweise gelungen, einen Weg zu finden, den Stuhl Petri an ihre Nachkommen zu vererben. Tatsächlich bestiegen zwischen 1455 und 1534 zwei Borgia, zwei Piccolomini, zwei della Rovere und zwei Medici den Heiligen Stuhl (ein dritter sollte 1605 für einige Wochen Pontifex sein); hinzu kamen Eugen IV. aus dem Geschlecht der Condulmer und Paul II. aus dem Geschlecht der Barbo, zwischen denen ebenfalls enge verwandtschaftliche Bande bestanden. Der prunkliebende Kardinal Pietro Riario, der als ein »zweiter Papst« bezeichnet wurde, sponn 1473 sogar Intrigen, um anstelle seines Onkels Sixtus IV. auf den päpstlichen Stuhl zu gelangen. Während es dem Herzog von Valentinois nicht gelang, in Italien einen eigenen Staat zu gründen, und die Medici in ihrem Versuch scheitern sollten, im Herzogtum Urbino an die Stelle der della Rovere zu treten, konnte die Herrschaft der Medici über Florenz nicht zuletzt aufgrund der Tatsache erhalten werden, daß mit Leo X. und Clemens VII. zwei Angehörige dieses Geschlechts auf dem päpstlichen Stuhl saßen. Und genau zur Zeit des Tridentinischen Konzils sollte es Paul III. gelingen, einige Gebiete vom Kirchenstaat abzutrennen und die Herzogtümer Parma und Piacenza zu gründen, die lange Zeit in den Händen der Farnese blieben.

Natürlich fanden auch weiterhin zahlreiche Verwandte und Neffen der jeweiligen Päpste Aufnahme in das Kardinalskollegium, gewannen bedeutenden politischen Einfluß und sammelten ungeheure Reichtümer an. Man denke nur an Carlo Borromeo unter Pius IV. oder Carlo Carafa unter Paul IV. Der Fall Carafa zeigt, ebenso wie der des unverbesserlichen Innocenzo del Monte, daß es noch Mitte des 16. Jahrhunderts zu skandalträchtigen Ernennungen kam: Innocenzo, ein natürlicher Sohn Julius' III., den dieser von einem Bruder adoptieren ließ und später, im zarten Alter von 17 Jahren, zum Kardinal erhob (insgesamt entstammten 5 von 20 Kardinälen, die Julius III. einsetzte, seinem Geschlecht), mußte mehrmals ins Gefängnis gebracht werden und wurde (allerdings vergebens) der Obhut frommer Ordensbrüder anvertraut, die ihm den rechten Weg weisen sollten. Paul IV. mußte seinem Neffen, einem gewalttätigen Soldaten und Gotteslästerer, erst einmal durch ein Breve die Absolution erteilen, bevor er ihm die Kardinalswürde verleihen konnte: »ab excessibus [...] et quibusvis rapinis, sacrilegiis, furtis, depredationibus, vulnerum illationibus, percussionibus, membrorum mutilationibus, homicidiis et quibuscumque aliis criminibus et delictis, et forsan praemissis maioribus per eum tam solum quam cum aliis complicibus [...] commissis.« Carlo Carafa war es auch, der während des Pontifikats seines Onkels die Politik Roms bestimmte, bis er 1561 für seine zahlreichen Untaten zum Tode verurteilt wurde. Ein anderer junger Kardinal aus dem Hause Carafa, Alfonso, wurde bezichtigt, eine päpstliche Bulle gefälscht zu haben, kam jedoch mit dem Verzicht auf alle seine Ämter und einer Strafe von 100 000 Scudi davon. Doch sollte es in Zukunft weder einem del Monte noch einem Carafa noch irgendeinem anderen päpstlichen Neffen im Kardinalsrang gelingen, sich mit Hilfe der Schätze, des Heers, der Lehen und der Autorität der Kirche zum Herrscher eines Fürstentums aufzuschwingen.

Im Laufe des 15. und 16. Jahrhunderts entwickelte sich die Kirche zu einer der vielen Mächte jenes reichen, gebildeten, glanzvollen Italiens der Renaissance, in welchem Rom zu einem der prachtvollsten und politisch bedeutendsten Zentren aufstieg. Dieser Realität entsprach auch das Verhalten der führenden Köpfe in dieser Kirche: Päpste wie Sixtus IV., Alexander VI. und Julius II. sowie jene mächtigen Persönlichkeiten, die von ihnen zu Kardinälen ernannt wurden und sich im Konsistorium und im Konklave versammelten, Legationen leiteten, Bistümer und Abteien verteilten, handelten primär als Vertreter eines italienischen Staates. Genau diese Verhältnisse waren es, die Guicciardini in jener berühmten Stelle seiner *Storia d'Italia* beklagte, in der er die Ereignisse beschreibt, die sich nach der Rückkehr der Päpste in die Ewige Stadt zutrugen:

»Zu irdischer Macht erhoben, ließen sie mit der Zeit davon ab, an die Gesundheit der Seele und die göttlichen Gebote zu denken, und richteten all ihr Sinnen und Trachten auf weltlichen Ruhm. Ihre geistliche Macht gebrauchten sie nur als Mittel und Werkzeug der weltlichen, und so erschienen sie eher als weltliche Fürsten denn als Päpste. Ihre Sorge und ihre Geschäfte galten nicht mehr einer heiligen Lebensführung, der Vertiefung des Glaubens, der Frömmigkeit und der Nächstenliebe, sondern den Heeren und Kriegen gegen die Menschen (während sie das Meßopfer mit blutigen Gedanken und blutigen Händen darbrachten), der Anhäufung von Reichtümern, neuen Gesetzen, neuen Listen, neuen Winkelzügen, um von allen Seiten Geld einzusammeln. Ohne Bedenken benutzten sie zu diesem Zweck geistliche Waffen, verkauften heilige und profane Dinge. Die Reichtümer, die es bei ihnen und am ganzen Hofe gab, waren auf Pomp, Luxus und unredliche Gebräuche, verwerfliche Gelüste und Genüsse zurückzuführen. Nicht ein Gedanke wurde an die Nachfolger oder an die ewige Würde des Pontifikats verschwendet; statt dessen trachteten sie in ihrem schändlichen Ehrgeiz danach, ihren Söhnen, Neffen und Verwandten nicht nur zu unermeßlichen Reichtümern, sondern auch zu Fürstentümern und Königreichen zu verhelfen. Die kirchlichen Würden verliehen sie nicht etwa an verdienstvolle und tugendhafte Männer, sondern verkauften sie fast immer an den Meistbietenden oder verschwendeten sie an Personen, die ihrem Ehrgeiz, ihrer Habgier, ihren schändlichen Gelüsten gelegen kamen. Dieses Verhalten ließ aus den Herzen der Menschen jedwede Ehrfurcht vor dem Papste verschwinden; nichtsdestoweniger blieb seine Autorität zum Teil erhalten, durch den so machtvollen und wirkungsvollen Namen der Religion und ihre Erhabenheit, und auch die Möglichkeit der Päpste, die großen Fürsten und die Mächtigen in ihrem Umkreis mit kirchlichen Würden und anderen Zugeständnissen zu entlohnen, trug dazu bei. Deshalb waren sie [...], da in ihnen die Begierde geweckt wurde, ihre Verwandten aus der Stellung eines Privatmannes in den Rang eines Fürsten zu erheben, schon seit langem immer wieder die Ursache für neue Kriege und Unruhen in Italien.«*

Lassen wir Guicciardinis Worte der moralischen Entrüstung (die übrigens in der Geschichtsschreibung bleibende Beachtung fanden) einmal beiseite. Tatsache ist, daß durch das Erstarken der nationalen Monarchien und die im 15. Jahrhundert abgeschlossenen Konkordate die Kontrolle über einen großen Teil des Pfründensystems in die Hände der europäischen Herrscher und Fürsten übergegangen war, die dieses nur allzu gern dazu benutzten, um Freunde und Helfer zu versorgen, also indirekt daraus beträchtliche Geldmittel zu schöpfen und der Kirche die Kontrolle des Staates aufzuzwingen. So sahen die Päpste, denen es verwehrt war, das christliche Europa als eine nicht versiegende Geldquelle zu betrachten, aus der sie durch den Zehnten, die Kreuzzüge, die Ablässe und Annaten bedenkenlos schöpfen konnten, sich gezwungen, alle Formen von Abgaben ein ums andere Mal umsichtig auszuhandeln und einen Einnahmerückgang dadurch auszugleichen, daß sie den zentralen Gerichten der Kurie größeres Gewicht bei der Beilegung kirchlicher Streitfragen einräumten. Vor allem aber wurden sie genötigt, die Gelder, die sie brauchten, mit den Mitteln des weltlichen Steuerwesens innerhalb des Kirchenstaates zu beschaffen. Es war kein Zufall, daß sich wenig später der Protest Martin Luthers gerade in Deutschland erhob, das aus einer Ansammlung von unzusammenhängenden, untereinander zerstrittenen Territorien unter kaiserlicher Oberherrschaft bestand, und wo keine starke Zentralgewalt den Übergriffen der römischen Kirche und den schlimmsten Formen des Religionsmißbrauchs Einhalt gebieten konnte: »Ich wundere mich sehr«, schrieb Luther im Jahre 1520, »daß das deut-

* F. Guicciardini, *Storia d'Italia,* hrsg. v. S. Seidel Menchi, Turin 1971, S. 427

sche Volk [...] angesichts jener unzähligen, ungeheuerlichen, unbeschreiblichen Räuber, Frevler und Gauner zu Rom überhaupt noch einen Heller besitzt«, angesichts jener Gauner, die sich am päpstlichen Hof einnisteten, der in Luthers Augen schändlicher war, »als Sodom, Gomorrha oder Babylon es je gewesen« waren.

Nicht wenige Kardinäle jener Zeit waren natürlich Persönlichkeiten von beachtlichem Format (man denke etwa an Giuliano della Rovere, Georges d'Amboise oder Thomas Wolsey, um nur einige der bekanntesten zu nennen), auch wenn sie außer Titel und Gewand wenig Geistliches an sich hatten und nicht der Ansicht waren, daß ihr Rang sie zu besonderem religiösem Engagement verpflichtete – woran allerdings viele ihrer Zeitgenossen, die in ihnen eher Fürsten als Geistliche sahen, kaum Anstoß nahmen. Dies blieb nicht ohne Folgen und erschien umso schwerwiegender, als das Phänomen sich nicht auf die Spitze der kirchlichen Hierarchie beschränkte, sondern auf ihre einzelnen Glieder übergriff und sich in der gesamten Geistlichkeit, unter den Regularen ebenso wie im Säkularklerus, ausbreitete: Oft wurden die Diözesen infolge der chronischen Abwesenheit der Bischöfe von mittelmäßigen Vikaren verwaltet; die Domkanonikate waren zu einträglichen Apanagen für die mächtigsten Familien der Stadt verkommen; in den Klöstern und Konventen blühte die Korruption, und oft fehlte jegliche Form der Kontrolle und Autorität. Im übrigen muß man nur einen Blick in die zahlreichen Quellen aus der Zeit nach dem Tridentinischen Konzil werfen, um jenen Sumpf der Ignoranz zu erahnen, in dem sich die Priester (vor allem in den abgelegeneren Gebieten und auf dem Lande) bewegten, die nur deshalb in ihr Amt eingesetzt worden waren, weil sie dafür bezahlt hatten, und die von Theologie häufig nicht das geringste verstanden. In dieser Situation hatten die Kirchen und die Zeremonien, die man in ihnen vollzog, die feierlichen Gewänder, die alten Symbole, die Ringe, Kreuze, Mitren, Krummstäbe, auch die Sprache, die Modelle und Formen der Machtausübung zwar weiterhin ihre Funktion und sprachen noch immer die Probleme und gemeinsamen Bedürfnisse der Menschen an. Ja, die Bedürfnisse nach religiöser Geborgenheit regten sich umso stärker, je weniger Institutionen und Amtsträger ihnen gerecht wurden. Doch war man nicht mehr in der Lage, angemessen darauf zu reagieren. Auch die größte Krise, welche die römisch-katholische Kirche je durchlebte, die durch die protestantische Reformation hervorgerufene traumatische Kirchenspaltung, gründet unter anderem in diesem Widerspruch und in den durch ihn ausgelösten starken Spannungen.

5

Es steht außer Frage, daß Giovanni de' Medici, der Sohn Lorenzos des Prächtigen, die am wenigsten geeignete Person war, um derlei Probleme zu bewältigen. Giovanni, ein Schüler Polizianos und seit seiner Kindheit für eine geistliche Laufbahn auserkoren, war 1489, fast noch ein Kind, zwei Jahre nach der Heirat seiner Schwester Maddalena mit Franceschetto Cibo zum Kardinal ernannt worden. Als er 1513, mit kaum 37 Jahren, unter dem Namen Leo X. den päpstlichen Stuhl bestieg, legte er in einem Brief, welchen er nach der prunkvollen Feier zu seiner Amtseinsetzung an seinen Bruder Giuliano schrieb, unmißverständlich dar, was er im Sinn hatte: »Genießen wir das Pontifikat, denn Gott hat es uns gegeben.« Die Wahl dieses sanftmütigen und genußfreudigen Menschen, der »jegliche Mühsal scheute«, aber die Poesie und die schönen Dinge, die Feste und den Karneval, das Spiel und die Jagd liebte, der »sich mit Hingabe der Musik, den Scherzen und den Possenreißern widmete«, wie Guicciardini schrieb, die Wahl also dieses »überaus großzügigen« Menschen, »sofern sich dieses Wort auf einen jedes Maß übersteigenden Geldverbrauch überhaupt anwenden läßt«, schien den Anbruch eines Goldenen Zeitalters des Friedens und des Glanzes zu verheißen, in welchem die Waffen und der Krieg den Künsten und der Literatur weichen würden. Durch die Wahl eines Medici zum Papst wurden auch die engen Beziehungen sanktioniert, die schon lange zwischen dem Heiligen Stuhl und den Florentiner Bankiers bestanden. Diese kümmerten sich um die ungeheuren Kredite und die finanziellen Dienstleistungen, die der römische Hof benötigte, sowie um alles, was mit der Besteuerung der Gläubigen und der Ordensgemeinschaften zusammenhing. Während der Pontifikate der beiden Medici-Päpste fand in Rom in allen Verwaltungsabteilungen und in den Ämtern der Kurie eine regelrechte toskanische Invasion statt (»überall sind Florentiner«, so wurde 1520 nach Venedig berichtet, während Pasquino keine Zweifel daran hatte, daß auch der Heilige Geist, »wäre er ein Florentiner, ein Ruchloser wäre«), was sich auch im Kardinalskollegium bemerkbar machte: Leo X. nahm in seinen Senat außer dem Vetter und späteren Nachfolger Giulio nicht weniger als vier Nepoten (Giovanni Salviati, Innocenzo Cibo, Niccolò Ridolfi und Luigi de' Rossi) und eine große Schar von Florentinern auf, nämlich Lorenzo Pucci, Bernardo Dovizi da Bibbiena, Giovanni Piccolomini, Raffaele Petrucci, Silvio Passerini, Francesco Ponzetti und den alten Niccolò

Pandolfini. »Zuerst bekommt zu trinken von der Quelle / der Neff und Vetter, und die andern dann, / mit deren Hilf' er zog den Mantel an, / den allerschönsten [...]«, schrieb Ariost in einer Satire.*

Zu den neuen Kardinälen gehörten Vertrauensmänner des Hauses Medici wie Passerini und Bibbiena (»humil factura« und »fidelissimo servo«, so sagte dieser von sich in den Briefen an seine mächtigen Schutzherren), aber auch Persönlichkeiten, die schon vor der Wahl des neuen Papstes an die Kurie gelangt waren, wie zum Beispiel Pucci, der einer der Hauptverantwortlichen für die Finanzpolitik des neuen Pontifex war. Im übrigen wurde auch die Apostolische Pönitentiarie, eine der wichtigsten Behörden der Kurie, deren Leitung gute Kenntnisse des Bankwesens erforderte, von den drei Kardinälen Pucci, welche von 1513 bis 1547 nacheinander im Heiligen Kollegium saßen, ohne Unterbrechung von einem zum anderen weitergegeben. Eine bedeutende Rolle spielte an der Seite Puccis Francesco Armellini, jener ebenso geschickte wie skrupellose Geschäftemacher, der mit nichts angefangen hatte und dem eine glänzende Karriere in der Kirche gelang, indem er sich die Ämter an der Kurie mit jenem Geld erkaufte, das er sich durch mehr oder minder rechtmäßige Geschäfte und Spekulationen angeeignet hatte. Armellini konnte sich außerdem das Vertrauen und die Dankbarkeit der beiden Medici-Päpste sichern, da er durch seinen Erfindungsreichtum in enger Zusammenarbeit mit dem großen florentinischen Bankhaus neue Einnahmequellen ausfindig machte, durch welche die unerschöpflichen finanziellen Bedürfnisse des Heiligen Stuhls gedeckt werden konnten: Hierfür wurden den Römern und den Untertanen des Papstes immer neue Steuern auferlegt, der Ablaßhandel gefördert und Ämter aller Art gegen klingende Münze feilgeboten, so daß in jener Zeit die Ämterkäuflichkeit auf alle Ebenen des päpstlichen Verwaltungsapparats übergriff. Natürlich versäumte es »jener schwarze Armellino / der Himmel und Erde für einen Heller verkaufen würde«, bei diesen Geschäften nicht, mit allen nur erdenklichen Machenschaften seine eigenen Interessen wahrzunehmen. Auf diese Weise gelang es ihm, ein ungeheures Vermögen anzuhäufen, das es ihm im Jahre 1517 ermöglichte, zuerst die Kardinalswürde und dann das Amt des Camerlengo zu kaufen.

In die Zeit der Herrschaft Leos X. fiel auch die letzte offene Herausforderung der päpstlichen Macht durch eine Gruppe von Kardinälen: Es

---

* Ludovico Ariosto, op. cit., S. 160 *[Anm. d. Übers.]*.

handelte sich dabei um die sogenannte Verschwörung des Alfonso Petrucci aus dem Jahre 1516. Erst wenige Jahre zuvor waren jene schismatischen Bestrebungen beendet worden, die mit dem Abfall einiger Kardinäle unter der Führung des einflußreichen Bernardino Carvajal und mit der Einberufung des Konzils von Pisa 1511/12 unter französischem Schutz eingesetzt hatten. Diese Bestrebungen sind im Rahmen der komplexen politischen Ereignisse jener verworrenen Zeit und vor dem Hintergrund einer auch ideell geprägten Opposition zu der von Julius II. verfolgten Politik zu sehen: Die Kardinäle widersetzten sich den Versuchen dieses Papstes, die Autorität und die Entscheidungsbefugnisse des päpstlichen Senats zunehmend einzuschränken. Bei der Verschwörung von 1516 hingegen handelte es sich nicht um eine bewußte Einforderung der kollektiven Befugnisse und kirchlichen Pflichten, die im Zuständigkeitsbereich des Heiligen Kollegiums lagen, so daß dieser Vorfall lediglich als Ausdruck der persönlichen Unzufriedenheit und Enttäuschung der Verschwörer zu werten ist. Verantwortlich für die Konspiration war insbesondere eine Gruppe sogenannter »junger Kardinäle«, die die Wahl Giovanni Medicis zum Papst unterstützt hatten und oftmals die liebsten Gefährten Leos bei seinen Festen und Zerstreuungen gewesen waren. Einige dieser jungen Männer fühlten sich in ihren Erwartungen enttäuscht und in ihren Interessen beeinträchtigt. Angezettelt wurde die Verschwörung von dem Sieneser Alfonso Petrucci, jenem schönen Jüngling, der von Julius II. im Jahre 1511, kaum 19jährig, zum Kardinal erhoben worden war. Petrucci war darüber erzürnt, daß Papst Leo den Sturz seines Bruders Borghese und die Einsetzung des verhaßten Vetters Raffaele in die Herrschaft über Siena unterstützt hatte. Nach und nach schlossen sich ihm andere Kardinäle an: Bandinello Sauli, Francesco Soderini, Adriano Castellesi sowie der schon alte Camerlengo Raffaele Riario, jener einflußreiche Neffe Sixtus' IV., der, Guicciardini zufolge, »gemessen an seinem Reichtum, der Pracht seines Hofstaats und an seiner langen Amtszeit ohne Zweifel der bedeutendste Kardinal des Kollegiums war«. So kamen verschiedene Beweggründe zusammen: persönliche Nöte, Leichtsinn und die in der Sieneser Frage erlittene Schmach im Falle Petruccis; eine alte Rivalität zwischen seiner Familie und der des Papstes im Falle Soderinis (es handelte sich um den Bruder jenes Piero Soderini, der Gonfaloniere der Republik Florenz gewesen war und nach der Rückkehr der Medici die Stadt hatte verlassen müssen); Habgier und vielleicht auch erlittene Enttäuschungen verleiteten Sauli, einen engen Freund

Petruccis und »guten Kaufmann«, der Gerüchten zufolge im Jahre 1511 die stolze Summe von 50 000 Scudi gezahlt hatte, um Kardinal zu werden, zu dem Komplott; bei Castellesi und Riario schließlich war es der persönliche Ehrgeiz. Im Falle Riarios, der nach den Plänen der Verschwörer der neue Papst hätte werden sollen, spielten überdies ein alter, auf die Zeit der Verschwörung der Pazzi zurückgehender Groll gegen die Medici und die noch frischen Wunden aus der Niederlage bei der Papstwahl und aus dem Krieg um Urbino eine Rolle. Dieser Vorfall läßt also in bezeichnender Weise deutlich werden, wie die Kardinäle am Vorabend jener Ereignisse und tiefgreifenden Veränderungen, die das Ende der Renaissance-Kurie einleiteten, ihre eigene Rolle begriffen: Sie sahen im Kardinalat ein Mittel zum Erwerb von Reichtum und Macht, eine Würde, die Ausdruck eines sozialen und politischen Ranges war, eine Waffe zur Stärkung und zum Schutz von Partikularinteressen der eigenen Familie und somit die Chance, persönliche und private Interessen in die obersten Gremien der Kirche zu tragen, wobei es bis zu einem gewissen Grade dem Heiligen Kollegium oblag, diese Interessen in ihrer Gesamtheit zu wahren und sie dem Papst gegenüber zu vertreten.

Petrucci sollte die von ihm angezettelte schändliche Intrige mit dem Leben bezahlen; andere, so Castellesi und Soderini, mußten ins Exil gehen oder, wie Sauli und Riario, in demütigenden Zeremonien ihre Reue bekunden und hohe Geldstrafen zahlen (im Falle des steinreichen Riario belief sich der Betrag gar auf 150 000 Dukaten). Soderini, der von Cortesi als »homo rerum usu limatus et magnarum artium scientia dissimulanter doctus« und von Giovio als ein »außerordentlich gewitzter, französierter schlauer Fuchs« bezeichnet wurde, sollte wegen seiner Ränke auch von Hadrian VI. in den Kerker geworfen werden. Von den persönlichen Schicksalen einmal abgesehen, bot jedoch die Aufdeckung der Verschwörung Leo X. die Gelegenheit, gegen das widerstrebende Konsistorium die Massenernennung vom 1. Juli 1517 durchzusetzen, bei der so viele Kardinäle eingesetzt wurden wie niemals zuvor. Ermutigt durch das tiefe Unbehagen, das jene Vorkommnisse im Heiligen Kollegium hervorgerufen hatten, unterstrich Leo X. die Notwendigkeit, seinen Senat grundlegend zu erneuern, um der besorgniserregenden Verweltlichung desselben Einhalt zu gebieten und die Reform der Kurie in Angriff zu nehmen. Mit der offensichtlichen Absicht, jede Form von Opposition zu ersticken oder zumindest ihre politische Bedeutung zu schmälern, sowie aus der uneingestandenen Notwendigkeit heraus, die päpstlichen Kassen wieder aufzufüllen, in die der unselige Urbino-Krieg ein tiefes Loch gerissen hatte, verkündete der Papst die Ernennung von 31 neuen Kardinälen, obwohl in den letzten Wahlkapitulationen erneut eine Höchstzahl von 24 Kardinälen festgelegt worden war (wobei es zu jener Zeit allerdings bereits 33 Purpurträger gab). Einige der neuernannten Kardinäle hatten, wie es schon zuvor gelegentlich der Fall gewesen war, den Purpur deshalb erhalten, weil Leo X. auswärtigen Fürstenhöfen entgegenkommen wollte. Andere wiederum waren Männer von bescheidener Herkunft, die sich zwar als Mitarbeiter des Papstes bewährt hatten, aber, nach Ansicht Guicciardinis, »aus anderen Gründen für ein so hohes Amt nicht [...] geeignet« waren. Dies traf etwa auf den skrupellosen Finanzexperten Armellini zu, auf den habgierigen Datar Passerini (»wie habsüchtig der eine auch gewesen sein mag, war er es doch nie so sehr, daß der andere mit ihm nicht in der Habgier hätte wetteifern können«, schrieb Garimberti) oder auf Francesco Ponzetti, der sich an seinen zahlreichen Kurienämtern, vom Amt des Leibarztes Innozenz' VIII. bis hin zum Amt des Generalschatzmeisters des Medici-Papstes, bereichert hatte. Wieder andere waren Rechtsgelehrte der Kurie wie Paolo Emilio Cesi und Domenico Giacobazzi oder entstammten einflußreichen Familien in Rom (Orsini, Colonna, Conti, della Valle, Cesarini), Siena (Piccolomini, Petrucci), Florenz (Pandolfini), Genua (Pallavicini), Modena (Rangoni) und Bologna (Campeggi); zwei der Neuernannten gehörten zu den Trivulzio aus der Lombardei und drei waren Neffen des Papstes.

Über die Summe, die eine solch große Zahl von Neuernennungen den leeren Kassen des Heiligen Stuhls eingetragen haben mochte, kursierten die verschiedensten Gerüchte, doch läßt sich mit ziemlicher Sicherheit vermuten, daß es sich um einen ansehnlichen Betrag handelte (der Rechnung Sanudos zufolge etwas weniger als eine halbe Million Dukaten), wenn man bedenkt, daß die meisten neuen Kardinäle 20000 Dukaten zahlen mußten, während Ponzetti, obschon er auf eine lange Karriere an der Kurie zurückblicken konnte, in der er sich bewährt hatte, 30000 sowie Bonifacio Ferreri und der steinreiche Armellini sogar 40000 Dukaten anlegen mußten. So läßt sich gewiß nicht behaupten, daß diese Ernennungen, die (bis auf die Zahl) im wesentlichen nach den gleichen Kriterien wie auch in der Vergangenheit vorgenommen worden waren, dazu dienten, das Heilige Kollegium zu erneuern, selbst wenn die Ernennung dreier Ordensgeneräle als erstes Anzeichen einer solchen Erneuerung gewertet werden kann: Es handelte sich dabei um Tommaso de Vio (Kardinal

Cajetan) von den Dominikanern, Aegidius von Viterbo von den Augustiner-Eremiten und Cristoforo Numai von den Franziskanern, die über eine solide theologische Bildung verfügten und denen jene berechtigten Reformen am Herzen lagen, die besagter Aegidius auf dem V. Laterankonzil mit den berühmt gewordenen Worten vorgeschlagen hatte: Man brauche »homines per sacra immutari [...], non sacra per homines«. Abgesehen von den spezifischen Gegebenheiten jener Jahre war es vor allem diese Massenernennung, welche die Oberherrschaft des Papstes über das Kardinalskollegium endgültig sanktionierte. Im Senat sollte es fortan nicht mehr zu jenen Formen der Opposition kommen, wie sie sich noch im schismatischen Konzil von Pisa und in der ehrgeizigen Verschwörung des Petrucci offenbart hatten. Möglicherweise hat zu diesem Zeitpunkt, vor dem Hintergund der schmerzlichen religiösen Spaltung, die nur wenige Monate später mit dem Anschlag der 95 Thesen zu Wittenberg zum Ausbruch kommen sollte, die Umwandlung des Kardinalskollegiums in ein Gremium hoher Kurialbeamten begonnen, denen die Leitung und Verwaltung der Kurie oblag, die geschlossen hinter dem Heiligen Stuhl standen und nicht mehr wagten, sich der Macht des Pontifex zu widersetzen oder auch nur politische Verhandlungen mit ihm aufzunehmen: Dies war das Gremium, welches siebzig Jahre später auch die großen Reformen unter Sixtus V. verabschieden sollte.

Leo X. starb im Oktober 1521 und hinterließ einen Berg von Schulden. (Pasquino unterstellt, der Papst »hätte wegen der Ausgaben, die er zu bestreiten hatte, selbst Christus verkauft«.) Zugleich aber hinterließ er den Ruf eines großzügigen Mäzens, der ein »Goldenes Zeitalter geschaffen« hatte (und als solcher wurde er auch von Giovio gepriesen). Das Ende einer ganzen Welt, nämlich des Zeitalters Leos X., welches eine Glanzzeit der Künste und der Kultur gewesen war, die Voltaire auf eine Stufe mit dem Zeitalter Alexanders, dem des Augustus und dem Ludwigs XIV. stellen sollte, schien sich nunmehr anzukündigen. Nur wenige Monate zuvor hatte Luther in Wittenberg zusammen mit den kanonischen Schriften die Bulle *Exsurge Domine* öffentlich verbrannt, und im Mai war über ihn nach dem Wormser Reichstag die Reichsacht verhängt worden. Im voraufgehenden Jahr, als Hernando Cortes Mexiko erobert hatte und Suleiman der Prächtige im Osmanischen Reich an die Macht gekommen war, als sich die Lehren Luthers in Deutschland verbreitet und dort mächtige Anhänger gefunden hatten, waren in Rom Raffael und der allmächtige *alter papa* Bernarndo Dovizi da Bibbiena verstorben – Bibbiena, jener intelligente, scharfsinnige, vielseitige Kardinal, der bei der Papstwahl auf dem Konklave von 1513 geschickt alle Fäden in der Hand gehalten hatte; jener unermüdliche Geschäftsmann und getreue Kanzler Lorenzos des Prächtigen; jener gewandte Diplomat der Medici, der an dem wechselnden Geschick dieses Geschlechts Anteil genommen hatte, bis er dafür schließlich mit der Kardinalswürde belohnt wurde; jener geistreiche und galante Höfling und freimütige Autor der *Calandria*. An der widerspruchsvollen Gestalt dieses Kardinals zeigt sich deutlich, daß die Führungsspitze der Kirche im Grunde nicht in der Lage war, die neuen und dramatischen Probleme zu begreifen und anzugehen, vor die sie sich gerade zu jener Zeit durch die Reformation auf schonungslose Weise gestellt sah, sei es auf dem Gebiet der Politik und Diplomatie, sei es auf dem der Religion, der Seelsorge und der Glaubenslehre. Tatsächlich vermochte man im gebildeten und erlesenen Rom Leos X., zu dessen Sekretären Männer wie Bembo und Sadoleto gehörten, in Luther noch nichts anderes zu sehen als einen aufrührerischen deutschen Mönch, den es zum Schweigen zu bringen galt; in demselben Jahr, in dem die Reformation begann (1517), ging das nichtssagende V. Laterankonzil zu Ende, nachdem ausführlich über die zahlreichen, von allen für notwendig befundenen Reformen diskutiert, aber wenig oder nichts dafür getan worden war, um diese auch in die Wege zu leiten.

Das Pontifikat des strengen und frommen Adrian von Utrecht (Hadrian VI.) war zu kurz, um die Lage ändern zu können. Adrian, Sohn eines kleinen flämischen Handwerkers, war Professor an der Universität Löwen geworden, Hauslehrer Karls V., Bischof und Kardinal, Großinquisitor und Regent von Spanien. 1521 wurde er unerwartet zum Papst gewählt. Im Kollegium, das für ihn stimmte, saßen, wie Guicciardini es ausdrückte, Männer »voller Ehrgeiz und unglaublicher Habsucht, die sich allesamt überaus heiklen, um nicht zu sagen ungehörigen Vergnügungen hingaben«. Nur eines der knapp zwei Jahre seiner Amtszeit verbrachte Adrian in Rom, wo er der Pest erlag. Die Nachricht von seinem plötzlichen Tod wurde von der Kurie einmütig mit einem Seufzer der Erleichterung und »unbeschreiblicher Freude« aufgenommen, einer Kurie, die ihn fast geschlossen ablehnte und die in ihrer stolzen Verachtung für jenen »Barbaren« von jenseits der Alpen die Befürchtung geäußert hatte, dieser könne während seines Pontifikats Mißbräuche und Privilegien antasten, von denen alle profitierten und auf diese Weise, wie Giovio kurze Zeit später treffend formulierte, »dem Fasan des Heiligen Stuhls den schönen

Schwanz« beschädigen. In Ferrara schrieb man im März 1523: »War Leo auch ein Blutsauger, der einem das Geld aus der Tasche zog, so gab er es doch immerhin auch wieder aus; aber dieser hier saugt nur das Geld heraus und gibt nichts aus, so daß ganz Rom tief verstimmt ist, und noch nie gab es eine solche Betrübnis.« »Ihr armen, ihr unglücklichen Höflinge / befreit aus den Händen der Florentiner / und ausgeliefert nun den Deutschen und Marranen.« Dies schrieb Francesco Berni in seinem bissigen Spottgedicht über Hadrian VI. (*Capitolo di papa Adriano*), in dem er gegen jene »vierzig Faulenzer«, jene »Räuber und üblen ungeistlichen Kardinäle« zu Felde zog, denen er vorwarf, sie hätten mit der Wahl eines »heiligen Papstes, / der allmorgendlich die Messe liest«, mit der Wahl eines »Feindes des italienischen Blutes«, eines trunksüchtigen Rüpels, der so eingebildet war zu glauben, »die schöne lateinische Sprache zu beherrschen«, »die Kirche an den Rand des Abgrunds gebracht«. Im gleichen Tenor ist auch eine andere heftige Schmähschrift gehalten, die gegen die Italiener gerichtet ist und in der diesen vorgeworfen wird, »das Papsttum an einen Bastard, Tyrann und Renegaten verloren zu haben«: »Oh, niederträchtiges Gesindel, oh, ihr störrischen Esel, / ihr Tiere ohne Wissen, ohn' Verstand, / ihr taugt nur für die Völlerei und dazu, faul im Bett zu liegen, / mit Huren, Jünglingen und mit Gaunern.«

Hadrian VI. setzte nur einen Kardinal ein: Wenige Tage vor seinem Tod machte er seinen getreuen Datar Willem van Enkevoirt, der sogleich in *Trincaforte* (Vieltrinker) umbenannt wurde, zum Mitglied des päpstlichen Senats. Sein Nachfolger Clemens VII. hingegen, ein Vetter Leos X., mit dem schon nach kurzer Zeit erneut ein Medici auf den päpstlichen Stuhl gelangte, ernannte 33 neue Kardinäle. Giulio de' Medici, ein Prälat mit untadeligen Sitten, rechtschaffen und intelligent, »umsichtig und klug«, wie der venezianische Gesandte schrieb, »[...] ein gerechter Mann und ein Mann Gottes«, aber, Guicciardini zufolge, der mit ihm näher bekannt war, »unsicher, schüchtern, geizig, unentschlossen«, war letztendlich, wie ein Chronist der Kurie treffend bemerkte, »ein besserer Kardinal als Papst«.

»Ein Papsttum, das besteht aus Höflichkeiten,
aus Rücksichtnahmen und Gerede,
aus doch und dann, vielleicht und wenn und aber,
aus vielen Worten, die doch nichts besagen,
aus Überlegung, Meinung, Rat und aus Gedanken,
Vermutungen, zu vag', sich drauf zu stützen,

aus Audienzen, aus Erwiderungen, schönen Sprüchen,
mit denen man dich unterhält, solang's nichts kostet,
aus taktischem Lavieren und aus Meinungslosigkeit,
aus Geduld und aus Beweisen auch,
aus Glauben, Hoffnung und Barmherzigkeit...«

Mit diesem scharfen, kaustischen Urteil sollte Berni die zahllosen Zweifel, das ständige Schwanken, das launische Zögern und die kurzsichtigen Winkelzüge jener ängstlichen und letztendlich ergebnislosen Politik Clemens' VII. anprangern, durch die der Heilige Stuhl in den tragischen *Sacco di Roma* von 1527 hineingerissen wurde: Die Stadt war damals den kaiserlichen Landsknechten Frundsbergs wehrlos ausgeliefert, die sie mit unerbittlicher Brutalität brandschatzten und verwüsteten, so daß es den Anschein hatte, als seien »ihr Ende und ihre völlige Vernichtung« besiegelt, wie man damals nach Mantua schrieb, um von jenem »grausamen Schauspiel« zu berichten, das mit seinen unzähligen Morden, Raubzügen, Schändungen, Mißhandlungen und Greueltaten aller Art »selbst einen Stein erweichen würde«. Während einige Kardinäle sich mit dem Papst in die Engelsburg flüchten konnten, wurden andere wie Pucci, Piccolomini, Cajetan, Numai oder Ponzetti mißhandelt, gefoltert und ausgeraubt. Gleichzeitig zogen Scharen von betrunkenen Soldaten durch die Stadt; einige von ihnen hatten Kardinalsgewänder angelegt und gingen mit besonderer Roheit gegen Kirchen und Klöster vor, gleichermaßen getrieben von ihrer Habgier und einer tiefen Verachtung für die römische Kirche, die sie den protestantischen Schmähreden entnommen hatten. In jenen schrecklichen Tagen war überall in den Straßen von Rom der höhnische Ruf *Vivat Lutherus pontifex* zu hören, und noch heute kann man den Namen des deutschen Reformators in einem Graffito lesen, das damals in Raffaels Fresko *Trionfo del santo sacramento* in der Stanza della Segnatura im Vatikan eingeritzt wurde.

Auch die von Clemens VII. angeordneten Ernennungen neuer Kardinäle waren von diesem Vorfall und insbesondere von der Notwendigkeit bestimmt, Geldmittel zu beschaffen, um den Papst aus seiner tragischen Notlage zu befreien: Er war nun ohne Truppen, ohne Geld, saß in Rom gefangen, wo obendrein noch eine gräßliche Pest wütete, und war Karl V. wehrlos ausgeliefert. Dies war der Grund, weshalb der Papst – wenn auch widerwillig – bei fast allen Kardinälen, die vor der Einnahme Roms durch die Truppen Frundsbergs Anfang Mai und dann wieder im November ernannt wurden, als der päpstliche Hof in der Engelsburg eingeschlossen war, auf die übliche Methode zurückgriff, den Prälatenhut zu verkaufen (»für vierzigtausend Dukaten das Stück«, wie Sanudo zu berichten weiß). So verwundert es auch nicht, daß der Papst, der in seiner großen Geldnot sogar gezwungen war, die Meßkelche, das Tafelgeschirr und selbst die Tiaren seiner Vorgänger von Cellini einschmelzen zu lassen, zahlreiche Vertreter großer Bankiersfamilien in das Heilige Kollegium berief – u. a. die Genuesen Girolamo Grimaldi und Agostino Spinola (Girolamo Doria, der Neffe Andrea Dorias, sollte zwei Jahre später folgen), den Florentiner Niccolò Gaddi sowie die Venezianer Marino Grimani und Francesco Cornaro, die beide Kardinalsnepoten waren. Neffen von Kardinälen waren auch Vincenzo Carafa, Ercole und Pirro Gonzaga sowie der grausame und korrupte Erzgauner Benedetto Accolti, der, ungeachtet seiner humanistischen Bildung, all seine Kräfte daranzusetzen schien, die Rede Ariosts vom »Ruhm und Glanz des heiligen Konsistoriums« Lügen zu strafen und statt dessen die des Giovio vom »ungestümen und vermögenden« Manne zu bestätigen; so gab es kein Verbrechen, keine Grausamkeit, die er nicht begangen hätte, insbesondere während seiner tyrannischen Leitung der Legation in die Mark, die er 1532 für 19000 Dukaten erworben hatte. Ihm wurden Morde und Schändungen vorgeworfen, und er war in alle möglichen Übergriffe, Machenschaften und Räubereien verwickelt, bis man ihn 1535 schließlich festnahm und zum Tode verurteilte; das Urteil wurde später in eine hohe Geldstrafe umgewandelt. In das Kardinalskollegium wurden überdies zahlreiche Vertrauensmänner des Kaisers berufen, der mittlerweile in Italien als der unumschränkte Herr galt; unter diesen waren auch viele Neapolitaner wie Sigismondo Pappacoda, der sich sogar den Luxus gestattete, die Kardinalswürde abzulehnen.

Später sollte Clemens VII., mit Ausnahme des Florentiners Antonio Pucci und seines 18jährigen ehrgeizigen Vetters Ippolito de' Medici, jenes »verrückten Teufels«, der ihm noch unzählige Sorgen bereiten sollte (so etwa, als er sich weigerte, sich zum Subdiakon weihen zu lassen), fast alle seine Kardinäle auf Vorschlag ausländischer Herrscher ernennen, so daß diese nichts weiter als Figuren in jenem verworrenen und unbeständigen politischen Labyrinth waren, in welchem der Papst zwischen Rom und Florenz, den Habsburgern und den Valois zu lavieren versuchte. Zu den neu ernannten Kardinälen gehörten z. B. der gelehrte Ordensgeneral der Franziskaner Francisco Quiñones de los Angeles und der ungestüme Don Garcia Loaysa, ein ehemaliger Ordensgeneral der Dominikaner und Beichtvater

Karls V., der die Kardinalswürde 1530 anläßlich der in Bologna feierlich begangenen Aussöhnung zwischen Kaiser und Papst erhielt. Zu ihnen gehörten ferner der kaiserliche Kanzler Mercurino Gattinara, der Bischof von Trient Bernard von Cles, der Savoyarde Louis de Challant und der Bischof von Burgos, Iñigo de Zúñiga; drei Monate später kamen noch der Erzbischof von Sevilla und Großinquisitor Alonso Manrique de Lara sowie der Regent von Spanien Don Juan Pardo de Tavera, im Jahre 1533 schließlich Stefano Gabriele Merino hinzu, von dem man sich erzählte, er habe als Kind »in Rom die Hunde im Hause des Kardinals Ascanio [Sforza] regiert«. Merino wurde Bischof von Jaén und Patriarch von Ostindien und war, nach Ansicht des venezianischen Gesandten, »ein sehr tüchtiger Kardinal und großartiger Praktiker«. Bis dahin hatten sich die Franzosen mit vier Kardinälen begnügen müssen: Es waren dies der Kanzler Antoine Duprat (1527), ein steinreicher Mann, der, so Garimberti, »aus niedrigsten Verhältnissen in allerhöchste aufgestiegen« war und einige Jahre später »am Fett und an der Schwelgerei« sterben sollte, sodann François de Tournon und Gabriel de Gramont (1530), der Gesandte in Rom, und schließlich Jean de Longueville (1533), ein Neffe Ludwigs XI. Nach der Annäherung zwischen Papst und König, die durch die Heirat Katharina de' Medicis mit dem Thronfolger Henri de Valois besiegelt worden war, konnten die Franzosen wieder ein gewisses Gleichgewicht herstellen, als im November 1533 in Marseille die Ernennung vier weiterer französischer Kardinäle beschlossen wurde; zu diesen zählte unter anderem Odet de Coligny aus der bekannten Hugenottenfamilie, der sich später von der Kardinalswürde und von der katholischen Kirche trennen, heiraten und schließlich 1571 in England als guter Calvinist sterben sollte.

6

Nach der grausamen Plünderung im Jahre 1527, die für die Zeitgenossen ein traumatisches Ereignis gewesen war, das von einigen unter apokalyptischen Zeichen gedeutet wurde, veränderte Rom sein Gesicht. Wenn es auch nicht gerade, wie jemand behauptete, zu einem »Hühnerhof« verkam, so war es doch auch nicht mehr jene großartige Renaissancestadt wie unter Sixtus IV., Alexander VI. und Leo X. Noch Ende 1528 stellte ein Besucher fest, Rom sein »verwüstet und entvölkert«. Die Stadt, die ihre Menschen, ihre Künstler und Schriftsteller verloren hatte, war nicht mehr das, was sie einmal gewesen war. Und es dauerte nicht lange, bis neue spirituelle Zweifel, neue religiöse Probleme auch an den päpstlichen Hof und in die Kardinalspaläste vordrangen. In Deutschland breitete sich die Reformation immer weiter aus, erreichte die Schweiz, England, Skandinavien und Osteuropa, und selbst in Frankreich und Italien schossen heterodoxe Lehren wie Pilze aus dem Boden. Diese Situation machte es erforderlich, einen völlig neuen Kurs einzuschlagen; die Politik der Kirche konnte nicht mehr nur die Politik eines bestimmten Papstes oder eines bestimmten Geschlechts sein. Es war nun unvermeidlich, sich auf eine Auseinandersetzung mit den Protestanten einzulassen, die mehr bedeutete als bloß eine eilige und summarische Verurteilung. Es war notwendig, eine Kirchenversammlung einzuberufen und eine institutionelle Neuordnung in die Wege zu leiten, die es der Führung der Kirche nicht nur ermöglichte, ihre Glaubwürdigkeit zurückzugewinnen, sondern auch die Kontrolle über den Klerus und über seine religiöse Ausbildung wieder in die Hand zu bekommen, ein verstärktes Engagement auf den Gebieten der Seelsorge, der Karitas und der sozialen Fürsorge anzuregen, das religiöse Leben der Laien zu disziplinieren und die schwierigen Aufgaben in Angriff zu nehmen, denen sie sich in der Konfrontation mit den Ketzern, der Unterdrückung abweichender Meinungen in ihren eigenen Reihen, der Ausbreitung der Mission und der Bekehrung der nur oberflächlich christianisierten Landbevölkerung gegenübergestellt sah. Nur allmählich sollte sich die katholische Kirche in den darauffolgenden Jahren und Jahrzehnten, vor dem Hintergrund all der langwierigen Konzilien und tiefgreifenden Veränderungen, die für die Zeit der Gegenreformation kennzeichnend waren, dieser Ziele und der dafür geeigneten Mittel bewußt werden. Verbittert und nicht ohne Sorge bemerkte Giovio im Februar 1535:

> »Mit der einstigen Pracht des Papsttums ist es vorbei, weil die Päpste sich mehr der weltlichen als der geistlichen Macht gewidmet haben; da auf diese Weise mit der Zeit das Ansehen und die Autorität der Religion verlorengingen, bringt der Laden nichts mehr ein, und wir sind dorthin gekommen, wo wir nun sind: Wir brauchen ein großes Konzil, von dem wir uns aber nichts erhoffen können, wenn Gott uns nicht beisteht.«

Doch Papst Clemens VII., der überdies noch fürchtete, daß auf einem Konzil die Frage nach seiner unehelichen Geburt aufgeworfen werden könnte, war gewiß nicht derjenige, der einen Schritt in dieser Richtung unternommen oder die von allen gewünschten Reformen eingeleitet hätte. In seiner 1531 vollendeten »Neufassung« des »Verliebten Roland« von Boiardo *(Rifacimento dell'Orlando innamorato)* brachte Berni mit der ganzen Schärfe, derer er fähig war, seinen Groll zum Ausdruck, der in den folgenden, nicht umsonst unveröffentlicht gebliebenen Zeilen sogar eindeutig reformatorische Züge annahm:

»Der Papst will nun samt seinen Kardinälen
sich reformieren, meint so mancher Mann.
Ich sage: Wie dem Kranken Kraft und Stärke fehlen,
wie man kein Blut in Rüben finden kann
und nicht aus saurem Essig Most herstellen,
so, sage ich, Reform gibt es erst dann,
wenn's keine Bremsen gibt in heißen Wochen
und im Schlachthaus weder Hund noch Knochen.«

Das Problem des Konzils und der Kirchenreform konnte demnach erst angegangen werden, nachdem ein neuer Papst gewählt worden war: Am 13. Oktober 1534 gelangte mit dem Dekan Alessandro Farnese ein Mann auf den Apostolischen Stuhl, der, wie Guicciardini eindrucksvoll formulierte, »ein mit Bildung und dem Anschein von Gesittung geschmückter Mann« war, »der das Amt des Kardinals mit größerem Geschick ausgefüllt als errungen hatte.« – Für ihn stimmten alle, weil sie ihn für alt und krank hielten (»und in dieser Meinung wurden sie von ihm geschickt bestärkt«). Alle begegneten ihm mit Achtung, und seine Bildung und Erfahrung (er hatte seine Studien in Florenz zur Zeit Lorenzos des Prächtigen abgeschlossen und seinen Kardinalshut vor mehr als 40 Jahren von Alexander VI. erhalten) wiesen ihn als einen Mann aus einer anderen Zeit aus. Tiefe Glaubenszweifel kann man ihm sicher nicht nachsagen (seine erste Messe hatte er 1519, im Alter von 51 Jahren gelesen, nachdem er bereits 26 Jahre lang Kardinal gewesen war). Stets gab er sich, wie kurze Zeit später der venezianische Gesandte zu berichten wußte, »Wonnen und Vergnügungen« hin. Er war ein schlauer und geschickter Diplomat, fest entschlossen, die Politik der Stärkung der päpstlichen Autorität in den Besitzungen der Kirche und gegenüber den Mächtigen fortzusetzen (dies zeigten die Kriege gegen Perugia, Camerino und gegen die Colonna). Wenngleich auch er von nepotistischem Ehrgeiz beseelt war, der ihn 1545 veranlaßte, die Herzogtümer Parma und Piacenza vom Kirchenstaat abzutrennen und sie seinem unglücklichen Sohn zu überantworten, vermochte Paul III. es dennoch, die zahlreichen, schwerwiegenden Probleme, die von den Medici-Päpsten allzu lange aufgeschoben und allzu oft ihren florentinischen Interessen untergeordnet worden waren, mit neuer Energie in Angriff zu nehmen. Paul III. war es, der die erste wirkliche Kommission *de emendanda ecclesia* einrichtete und konkrete Vorschläge für eine Reform der Finanzabteilungen der Kurie wie der Kanzlei, der Datarie und der Pönitentiarie (die Gonzaga zufolge eine »Werkstatt der Freveltaten« war) vorlegte, jener Bereiche, in denen sich die Korruption am tiefsten eingenistet hatte. Letztendlich führten diese Vorstöße nur zu bescheidenen Resultaten, denn es durften keine unentbehrlichen Einnahmequellen angetastet werden. Doch zweifelsohne kam einigen Maßnahmen zumindest ein Symbolwert für die einsetzende Klimaveränderung zu, so etwa der wenige Tage nach der Wahl des neuen Papstes erlassenen Bestimmung, daß, wie nach Lucca berichtet wurde, alle Prälaten »angemessene Kleidung anlegen sollen, was den jüngeren Kardinälen und den anderen, die gleichermaßen an alle Ausschweifungen gewöhnt sind, nicht sehr gefällt«. Ein anderes Beispiel ist das Dekret vom 18. Februar 1547, das die Konzilsbestimmung, nach der die Bischöfe nur ein Benefizium mit Residenzpflicht besitzen durften, auf alle Mitglieder des heiligen Senats ausdehnte. Papst Paul III. war es auch, der im September 1540 den Jesuitenorden des Ignatius von Loyola bestätigte und jene neuen Ordensgemeinschaften förderte, die sich später ebenso als Stützpfeiler der Gegenreformation erweisen sollten: die Barnabiten, die Theatiner und die Kapuziner. Und er gehorchte, wenn auch schweren Herzens, dem Wunsch des Kaisers, mit den Protestanten Gespräche über Glaubensfragen aufzunehmen und gelehrte und gemäßigte Männer beider Parteien gemeinsam an einem Tisch zu versammeln, um eine – zwar unwahrscheinliche – Übereinkunft in Fragen der Glaubenslehre zu suchen. Vor allem aber bemühte er sich unter Überwindung beträchtlicher Schwierigkeiten und nicht unbegründeter Ängste aufrichtig um die Einberufung eines Konzils. Er erwirkte die Zustimmung für Trient als Tagungsort und leitete das Konzil in der ersten und entscheidenden Phase von 1545 bis 1547, in der einige grundlegende Beschlüsse über theologische Fragen gefaßt wurden. Er eröffnete im Juli 1542 das römische Inquisitionstribunal und setzte zu dessen Leitung erstmals eine jener ständigen Kardinalskongregationen ein, von denen in den darauffolgenden Dezennien noch mehrere entstehen sollten. Mit diesen Kongregationen versuchte man den spezifischen Bedürfnissen in den jeweiligen Bereichen gerecht zu werden, derer die Kirche sich annehmen mußte. Die Zahl und die Funktionen der Kongregationen wurden später in der Bulle *Immensa aeterni Dei* vom 22. Januar 1588 und durch die großen sixtinischen Reformen festgelegt, welche die endgültige Entmachtung des Konsistoriums und folglich des Kardinalskollegiums als kollektives Verwaltungsorgan der Kirche besiegelten.

Für eine solche Kursänderung bedurfte es jedoch neuer Kräfte und Fähigkeiten in den Spitzenämtern der Kurie. So überrascht es nicht, daß Paul III. eine entschiedene Erneuerung des Kardinalskollegiums vornahm, die man weniger an seiner numerischen Erweiterung ablesen kann (beim Tod Clemens' VII. gab es 46 und im darauffolgenden Jahr, bei der Eröffnung des Konklaves für Julius III., 54 Kardinäle) als vielmehr an den Personen, die seit 1535 in dieses Gremium berufen wurden. Nach Ansicht des venezianischen Gesandten handelte es sich hierbei um Männer »mit hervorragenden Eigenschaften.« Allerdings muß eingeräumt werden, daß auch Paul III., bestem Renaissance-Brauch folgend, ohne sich um das allseits anhebende »laute Gemurmel« der Mißbilligung zu kümmern, gleich nach seiner Wahl zwei blutjunge Nepoten als Kardinäle eingesetzt hatte: Alessandro Farnese und Guido Ascanio Sforza von Santa Fiora, 14jährig der eine und 16jährig der andere. Zu diesen kamen 1536 dann sein 13jähriger Vetter Nicola Caetani von Sermoneta und 1545 ein weiterer Neffe, der damals 15jährige Ranuccio Farnese. Scharfe Kritik erntete er mit der Ernennung einiger Männer von bescheidenem geistigen Format und zweifelhafter Moral wie Durante de' Duranti oder Tiberio Crispo. Ersterer war, dem Sekretär des Konzils zufolge, »aus Brescia, von niedriger Herkunft, und obgleich er seit mehr als 30 Jahren am römischen Hof lebte, verrichtete er die niedrigsten Dienste für Unseren Herrn und war weder gebildet noch hatte er andere gute Eigenschaften«. Er starb in dem Ruf, »in seinem Leben nie zu etwas nütze gewesen zu sein«. Tiberio Crispo war ein Halbbruder der Papst-Kinder, der von einem anderen Kardinal verächtlich als »vir penitus illiteratus neque ingenio admodum perspicaci« bezeichnet wurde. Zudem gab es auch unter den 71 Kardinälen, die Papst Paul während seiner Amtszeit erhob, solche, die auf Wunsch der ausländischen Herrscher ernannt wurden, so Armagnac, Annebault, Amboise (sie alle waren Neffen von Kardinälen), dann Lenoncourt, Guise, Bourbon, der hochgelehrte Erzbischof von Paris Jean du Bellay und schließlich Alvarez de Toledo, Manrique de Aguilar, Mendoza y Bobadilla, Avalos, de la Cueva, Pacheco, Truchseß von Waldburg, Madruzzo und sogar einen Sohn des portugiesischen Königs. Diese kamen ins Kollegium zusammen mit zwei Kardinälen des Hauses Borgia, einem Contarini und einem Cornaro aus Venedig, einem d'Este aus Ferrara, einem Fregoso aus Genua, einem Carafa aus Neapel, einem Ferreri aus Piemont, einem Pucci aus Florenz, einem Guidiccioni aus Lucca, einem Crescenzi und einem Savelli aus Rom, einem della Rovere aus Urbino (die beiden letztgenannten waren fast noch Kinder) sowie weiteren Abkömmlingen von Kardinalsgeschlechtern wie Gianmaria del Monte (der spätere Julius III.), Federico Cesi und Cristoforo Giacobazzi. Doch unter diesen Persönlichkeiten – und das zeugt von der Wende, die sich in dieser Zeit immer deutlicher abzeichnete – befanden sich einige, die eine neue Auffassung von ihrem hohen Amt an der Kurie entwickelten und religiöse Beweggründe und Reformanliegen einfließen ließen, die noch vor kurzer Zeit zumindest als ungewöhnlich erschienen wären.

Als Beispiel mag hier Gasparo Contarini dienen, jene außergewöhnliche Gestalt, die durch eine Glaubenskrise veranlaßt wurde, über Rechtfertigung und Gnade ähnlich zu denken wie später auch Luther; Contarini unterzog sich in Padua eingehenden Studien der Philosophie und Theologie, polemisierte gegen die Auffassungen seines Lehrers Pomponazzi, verfaßte im Jahre 1517 das *De officio boni viri ac probi episcopi* und widerlegte später die *Confessio Augustana*. 1483 geboren, gewann er zunehmend Klarheit über seine ethischen und religiösen Vorstellungen im Laufe einer intensiven Auseinandersetzung mit zwei anderen venezianischen Patriziern, Tommaso Giustiniani und Vincenzo Quirini (letzterer wurde 1514, kurz vor seinem Tod, zum Kardinal ernannt), die wir bereits als Verfasser des mutigen Reformaufrufs aus dem *Libellus ad Leonem X.* angeführt haben. Obgleich sie von denselben Voraussetzungen ausgingen, war Contarini der Entscheidung seiner Freunde, sich nach Camaldoli in die Einsiedelei zurückzuziehen, nicht gefolgt und hatte statt dessen das aktive Engagement in der Gesellschaft, im bürgerlichen und politischen Leben der Republik Venedig, gewählt. Für die Serenissima hatte er zahlreiche diplomatische Aufträge und Verwaltungsaufgaben ausgeführt und sich auf diese Weise ein großes Ansehen als Mensch und als Denker erworben, was ihm die Achtung Karls V. einbrachte und Paul III. im Mai 1535 veranlaßte, ihn, den bescheidenen, von allen bewunderten Laien, ins Kardinalskollegium zu berufen (»da haben uns diese Priester doch den besten Mann genommen, den unsere Stadt hatte«, so lautete die spontane Reaktion eines einflußreichen venezianischen Senators, der ein notorischer Kritiker des römischen Hofes war). Einige Zeit später sollte Papst Paul III. ihn mit der Aufgabe betrauen, die unter unzähligen Schwierigkeiten unternommenen ersten Versuche einer Kurienreform zu leiten.

Auch an dem etwas anders gelagerten Schicksal Gian Pietro Carafas ist gut erkennbar, welche große Wende sich in jenen Jahren vollzogen hatte. Carafa unterschied sich in bezug auf Charakter und Einstellungen sehr von Contarini; er befürwortete in Glaubenslehre und Politik eine rigoristische Linie, die im deutlichen Gegensatz zu der Position des Venezianers stand, doch auch er hegte den aufrichtigen Wunsch nach einer personellen und institutionellen Erneuerung des religiösen Lebens. Carafa, der 1476 geboren wurde, verfügte über eine solide humanistische Bildung, die ihm die Anerkennung des Erasmus von Rotterdam einbrachte; Sproß eines berühmten neapolitanischen Geschlechts, aus dem schon mehrere Kardinäle hervorgegangen waren, wurde er 1505 Bischof von Chieti und später Nuntius in Spanien. Mit diesen Voraussetzungen schien ihm eine glänzende geistliche Laufbahn sicher zu sein, doch hatte er sich offenbar geweigert, diesen Weg einzuschlagen, und wirkte statt dessen bei der Gründung des *Oratorio del Divono Amore* mit, verließ Rom dann zur Zeit des *Sacco*, verzichtete sogar auf die Bischofswürde und zog sich zusammen mit Cajetan von Tiene und den ersten Brüdern des Theatinerordens, den er mit Cajetan gegründet hatte, nach Venedig zurück. Getrieben von unermüdlichem Reformeifer und gerüstet mit einem wohlüberlegten Gesamtplan verlegte sich der energische Carafa im Laufe der Zeit zunehmend auf den Kampf gegen jede Form des Ungehorsams und abweichender Glaubensvorstellungen, wobei er jenem Grundsatz folgte, den er bereits 1532 in einer unmißverständlich formulierten Denkschrift an Clemens VII. dargelegt hatte: »Man muß die Ketzer wie Ketzer behandeln.« Als er 1536 ins Kollegium berufen wurde, schuf er geschickt die Voraussetzungen für das Heilige Offizium in Rom und leitete dieses dann mit einer solchen Strenge, daß er, wie es nach seinem Tod heißen sollte, zum »meistgehaßten und meistgefürchteten Kardinal« wurde, »[...] den es bis heute gegeben hat«. Ohne jegliche Bedenken und ohne jede Rücksicht benutzte er sein Amt, um mit unerbittlicher Härte gegen jeden Verdacht der Häresie vorzugehen und immer größeren Einfluß auf die päpstliche Politik zu gewinnen – ein Bemühen, das schließlich in jene große Repression mündete, die er als Papst Paul IV. in der Zeit von 1555 bis 1559 entfesselte. Der Glaubensfrage kam im übrigen eine so große Bedeutung zu, daß sich damals, auf je unterschiedliche Art und Weise, mit unterschiedlicher Intensität und für unterschiedlich lange Zeit, auch andere Persönlichkeiten damit beschäftigten: So der mächtige Sohn der Isabella d'Este oder der Kardinal von Mantua, Ercole Gonzaga; der Fürstbischof von Trient Cristoforo Madruzzo; der Kardinal von England Reginald Pole, ein Vetter Heinrichs VIII.; der große Diplomat Giovanni Morone und Federico Fregoso, der nicht nur ein Genueser Patrizier, sondern auch Gelehrter und Theologe war und Schriften verfaßt hatte, die schon bald auf den Index gesetzt werden sollten, und unter dessen Namen sogar Übersetzungen von Werken Martin Luthers Verbreitung fanden. Und selbst in der Bibliothek des prunkliebenden Kardinals Ippolito d'Este, Sohn der Lucrezia Borgia, sollten sich im Laufe der Zeit alle wichtigen Schriften des Erasmus von Rotterdam ansammeln. Zu Beginn des Pontifikats Pauls III. galt dieser große Humanist noch als möglicher Kandidat für die Kardinalswürde; 1559 aber sollten seine *Opera omnia* auf dem ersten römischen *Index* erscheinen.

Die Gewähr für eine glänzende kirchliche Karriere, die bis zum Amt des Kardinals führte, besaßen, da der Heilige Stuhl sich im Hinblick auf das Konzil erneut auf diplomatischem Wege um Frieden zwischen den europäischen Mächten bemühte, auch jene Nuntien und Legaten, die sich in schwierigen Missionen in Frankreich und Spanien, Portugal und Deutschland bewährt hatten. Zu diesen zählten etwa Ennio Filonardi, Rodolfo Pio da Carpi, Uberto Gambara, Girolamo Verallo und später, unter Julius III., der Dominikaner Pietro Bertano, Giovanni Ricci, Fabio Mignanelli, Giovanni Poggio und Girolamo Dandino. In anderen Fällen sollten für die Ernennung zum Kardinal neben dem persönlichen Vertrauen, das der Papst den jeweiligen Persönlichkeiten entgegenbrachte, Erfahrung mit der Kurie und juristische Bildung ausschlaggebend sein, so bei Girolamo Ghinucci, Giacomo Simonetta, Pier Paolo Parisio, Bartolomeo Guidiccioni, Federico Cesi, Marcello Crescenzi und Niccolò Ardinghelli. Vor allem aber legten es die Erfordernisse der Reform und die intellektuelle und theologische Konfrontation mit den Lehren des Protestantismus nahe, an die Spitze der Kirche nicht nur Persönlichkeiten zu berufen, die eine solide theologische Bildung besaßen wie der Ordensgeneral der Serviten Dionigi Laurerio, der Benediktiner Gregorio Cortese und der Dominikaner Tommaso Badia, Hofmeister des Sacro Palazzo, sondern auch Humanisten und Literaten, Laien mit hoher Bildung und großem Ansehen. Auf Contarini wurde bereits hingewiesen.

Seinem Einfluß ist zweifellos eine Reihe von Neuernennungen im Jahr 1536 zu verdanken, so z.B. die des gelehrten Latinisten Jacopo Sadoleto, der sich kurz vor dem *Sacco die Roma* nach Carpentras zurückgezogen hatte, um sich seiner Diözese und seinen geliebten Studien zu widmen; ferner die des Engländers Reginald Pole, der bereits über die Fragen der Ehescheidung und des Schismas hart mit Heinrich VIII. aneinandergeraten war und der die Schrift *Pro ecclesiasticae unitatis defensione* verfaßt hatte; die des Hieronymus Aleander, eines Gräzisten von Rang, der mit den Verhältnissen in Deutschland vertraut war; und drei Jahre später die Ernennung von Federico Fregoso und Marcello Cervini, Lehrer und Sekretär des jungen Kardinals Farnese und späterer Papst Marcellus II., Carafa, Sadoleto, Contarini, Pole, Fregoso, Aleander, Cortese, Badia und Giberti (ehemaliger Datar und einflußreicher Minister Clemens' VII., der sich nach dem Ende der kaiserfeindlichen Politik des Heiligen Stuhls in seine Diözese Verona zurückzog, wo er zum ersten Musterbischof der Zeit des Tridentinums werden sollte) – dies waren auch jene Persönlichkeiten, denen Paul III. die Aufgabe übertrug, das *Consilium de emendanda ecclesia* zu erarbeiten, das dem Papst dann im März des darauffolgenden Jahres übergeben wurde. Zwei Monate später konnte Contarini schreiben: »Omnes fere reverendissimi favent reformationi; incipit immutari facies consistorii.« Hingegen erklärte Paolo Giovio, ein typischer Vertreter des Zeitalters Leos X., in bezug auf diese Veränderungen kurze Zeit später, im Oktober des Jahres 1540, in einem an den späteren Kardinal Giovanni Poggio gerichteten Brief, er habe alle Hoffnungen aufgegeben, »mit dem Kardinalshut belohnt zu werden, denn dieser gehört den Glückskindern«.

Ein paradigmatischer Fall war (auch in bezug auf die Auseinandersetzungen, die sie unweigerlich nach sich zog) die Ernennung Pietro Bembos im März 1539, jenes Patriziers und großen venezianischen Gelehrten, der offizieller Historiograph der Republik Venedig gewesen war, der die *Asolani* verfaßt hatte, welche Lucrezia Borgia gewidmet waren, der Frau, die Bembo leidenschaftlich geliebt hatte, und der die *Prose della volgar lingua* und die *Rime* geschrieben hatte. Letztere wurden bald zum maßgeblichen Vorbild für alle Dichter des Petrarkismus. Bembo, der noch zu einer anderen Welt gehörte, einer Welt, die schon dem Untergang entgegenging, hatte längst die Hoffnung aufgegeben, daß ihm jene Ehre zuteil werde, nach der man, so hatte er 1527 geschrieben, »so sehr strebt und die man dann vielleicht doch nicht bekommt«, und lebte schon seit vielen

Jahren fern von Rom. In seiner Jugend hatte er die berühmten Renaissancehöfe von Ferrara und Urbino kennengelernt; er war mit Bibbiena befreundet und zusammen mit Sadoleto Sekretär der Breven für Leo X. gewesen; er war der unangefochtene Meister einer ganzen literarischen Kultur; um sich scharte er die Kinder, welche die schöne und sanfte Morosina ihm geboren hatte (und die davon zeugten, daß er es mit dem religiösen Gelübde, welches er hatte ablegen müssen, um seine reichen Pfründen behalten zu können, nicht allzu genau nahm). Bembo war zweifellos einer der hervorragendsten Vertreter jener hochgebildeten Humanisten, an die sich die Kirche nun hilfesuchend wandte, um neue Mittel zu finden, mit denen sie ihre bisher größte Krise bewältigen konnte. Wie Dionisotti schreibt, war Bembo »ein Mann, für den das Amt des Kardinals in einer überschaubaren Kirche, die allen voran humanistische und menschliche Bildung verwirklichte, wohl eine Messe wert war«. So zelebrierte er auch im Juli 1541 mit fast 70 Jahren seine erste Messe, als sein Freund Kardinal Fregoso starb, der wie er 30 Jahre zuvor als einer der Gesprächspartner in Baldassare Castigliones *Il Cortegiano* aufgetreten war. Mit dem Einzug dieser Persönlichkeiten ins Kardinalskollegium und mit ihrem tätigen Einsatz in den kurialen Kommissionen, den Nuntiaturen, den Legationen und der Konzilspolitik schien endlich jenes Ideal Wirklichkeit zu werden, welches Paolo Cortesi in *De cardinalatu* gezeichnet hatte. »Eine Kultur«, so Dionisotti, »die in der Krise der italienischen Staaten Schutz bei der Kirche gefunden hatte, brachte nun in der Krise der Kirche die unverzichtbare Botschaft, daß Argument und Dialog vonnöten sind, ein klassisches Maß in den Gedanken und in den Worten zu bewahren und diese für die Zukunft zu sichern.«

Mit dem Hinweis auf moralische Strenge, geistige Würde und den gemeinsamen Reformwillen wird jedoch die Bedeutung, die dem religiösen Engagement dieser Persönlichkeiten zukommt, nur unzureichend beschrieben. Einige von ihnen wurden schließlich in die im eigentlichen Sinne theologischen Fragen der großen Religionskrise jenes Jahrhunderts verwickelt. Der irenische Versuch einer Aussöhnung, die Bereitschaft zu vorurteilsfreier Auseinandersetzung und Vermittlung zwischen unterschiedlichen Positionen, die Contarini veranlaßten, bis zur endgültigen Niederlage in Regensburg im Frühling des Jahres 1541 (jener Niederlage, die auch das Ende seiner politischen Führung bedeutete und nach der er im Grunde genommen aus der Kurie ausgeschlossen war) die trügerische Hoffnung zu hegen, daß Religionsgespräche möglich seien, vermochten es tatsächlich nicht, die Spannungen und Zweifel auszuräumen, die (auf unterschiedliche Weise und in unterschiedlichem Maße) viele Mitglieder des Kardinalskollegiums erfaßt hatten. Pole, Fregoso und Morone etwa wendeten sich in eben jener Zeit von den von Contarini vertretenen Positionen ab und schlossen sich Lehrmeinungen an, die denen der Protestanten oft sehr nahestanden, ohne dabei jedoch eine institutionelle Spaltung anzustreben. So konnten auch diejenigen, welche die befreiende Lehre von der Rechtfertigung allein aus dem Glauben vorbehaltlos übernahmen, diese Position mit der uneingeschränkten Treue zur römischen Kirche wie auch mit der Kardinalswürde vereinbaren. Sie vertraten dabei einen sublimen Spiritualismus, der aus verschiedenen Quellen gespeist wurde und alle Widersprüche zu überbrücken vermochte, da in ihm der individuellen Gewissensentscheidung, der Stimme der göttlichen Inspiration und dem Glauben an eine Prädestination gleichermaßen Bedeutung beigemessen wurde. Das Christentum deuteten sie als die persönliche und privilegierte Erfahrung einer Erneuerung, und die äußeren Formen der Glaubensausübung und das trockene, widersprüchliche Wissen der Theologen waren für sie von keinerlei Belang.

Es ist nicht möglich, an dieser Stelle all die Auffassungen, all die persönlichen Entscheidungen, Gruppen und Aktionen und all die komplexen Verbindungen, die in jenen Jahren mit Vertretern und Gruppierungen des protestantischen Lagers geknüpft wurden, mit der gebotenen Ausführlichkeit zu behandeln. Die Verabschiedung des Dekrets über die Rechtfertigung auf dem Konzil von Trient im Januar 1547 setzte jedenfalls den Hoffnungen und vielleicht auch widersprüchlichen Illusionen dieser kleinen, aber einflußreichen Gruppe von Kardinälen ein Ende. Bald schon wurden gegen sie Verdächtigungen laut, die von Persönlichkeiten wie Gian Pietro Carafa stammten, der entschlossen war, die sich immer weiter ausbreitende Pest der Häresie auszurotten, wo immer er ihrer gewahr wurde. In Wahrheit waren offensichtlich schon 1540/41 die Männer, die kurz zuvor in das Kollegium berufen worden waren, um Contarini zu unterstützen, in wesentlichen Punkten uneinig, ja vertraten sogar völlig gegensätzliche Meinungen: Die einen waren der Ansicht, daß die Reform der Kirche auch die Theologie einschließen müsse (und daß sie sich demnach der Herausforderung durch die Reformation stellen müsse); die anderen hingegen traten für eine Reform ein, die allein die Stärkung der kirchlichen Institutionen zum Ziel haben sollte, um so die Feinde der Kirche wirksamer bekämpfen zu können (eine Reform also, die zur Gegenreformation werden sollte). Die Vertreter dieser Richtungen waren gefährliche Gegner, nicht zuletzt deshalb, weil sie sich heimlich einen festen Platz in der Kirche und deren Führungsgremien gesichert hatten. So gesehen stellte die Gründung des Heiligen Offiziums im Juli 1542 eine eindeutige Wende zugunsten Carafas dar, der auf diese Weise über ein wirksames Instrument zur Durchsetzung seines politischen und religiösen Kurses verfügte, mit dem er nicht nur gegen heterodoxe Prediger und krypto-protestantische Gruppierungen, sondern vor allem gegen die »Spiritualisten«, ihre Freunde und Kollaborateure Ermittlungen einleiten konnte, um schwerwiegende Meinungsabweichungen, Komplizenschaften, Ketzereien aufzudecken. Schon im August 1542 wurde, während Contarini in Bologna im Sterben lag, der große Sieneser Prediger Bernardino Ochino nach Rom geladen, um ihm den Prozeß zu machen. Noch 1539 hatte man von Ochino, dem bei allen beliebten und von allen verehrten Ordensgeneral der Kapuziner, der mit Pole und Vittoria Colonna befreundet war, als einem möglichen Kardinal gesprochen; nun aber sah er sich zu einer aufsehenerregenden Flucht in das calvinistische Genf gezwungen, die geeignet schien, die schlimmsten Befürchtungen zu bestätigen.

7

Der Kampf gegen die Ketzerei wurde also in jenen Jahren auch zu einem harten Kampf im Innern des Kardinalskollegiums, bei dem es darum ging, festzulegen, mit welchen Zielen und Inhalten die römische Kirche auf die Herausforderung durch den Protestantismus reagieren sollte. Mit Hilfe von Angaben und Aussagen, die er heimlich und mit hartnäckiger Geduld gesammelt hatte (wobei er auch nicht davor zurückschreckte, die Autorität des Papstes anzugreifen) und die er dann skrupellos in der kurialen Politik und den Konklaven jener Zeit einsetzte, gelang es Carafa tatsächlich, 1549 die Wahl Poles (die zuvor als sicher galt) und 1555 die Wahl Morones zum Papst zu vereiteln. Auch die auf den Konzilien geführten Auseinandersetzungen und die dort getroffenen dogmatischen Entscheidungen sind, wie ganz richtig bemerkt wurde, vor dem Hintergrund jenes Klimas der Verdächtigungen und der Einschüchterung zu sehen, das sich in jenen Jahren immer weiter verschärfte, bis die Vertreter der harten Linie 1555 zuerst mit der Wahl Cervinis, dann mit der Wahl Carafas zum Papst endgültig die Oberhand gewannen. Die beiden Päpste brauchten nun nur noch dafür zu sorgen, daß sich das Blatt nicht wieder wendete, indem sie ihre Gegner für die Vergehen, derer sie sich schuldig gemacht hatten, juristisch und theologisch zur Verantwortung zogen und gegen Pole, Morone und die vielen Prälaten und Intellektuellen, die deren religiöse Ansichten geteilt hatten, ein ordentliches Verfahren einleiteten. Überdies wurde versucht, die Geschichte der jüngsten Kirchenkrise *sub specie Inquisitionis* zu rekonstruieren (unter anderem auch, indem man gegen Savonarola und sogar gegen Contarini posthume Ermittlungen einleitete), und es wurde der erste, äußerst strenge *Index librorum prohibitorum* erlassen. Kardinal Pole, der sich bemühte, in seiner Heimat, in der er im November 1558 starb, den Katholizismus wiederaufleben zu lassen, wurde seiner Legation enthoben, mußte aber dank des ihm von Maria Tudor und Philipp II. gewährten Schutzes nicht die Demütigung über sich ergehen lassen, der Vorladung nach Rom zu folgen und sich zusammen mit Kardinal Morone von der Inquisition verhören zu lassen. Morone hingegen wurde über zwei Jahre lang, von Mai 1557 bis August 1559, in der Engelsburg gefangengehalten und verhört. Nur der Tod des Papstes, der im Volk einen Aufruhr auslöste, welcher nicht umsonst gegen das Eigentum, die Mitarbeiter und die Symbole des Heiligen Offiziums gerichtet war, rettete den Mailänder Kardinal vor der sicheren Verurteilung und ermöglichte seine vorübergehende Rehabilitierung unter Pius IV. – zu einer Zeit, als durch den Beginn der dritten Tagungsperiode des Tridentinums und die Notwendigkeit, anstehende Reformen und Forderungen der europäischen Staaten in der eigenen Politik zu berücksichtigen, die Fähigkeiten, das Ansehen und die persönliche Glaubwürdigkeit von Männern wie Morone, Ercole Gonzaga, Bernardo Navagero und Girolamo Seripando (die beide im Februar 1561 zu Kardinälen ernannt wurden) unentbehrlich wurden: Sie alle waren zu verschiedenen Zeitpunkten Präsidenten des Tridentinischen Konzils.

Doch handelte es sich hierbei lediglich um eine kurze und unsichere Phase in einer bereits vorgezeichneten Entwicklung, für die es keine realen ideellen und kulturellen Alternativen gab und die mit der Wahl Pius' V. (dessen Hartnäckigkeit später den Sieg von Lepanto ermöglichen sollte) ihre endgültige Bestätigung fand. Michele Ghislieri, der die Kardinalswürde von Paul IV. zum Lohn für seine langjährige Tätigkeit als unermüdlicher Inquisitor erhalten und den Vorsitz über jenes Gericht geführt hatte, das über Morones Fall entscheiden sollte, schickte sich nun, nach seiner Wahl zum Pontifex, an, die von Paul IV. geübte harte Linie erneut zu praktizieren und noch zu verschärfen. »Gleich als ob es Winter sei, / verheizt wie Holz die Christen Pius, / sich zu gewöhnen an die Glut der Hölle«, deklamierte Pasquino 1570, nachdem er zuvor schon empfohlen hatte: »Weniger Verstand, meine Söhne, / mehr Glauben, so befiehlt es das Heilige Offizium. / Denket also nicht so viel, / denn gegen das Denken gibt's das Feuer. / Und laßt die Zunge schön an ihrem Platze, / denn Paul IV. mag den Braten gar zu gern.« Schon die Wahl eines Mannes wie Ghislieri, ein Dominikaner niedriger Herkunft aus Bosco bei Alessandria, der zum Kardinal ernannt worden war, weil er sich ganz der Wahrung der orthodoxen Lehre verschrieben hatte, und der von seinem jähzornigen Schutzherrn und Amtsvorgänger im Konsistorium rücksichtslos gequält und beschimpft und als »Bruder Hemmschuh« bezeichnet worden war, wäre noch kurze Zeit zuvor schlicht undenkbar gewesen. Hierdurch wird deutlich, wie tief der Graben ist, der diese Dezennien von der unmittelbar vorausgegangenen Vergangenheit trennt.

Von dieser Wende war auch das Kardinalskollegium betroffen. In dieses berief Paul IV. neben drei Nepoten vor allem Personen, die ihm bedingungslos ergeben waren, gefällige Werkzeuge seines Willens, erfahrene Mitarbeiter, die er mit Aufträgen und Missionen betrauen konnte. So gelangten neben einigen Persönlichkeiten aus bekannten Geschlechtern (Gaddi, Trivulzio, Strozzi) und einigen wenigen Ausländern vor allem *homines novi* in das Konsistorium. Die Tatsache, daß diese unter den neu ernannten Kardinälen so zahlreich waren, zeigt deutlich, daß der Kardinal vom großen Kirchenfürsten der Renaissance zum hohen Beamten der kurialen Verwaltung geworden war. Männer niedriger Herkunft wie Scipione Rebiba und Virgilio Rosario oder der Theatiner Bernardino Scotti und Giovan Battista Consiglieri (der Bruder eines der vier Ordensstifter) hatten ihre Ernennung zum Kardinal allein ihrer langjährigen Treue und der völligen Unterordnung unter den Papst zu verdanken; der Franziskaner Clemente Dolera und der Dominikaner Michele Ghislieri erhielten die Kardinalswürde aufgrund ihrer persönlichen Strenge, ihrer theologischen Bildung und ihrer harten Unnachgiebigkeit bei der Verteidigung der orthodoxen römischen Lehre, und der Franzose Jean Reuman sowie Giovanni Antonio Capizucchi wurden wegen ihrer Kenntnisse in Verwaltungsangelegenheiten und im weltlichen wie im kanonischen Recht in das Kollegium berufen. Diesen Männern und seinen Nepoten übertrug

Paul IV. die heikelsten Aufgaben und vor allem die Leitung des Heiligen Offiziums. Auch die Kommission des Kollegiums, die 1557 damit beauftragt wurde, den Prozeß gegen Morone durchzuführen, bestand ausschließlich aus neuernannten Kardinälen (Ghislieri, Rebiba, Reuman und Rosario), so als habe der Papst in diesen Fragen denjenigen mißtraut, von denen er doch gewählt worden war. 1558 schrieb der venezianische Gesandte und spätere Kardinal Bernardo Navagero:

»[Früher] gab es bisweilen nicht mehr als sechs [Kardinäle], und man nahm Ernennungen mit großer Ehrfurcht und nach reiflicher Überlegung vor, denn man war der Ansicht, daß sich für diese Würde der Adel des Geblüts mit der Tugend und insbesondere mit der Güte verbinden müsse. Und deshalb glaubte man, daß es nicht nur für eine Familie, sondern auch für eine Stadt und eine Provinz eine Ehre sei, wenn diese zufällig einen Kardinal hatte. Jetzt sind es 66 an der Zahl, und die meisten von ihnen sind dem Papst gegenüber so gehorsam, daß sie, aus Unwissenheit oder Angst, nicht wagen, in irgendeinem Punkt zu widersprechen, oder dazu nicht in der Lage sind.*

Nicht anders waren die Kriterien, nach denen sich Pius V., der im übrigen ausdrücklich an das Erbe des Carafa-Papstes anknüpfte, bei der Ernennung seiner Kardinäle richtete. Pius folgte dem von Paul IV. gewiesenen Weg: Er machte die Inquisition zu einem Instrument harter Unterdrükkung, betraute mit der Verwaltung der kirchlichen Angelegenheiten Männer, in die schon der Carafa-Papst sein Vertrauen gesetzt hatte, eröffnete den Prozeß gegen Morone erneut, setzte die Wiederaufnahme des Verfahrens gegen die Neffen Pauls IV., die 1561 verurteilt worden waren, durch und verlieh dem frommen und gelehrten Antonio Carafa die Kardinalswürde. Nach der kurzen Herrschaft Pius' IV. und dem Abschluß des Tridentinums, in dessen Verlauf es der Kurie gelungen war, durch ihren Widerstand ein besonderes Reformdekret über die Kardinäle abzuwenden, versuchte der neue Papst nun, Maßnahmen einzuleiten, die geeignet waren, eine neue Moral im Heiligen Kollegium zu schaffen, das, wie der venezianische Gesandte schrieb, noch im Jahre 1560 »weder besonders heilig noch besonders fromm« war und in dem, nach den Worten Pius' V., »lauter ehrgeizige und wenig rechtschaffene Männer« saßen. So wurde die Kardinalswürde treuen Mitarbeitern wie dem Sekretär Girolamo Rusticucci verliehen und Ordensgenerälen wie dem Zisterzienser

* *Relazioni degli ambasciatori veneti al Senato* (Berichte der Gesandten Venetiens an den Senat), hrsg. v. E. Alberti, Reihe II, Bd. III, Società Editrice Fiorentina, Florenz 1846, S. 412

Jérôme Souchier, dem Franziskaner und Inquisitor Felice Peretti (dem späteren Sixtus V.) und dem Dominikaner Vincenzo Giustiniani. (Auch Arcangelo Bianchi, der Beichtvater des Papstes, und der Kardinal Michele Bonelli waren Dominikaner: »Seine Heiligkeit möchte, daß ganz Rom zu einem Kloster des Heiligen Dominikus wird«, bemerkte jemand im Jahre 1566.) Zu Kardinälen ernannt wurden des weiteren in der Leitung der kurialen Behörden und Legationen erfahrene Rechtsgelehrte wie Giovanni Aldobrandini, Pier Donato Cesi, Giovanni Paolo della Chiesa, Marcantonio Maffei, Carlo Grassi, Giovanni Girolamo Albani (ein langjähriger Freund des Papstes, der eine Abhandlung mit dem Titel *De cardinalatu* verfaßt hatte und sich unermüdlich für die geistliche Gerichtsbarkeit einsetzte) und der im kanonischen Recht und in der Liturgie bewanderte Giulio Antonio Santoro, der die Ketzer unnachgiebig verfolgte und das Heilige Offizium in Rom bis zu seinem Tod im Jahre 1602 mit strenger Hand leitete.

Von dieser Zeit an sollte, im Zuge einer zunehmenden Verschärfung der Glaubenslehre und der Form der Glaubensausübung sowie einer immer deutlicher werdenden Klerikalisierung des religiösen Lebens, das Amt des Kardinals in wachsendem Maße zum Höhepunkt einer beruflichen Laufbahn werden, die ausschließlich innerhalb der Kirche absolviert wurde und für die in erster Linie juristische Kenntnisse ausschlaggebend waren; die Aufnahme von einfachen Laien und großen Intellektuellen wie Contarini, Pole und Bembo in die Führungsgremien der Kirche war hiermit so gut wie ausgeschlossen. Auf diese Weise wurde es möglich – zumal auch die hohen kurialen Ämter zum Verkauf standen, die durch die Berufung der Amtsinhaber in das Kardinalskollegium frei wurden –, jener in der Renaissance gängigen Praxis, den Kardinalshut gegen hohe Geldzahlungen auszugeben, ein Ende zu setzen, ohne dabei die päpstliche Schatulle zu sehr in Mitleidenschaft zu ziehen. Hierauf ist es auch zurückzuführen, daß – zumindest nach außen hin – die ausgeprägtesten Formen weltlichen Pomps unter den Kardinälen verschwanden und diese einen Lebensstil annahmen, welcher ihrem hohen Amt und der für die Kultur der Gegenreformation charakteristischen reuevollen Frömmigkeit eher angemessen war. Natürlich sollte es in einem Kardinalskollegium, dessen *plenum*, wie Sixtus V. es bestimmte, 70 Mitglieder umfaßte, auch weiterhin Papstneffen geben, die Borromeo hießen oder Altemps, Serbelloni (Pius IV.) oder Bonelli (Pius V.), Buoncompagni (Gregor XIII.) oder Montalto (Sixtus V.), Aldobrandini (Clemens VIII.) oder Barberini

(Urban VIII.), die alle reich und mächtig waren wie ehedem, die es aber nun nicht mehr auf Staaten abgesehen hatten. Auch viele seit langem übliche Formen des Mißbrauchs des Pfründensystems sollten weiterbestehen, ebenso die Kardinalsdynastien der römischen Aristokratie, der Papstfamilien, der Fürstenhäuser: So wurde noch 1844 ein Piccolomini, 1845 ein Riario Sforza, 1868 ein Borromeo, 1873 ein Chigi zum Kardinal ernannt. Doch sollte, wie wir bereits erläutert haben, das Konsistorium in seiner Funktion als Senat des Papstes mit der Zeit jedweden Einfluß verlieren und zu einem Organ werden, das lediglich beratende Funktionen ausübte und zu weiter nichts taugte, als die Benefizien zu verleihen, die in seinen Zuständigkeitsbereich fielen, und Entscheidungen zu bestätigen, die andernorts getroffen worden waren. Diese Entwicklung läßt sich auch eindeutig an den zahlreichen und vielfach blutleeren Traktaten über das Amt des Kardinals ablesen, die zur Zeit der Gegenreformation entstanden, angefangen bei Girolamo Manfredis *De cardinalibus Sanctae Romanae Ecclesiae* (1564), *De perfecto cardinali* (1584), *De maiestate dominorum cardinalium* (1591) bis hin zu Fabio Albergatis *Del cardinale* (1598), von Giovanni Boteros *Dell' ufficio del cardinale* (1599) bis hin zu Girolamo Piattis *De cardinalis dignitate et officio* (1602). Unter diesen Schriften ragt Gabriele Paleottis *De sacri concistorii consultationibus* (1593) hervor, in dem der Autor eine mutige Verteidigung des Kardinalskollegiums als eines kollektiven Organs und seiner Prärogativen vornimmt, was nun jedoch nichts mehr ändern konnte. Tatsächlich sollte in der Organisationsstruktur und in der Seelsorge des neu gestalteten Katholizismus der posttridentinischen Zeit der Bischof und nicht der Kardinal die tragende Figur sein.

Zusammen mit Santoro war 1570 auch Paolo Burali zum Kardinal ernannt worden, ein angesehener neapolitanischer Rechtsanwalt und Staatsmann, der später dem Theatinerorden beitrat und als Bischof zu einem tatkräftigen Reformator wurde. Diese beiden Männer sind – mit ihrem unermüdlichen seelsorgerischen Eifer, ihrem Engagement in der *caritas*, ihrer Frömmigkeit, ihrem moralischen Ernst sowie ihrer Unnachgiebigkeit in Fragen des Dogmas und auch ihrer Fixiertheit auf religiöse Auseinandersetzungen – in gewissem Sinne der Inbegriff jener neuen Generation von Prälaten, die während der Pontifikate von Paul IV. und Pius V. die Kardinalswürde erlangten: Sie hielten streng an ihren unverrückbaren Gewißheiten fest, pflegten selbstzufrieden eine juristische und klerikale Ekklesiologie und traten unermüdlich für die »Kirchenräson« ein. Burali wurde 1772 seliggesprochen: Die Kirche der Gegenreformation, die in ihren Strukturen bereits gefestigt war, die ihre Mitglieder diszipliniert hatte und die nun bestrebt war, ihre Erfolge in neuen Hagiographien festzuhalten, fand endlich, was schon seit Jahrhunderten nicht mehr vorgekommen war, auch an ihrer Spitze Vorbilder christlichen Lebenswandels und Helden des Glaubens. Pius V., der Papst, welcher Burali in den Kardinalsrang erhoben hatte, wurde 1672 ebenfalls selig- und 1712 dann heiliggesprochen. Hundert Jahre vor ihm, im Jahre 1610, war Carlo Borromeo heiliggesprochen worden, jener Neffe Pius' IV., der schon jung zum Kardinal ernannt worden war, der vorbildliche Bischof von Mailand, der fromme Asket, der sich in seiner Buße kasteite. Auch John Fisher, der Bischof von Rochester, der sich gegen Heinrich VIII. gestellt hatte, von diesem zum Tode verurteilt worden war und den Papst Paul III. 1535 vergeblich zu retten versucht hatte, indem er ihn zum Kardinal ernannte, wurde 1935 heiliggesprochen. Fünf Jahre vor ihm war diese Ehre dem Jesuiten und großen Kontroverstheologen Roberto Bellarmino zuteil geworden, der 1599 die Kardinalswürde erhalten hatte, Inquisitor von Giordano Bruno und Galileo Galilei gewesen war und 1931 von Papst Pius XI. zum Kirchenlehrer erhoben werden sollte.

Kapitel 4

Der Höfling

Peter Burke

Was ist ein Hof?

Hauptsächlich Castiglione haben wir es zu verdanken, daß der Höfling, neben dem Humanisten und dem Fürsten, der uns am besten bekannte Sozialtypus der Renaissance ist. Dies ist insofern nicht verwunderlich, als Castigliones Werk *Il cortegiano* wohl das berühmteste unter einer Vielzahl von Abhandlungen ist, die im 15. und 16. Jahrhundert über den Höfling geschrieben wurden. Ein amerikanischer Historiker zählte rund 1400 aus dieser Zeit stammende Abhandlungen über den Edelmann und weitere 800 über die Hofdame, und aus den meisten dieser Werke können wir eine Menge über den Hof erfahren.

Dennoch läßt sich nicht so leicht definieren, was nun genau unter einem »Höfling« zu verstehen ist. So könnte man z. B. versucht sein, mit einem augenzwinkernden Blick auf Aristoteles zu sagen, daß der Höfling ein Tier sei, dessen natürlicher Lebensraum der Hof ist. Dem wäre jedoch entgegenzuhalten, daß in der Renaissance die meisten Dienstboten nicht als Höflinge bezeichnet wurden, obwohl sie bei Hofe lebten.

Jedenfalls ist es sogar schon schwierig, den Hof selbst genau zu definieren, unabhängig davon, welche Begriffe man nun verwendet (das lateinische *curia* oder *aula*, das französische *cour*, das englische *court*, das deutsche *Hof* oder das polnische *dwor*). So schrieb der im 12. Jahrhundert lebende Kleriker und Höfling Walter Map einmal: »Weiß Gott, was der Hof ist, ich weiß es nicht«, er ist so »veränderlich und verschiedenartig«.

Zunächst war der Hof natürlich ein bestimmter Ort, und zwar meist ein Schloß mit Pförtnerhaus, Schloßhof, Festsaal und einer Kapelle (ähnlich den Collegegebäuden in Oxford und Cambridge), jedoch zusätzlich einem Gemach, in das sich der Herrscher zurückziehen konnte, und mit einem oder zwei Vorzimmern, wo Bittsteller auf Audienzen zu warten pflegten.

Der Hof war jedoch gleichzeitig eine bestimmte Institution, ein sozialer Raum, in dem viele der Kunstwerke, die wir heute der »Renaissance« zurechnen, geschaffen und konsumiert wurden. Zwar ist diese Institution von der Erfahrungswelt des heutigen Menschen meist weit entfernt, doch verdient sie sehr wohl das Interesse des Anthropologen. Tatsächlich liegen zu diesem Bereich etliche Studien vor.

Pionierarbeit leistete hier eine anthropologische oder quasi-anthropologische Studie, welche zwar relativ wenig bekannt, aber nichtsdestoweniger immer noch von Wert ist, nicht zuletzt deswegen, weil sie einen Verfremdungs-Effekt produziert, der den Leser zwingt, das, was er sonst für selbstverständlich hält, mit anderen Augen zu sehen. In jener Biographie Philipps II., die 1938 von dem deutschen Literaturhistoriker Ludwig Pfandl veröffentlicht wurde, erscheint ein Kapitel über höfische Zeremonien, in dem Parallelen zu westafrikanischen Riten gezogen und die Ideen des Ethnologen Sir James Frazer und einiger Anthropologen aufgegriffen werden (zum Beispiel in der Diskussion über das »königliche Tabu«).

Die bekannteste Studie zu diesem Thema ist jedoch sicherlich *Die höfische Gesellschaft* (1969) von Norbert Elias, der sich selbst lieber als Soziologen bezeichnet. Elias beschäftigt sich vornehmlich mit den Königs- und Adelshöfen im Frankreich des 17. und 18. Jahrhunderts, doch schreibt er auch viel Bedeutsames über das generelle Funktionieren dieser Institutionen. Seiner Auffassung nach ist der Hof eine distinktive soziale »Figuration« (im Sinne eines Systems gegenseitiger Abhängigkeit), das seiner eigenen Logik gehorcht; deshalb würde jede oberflächliche Kritik an der Verschwendungssucht und den ritualisierten Verhaltensweisen bei Hofe die Charakteristika dieses sozialen Raumes verkennen.

Eine andere bekannte und einflußreiche Studie, *Negara* (1981) von Clifford Geertz, beschäftigt sich mit dem Bali des 19. Jahrhunderts, doch offeriert der Autor auch Reflexionen über den von ihm so bezeichneten »Theaterstaat«, die weit über Bali und sogar Asien hinaus Geltung haben. Geertz wendet sich gegen Versuche, Rituale als bloße Mystifikationen abzutun oder sie aus utilitaristischem Blickwinkel lediglich als Mittel zum Zweck einzustufen, die in Wirklichkeit nur dem Erwerb und der Erhaltung von Macht dienen. Er hebt die von ihm selbst so bezeichnete »expressive Natur« des balinesischen Staates hervor und weist darauf hin, daß den Balinesen das Ritual vor allem um seiner selbst willen wichtig sei. Geertz, dem die Geschichte der politischen Theorien und die königlichen Zeremonien des Okzidents sehr wohl präsent sind – er erörtert die Ideen von Ernst Kantorowicz und beschreibt die Verhältnisse am Hofe Königin Elisabeths –, vertritt die Auffassung, daß der europäische Staat ebensfalls expressiven Charakter oder zumindest eine expressive Dimension gehabt habe. In Europa galt das Zentrum der Macht ebenso wie in Bali als heilig und »beispielhaft«, als nachahmenswertes Vorbild. Der Hof wurde als Verkörperung der politischen und sozialen Ordnung, als mikrokosmische Ausprägung der natürlichen Ordnung und als Spiegelbild der göttlichen Ordnung angesehen. Aus Geertz' Argumentation geht hervor (obwohl er dies nicht explizit äußert), daß er die heutige moralisierende Kritik an den den Monarchen der Renaissance entgegengebrachten »Schmeicheleien« und an der »Unterwürfigkeit« ihrer Höflinge für fehl am Platze, ethnozentrisch und anachronistisch hält.

Der Hof befand sich per definitionem immer dort, wo sich der Fürst gerade aufhielt – und die Fürsten der Renaissance verweilten im allgemeinen nicht sehr lange an ein und demselben Ort. Zwar mag wohl der Herzog Guidobaldo die meiste Zeit in seinem Palast in Urbino verbracht haben, doch war er körperbehindert und sein Herrschaftsgebiet nicht sehr groß. Die meisten europäischen Herrscher des 15. und 16. Jahrhunderts verbrachten einen Großteil ihrer Zeit auf Reisen, besuchten die wichtigsten Städte ihres Herrschaftsgebietes oder begaben sich einfach von einem ihrer Schlösser zum anderen. Karl der Kühne zog, wenn er nicht gerade Krieg führte, zwischen Dijon, Brügge, Lille und Den Haag hin und her oder begab sich auf seine Burg Hesdin im Artois, in deren prächtigem Park sich die Herzöge von Burgund auszuruhen und zu vergnügen pflegten. Franz I. reiste zwischen Amboise, Blois, Chambord, Fontainebleau, dem Louvre und St. Germain hin und her, Ferdinand und Isabella zwischen Burgos, Sevilla, Toledo und Valladolid. Kaiser Karl V. erinnerte seine Zuhörer in seiner Abdankungsrede daran, daß er während den 43 Jahren seiner Herrschaft das Heilige Römische Reich neunmal bereist habe, Spanien und Italien jeweils siebenmal, Frankreich viermal und England und Nordafrika jeweils zweimal. Philipp II., der sein Königreich vom Escorial aus regieren wollte, stellte eine relative Ausnahme dar, doch selbst er stattete Madrid, Toledo und Aranjuez regelmäßige Besuche ab.

Aus der Sicht des Herrschers boten häufige Reisen den Vorteil, sich immer wieder seinen Untertanen zeigen und sein Königreich kennenlernen zu können. Der junge König Karl IX. begab sich 1564 aus eben diesen Gründen auf eine zweijährige Reise. Kaiser Karl V. reiste ständig umher, um sein Reich zusammenzuhalten. Im Mittelalter waren die Königshöfe nomadisch gewesen, weil es einfacher war, den König zu seinen Besitzungen zu bringen als deren Erzeugnisse zu ihm, und in einigen Ländern wie etwa Schweden, wo ein Gutteil der königlichen Einkünfte noch in Naturalien bezahlt wurde, war dies aus ökonomischer Sicht auch weiterhin vernünftig. Manche Herrscher der Renaissance reisten außerdem, um ihren Vergnügungen nachzugehen: so Franz I., um im Wald von Fontainebleau zu jagen, oder Jakob I., um an den Pferderennen von Newmarket teilzunehmen.

Unter einem anderen Blickwinkel jedoch waren die Nachteile der wandernden Königshöfe offensichtlich. Als Rubens 1603 in diplomatischer Mission nach Spanien reiste, mußte er bei seiner Ankunft in Madrid feststellen, daß der Hof nach Valladolid gezogen war, und als er sich dorthin begeben hatte, erfuhr er, daß der König samt Gefolge bereits nach Burgos weitergewandert war. Die Größe des königlichen Hofstaats schuf in wachsendem Maße Unterbringungs- und Versorgungsprobleme, insbesondere wenn er sich gerade auf halbem Wege zwischen zwei Städten befand. Als Benvenuto Cellini in den Jahren nach 1540 im Gefolge Franz I. reiste, beklagte er sich über die Bedingungen, unter denen er arbeiten sollte: »Nun kamen wir manchmal an Orte, wo kaum zwei Häuser waren, und man schlug nach Art der Zigeuner Hütten von Leinwand auf und hatte gar oft viel zu leiden.« (*Leben des Benvenuto Cellini*, übersetzt von J. W. v. Goethe, 1803; Reinbek 1957, S. 185)

Die Struktur des Hofes

Es ist wohl einfacher, den Hof zu beschreiben, wenn man ihn als eine Gruppe von Menschen und weniger als einen bestimmten Ort betrachtet. Grob gesprochen könnte man ihn demnach als Hofstaat eines Herrschers oder einer anderen wichtigen Persönlichkeit, etwa des Herzogs von Urbino, Guidobaldo, beschreiben.

Zu einem solchen Hofstaat gehörten oft Hunderte, manchmal Tausende von Menschen, die alle genauestens in den Wirtschaftsbüchern aufgelistet wurden. In Castigliones Tagen zählte der Hof von Urbino ungefähr 350 Personen; der Hof von Mailand umfaßte schon im frühen 15. Jahrhundert etwa 600 Menschen, der Hof von Mantua um 1520 etwa 800; der Hof von Rom während der Amtszeit Papst Leos X. sogar 2000. Dies waren, verglichen mit anderen Höfen außerhalb Italiens, beachtliche Zahlen, doch vergrößerte sich der Hofstaat anderer Herrscher im Laufe des 16. Jahrhunderts ebenfalls. Im Jahre 1480 umfaßte der Französische Königshof nur etwa 270 Personen und war damit bedeutend kleiner als der Hof von Urbino. Um 1520, in den jungen Jahren von König Franz I., zählte er schon zwischen 500 und 600 Menschen, also etwas weniger als der Hof von Mantua; im späten 16. Jahrhundert bewegte sich die Zahl der dem Hofstaat zugehörigen Personen jedoch zwischen 1500 und 2000, womit ungefähr die Größe des päpstlichen Hofs von Rom erreicht war. Als Kaiser Karl V. sich in das Kloster von Yuste zurückzog, waren zunächst 762 Personen zu seiner Begleitung ausersehen, deren Zahl er dann schließlich selbst auf 150 beschränkte. Im späten 16. Jahrhundert führte das starke Anwachsen des Hofstaats zu finanziellen Problemen, weshalb einige Herrscher, wie Heinrich III. von Frankreich und Elisabeth von England, versuchten, die Zahl ihrer Höflinge zu reduzieren.

Zusätzliche Schwierigkeiten ergaben sich daraus, daß der Hof – beispielsweise im England Heinrichs VIII. – im Winter, wenn er sich in oder um London (in Richmond, Greenwich, Hampton Court, Whitehall oder dem entlegenen Schloß Nonsuch) niederließ, viel mehr Menschen zählte als im Sommer, wenn der König auf Reisen ging. Der Hof von Rom begab sich im Sommer in die »Ferien«, wenn der Papst sich in seine Villa in den Hügeln um Rom zurückzog. Wer das Recht auf Verpflegung und Beherbergung bei Hofe hatte, nahm dies nicht unbedingt das ganze Jahr über wahr. Ritter wechselten sich oft gruppenweise in drei- oder sechsmonatigen Abständen in ihrem Dienst bei Hofe ab. Der Einzelne durfte sich auch bei Angelegenheiten, die seine eigene Familie betrafen, vom Hofe entfernen, wenn er vorher die Erlaubnis des Kämmerers eingeholt hatte. Bevor sich Karl V. 1530 nach Italien begab, entband er seine spanischen Höflinge zuvor von ihren Diensten. Gegebenenfalls wurde der Hof auch aufgelöst, um finanzielle Aufwendungen zu vermeiden: Solchermaßen verfuhr Philipp der Gute 1454 mit dem Hof von Burgund, bevor er sich auf seine Reise nach Regensburg begab.

Aufgrund dieser ständigen Veränderungen läßt sich nicht genau bestimmen, wer nun Höfling war und wer nicht. Sollten wir zum Beispiel Tizian als einen Höfling Karls V. bezeichnen? Er stand im Dienste des Kaisers und genoß seine Gunst, begleitete Karl jedoch nicht auf seinen Reisen. Es wäre ihm wohl auch schwerlich möglich gewesen, seiner Malerei nachzugehen – ebensowenig wie Cellini seiner Bildhauerei –, wenn er sich ständig auf Wanderschaft befunden hätte.

Noch mehr Schwierigkeiten ergeben sich, wenn wir versuchen, den Hofstaat etwas genauer zu beschreiben. Ein königlicher oder adliger Hofstaat bestand im allgemeinen aus zwei Teilen, die im *Black Book*, der offiziellen Darstellung der Hofhaltung König Edwards IV. von England, als das *house of magnificence* (*domus magnificenciae*) und das *house of provision* (*domus providenciae*) bezeichnet werden. Wie jede andere adlige Haushaltung war der Hof auf die Dienste von Köchen, Servierern, Mundschenken, Küchenjungen, Wäscherinnen, Barbieren, Gärtnern, Wachen, Pförtnern, Kaplanen, Ärzten, Sängern, Sekretären, Falknern usw. angewiesen. Es bedurfte jedoch auch der Anwesenheit von Edelmännern und Edelfrauen, die zum Glanz des Hofes beitrugen und für die es eine Ehre bedeutete, in den Diensten des Herrschers zu stehen. In zeittypischer Manier überging der in der Renaissance lebende Ikonograph Cesare Ripa die niederen Dienstboten, als er den Hof als »eine Gruppe von Männern im Dienste einer ausgezeichneten und fürstlichen Person« definierte.

Diese letzte Gruppe war in sich noch einmal aufgegliedert. Es wäre ein Irrtum, sich die Höflinge als eine homogene Gruppe vorzustellen. Daher ist es sinnvoll, zunächst eine Typologie und Rangordnung zu erstellen. An der Spitze einer solchen Hierarchie standen die aus der Aristokratie stammenden Inhaber bestimmter traditioneller Ämter mit hohem Status, wie der Kämmerer, der Major Domus, der Hofmarschall usw. Ursprünglich verbanden sich mit diesen Ämtern die Aufgaben von Hausbediensteten. Der Kämmerer zum Beispiel hatte das Gemach und die Gewänder des Fürsten in Ordnung zu halten, der Major Domus sich um die Versorgung mit Nahrungsmitteln zu kümmern, der Hofmarschall die Pferde zu betreuen. Diese Funktionen wurden von den adligen Amtsträgern jedoch nur bei besonderen zeremoniellen Anlässen ausgeübt. Ansonsten übernahmen Stellvertreter diese Pflichten. Robert Dudley z. B., der Earl of Leicester, war Königin Elisabeths Hofmarschall, was jedoch nicht hieß, daß er seine ganze Zeit in den Ställen verbrachte.

Der Herrscher (oder die Herrscherin) umgab sich gern mit seinen/

ihren höchsten adligen Gefolgsleuten: Entweder wollte er sie als Ratgeber um sich haben, wie es im Mittelalter üblich gewesen war, oder er wollte sich die Kontrolle über sie sichern, indem er sie von ihrem eigenen lokalen Machtbereich fernhielt, ein wachsames Auge auf sie hatte und dazu brachte, sich gegenseitig an Verschwendungssucht zu übertreffen und so zu ruinieren. Diese Methode der Kontrolle ließe sich wohl sinnvollerweise als »Versailles-Syndrom« bezeichnen, vorausgesetzt, wir behalten im Gedächtnis, daß es sich hier nicht erst um eine Erfindung Ludwigs XIV. oder seines Ministers Colbert handelte. In gleicher Weise verfuhren nämlich schon im 16. Jahrhundert der Vizekönig des Spanischen Königs in Neapel, Pedro de Toledo, und Heinrich III. von Frankreich (als das Adelsgeschlecht der Guises 1584 seinen Hof verließ, wurde dies als Ausdruck von Protest, ja sogar als Aufstand gewertet.). Unbestritten ist auch, daß die Herrscher die Gesellschaft des höheren Adels suchten, weil sie dessen Geschmäcker und Vorlieben teilten und weil sie diesen Kreis von Höflingen benötigten, um ihnen höfische »Pracht« (eine Eigenschaft, deretwegen Fürsten häufig gepriesen wurden) zu demonstrieren und damit ihren Ruhm als Herrscher zu mehren. Die in der Renaissance geführten Diskussionen über die höfische »Pracht« passen ebenso perfekt zu Clifford Geertz' Theorien über den »expressiven Staat« wie die Hände eines Höflings in seine teuren Samthandschuhe.

Die Angehörigen des Adels ihrerseits hatten die verschiedensten Motive, sich an den Hof zu begeben: sei es, daß sie das »Ohr« des Herrschers erreichen wollten, wie schon die traditionelle Redensart besagte, oder daß sie seine Gunst gewinnen wollten, die in Wahrheit eigentlich aus »Vergünstigungen« bestand (*mercedes* wie die Spanier sagen, »Gnaden«, also mit anderen Worten; Geschenke). So war einer der Gründe für den Aufstand der Katalanen im Jahre 1640 in der Abwesenheit des Königs aus Madrid zu suchen, da diese zur Folge hatte, daß für den dort ansässigen Adel die erhoffte Quelle von Renten- und Mitgiftzahlungen und anderen Gaben versiegte. Ein anderer Beweggrund, sich an den Hof zu bemühen, war der Wunsch, die über-menschliche, charismatische Gestalt des Herrschers mit eigenen Augen zu sehen und natürlich auch von ihm gesehen zu werden. Zudem besaß allein schon die prächtige, schillernde Kulisse des Hofes eine enorme Anziehungskraft. Der Hof erschien als Olymp, als Sitz der Götter. Dieser Vergleich taucht in den Gedichten Ronsards auf und wird durch zeitgenössische Malereien illustriert, auf denen Jupiter die Züge Heinrichs II. von Frankreich trägt, Katharina de' Medici als Juno erscheint usw. – ein konkretes Beispiel dafür, daß die Herrscherhöfe als Spiegel der göttlichen Ordnung gesehen wurden.

Verbannung vom Hofe war eine Strafe, die zum Beispiel Karl V. gegen den Dichter Garcilaso de la Vega und Philipp II. gegen den Herzog von Alba verhängte (in beiden Fällen hatten die Betroffenen Heiraten zwischen Familien arrangiert, ohne vorher den König um sein Einverständnis zu fragen). Ein anderer Dichter der Renaissance, der Earl of Surrey, fiel bei Heinrich VIII. in Ungnade und wurde nach Windsor verbannt, weil er im Bereich des königlichen Palastes von Hampton Court einen Gefährten im Streit niedergeschlagen hatte.

Männer von niederem Stand begaben sich an den Hof, weil sie sich davon einen sozialen Aufstieg versprachen, denn dort existierte neben dem Hochadel und den Dienstboten noch eine bedeutende, dem Rang nach mittlere Gruppe. An erster Stelle zu erwähnen ist dabei das, was Hugh Trevor-Roper als »die bürokratische Regierungsmaschinerie« bezeichnet, mit anderen Worten Verwaltungsbeamte, Richter und Politiker, die sich in ihrem Selbstverständnis und in ihrer Ausbildung (im allgemeinen ein Studium der Rechte an der Universität) durch zunehmende Professionalität auszeichneten. Ebenso wie im Mittelalter gehörten zu dieser Gruppe von Männern eine Reihe von Klerikern, wie der englische Kardinal Wolsey, der französische Kardinal d'Amboise und der ungarische Kardinal Bakócs (um nur drei berühmte Namen aus dem frühen 16. Jahrhundert zu nennen). Eine große Zahl von Klerikern befand sich naturgemäß am päpstlichen Hof. Zu den aus dem Laienstand hervorgegangenen »Hofbürokraten« zählten Männer vom Format Mercurino Gattinaras am Hofe Karls V., William Cecils am Hofe von Königin Elisabeth oder Sullys am Hofe Heinrichs IV. von Frankreich sowie – trotz der Proteste von seiten des Adels – Männer von niederer Geburt wie Antonio Pérez am Hofe Philipps II. und Jöran Persson, der Sohn eines Pastors, der am Hofe Eriks XIV. von Schweden Aufnahme fand. Theoretisch hatten diese Männer die Aufgabe, dem Souverän als Berater zu dienen und seine Befehle auszuführen, doch in der Praxis kam es vor, daß sie mit dem Herrscher Hand in Hand arbeiteten (wie Cecil und Elisabeth I. oder Richelieu und Ludwig XIII.) oder sogar die wichtigsten Entscheidungen selbst trafen, wie Wolsey am Hofe des jungen Heinrichs VIII. Im 15. und 16. Jahrhundert »verließen« wichtige Bereiche der Regierungsgeschäfte wie Justiz und Finanzen den Hof. Sie wurden nun eher von einem bestimmten Ort aus geführt, weil die damit betrauten Höflinge dem König nicht mehr auf seinen Reisen folgten. Hochrangige

Entscheidungen wurden jedoch weiterhin in einem kleinen Kreis von Beratern getroffen, wobei der König meist anwesend war.

An zweiter Stelle zu erwähnen sind die sogenannten »Favoriten«, die ebenfalls eine wichtige Rolle bei Hofe spielten. Es handelte sich zumeist um junge Adlige, die dem Herrscher während seiner Mußestunden Gesellschaft leisteten und ihm bei der Erfüllung seiner königlichen Aufgaben als Berater zur Seite standen. Oliver de La Marche erwähnt in seiner Schilderung vom Hofstaat Karls des Kühnen, des Herzogs von Burgund, dessen 16 »Pagen der königlichen Gemächer« und fügt hinzu: »Nachdem der Herzog sich den ganzen Tag seinen Geschäften gewidmet und jedem eine Audienz gewährt hat, zieht er sich in sein Gemach zurück, und diese Edelknaben gehen mit ihm, um ihm Gesellschaft zu leisten. Manche singen, einige lesen ihm Verse vor, andere plaudern über Liebe und Krieg.« Diese Favoriten durften sich mithin in den Privatgemächern des Herrschers aufhalten, wohingegen die hohen staatlichen Amtsträger ihren angestammten Aufenthaltsort in der Halle oder in den Empfangssälen hatten. Daher rührt auch der Name *privati* im Latein des 12. Jahrhunderts und der Begriff *privado* im Spanischen des 16. Jahrhunderts.

Diese Favoriten genossen insofern einen ähnlich hohen Status wie königliche Mätressen, als sie aus den offiziellen, sozialen Hierarchien herausfielen und lediglich von der persönlichen Zuneigung des Herrschers abhängig waren. Die Gefährten Franz' I. wurden als seine »Lieblinge«, seine *mignons* bezeichnet. Ebenso wie bei den Mätressen trug die persönliche Attraktivität der Favoriten zu ihrem Aufstieg bei. In einem Versroman aus dem 15. Jahrhundert mit dem Titel *Jehan de Saintré* erringt der Held, ein Page, durch sein charmantes Auftreten die Gunst des Königs (*par sa débonnaireté vint en grace au roy*). Dieser Charme konnte auch sexueller Natur sein, wie z.B. bei Sir Christopher Hutton und Sir Walter Raleigh am Hofe Elisabeths oder beim Herzog von Buckingham (der von seinem Gebieter als »mein süßes Kind und Weib« angeredet wurde) am Hofe Jakobs I. Um die königliche Aufmerksamkeit auf sich zu ziehen, war es ratsam, sehr gut – ja möglichst sogar prächtig – gekleidet zu sein. Sir Walter Raleigh etwa gab während seiner Zeit als Hauptmann der Leibwache Königin Elisabeths ein Vermögen für Kleidung aus und trug Ohrringe und juwelenbesetzte Schuhe.

Diese königlichen Gefährten genießen in der traditionellen Geschichtsschreibung einen zweifelhaften Ruf, denn dort haben gute Könige »Minister«, während die schlechten sich mit »Favoriten« umgeben.

Manche dieser Favoriten hatten ihren üblen Namen auch verdient, insbesondere, wenn der Fürst noch ein junger Mann war. So beschwerten sich die bayrischen Stände bei ihrem Herzog Wilhelm IV. (der zu dieser Zeit gerade 21 Jahre alt war), daß er sich mit Gefährten niederer Herkunft umgab: »Sie verleiteten ihn zu üblen Ausschweifungen; des nachts machen sie die Straßen unsicher, und wenn sie heimkehren, halten sie bis zum Morgengrauen Saufgelage.« Allerdings sollte man hier nicht vergessen, daß Herrscher ebenso wie andere Menschen auch Freunde brauchten, mit denen sie aller Formalität entfliehen und sich erholen konnten.

Ein solches Bedürfnis wurde dem Herrscher zur damaligen Zeit auch zugestanden, wie an einem Beispiel aus dem 14. Jahrhundert deutlich werden mag. König Edward II. von England hatte einen Favoriten, »den engsten Gefährten seiner Privatgemächer, den er sehr gern mochte« (*camerarius familiarrissimus et valde dilectus*), einen gewissen Peter von Gaveston. Die Chronik, in der Gavestons Sturz beschrieben wird, weist ausdrücklich darauf hin, daß die Barone Gaveston wegen seines anmaßenden Verhaltens haßten, nicht jedoch wegen seines besonderen Verhältnisses zum Herrscher, da es ja »an beinahe allen Höfen der höchsten Edelleute heute geschieht, daß eine bestimmte Person die besondere Zuneigung des Herrn genießt«. Gaveston hingegen ging als Archetypus des bösen Favoriten in die Geschichte ein. Im Frankreich Heinrichs III. wurde 1588 z. B. ein Pamphlet mit dem Titel *Histoire de Pierre de Gaveston* veröffentlicht, welches einen verdeckten Angriff auf einen der *mignons* des Königs enthielt, nämlich den Herzog von Epernon. Heinrich brauchte jedoch aus politischen Gründen Favoriten wie Epernon und Joyeuse, die er beide zum Herzog machte, denn auf diese Weise konnte er ein Gegengewicht zum mächtigen Herzog von Guise schaffen.

Mit anderen Worten, jene Stellung, die wir hier mit mißbilligenden Untertönen als die des »Favoriten« beschreiben, stellte im Grunde eine soziale Rolle dar, die zumindest aus der Sicht des Herrschers eine positive politische Funktion erfüllte. In einem Milieu, in dem das soziale Verhalten zum Ritual zu erstarren drohte, ermöglichten die Favoriten ein gewisses Maß an Privatheit und Informalität (wenngleich das Ritual, wie wir noch sehen werden, für den Fürsten von Vorteil war, auch wenn er dafür einen hohen Preis zahlte). Die Figur des Favoriten war an den europäischen Herrscherhöfen der Renaissance ebenso unentbehrlich wie an denen des Mittelalters und sollte auch noch zur Zeit Goethes (der in den Jahren nach 1770 ein Trinkkumpan des Herzogs August von Weimar war) sowie in der Ära Kaiser Wilhelms II. und seines Favoriten Eulenberg eine bedeutende Rolle spielen.

Zusammenfassend ließe sich der Hof als eine Institution mit verschiedenen Funktionen beschreiben. Er war nicht nur der Hofstaat des Herrschers, sondern auch ein Herrschaftsinstrument. Das Bedürfnis des Herrschers und seiner Gefährten, sich des Abends zu zerstreuen, indem sie sich mit Dichtung und Musik beschäftigten, Glücksspiele oder Schach spielten, Anagramme und *imprese* (mit einem Sinnspruch verbundene Bilderrätsel) ersannen, sich gegenseitig Rätselfragen stellten und die Hofdamen umwarben – all das trug dazu bei, den Hof zu einem Zentrum der Kultur zu machen. Ein übriges tat die allgemeine Überzeugung, daß Literatur von praktischem Nutzen sei, eine Auffassung, die Werken wie dem *Fürsten* von Machiavelli, der *Erziehung des christlichen Fürsten* von Erasmus von Rotterdam (das dieser für Karl V. geschrieben hatte) oder Budés *Über die Erziehung des Fürsten* (für Franz I. verfaßt) zugrunde lag. Die Bedeutung, die bei Hofe allen Novitäten und Moden beigemessen wurde, ließ dieses Milieu zu einem der Brennpunkte kultureller Erneuerung im Europa des Mittelalters und der frühen Neuzeit werden.

Insbesondere die Dichtung und andere schöne Künste wurden an vielen Höfen gefördert. Im 12. Jahrhundert erlebte die Troubadourdichtung an den Höfen der Languedoc und der Provence eine Blüte, bis der dortigen höfischen Kultur durch die Albigenserkreuzzüge ein abruptes Ende bereitet wurde. Im 13. Jahrhundert steckte Heinrich III. von England große Summen in neue Bauwerke. Mitte des 14. Jahrhunderts, als Robert von Anjou sich zum Mäzen von Simone Martini, Petrarca und Boccaccio aufschwang, stellte der Hof von Neapel ein bedeutendes Zentrum der kulturellen Erneuerung dar. Die Historiker sprechen hier von der Entwicklung einer »internationalen höfischen Kultur« im späten 14. Jahrhundert, die sich im Prag Karls IV. ebenso zeigte wie im London Richards II.

Der Hof von Burgund erlebte in der zweiten Hälfte des 15. Jahrhunderts seine Glanzzeit. Ebenso galt dies für die kleinen Höfe Italiens wie Urbino, Ferrara und Mantua (der letztere gewann insbesondere auf künstlerischem Gebiet an Bedeutung, nachdem Francesco II. Gonzaga sich im Jahre 1490 mit Isabella d'Este vermählt hatte). König Matthias von Ungarn trat ebenfalls als generöser Mäzen von Architekten und Gelehrten auf. Er richtete außerdem eine 3000 Bände umfassende Bibliothek ein und gewann den italienischen Humanisten Galeotto Marzio als

Bibliothekar. Das frühe 16. Jahrhundert war – zunächst unter den Päpsten Julius II. und Leo X. und später unter dem Kaiser Karl V. und seinen Rivalen König Franz I. und Heinrich VII. – eine große Zeit des Mäzenatentums auf den Gebieten von Literatur, Gelehrsamkeit und Kunst. Erasmus ging sogar soweit zu behaupten, daß der Hof Heinrichs VIII. »Heimstätte und Zuflucht für humanistische Studien« sei. Der König versuchte sogar selbst Griechisch zu lernen, während die Königinnen Katharina von Aragon und Anna Boleyn als Mäzeninnen vieler Gelehrten auftraten. Im späten 16. Jahrhundert taten sich Heinrich III. von Frankreich und Kaiser Rudolf II. schließlich selbst als Intellektuelle hervor und gewährten all denen, die ihre Interessen teilten, ihre großzügige Unterstützung.

Das immer wieder auftauchende Bild eines knieenden Schriftstellers (welches am besten aus den Manuskripten des 15. Jahrhunderts bekannt ist), der sein Buch dem Herrscher überreicht, entsprach durchaus der Realität. Erasmus beispielsweise präsentierte sein Werk *Die Erziehung des christlichen Fürsten* dem jungen Karl V. an dessen Hof in Brüssel. Machiavelli soll seine Abhandlung *Il Principe* dem jüngeren Lorenzo de Medici höchstpersönlich vorgestellt haben, und das Buch selbst verrät schon, welchen politischen Wert eine solche Art von Mäzenatentum für den Herrscher hatte: Eine Möglichkeit für einen Fürsten, sich einen Namen zu machen, bestünde darin »sich als Freund tüchtiger Leistungen (zu) zeigen, indem er ordentliche Leute fördert und die Hervorragenden eines Faches ehrt« (Machiavelli 1532 (1978), S. 95). Die Anwendung dieser allgemeinen Regel wird in der Widmung, mit der Machiavelli seinen Herrscher hofiert, nur allzu deutlich: »Und wenn Eure Hoheit manchmal von Eurer erhabenen Höhe in die Niederungen herabschauen, so werdet Ihr erkennen, wie unverdient ich eine große, andauernde Tücke des Schicksals zu erdulden habe.« (Ebd., S. 2) Eingebracht hat ihm dieser Appell letztendlich nichts.

Viele Formen des künstlerischen und literarischen Schaffens, die von den Herrschern gefördert wurden, hätten auch anderswo gedeihen können. Jedoch entstanden im höfischen Milieu auch eigene, spezifische Kunstformen. Damit ist insbesondere jene musikalisch-poetisch-choreographische Mischung gemeint, die in Italien als *intermedio* (weil sie sich aus den Zwischenspielen zwischen den einzelnen Akten eines Stükkes entwickelte), in Frankreich als *ballet de cour* (wegen der Bedeutung der tänzerischen Elemente) und in England als *masque* (weil die Schauspieler häufig Masken trugen) bekannt ist. An solchen Darbietungen wirkten Edelmänner, Hofdamen und sogar gelegentlich der Herrscher selbst mit. Eines der spezifischen Merkmale dieses Genres lag darin, daß hier die sonst übliche Grenze zwischen Zuschauern und Schauspielern aufgehoben wurde. Eine weitere Besonderheit dieser Art von höfischen Festspielen war ihr allegorischer Charakter, denn die der klassischen Mythologie entlehnten Themen dienten als mehr oder weniger durchsichtige Verpackung für Aktuelles.

Zu den berühmtesten Beispielen für dieses Genre gehören das *Ballet comique de la Royne*, das 1581 anläßlich der Heirat des Herzogs von Joyeuse, dem *mignon* Heinrichs III., mit der Halbschwester der Königin, Maria von Lothringen, aufgeführt wurde; das *Intermedio*, welches 1589 in Florenz bei der Vermählung Ferdinando de' Medicis mit Christina von Lothringen gezeigt wurde, und die *Masque of Queens*, die 1609 in London zur Aufführung kam. Im *Ballet comique* etwa retteten die Götter Odysseus und seine Gefährten vor der Verzauberung durch Circe, die schließlich als Gefangene vor den König von Frankreich gebracht wird. Die Musik wurde benutzt, um, passend genug, Katharina de' Medicis Bemühungen zu unterstützen, in einer Zeit des Bürgerkriegs die politische und religiöse Harmonie in Frankreich wiederherzustellen.

Verfolgt man die strukturelle Entwicklung des Hofes über einen längeren Zeitraum hinweg, so fallen die Kontinuitäten mehr ins Auge als die Veränderungen. Es ist jedoch nicht zu leugnen, daß sich in gewissen Bereichen sehr wohl ein Wandel vollzog. Am deutlichsten sichtbar ist, daß einige wenige Höfe auf Kosten der anderen an Größe und Bedeutung gewannen, was als Zeichen für eine Zentralisierung der Macht gewertet werden kann. Zwar scheinen bei Betrachtung irgendeiner einzelnen Region, wie zum Beispiel Frankreich, Phasen der Zentralisierung und Dezentralisierung vom 13. bis zum 18. Jahrhundert einander abzuwechseln, doch insgesamt gesehen läßt sich in Europa eher eine Tendenz zur Zentralisierung beobachten, die mit dem Aufstieg des Absolutismus verknüpft ist.

Die Veränderungen der höfischen Struktur und Kultur waren nicht nur einfach ein Spiegel der sich wandelnden politischen Verhältnisse, sondern zeichneten für eben diese mitverantwortlich. Ein offensichtliches Beispiel hierfür stellt das höfische Zeremoniell dar. Die Entwicklung eines immer ausgeklügelteren und formalisierteren Rituals, nach dem die weltlichen Fürsten von ihren Höflingen bedient wurden (das Servieren bei Tische, das Überreichen der Kleider morgens beim Aufstehen, usw.), sind ab dem späten 14. Jahrhundert dokumentiert: so am Hofe Kaiser Karls IV., im England Richards II. (dem Schwiegersohn des Kaisers), im 15. Jahrhundert am Hofe von Burgund, im 16. Jahrhundert am spanischen Hof (Kaiser Karl V., der in den Niederlanden aufgewachsen war, hatte es dort eingeführt) und am Hofe Heinrichs III. von Frankreich, der 1585 das Amt des Großen Zeremonienmeisters schuf. Diese Rituale, die manche Zeitgenossen an den Kult der antiken Römischen Kaiser erinnerten, brachten Teilnehmer und Zuschauer dazu, Abstand zu wahren und den Herrscher als ein übernatürliches Wesen zu behandeln. Ungeachtet dessen, ob dies nun bewußt bezweckt war oder nicht, wurde dadurch ein Zentralisierungsprozeß gefördert, in dessen Verlauf hochstehende Adlige, die einst in kleinerem Rahmen selbst Herrscher gewesen waren, zu Untergebenen, zu Höflingen wurden.

Der Höfling als Künstler

Ebenso wie Machiavellis Fürst ist auch Castigliones Höfling zu einer wesentlichen Gestalt in unserem Bild der Renaissance geworden. In *Il Cortegiano* wird der Höfling als »universaler« Mensch dargestellt, der gleichermaßen etwas vom Umgang mit Waffen wie von Literatur verstand, der singen, tanzen, malen, dichten und die Hofdamen galant umwerben konnte (oder ihnen »den Hof machte«, wie es in der vornehmen neoplatonischen Ausdrucksweise hieß). Diese Idealgestalt scheint die Renaissance in ihrer Gesamtheit zu verkörpern: der Höfling als Darstellungskünstler, der, wie Jacob Burckhardt es ausdrücken würde, sich selbst als »Kunstwerk« in Szene setzt. Dennoch bestehen in der Theorie und in der Praxis des Höflingdaseins *(cortegiania)* noch so große Gemeinsamkeiten mit dem Mittelalter, daß es unmöglich ist, genau festzustellen, wo das eine Zeitalter endet und das andere beginnt.

Am offensichtlichsten wird diese Kontinuität in der Sprache, mit der wir auch heute noch das bei Hofe ziemliche Verhalten beschreiben, und am bezeichnendsten ist hier wohl der Begriff »Höflichkeit« selbst. Höflichkeit ist als eine »Erfindung« des Mittelalters beschrieben worden. Im Athen Platons und im Rom Ciceros gab es keinen Hof, und wenn sich auch im Römischen Kaiserreich etwas derartiges entwikkelte, so fehlte diesem neuen Phänomen doch die theoretische Grundlegung.

Ab dem 10. Jahrhundert jedoch übertrugen mittelalterliche Autoren Ciceros Vokabular zur Bezeichnung guten Benehmens (*urbanitas, decorum* usw.) auf das höfische Milieu. Zunächst waren es die höfischen Bischöfe, die wegen ihres gepflegten Benehmens *(gratia morum)* gepriesen wurden, und später dann die Ritter. Der Begriff *cortese* und seine Entsprechungen in anderen Sprachen (*cortes* im Provenzalischen, *courtoys* im Französischen, *courteous* im Englischen, *hövesch* im Deutschen etc.) sind im Mittelalter entstanden und implizierten, daß das richtige Benehmen in der Nachahmung des höfischen Vorbilds bestehe. Die obengenannten Adjektive erscheinen häufig in der Troubadourlyrik, in den Versromanen über den Artushof und in den Manierenschriften, die im Englischen als *courtesy-books* bezeichnet wurden. Die letzteren existierten bereits im Mittelalter in größerer Zahl, obwohl das berühmteste Beispiel, der *Galateo*, im Italien der Renaissance verfaßt wurde.

Aus den Versen des Troubadours Marcabru z. B., die dieser im 12. Jahrhundert an den Höfen von Poitiers, Toulouse, Barcelona und anderswo verfaßte, erfahren wir, welche Bedeutung »Höflichkeit« und »Maß« (*mesura*, das möglicherweise mit Ciceros *decorum* verwandt ist) hatten:

»De Cortesia is pot vanar
Qui ben sap Mesur'esgarder...
Mesura es de gen parlar
E cortesia es d'amar.«

(Jener Mann kann sich der Höflichkeit rühmen, der Maß zu halten weiß ... Maß zeigt sich in angemessener Sprache, und Höflichkeit in der Art, wie man liebt.) Die Troubadoure lehrten auch die Bedeutung der *conoissensa*, des Urteilsvermögens, das insbesondere erforderlich war, um wahre Höflichkeit vom bloßen Schein zu unterscheiden *(courtly show, cortez' ufana)*. Wilhelm IX., der im frühen 12. Jahrhundert über Aquitanien herrschte, tat sich selbst als Troubadour hervor und wurde von einem Zeitgenossen (in ähnlicher Weise wie in dem Loblied, das Karl V. 400 Jahre später auf Castiglione schrieb) als »einer der *höflichsten* Männer der Welt« *(uns dels majors cortes del man)* bezeichnet.

Auch aus den Versromanen kann der Leser oder Zuhörer eine klare und anschauliche Vorstellung davon gewinnen, welche Verhaltensideale für den im höfischen Milieu lebenden Adel galten. Auch wurden die tatsächlich existierenden Herrscherhöfe von den Zeitgenossen wahrscheinlich in einem romantisch verklärten Licht gesehen: So verglich ein englischer Edelmann, der zu einem Besuch am Hofe Karls des Kühnen weilte, diesen in einem Brief nach Hause mit dem Artushof.

Der Held des zu Beginn des 13. Jahrhunderts entstandenen Versromans Gottfried von Straßburgs, *Tristan*, wurde am Hofe König Markes von Cornwall begeistert aufgenommen, weil er sich durch seine »höfische Bildung« *(höfsche lere)*, das heißt durch sein Wissen und Können auf dem Gebiet der Jagd, der Musik und der Sprachen auszeichnete. Zudem zeigt Tristan eine Art *sprezzatura*, d. h. eine gewisse Lässigkeit in der unaufdringlichen Art und Weise, in der er diese Fertigkeiten unter Beweis stellte. Auch der Held des bereits erwähnten Versromans aus dem 15. Jahrhundert, *Jehan de Saintré*, demonstrierte seine Kunstfertigkeit, Liebenswürdigkeit, Höflichkeit und Gnädigkeit *habiletez, doulceurs, courtoisies* et *débonnairetez)* durch die Art, wie er sang, tanzte, ritt, Tennis spielte und bei Tisch servierte. In der Einleitung zu seinen *Canterbury Tales* beschreibt Geoffrey Chaucer seinen Ritter mit Worten, die denen Castigliones sogar noch ähnlicher sind, und rühmt seine Fähigkeiten beim Reiten und bei Turnierkämpfen, beim Singen und Tanzen, Dichten und Malen.

Die Manierenschriften schließlich ergänzen die zur Ergötzung bestimmte Literatur durch detaillierte Vorschriften für das tägliche Leben: So wird z. B. erklärt, wie der Tisch im Festsaal eines hohen Herrn zu dekken sei, und es wird eine lange Liste von Verhaltensmaßregeln aufgeführt (vermeide es, laut zu reden, nimm nicht das beste Stück von der Servierplatte, schmatze nicht, trinke nicht mit vollem Mund, stochere nicht während der Mahlzeit zwischen den Zähnen herum, wische dir den Mund nicht am Tischtuch ab, vermeide es, laut Winde zu lassen, usw.). Wenn wir aus dieser Aufzählung schließen dürfen, daß das tatsächliche Verhalten dem Ideal manchmal nicht genügte, so ergibt sich aus diesen Abhandlungen ein anschauliches, wenn auch nicht allzu erfreuliches Bild der Mahlzeiten bei Hofe. Betrachtet man diese Manierenschriften jedoch in chronologischer Abfolge, so enthüllen sie jene langfristige Entwicklung in Richtung auf eine wachsende Selbstkontrolle des Individuums, die Norbert Elias in seiner berühmten Studie *Über den Prozeß der Zivilisation* erörtert hat. Der Hof hatte entscheidenden Anteil daran, daß jenes Instrument zur Verfeinerung der Essensitten, die Gabel (die anscheinend eine italienische Erfindung war), sich im späten 16. Jahrhundert in ganz Europa zu verbreiten begann. Die Tischsitten stellten jedoch nur einen Teilaspekt dar. Der Hof der Renaissance fungierte auch als Träger solcher Neuerungen wie Seife und Zahnpasta. Die Verfeinerung der Rituale war schließlich ein weiteres Mittel der Selbstkontrolle (die sich vielleicht besser als Akzeptanz der Kontrolle über das Individuum durch das System beschreiben ließe). Der Höfling war und sollte an seiner Haltung, seiner Körpersprache erkennbar sein, welche sich an seiner Art zu reiten, zu laufen, zu gestikulieren und (vor allem wohl) zu tanzen zeigte. Spätestens seit Domenico da Piacenzas *De arte saltandi* (1416) ist aus den damaligen Abhandlungen über das Tanzen zu ersehen, welch eine Bedeutung dieser Kunst beigemessen wurde. Die italienischen Tanzmeister, wie zum Beispiel Cesare Negri aus Mailand, waren an den europäischen Höfen begehrte Persönlichkeiten. Das Tanzen spielte bei den höfischen Festlichkeiten eine bedeutende Rolle, und manche Höflinge haben sich die Gunst des Herrschers wohl tatsächlich »ertanzt«. Berichten eines Zeitgenossen zufolge erregte auf ebendiese Weise Sir Christopher Hutton, Hauptmann von Königin Elisabeths Leibwache und später Lordkanzler, die Aufmerksamkeit der Königin.

Bei der Domestizierung und Zivilisierung der Ritter oder zumindest bei ihrer Umwandlung zu Höflingen spielten die Frauen natürlich eine wesentliche Rolle. Der Hof von Urbino, der durch die Anwesenheit der Herzogin und die Abwesenheit des Herzogs zu einem Salon wurde, kann als Modell für diese Entwicklung betrachtet werden. Doch läßt sich dieser Wandlungsprozeß zumindest bis zum Hofe Eleonores von Aquitanien zurückverfolgen, der als Königin zweier Länder, Frankreich und England, eine Schlüsselrolle bei der Vermittlung der Werte und der Dichtung der Troubadoure zukam. Zwei italienische Prinzessinnen – Beatrix von Aragon, die König Matthias von Ungarn heiratete, und Bona von Mailand, die Gemahlin König Siegmunds von Polen – nutzten ihre Position, um die Ideale der Renaissance im 15. Jahrhundert auch außerhalb Italiens zu verbreiten. Im 16. Jahrhundert stellte Margarete von Navarras Hof in Nérac einen Anziehungspunkt für Schriftsteller und Gelehrte wie Marot, Despériers und Jacques Lefèvre d'Etaples dar, während Königin Elisabeth, die zwar eine kümmerliche Kunstmäzenin war, es immerhin verstand, sich als »schwache Frau« darzustellen, um den englischen Adel zu domestizieren.

Bei ihren Anstrengungen, ungehobelten Edelleuten Schliff zu verleihen, erfuhren diese Herrscherinnen natürlich die Unterstützung der

Hofdamen. Zur Zeit Richards II. von England war die Präsenz einer größeren Zahl von Hofdamen etwas so Ungewöhnliches, daß sie die besondere Aufmerksamkeit der Zeitgenossen erregte. So wurde vermerkt, daß die am Hofe Karls des Kühnen weilenden Hofdamen den Herzog jährlich 40000 Pfund kosteten. In Frankreich bekleidete die Schriftstellerin Christine de Pisan zu Beginn des 15. Jahrhunderts die Position der Kammerfrau der Königin, doch sollte es bis zum Ende des Jahrhunderts dauern, bis die Gemahlin König Ludwigs XII., Anne de Bretagne (nach Brantômes Aussage) »commenca la grande cour des dames«. Allmählich verbreitete sich die Auffassung (wie Cesare Gonzaga es in Castigliones *Cortegiano* formuliert), daß ebenso »... wie kein Hof, so bedeutend er auch sei, ohne Damen Zierde oder Glanz und Freude haben kann, so auch kein Hofmann artig, gefällig oder kühn sein und ein anmutiges ritterliches Werk verrichten kann, wenn er nicht durch den Umgang, die Liebe und das Wohlgefallen der Damen dazu bewogen wird«. Im Jahre 1576 versuchten die französischen Generalstände die Ausgaben des königlichen Hofes zu senken, indem sie verlangten, die Hofdamen nach Hause zu schicken. Zu dieser Zeit jedoch war ein Hof ohne Hofdamen bereits nicht mehr vorstellbar.

Der Hof war damals unter anderem auch eine Erziehungsinstitution, eine »große Schulmeisterin aller Höflichkeit« wie Spenser in seinem Werk *Faerie Queen* beschrieb, wo allen dort Lebenden vermittelt wurde, wie sie zu lachen, zu schweigen, sich zu bewegen hatten – und, so merkten zeitgenössische Kritiker an, wie man andere am geschicktesten täuschte. Kleine Jungen wurden als Pagen an den Hof geschickt (sowohl an Königshöfe als auch an Adelssitze) und blieben dort als Edelknaben und Ritter. In dieser Umgebung wurden sie nicht nur in guten Manieren und der Kriegskunst unterwiesen, sondern lernten auch etwas über Musik und Dichtung. Auf welche Weise all dieses Wissen nun bei Hofe vermittelt wurde, ob durch Unterricht oder Anschauung, ist in den meisten Fällen nicht bekannt (die Schule Vittorino da Feltres am Hofe von Mantua ist eine gut dokumentierte Ausnahme). Daß der Hof hier aber tatsächlich eine besonders wichtige Rolle spielte, wird deutlich, wenn wir den Werdegang einiger adliger Schriftsteller verfolgen, denn einige unter ihnen machten sich eher als Edelleute denn als Schriftsteller einen Namen, wie zum Beispiel im 15. Jahrhundert die beiden englischen Peers Richard Beauchamp, der Earl von Warwick, und John Tiptoft, der Earl von Worcester. Tiptoft, der als »jener englische Edelmann seines Zeitalters« bezeichnet wurde, »der den italienischen Renaissancefürsten am nächsten kam«, studierte an der Universität von Padua und an der Schule von Guarino in Verona. Er ist jedoch eher als Mäzen als durch seine eigenen literarischen Arbeiten aufgefallen. Karl, der Herzog von Orléans, hingegen, der während seiner 25jährigen Kriegsgefangenschaft in England zum Zeitvertreib Verse schrieb, ist noch heute als Dichter bekannt.

Einige der berühmtesten Poeten der Renaissance waren also Edelleute, Höflinge und Soldaten, die sicherlich entsetzt wären, wenn sie wüßten, daß sie mehr durch ihre Verse als durch ihre sonstigen Taten Unsterblichkeit erlangt haben. Balassi Bàlint z.B., ein ungarischer Baron protestantischen Glaubens, der den größten Teil seines kurzen Lebens (1554–1594) im Kampf mit den Türken verbrachte, lebte in seiner Jugend eine Zeitlang am Hof von Wien und wurde später zu einer herausragenden Gestalt am Hofe Stephan Báthorys (der Fürst von Transsylvanien war, bevor er zum König von Polen gewählt wurde). Balassi sprach acht oder neun Sprachen und ist noch heute als Dichter bekannt, der seine Liebe zu Anna Losonczi und Anna Szárkándy in Versen verherrlichte, die teilweise der italienischen, teilweise der türkischen Literaturtradition verhaftet sind. Auch Garciloso de la Vega, Sohn eines Höflings, ging bei der Krönung Karls V. (Karl I. von Spanien) selbst an den Hof und diente seinem Herrscher in Frankreich als Diplomat und als Soldat in Nordafrika und Navarra (wo er zu Tode kam). Er spielte vorzüglich Harfe, und seine Manieren wie seine Verse machten ihn zum Liebling der Hofdamen. Die Gedichte, die er zu Ehren Isabella Freyres, einer Hofdame der Infantin Isabella von Portugal, schrieb, entsprechen der Tradition der höfischen Liebesdichtung. Er verstand sich auf das Kriegshandwerk genausogut wie auf die Literatur und wußte auf lateinisch ebenso zu dichten wie auf kastilisch. So erscheint es vollkommen einsichtig, daß dieser »sehr höfische Edelmann« *(caballero muy cortesano)*, wie ein Zeitgenosse ihn nannte, bei der Verbreitung von Castigliones Buch in Spanien behilflich war. Garciloso sandte ein Exemplar der Abhandlung an seinen Freund Boscàn, der sie übersetzte und dazu noch als Vorwort einen Brief verfaßte, in dem er *Il Cortegiano* als ein »weises« Buch *(este libro tan sabia)* pries.

Der florentinische Edelmann Giovanni de' Bardi, Graf von Vernio, ist heute vor allem für die *intermedi* bekannt, die er am Hofe der Medici schrieb. Zu seinen Lebzeiten war er jedoch auch ein ruhmreicher Soldat, der am Krieg gegen Siena und an der Verteidigung Maltas gegen die Türken teilnahm. Castiglione hätte sicherlich Gefallen an diesem Grafen gefunden, der zwischen den einzelnen Feldzügen noch die Zeit hatte, Gedichte und Theaterstücke zu schreiben.

In England ragten zur Zeit der Herrschaft Heinrichs VIII. vor allem die Hofpoeten Sir Thomas Wyatt und Henry Howard, der Earl of Surrey, sowie in der Ära Elisabeths Sir Philip Sidney und Sir Walter Raleigh heraus. Wyatt, der »Leibpage« König Heinrichs, schlug eine im wesentlichen diplomatische Laufbahn ein; Surrey tat sich hauptsächlich auf militärischem Gebiet hervor. Für beide war das Dichten ein Zeitvertreib, und Surrey wandte sich sogar erst der Poesie zu, nachdem er vom Hofe verbannt worden war. Die Edelleute der Renaissance scheuten sich im allgemeinen davor, ihre Werke zu veröffentlichen, und sowohl die Gedichte von Wyatt und Surrey als auch die von Sidney und Raleigh wurden erst posthum der Öffentlichkeit zugänglich gemacht. Wyatt und Surrey kannten überdies beide Castigliones *Cortegiano*: So ist bis heute jenes Exemplar dieses Buches erhalten geblieben, das sich in Surreys Besitz befand und das er mit eigenen Anmerkungen versehen hatte, während eine von Wyatt verfaßte Satire auf den Hof auf Castigliones Ideen anzuspielen scheint.

Verfolgt man den Werdegang Sir Philip Sidneys und Sir Walter Raleighs, so liest sich dieser wie die praktische Umsetzung der in Castigliones Dialogen erörterten Ideale. Nach einem Studium an drei Universitäten (Oxford, Cambridge und Padua) und nach Absolvierung der kaiserlichen Hofreitschule in Wien schlug Sidney die Soldatenlaufbahn ein. Er fiel bei Zutphen, als er auf Seiten der niederländischen Rebellen gegen Philipp von Spanien kämpfte (nach dem der überzeugte Protestant Sidney ironischerweise benannt worden war). Sein Freund Greville erzählt zwei Geschichten über Sidneys Tod, die, egal ob sie nun die ungeschminkte Wahrheit sein mögen oder nicht, einiges über die Wertvorstellungen und das Format dieses Mannes aussagen. So hatte er sich seine tödliche Wunde an der Hüfte nur zugezogen, weil er an dem betreffenden Tag ausnahmsweise keine Rüstung trug. Er hatte sich aber nur deshalb geweigert, seine Rüstung anzulegen, weil einer seiner Kampfgefährten an jenem Tag ohne einen solchen Schutz in den Kampf zog: Er wollte nicht, daß irgendjemand mehr Gefahren auf sich nähme als er selbst. Nachdem er tödlich verwundet worden war, lehnte er es ab, Wasser zu sich zu nehmen, bevor nicht ein anderer sterbender Soldat zuerst getrunken hätte, und begründete dies damit, daß »sein Bedürfnis größer ist als meines«. Greville beschrieb Sidney als »einen Mann, der zu den größten und schwersten

Taten, die ein Mann vollbringen konnte, fähig war«. Dieser Mann der Tat war außerdem ein großzügiger Kunstmäzen und ein bekannter Dichter und Prosaschriftsteller. Er verfaßte eine berühmte Sequenz von Sonetten im Stile Petrarcas, einen Schäferroman, der nach dem Vorbild Sannazzaros den Titel *Arcadia* trug, und eine Schrift zur Verteidigung der Poetik. Diese war gleichzeitig eine Schrift zur Verteidigung der »gebildeten Höflinge«, deren Stil er für natürlich und »gesünder« erachtete als den Stil der Gelehrten. »Indem der Höfling durch das Handeln den Weg herausfindet, welchen er für denjenigen hält, der am meisten mit der Natur übereinstimmt, handelt er (obwohl er dies nicht weiß) nach der Kunst, wenn auch nicht durch die Kunst.«

Es ist natürlich nicht möglich, genau zu rekonstruieren, inwieweit Grevilles Bericht über das Leben Sidneys, in dem dieser »eine sehr gute Figur abgibt«, der Realität entspricht. Der Verdacht drängt sich auf, daß er sein Leben wie auch seine Dichtung bewußt als Kunstwerk inszenierte. Bei Sir Walter Raleigh wird dieser Verdacht zur Gewißheit, denn sein Hang zur Selbstdarstellung zeigte sich ganz offensichtlich in seinem kunstvollen Werben um die alternde Königin Elisabeth. Er übernahm in der Öffentlichkeit die Rolle des höfischen Liebhabers der unerreichbaren Göttin »Cynthia«, der er wie ein Hund treu ergeben war (die Königin nannte ihn auch ihren »Mops«). Hinter den Kulissen machte Sir Walter jedoch Jagd auf eine ganz andere Beute, nämlich auf eine der königlichen Hofdamen, Elizabeth Throckmorton. Als die Königin erfuhr, daß Sir Walter die Throckmorton (welche schwanger war) heimlich geheiratet hatte, war sie so erzürnt, daß sie das Paar in den Londoner Tower werfen ließ. Sir Walters Karriere bei Hofe war beendet. Zumindest Elisabeth hatte dieses Liebesgeplänkel (oder Liebesritual) ernst oder halb ernst genommen (es ist schwierig, die richtigen Worte zur Beschreibung dieser höfischen Inszenierungen zu finden, die sich an der Grenze zwischen Realität und Fiktion bewegten). Der Hof der Renaissance war Schauplatz einer hochstilisierten »Selbstdarstellung im täglichen Leben«, wie es der amerikanische Soziologe Erving Goffman ausdrückte. Oder, um es mit Elisabeths eigenen Worten zu sagen: »Wir Fürsten, das sage ich euch, leben wie auf einer Bühne.«

Der Künstler als Höfling

Manche Höflinge, wie Garciloso de la Vega und Walter Raleigh, waren Künstler oder entwickelten sich dazu, wobei *Künstler* sowohl im wörtlichen als auch im übertragenen Sinne des Begriffs zu verstehen ist. Umgekehrt wurden aus manchen Künstlern (Malern, Bildhauern, Architekten, Musikern, Dichtern etc.) Höflinge; d.h. sie wurden aufgrund ihrer künstlerischen Begabung von Herrschern, die eine besondere Vorliebe für die betreffenden Künste hatten oder sich selbst als herausragende und freigebige Mäzene präsentieren wollten, an deren Hof gerufen.

So spielte etwa die Musik im höfischen Leben eine wichtige Rolle. Die Fürsten suchten Sänger für ihre Kapellen, Trompeter zur Begleitung von Prozessionen und Harfenisten und Lautenspieler, die sie in ihren Privatgemächern unterhalten sollten. Ganz besonders musikbegeistert scheinen die Herzöge von Burgund gewesen zu sein. Philipp der Gute holte zwei herausragende Komponisten an seinen Hof: Gilles Binchois, dem er das Amt des Kaplans übertrug, und Guillaume Dufay, den er als Musiklehrer für seinen Sohn Karl den Kühnen einstellte. Karl lernte singen, Harfe spielen und komponieren. Er ließ sich von seinen Musikern sogar auf Feldzüge begleiten, so etwa zur Belagerung der Stadt Neuss. Ercole d'Este, der Herzog von Ferrara, tat sich ebenfalls als Musikmäzen hervor. So existiert ein berühmter Brief, aus dem hervorgeht, wie schwer es ihm fiel, sich zu entscheiden, welchen von zwei Musikern, Heinrich Isaak oder Josquin des Près, er in seine Dienste nehmen sollte.

Die Vorteile des höfischen Mäzenatentums zeigen sich an solch erfolgreichen Laufbahnen, wie denen Orlando di Lassos am Hofe Herzog Albrechts von Bayern und Valentin Bakfarks am Hofe König Siegmunds von Polen. Lasso, ein Flame, der einige Jahre in Italien am Hofe von Mantua sowie auch an manchen anderen Orten gelebt hatte, verbrachte beinahe vier Jahrzehnte am herzöglichen Hof von Bayern, wo er als Kantor wirkte, in die Familie des Herzogs einheiratete und schließlich von Kaiser Maximilian II. in den Adelsstand erhoben wurde. Seine Briefe zeigen, welch ein vertrautes Verhältnis er zu Herzog Wilhelm hatte; einmal unterschreibt er sogar mit *Orlandissimo lassissimo amorevolissimo*. Bakfark, ein Lautenist aus Transsylvanien, lebte beinahe zwanzig Jahre am polnischen Hof und wurde vom König reich beschenkt.

Leicht läßt sich noch eine Vielzahl weiterer Beispiele dafür finden, in welcher Gunst die Musiker bei den Herrschern standen. Der englische

Lautenist John Dowland, der einen von ihm ersehnten Posten bei Hofe nicht erhielt, wurde an den Höfen des Landgrafen von Hessen und des jungen Königs Christian von Dänemark mit Ehren überschüttet und reich entlohnt. Der Musiker Luis de Milán verdankte seine Stellung am Hofe von Valencia, den er in seinem elegant geschriebenen Dialog *El Cortesano* schildert, seinen spielerischen und kompositorischen Fähigkeiten für die *vihuela de mano*, die Handleier.

Einige Künstler erreichten hohe Positionen in der höfischen Hierarchie. Ihre Dienste waren nicht nur zur Gestaltung der Wohngemächer gefragt, sondern man beauftragte sie auch mit Porträtmalerei und der Anfertigung von Kostümen und Dekors für Festlichkeiten. Jan van Eyck war sowohl Kämmerer als auch Hofmaler Philipps des Guten, des Herzogs von Burgund, und begleitete 1429 eine herzögliche Gesandschaft nach Portugal, um ein Porträt der zukünftigen Herzogin anzufertigen. Als Hofmaler genoß er außerdem Befreiung von den Zunftregeln. Im Laufe des 15. Jahrhunderts wurden 13 Künstler (elf davon Italiener) und im 16. Jahrhundert 59 Künstler (darunter 29 Italiener) in den Adelsstand erhoben. Allein Kaiser Rudolf II. ehrte elf Künstler auf diese Weise. Tizian, der von Geburt an adelig war, ist ein offensichtliches Beispiel für einen Künstler, der sich bei Hofe zu bewegen wußte. Das gleiche gilt für Raffael: Nicht umsonst war er ein Freund Castigliones, und Vasari preist nicht nur seine Kunst, sondern auch seine Umgangsformen, seine »liebenswürdige Freundlichkeit, mit der er bei den verschiedensten Personen stets lieblich erscheine und Wohlgefallen erwecke«. (Vasari, Bd. III, 1. Teil, S. 180) Bartholomäus Spranger war offensichtlich ein enger Vertrauter Kaiser Rudolfs, der oft ganze Tage damit zubrachte, sich mit ihm zu unterhalten und ihm bei der Arbeit zuzusehen.

Gleichwohl war die Stellung, die der Künstler bei Hofe genoß, recht zwiespältig, wie aus Cellinis berühmter Autobiographie hervorgeht. So berichtet er zwar, daß König Franz I. ihn *mon ami* genannt habe, und daß der Großherzog Cosimo de' Medici ihm *infinite carezze* (unendliche Küsse und Umarmungen) habe zukommen lassen und ihm reichen Lohn versprochen habe. Doch er schildert auch, wie man ihn einmal den ganzen Tag vor der Tür der königlichen Mätresse, Madame d'Etampes warten ließ, wie mühsam es war, den Schatzmeister dazu zu bringen, ihm das Geld auszuzahlen, das Franz I. ihm versprochen hatte, und wie Cosimo ihm seine Gunst entzog und ihn, Benvenuto, auf einmal *mal venuto* (den Unwillkommenen) nannte.

Jene Künstler, denen es gelang, eine dauerhafte und herausragende Position bei Hofe zu erreichen, wurden häufig zu »Kunstverwaltern«. So verbrachte Velázquez einen großen Teil seiner Zeit in königlichen Diensten mit der Betreuung der Kunstsammlung Philipps II., kümmerte sich um Neuerwerbungen, die Unterbringung von Kunstwerken usw. Hans von Aachen war am Hofe Rudolfs II. in Prag nicht nur mit Porträtmalerei beschäftigt, sondern kopierte auch solche Bilder, die dem Kaiser besonders gefielen, und erwarb außerdem Gemälde für die kaiserliche Sammlung. Andere Künstler waren mit der Organisation höfischer Festlichkeiten betraut: Bernardo Buontalenti in Florenz, Baldassare Belgioso in Paris, Michael Sustris in München und Giuseppe Arcimboldo am kaiserlichen Hof in Prag. Wahrscheinlich erfüllte auch Gil Vicente, der zwar vor allem für die von ihm verfaßten Theaterstücke bekannt ist, jedoch am Hofe König Manuels von Portugal als Goldschmied beschäftigt war, ähnliche Aufgaben. Auf jeden Fall ist festzustellen, daß Manuel beträchtliche Summen für höfische Festivitäten aufwendete.

Eine etwas abgesichertere Position genossen Schriftsteller und Intellektuelle (oder *litterati*, um einen Begriff aus jener Zeit zu verwenden). Jedoch verwischen sich hier die Gegensätze zwischen dem Höfling, der sich als Künstler betätigt, und dem Künstler, der zum Höfling wird, obwohl es immer noch möglich ist, zwischen mehr oder weniger »hauptamtlichen« Höflingen mit mehr oder weniger hohem Status zu unterscheiden. Sir Philipp Sidney zum Beispiel war eher Höfling als Dichter, während Edmund Spenser eher Dichter als Höfling war.

Manche Herrscher suchten die Gesellschaft von Humanisten und liebten es, mit ihnen zu diskutieren: so Alfons von Aragon, König von Neapel, an dessen Hof Lorenzo Valla, Bartoloméo Fazio und Antonio Beccadelli weilten. An jedem Hof gab es immer einige Ämter, die von *litterati* übernommen werden konnten. Ein derartiger Posten war der des Hofpriesters: Der Mönch und Humanist Fra Antonio de Guevara beispielsweise war Priester am Hofe Karls V., und obwohl ihm schon bald eine Diözese übertragen wurde und er auch dort residierte, verbrachte er doch Jahre bei Hofe, vor allem in Valladolid, wo er die Erfahrungen erwarb, die seinen Werken *Aviso de Privados* (dt. Goldenes Sendschreiben) und vor allem seinem *Menosprecio de Corte* (dt. Vom vergnüglichen Land- und beschwerlichen Hofleben) zugrundeliegen. Ein anderes Amt bei Hofe, das den Gelehrten offenstand, war das des königlichen Leibarztes, welches gelegentlich von Humanisten wie Thomas Linacre, der in den Diensten

Heinrichs VIII. stand, und von Guillaume Cop, dem Arzt Franz I., bekleidet wurde. Auch als Lehrer des fürstlichen Nachwuchses fanden die Humanisten der Renaissance oft eine Aufgabe, so Roger Ascham (der die zukünftige Königin Elisabeth unterrichtete), Johann Aventinus (der Lehrer der Söhne des Herzogs von Bayern), George Buchanan (Lehrer von Königin Maria von Schottland) oder Jerónimo Osorio (Lehrer des Neffen von König Johann von Portugal).

Im Laufe des 15. und 16. Jahrhunderts ergaben sich weitere Aufgaben bei Hofe, die von Gelehrten übernommen wurden. Nach der Erfindung des Buchdrucks schwoll der Umfang der Bibliotheken rasch an und machte die Dienste von gebildeten Bibliothekaren wie Galeotto Marzio (am Hofe des Königs Matthias von Ungarn) und Guillaume Budé (im Dienste von Franz I.) erforderlich. Franz I. ernannte außerdem den Schriftsteller Jacques Colin zum *lecteur au roi*, der die Aufgabe hatte, dem Herrscher laut vorzulesen. Kaiser Ferdinand I. machte den Kunsthändler Jacopo Strada zu seinem Hofantiquar, während sein Nachfolger Maximilian II. Carolus Clusius als Hofbotaniker nach Wien holte. Maximilians Nachfolger Rudolf II. wiederum rief den dänischen Gelehrten Tycho Brahe als »kaiserlichen Mathematiker« (mit anderen Worten als Astronomen und Astrologen) nach Prag; und dieser brachte seinen jungen Assistenten und späteren Nachfolger Johannes Kepler mit.

Immer üblicher wurde es zudem, daß die Herrscher Schriftsteller zu Sekretären oder Hofhistorikern ernannten. Heinrich VIII. beschäftigte den Humanisten Ammonio wahrscheinlich vor allem deswegen als Sekretär, weil dieser Briefe in gutem klassischen Latein schreiben konnte. Budé diente Franz I. in ähnlicher Eigenschaft, und auch der Dichter Jan Kochanowski verbrachte über zehn Jahre als Sekretär am Hofe von Siegmund Augustus von Polen. Georges Chastellain wurde zum Hofchronisten Philipps des Guten von Burgund ernannt, und Hernando del Pulgar diente in gleicher Funktion dem Königspaar Ferdinand und Isabella von Spanien.

Recht häufig kam es vor, daß Humanisten mit dem Posten des Hofhistorikers betraut wurden, so etwa Paolo Emilio am Hofe Ludwigs XII. von Frankreich, Johannes Aventinus am Hofe des Herzogs von Bayern, Benedetto Varchi und Gianbattista Adriani am Hofe des Großherzogs Cosimo de' Medici usw. Natürlich wurde im Gegenzug von ihnen erwartet, daß sie die Taten eines Fürsten oder seiner Vorfahren in günstigem Licht darstellten, doch erhielten sie dafür manchmal bevorzugt Zugang zu Archiven. Der Herzog von Bayern schrieb an die Abteien in seinem Herzogtum, daß sie Aventinus Einsicht in die in den Klöstern aufbewahrten mittelalterlichen Dokumente gewähren sollten, und Cosimo ließ die Bestände der staatlichen Archive zur Erleichterung der Arbeit Adrianis inventarisieren.

Auch von den Dichtern wurde erwartet, daß sie ihren Herrscher priesen. Umgekehrt wurden einige von ihnen mit dem Lorbeerkranz zum Dichterfürsten gekrönt. So wurde Petrarca nach eigener Aussage von Kaiser Karl IV. auf diese Weise geehrt; Panormita wurde von Siegmund ein solcher Titel verliehen; Aeneas Silvius Piccolomini, Ermolao Barbaro und anscheinend auch Konrad Celtis erhielten von Friedrich III. den Lorbeerkranz, während Glareanus, Dantiscus, Vadianus und Hutten schließlich dieselbe Auszeichnung von Kaiser Maximilian zuteil wurde. Als Dank für diese Ehrungen (oder auch in der Hoffnung darauf) sparten die Dichter ihren Gönnern gegenüber nicht mit Schmeicheleien. Conrad Celtis z.B. übte sich in überschwenglichen Lobpreisungen über Friedrichs Nachfolger Maximilian, widmete ihm Bücher und verfaßte ihm zu Ehren Theaterstücke.

Epen im Stile Vergils stellten kleinere Herrscher als großen Augustus dar. So war den Sforzas ihre *Sforziade* (ein Werk Filelfos), Federigo von Urbino seine *Feltria* und Borso d'Este seine *Borsias* gewidmet. Humphrey, der Herzog von Gloucester, ein jüngerer Bruder von Heinrich V. von England, sah sich in dem Epos *Humfroidos* verewigt (ein Werk des italienischen Humanisten Tito Livio de Frulovisi, der an seinem Hofe lebte). Die Könige von Frankreich konnten sich in der *Franciade* wiederfinden, die von keinem geringeren als dem Dichter Ronsard verfaßt worden war, welcher darin die zukünftige Größe Karls IX. prophezeite. Allerdings wurde der erste Teil dieses Epos vor der Bartholomäusnacht im Jahre 1572 veröffentlicht; es ist also nicht erstaunlich, daß Ronsard das Werk später nie vollendete. Die Könige von Portugal schließlich besaßen ihre *Lusiads*, die im gleichen Jahr wie Ronsards Epos von dem großen Dichter Luis de Camões geschaffen wurde. Sie war König Sebastian gewidmet, dessen Taten sie mit denen Rodamontes, Ruggieros und Orlandos verglich, und forderte den König auf, seinen Ruhm noch weiter zu mehren. Sebastian scheint diesen Rat allzu wörtlich genommen zu haben, denn 1578 fiel er in Nordafrika im Kampf, wodurch Philipp II. Portugal seinem eigenen Reich einverleiben konnte.

Ronsard dichtete auch Verse für höfische Feierlichkeiten, wie für die

Fêtes von Bayonne im Jahre 1565, wo Katharina de' Medici ein Wiedersehen mit ihrer Tochter, der Königin von Spanien, feierte. Weitere derartige Gelegenheiten boten der Empfang des polnischen Botschafters im Jahre 1572 und die Heirat des Herzogs von Joyeuse im Jahre 1581 (wobei der Dichter im letzteren Fall 2000 Taler als Lohn für seine Dienste erhielt). Ronsard ist ein gutes Beispiel für einen Hofpoeten, da er in diesem Milieu aufwuchs; denn er hatte dem Dauphin Franz, dem jung verstorbenen ältesten Sohn Franz' I., als Page gedient. Ähnlich liest sich auch Clément Marots Werdegang. Selbst schon Sohn eines Höflings, war er Page beim Sekretär Franz I., und Kammerdiener bei Margarete von Navarra, der Schwester der Königin. Zwar schrieb er weder Epen noch Verse für festliche Anlässe, doch trägt ein Großteil seiner schriftstellerischen Werke den Stempel des Hofes – Briefe an den König oder die Angehörigen des Hofstaats, Epigramme über die königlichen Hunde usw. Den Schutz des Königs und seiner Schwester (und bei einer Reise nach Italien auch den Renées, der Gemahlin Ercole d'Estes von Ferrara) benötigte er zu seiner Sicherheit ebensosehr wie zu seinem wirtschaftlichen Überleben, da er im Verdacht der Ketzerei stand.

Kritik am Hofe

Diese lange Liste von erfolgreichen Persönlichkeiten, die sich ohne weiteres verlängern ließe, könnte fälschlicherweise den Eindruck erwecken, der Hof sei ein außerordentlich günstiges Milieu für Künstler, Schriftsteller und Gelehrte gewesen. Doch manch einer schaffte es nie, ein Amt bei Hof zu bekommen; andere wiederum, denen ein solcher Aufstieg gelungen war, begannen es schon bald zu bereuen. Und wenn einige den Hof als Himmel, als »Paradies auf Erden« priesen, wie Claude Chappuys es ausdrückte, so empfanden ihn andere als Hölle (ein Vergleich, der auf den im 12. Jahrhundert lebenden Dichter und Geistlichen Walter Map zurückgeht).

Nehmen wir z. B. den Fall Edmund Spensers. Spenser war ein kleiner Höfling (ein Schützling eines bedeutenderen Höflings, nämlich Sir Philipps Sidneys). Sein Epos *Faerie Queen* (»Die Fünf Gesänge der Feekönigin«) stellte eine Verherrlichung Königin Elisabeths und zugleich eine Art Manierenschrift dar (insbesondere die Geschichte über den »höf-lichen«

Sir Calidore im sechsten Buch). Spenser wurde dafür jedoch nur sehr dürftig entlohnt. Er erhielt von der Königin lediglich eine kleine Rente und wurde zum Sekretär des Vizekönigs von Irland ernannt. In einem Gedicht, in dem er von den »leeren Schatten höfischer Gunst« spricht, dürfte er wohl seiner Bitterkeit und Enttäuschung Ausdruck verliehen haben. Ähnlich erging es an Königin Elisabeths Hof dem Schriftsteller John Lyly. Obwohl er sich als Verfasser des erfolgreichen Versromans *Euphues* (1579) auszeichnete und auch einige Theaterstücke schrieb, gelang es ihm nicht, das Amt des *Masters of the Revels* (des Leiters der Weihnachtsbelustigungen) oder irgendeinen anderen Posten bei Hofe zu ergattern.

Aus verschiedenen Gründen verließen manche Schriftsteller den Hof, um sich aufs Land zurückzuziehen, wie z. B. Jan Kochanowski, der Krakau für seinen geliebten Landsitz Czarnolas verließ, oder Ronsard, der in seinen späten Lebensjahren immer mehr Zeit in der Grafschaft Maine verbrachte. Sir Walter Raleigh, der eine bittere, aber sehr anschauliche Beschreibung des Milieus, aus dem er sich entfernte, lieferte (»Sag über den Hof, daß er glimmert und leuchtet wie fauliges Holz«), zog sich auf sein Gut Sherborne in Dorset zurück, das ihm Königin Elisabeth geschenkt hatte, als er noch in ihrer Gunst stand. Ariost schließlich kehrte der Stadt Ferrara zwar nicht den Rücken, doch lassen seine Satiren keinen Zweifel daran, daß er seine Unabhängigkeit dem Dienst bei Hofe vorzog und lieber in seinem eigenen Haus als in einem Gemach im herzoglichen Palast wohnte.

Auch die Künstler hatten manchmal ein recht zwiespältiges Verhältnis zum Hof. Baldassare Peruzzi verließ den päpstlichen Hof und kehrte in seine Geburtsstadt Siena zurück, weil – so ist es bei Vasari beschrieben – »er die Freiheit seiner alten Vaterstadt höher achtete, als die Gunst des Papstes«. Mantegna zögerte, bevor er eine Einladung an den Hof von Mantua annahm, denn er dachte an die von ihm so bezeichneten »vielen gegensätzlichen Ratschläge, die ihm andere erteilt hatten«. Cellinis Klagen über die Behandlung, die er an den Höfen Franz' I. und Cosimo de' Medicis erfuhr, haben wir bereits gehört.

Manche von denen, die am Hofe blieben, sehnten sich weit fort oder behaupteten dies zumindest. Die Kritik am Hof stellte einen literarischen und moralischen Topos dar, der zum ersten Mal in der späten Antike auftauchte (wie die Satiren von Juvenal und Lucian belegen), im Mittelalter wiederaufgegriffen wurde und auch während der gesamten Renaissance die Gemüter beschäftigte.

Typische Beispiele für diese traditionelle Kritik sind die Klagen, daß der Hof »ein Meer darstelle, dessen Wellen der Hochmut und der Neid seien«, daß das »einzig Beständige an ihm seine Unbeständigkeit sei«, und daß er ein Ort der Falschheit sei (von der Schmeichelei bis zur Verleumdung). Wie auch immer es sich im Bali des 19. Jahrhunderts verhalten haben mag, in Europa sagte der »Theaterstaat« manchen offensichtlich nicht zu. Die moderne Kritik an der Servilität der höfischen Gesellschaft der vorindustriellen Welt ist demnach kaum mehr als eine Wiederholung damaliger Stellungnahmen.

Zu jenen, die schon während der Renaissance Kritik am Hof übten, gehörten viele namhafte Schriftsteller wie Aeneas Silvius Piccolomini, Ludovico Ariost, der französische Dichter Chartier (der zunächst Sekretär des Dauphin und später Karls VII. war), der deutsche Humanist Ulrich von Hutten und der spanische Priester Fra Antonio Guevara. Chartier ging sogar so weit, den Hof als eine »Gruppe von Männern« zu bezeichnen, die »zusammenkommen, um einander zu betrügen«. Guevara widmete eine ganze Abhandlung dem Gegensatz zwischen Hof und Provinz, in der er das Getöse und die Knechtschaft bei Hofe mit der Friedlichkeit und Freiheit des Lebens in der Provinz verglich (womit natürlich Adlige gemeint waren, die auf ihren eigenen Besitzungen lebten).

Es dürfte in diesem Zusammenhang sinnvoll sein, einen Unterschied zwischen der Kritik am Hof an sich und der Kritik an den Höflingen zu machen. Oft wurde der Hof aus dem Blickwinkel der Höflinge kritisiert und als ein Ort beschrieben, wo das Leben unangenehm war und Hoffnungen enttäuscht wurden. Ein typisches Beispiel für diese Art von Kritik stellen Piccolominis Briefe *Über das Elend der Höflinge* dar, welche an seinen Freund Johannes von Eich gerichtet waren und auf das Jahr 1444 zurückgehen. Neben mancherlei generellen Aussagen enthalten sie lebendige Schilderungen des höfischen Milieus, die zweifellos Piccolominis Erfahrungen am Hofe Friedrichs III. wiederspiegeln (trotz der Behauptung des Autors, daß der kaiserliche Hof eine erfreuliche Ausnahme von der Regel darstelle). So beklagt Piccolomini ganz allgemein, wie bedauerlich es sei, mitanzusehen, wie jene, die es nicht verdient hätten, belohnt würden, während die Verdienstvollen dahinschmachteten. Er beschreibt die Unsicherheit im täglichen Leben (»wer gestern noch in der Gunst stand, ist heute schon in Ungnade gefallen«) und den Verlust der persönlichen Freiheit – man sei gezwungen, »mit dem Herrscher zu lachen und zu weinen, diejenigen zu rühmen, die er rühmte, und diejenigen zu beschimpfen, die er beschimpfte«. Die Schilderungen der Misere des höfischen Lebens beziehen sich insbesondere auf die Probleme, denen sich die Höflinge bei den Mahlzeiten und beim Schlafen gegenübersahen. Die Diener sind »saumselig, wenn sie die Mahlzeiten auftragen, räumen aber äußerst schnell wieder ab«, und besonders sauber ginge es dabei auch nicht zu. »Das Bettzeug ist schmutzig und stinkend« (ebenso wie Richard II. von England und Heinrich III. von Frankreich scheint der zukünftige Papst Pius II. ein ausgesprochener Pionier auf dem Gebiet der Hygiene gewesen zu sein), und manchmal müßte man in den Ställen schlafen oder sein Bett mit Fremden teilen. Bei Hofe gab es also keine Privatsphäre.

Die generelle Beschreibung des Hofes als eines Ortes, wo Neid, Verleumdung, Schmeichelei und jegliche Art von Betrug gediehen, sagt schon einiges darüber aus, wie die Höflinge der Renaissance von Außenstehenden eingeschätzt wurden, doch ist die Zahl der Laster, die man ihnen darüber hinaus zuschrieb, schier endlos. Häufig wurden die Höflinge als ungebildet, träge, oberflächlich, eingebildet und übertrieben eitel beschrieben; den Männern sagte man nach, sie seien verweiblicht, und die Frauen hielt man für schamlos. Man sollte jedoch diese Kritik nicht allzu wörtlich nehmen, denn sie reflektiert auch den Neid der weniger Erfolgreichen auf jene, die es weiter gebracht hatten; sie ist Ausdruck der Verachtung des Soldaten für den Zivilisten und beleuchtet die Feindseligkeit des Provinzlers gegenüber der Metropole. Die Zeit wirft auf diese Moralisten kein besonders gutes Licht, denn heute läßt sich ein Schmunzeln kaum unterdrücken, wenn man etwa *L'Isle des Hermaphrodites* liest: In diesem Pamphlet wird der Hof Heinrichs III. angegriffen, weil dort der Gebrauch von Gabeln, Zahnpasta und Parfüm üblich war (was nach Auffassung des anonymen Kritikers als Zeichen der Verweiblichung zu gelten hatte).

Ein weiteres, immer wieder auftauchendes Thema in der antihöfischen Literatur der Epoche war eine Art Italophobie, eine Reaktion (oder Gegenbewegung) auf die Kultur der Renaissance oder zumindest auf einige ihrer Erscheinungsformen, die schlicht in der Fremdheit dieser Kultur gründete. Ebenso wie heute die Amerikanisierung wurde damals die Italienisierung von ethnozentrischen Moralisten angeprangert. In zwei Dialogen eines französischen Druckers, des Protestanten Henri Estienne, die im Jahre 1578 veröffentlicht wurden, sind sowohl der Begriff *italianisation* wie auch die Worte *italianisé* und *italianizateur* zu finden. Ebenso wie heute die Kritiker des »Franglais« sah Estienne die Gefahr einer Verfälschung der edlen französischen Sprache durch fremde Sprechweisen gegeben. Er assoziierte *italianisation* mit *courtisanisme*; es seien nämlich die höfischen Kreise, so dachte er, die es als elegant empfänden, z. B. »à bastanse« (abbastanza) anstatt »assez« (dt. »genug«) zu sagen.

Die Kritik an den italienischen Sitten beschränkte sich nicht nur auf die Sprache. Ironischerweise wurden Castiglione und sein Werk *Il Cortegiano*, in dem er genau all diese Laster verurteilte, zumindest in gewissen Kreisen in England, Frankreich und anderswo zum Symbol der Affektiertheit. Der blasierte Höfling, der nichts anderes im Sinn hat als seine äußere Erscheinung und Höflichkeitsfloskeln, tritt in einer Reihe englischer Komödien aus Shakespeares Tagen auf und heißt nicht selten auch noch »Balthasar« oder »Castilio«, um nur ja keinen Zweifel an der Identität des Verhöhnten aufkommen zu lassen. Viele Nicht-Italiener dachten bei Italienern sofort an Schmeichelei, Falschheit, Verschlagenheit und (überflüssig, es zu erwähnen) an Machiavelli. Besonders heftig waren solche fremdenfeindlichen Reaktionen in Frankreich, wo die Italiener seit der Zeit Franz I. besonders häufig in höfischen Kreisen verkehrten (in der Epoche Katharina de' Medicis aus offensichtlichen Gründen sogar noch in verstärktem Maße), doch waren auch in anderen Ländern, von England bis nach Polen, ähnliche Tendenzen festzustellen.

Im frühen 17. Jahrhundert hatte die Kritik am Hof, die zunächst nur auf individueller und moralischer Ebene geübt wurde, gesellschaftliche und politische Dimensionen angenommen. »Hof« und »Provinz«, die lange synonym für zwei verschiedene Lebensstile des Adels standen, wurden nun zu Bezeichnungen für politische Parteien oder zumindest politische Gruppierungen. In ihrer Biographie ihres Ehemannes Colonel Hutchinson berichtet Lucy Hutchinson, daß der Hof Jakobs I. zu ihrer Jugendzeit eine »Brutstätte der Begierden und der Zügellosigkeit« gewesen sei. »Ein großer Teil des Landadels übernahm bald die höfische Lebensart, und jedes große Adelshaus im Land wurde zu einem schmutzigen Schweinestall.« Jene, die die Unmoral des Hofes anprangerten, so fährt Lucy Hutchinson fort, wurden »Puritaner« genannt.

Lucy Hutchinsons apokalyptische Vision einer gespaltenen Gesellschaft, wo auf der einen Seite »die Kinder des Lichts« und auf der anderen »die Kinder der Dunkelheit« standen (wobei letztere der Herrschaft des Hofes unterworfen waren) ist viel radikaler als jede andere Kritik am höfischen Leben, die wir bisher untersucht haben. Es handelte sich hierbei auch nicht um eine rein persönliche Sichtweise, sondern um eine Vision mit weitreichenden politischen Konsequenzen. Denn jener Konflikt zwischen den Kindern des Lichts und der Dunkelheit ist besser bekannt als »Englischer Bürgerkrieg«, und in diesem kämpfte Colonel Hutchinson auf Seiten des Parlaments gegen die Partei des Königs. Dieser bedeutsame Wandel des politischen Klimas, der sich sowohl in Mitteleuropa als auch in England vollzog, läßt daher das frühe 17. Jahrhundert als geeigneten Zeitpunkt erscheinen, um das Kapitel über den Höfling der Renaissance abzuschließen.

Kapitel 5

Der Philosoph und der Magier

Eugenio Garin

1

Manchem mag es merkwürdig erscheinen, daß der Philosoph – ein Philosoph freilich, der auch in Gestalt des Magiers, des Astrologen oder gar des Wissenschaftlers auftritt – als eine für die Renaissance charakteristische, ja in dieser Epoche »wiedergeborene« Figur dargestellt wird. Jacques Le Goff hatte vollkommen recht, als er (bereits im Jahre 1957) für das Mittelalter von den »Intellektuellen« und nicht von den »Philosophen« sprach und auch dafür Sorge trug, daß in *Der Mensch des Mittelalters*, dem Parallelband zum vorliegenden Werk, von »Intellektuellen« und nicht von »Philosophen« die Rede ist. Für Le Goff ist ein Philosoph jemand anderes als Bonaventura, Thomas von Aquin oder sonstige Theologen und Heilige; vielmehr denkt er dabei, auch wenn er dies nicht ausdrücklich sagt, an die Philosophen der griechischen Stadtstaaten, ja der Antike überhaupt: Diese waren Lebenskünstler und Wissenschaftler gewesen, Ärzte der Seele und des Körpers, Reformatoren und kompromißlose Kritiker, bereit, ihr Leben für die Wahrheit zu geben – Pythagoras und Empedokles, Sokrates und Platon, Demokrit und Epikur, Pyrrhon, später auch Plotin, und nicht zuletzt Cicero und Seneca.

Der »wiedergeborene« Renaissancephilosoph antiker Prägung war nun nicht mehr (oder nicht mehr notwendigerweise) Vertreter einer bestimmten Schule; er war an keine herrschende Lehrmeinung mehr gebunden und lehnte jedwede Bevormundung ab. Er war der geborene Kritiker und Rebell, ein unruhiger Geist, der auf allen Gebieten des Lebens forschte und Dinge erprobte, wie Leon Battista Alberti oder Leonardo da Vinci; einer, der geheiligte Wahrheiten in Frage stellte wie Pietro Pomponazzi; der nach verborgenen Wahrheiten und geheimnisvollen Offenbarungen suchte wie Marsilio Ficino; ein Magier wie Heinrich Cornelius Agrippa von Nettesheim; ein Verfechter des Universalfriedens wie Erasmus von Rotterdam; ein Arzt wie Paracelsus, der mit seiner Heilkunst die Harmonie der Körper mit den Kräften der Natur wiederherstellen wollte; ein Verkünder der Wahrheit wie Giordano Bruno.

Ebenso wie die Philosophie nun endgültig mit der Vergangenheit bricht, sich nicht länger mit einem bestimmten »Buch« oder einem bestimmten »Autor« identifiziert und neue Wege, neue Bezugspunkte findet, kennt auch der Philosoph keine Grenzen, keine vorgezeichneten Wege mehr: Er öffnet sich der Vita activa und zeigt großes Interesse an ethischen und politischen Fragen, am Menschen und seiner Existenz. Und er ist im Grunde auch der *uomo universale*, das Universalgenie der Renaissance, über das so viel geschrieben worden ist. Mit ihm beginnt eine neue Art zu suchen, zu leben, Kultur hervorzubringen. Zwar gibt es zu dieser Zeit ausgesprochen wenige Philosophen, aber doch gehören sie, die *maîtres à penser* und Lebenskünstler, zu den charakteristischsten Figuren der Epoche.

Nicht umsonst ist dies die große Zeit des Diogenes Laertius. Er wird ins Lateinische und Italienische übersetzt (Venedig 1545) und findet weite Verbreitung in eigenartigen Kompendien und Bearbeitungen, die zum Teil auf das Mittelalter zurückgehen und popularisierte Darstellungen für das einfache Volk sind, reich illustriert und mit Maximen, moralischen Belehrungen und erbaulichen Dialogen versehen, die sich an klassischen Vorbildern orientieren; so z.B. die Ende des 16. Jahrhunderts gedruckten Lebensbeschreibungen der alten Philosophen *(Vite degli antichi Filosofi moralissime e delle loro elegantissime sentenze, cavate da Diogene Laerzio, e da altri antichi autori)*, die, mit dekorativen Stichen ausgestattet, 1593 bei der erzbischöflichen Druckerei von Florenz erhältlich waren.

2

Im Jahre 1621 erschien in Oxford eines der ungewöhnlichsten und zugleich erfolgreichsten Bücher des 17. Jahrhunderts: *The Anatomy of Melancholy* von einem gewissen Democritus Junior, der eigentlich Robert Burton hieß. Im Jahre 1577 geboren, wurde er 1626 Bibliothekar des Christ Church College. Zum Zeitpunkt der Veröffentlichung seines Buches lag der Tod Shakespeares noch nicht lange zurück, und Francis Bacon war noch am Leben und voller Schaffenskraft. Mit seinem umfangreichen und bizarren Werk stellte Burton, ein versierter Astrologe, der gebildeten englischen Leserschaft in konzentrierter Form einen Großteil der wissenschaftlich-philosophischen Betrachtungen über den Menschen aus den voraufgehenden zwei Jahrhunderten, d. h. der Renaissance vor. Hierbei berücksichtigte er in besonderem Maße die Werke italienischer Autoren, so daß diese in England hauptsächlich durch ihn bekannt wurden.

Schon mit der Wahl seines Themas, der Melancholie und des Melancholikers, wies Burton, auch ohne es ausdrücklich zu erwähnen, auf eine seiner bevorzugten Quellen hin: Marsilio Ficino, der nicht umsonst immer wieder zitiert wird. Der Intellektuelle, oder besser der Philosoph, und insbesondere jener neue Typ des Philosophen war ein Melancholiker – und ein ebensolcher war Ficino, der Moralphilosoph und Arzt, Magier und Astrologe, der die Angelegenheiten der Welt belachte und beweinte, wie es die Weisen des Altertums getan hatten, und der in der Melancholie so etwas wie die göttliche *mania* Platons sah. Auch den Einfall, sich hinter der Maske des Democritus Junior zu verstecken, hatte Burton möglicherweise von Ficino entlehnt. Von diesem wußte man, daß er in den Räumlichkeiten der Platonischen Akademie auf eine Wand eine Erdkugel gemalt hatte, neben der auf der einen Seite Demokrit abgebildet war, der über die Torheit der Menschen lachte, während auf der anderen Seite Heraklit zu sehen war, der ihre Mißgeschicke beweinte.

In der Einführung zu seinem Werk zeichnet Burton ein Porträt des antiken Philosophen Demokrit, aus dem hervorgeht, daß er, auch wenn er dessen Bild nicht in allen Einzelheiten wiedergibt, sich diesen Griechen zum Vorbild genommen hat. Schon im 15. Jahrhundert hatte sich auch Leon Battista Alberti in einem außergewöhnlichen Werk eingehend mit Demokrit beschäftigt – in seinem *Momus*, von dem es im 16. Jahrhundert zwei lateinische Ausgaben sowie eine sehr bekannt gewordene italienische und eine spanische Übersetzung gab. »Unter den Philosophen«, schrieb Alberti, »habe ich nur zwei gefunden, die tiefgründig und rational argumentieren: Demokrit und Sokrates.« Demokrit stellte er als Idealtypus des Naturwissenschaftlers dar, der bemüht war, die inneren Strukturen der Lebewesen zu begreifen. Auch für Burton wurde Demokrit in seiner Heimatstadt Abdera zu Recht verehrt. Den meisten, so Burton, komme der griechische Philosoph »seiner übergroßen Weisheit« wegen so vor, als habe er den Verstand verloren; er lache über »die großen wie die kleinen Dinge« und spüre verborgenen Wahrheiten nach. Demokritus Junior alias Burton weiß zwar, daß er keineswegs jenem Weisen des Altertums gleichkommt: Er verfügt nicht über die physikalischen und mathematischen Kenntnisse seines Vorbilds und bekleidet auch keine öffentlichen Ämter wie jener. Dennoch versucht er, das verlorene Buch des alten Philosophen über die Menschen und ihre »Melancholie« zu schreiben, um sie zu behandeln und zu heilen, so wie der alte Demokrit, der Demokrit der pseudohippokratischen Briefe, es zu tun pflegte.

Es ist hier nicht der Ort, näher auf das Bild einzugehen, das Burton vom »Philosophen« – von Demokrit und Democritus Junior – zeichnet. Die Konturen dieses Bildes werden jedoch erkennbar, wenn man die Gestalten betrachtet, die in Burtons unzähligen Zitaten zu Worte kommen, die mitunter zusammenhanglos wirken, in Wahrheit aber sehr sorgfältig ausgewählt und durchaus repräsentativ sind: Es ist das Bild des »neuen« Philosophen, jener Gegenfigur zu den vielen *Philosophastern*, die Burton in einem Jugendwerk, der Komödie *Philosophaster, Theologaster* an den Pranger gestellt hatte. In diesem Stück, das am 16. Februar 1617 im Christ Church College uraufgeführt wurde, stellt Burton fest, daß die Schulen voller Dummköpfe seien, deren einzige Aufgabe darin bestehe, weitere Dummköpfe heranzubilden. So seien die Professoren und die Universitäten, selbst die ältesten und renommiertesten: *Accipiamus pecuniam, demittamus asinum, ut apud Patavinos Itali.*

Auch wenn das, was Democritus Junior alias Burton in diesem Werk behauptete, in mancherlei Hinsicht schon fast ein Gemeinplatz geworden war, so verdeutlichte es doch in origineller Weise vor allem zwei Wesenszüge des neuen Philosophen, durch welche dieser sich vom traditionellen Universitätslehrer unterschied: Der neue Philosoph war ein »Weiser«, der in seiner Stadt Ansehen genoß und dessen Rat man einholte, kurzum eine Figur, die im gesellschaftlichen Leben eine Rolle spielte. Oder er war ein »Naturforscher«, der den Dingen auf den Grund gehen wollte, um dann auf sie einwirken zu können – ein Arzt, ein »Magier«, ein Astrologe. In diesem Zusammenhang gewinnt die Tatsache, daß sowohl Alberti als auch Burton mit einem Abstand von 150 Jahren gerade Demokrit als Modell des neuen Philosophen anführen, besondere Bedeutung. Alberti hebt hervor, daß Demokrit Tiere sezierte, da er den Menschen nicht sezieren konnte (»es erschien mir frevlerisch, die Menschen mit Instrumenten zu zerlegen«); auf diesem Wege wollte er »herausfinden, an welchem Orte das Übel sitzt, das die Menschen und Tiere am meisten plagt: der Jähzorn *[iracundia]*«, und zu ergründen versuchen, »woher die Erregung, die Glut, das Feuer kommen, die den Geist des Menschen verwirren und jede Form der Vernunft zerstören«.

Die Gestalt des Philosophen, die anhand klassischer Ideale definiert und zum Vorbild erhoben wird, ist demnach entweder die des Sittenlehrers, für den immer wieder Sokrates als Beispiel angeführt wird, oder die des nüchternen Forschers, der, wie Demokrit, die Welt der Natur erkundet. Gemeinsam ist beiden, daß sie konkrete Ergebnisse anstreben, angefangen bei Zukunftsvorhersagen bis hin zur Heilung von Krankheiten. In manchen Fällen überlagern sich beide Figuren und ihre jeweiligen Wirkungsbereiche, so etwa, wie noch zu zeigen sein wird, bei Marsilio Ficino, der sich mit der Heilung des Körpers ebenso befaßte wie mit der Heilung der Seele.

3

Ein einzigartiges Zeugnis für den Wandel, den das Bild des Philosophen erfahren hat, findet sich in einem großartigen Gemälde von Giorgione mit dem Titel *Drei Philosophen*, das drei rätselhafte, selbstvergessene Gestalten zeigt. Der Jüngste von ihnen, eine sitzende Figur, betrachtet halb verwundert, halb erwartungsvoll etwas, was Leonardo da Vinci die »düster drohende Höhle« genannt hat und womit vielleicht die Höhle Platons gemeint ist. Nach der Identität dieser drei Philosophen zu forschen, hat, nachdem bereits so viele widersprüchliche Mutmaßungen hierüber angestellt wurden, wohl nicht mehr viel Sinn. Vielleicht stehen sie tatsächlich, wie verschiedentlich vermutet wurde, nur symbolisch für drei Philosophen, wie man sie bei Hofe oder an einer Universität finden konnte: ein junger Wissenschaftler, der die Natur erforscht, ein altehrwürdiger Greis und ein Orientale. Sie stellen, dies sei noch einmal hervorgehoben, jenen Typ des Philosophen dar, der sich allmählich im Laufe des 15. Jahrhunderts entwickelte und sich vom mittelalterlichen Gelehrten deutlich unterschied. Was dieses Gemälde jedoch so wertvoll macht, ist, daß es die verschiedenen Stadien seiner Entstehungsgeschichte in sich birgt und uns gestattet, an der Abfolge der übermalten und neugemalten Fassungen die Wandlungen »abzulesen«, die die »Figur« des Philosophen im Laufe der Zeit erfahren hat.

In unserem Jahrhundert, und zwar Anfang der 30er Jahre, wurden (Salvatore Settis hat vor einigen Jahren darauf hingewiesen) die *Drei Philosophen* röntgenographisch untersucht. Aus den damals gemachten Aufnahmen geht hervor, daß die drei Philosophen ursprünglich einmal die Heiligen Drei Könige dargestellt hatten und daß der »Orientale« eindeutig ein Farbiger gewesen war. Außerdem zeigte sich – und in diesem Punkt ist Settis' Interpretation besonders interessant –, daß die Könige astronomische Berechnungen anstellen und den Stern beobachten, der die Geburt Christi ankündigt, jenen Stern, der ihnen, sofern sie seine Position richtig bestimmen, den Weg zum Jesuskind weisen kann: Die Könige sind also nicht einfach Weise, sondern Astrologen. Bekanntlich hatte die Frage nach dem Stern der Könige im 15. Jahrhundert eine äußerst lebhafte Diskussion zwischen Befürwortern und Gegnern der Gerichtsastrologie ausgelöst. Marsilio Ficino hatte eine seiner *Praedicationes* dem Stern der Heiligen Drei Könige gewidmet, und Pico della Mirandola hatte das Thema engagiert wieder aufgegriffen. In der endgültigen Fassung der *Drei Philosophen* werden, wie wir gesehen haben, die Astrologen zu Philosophen – zu solchen allerdings, die den Geheimnissen der Natur nachspüren und zu diesem Zweck (dies trifft zumindest auf den jüngsten zu) beobachten, berechnen und messen. Es handelt sich hier um eine getreue Umsetzung der von Ficino wiederholt geäußerten Auffassung von der zeitlichen Aufeinanderfolge verschiedener Arten von Forschung. Anders gesagt: Der Philosoph ist derjenige, der die Fragen, die Magier und Astrologen immer schon gestellt haben, rational und wissenschaftlich zu beantworten sucht, ohne dabei seine eigene »magische Herkunft« verleugnen zu können.

Auch der Philosoph der frühen Neuzeit beugt sich, wie einst die Magier und Astrologen, forschend über die Höhle. Dies erinnert einerseits an Platon, verweist andererseits aber eindeutig auf Leonardo da Vinci und seinen berühmten *Codex Arundel:*

»Stets begierig, die ungeheure Fülle von allerlei seltsamen Formen zu schauen, welche die findige Natur geschaffen hat, [...] gelangte ich [...] zum Eingang einer großen Höhle, vor der ich staunend eine Zeitlang stehenblieb, weil ich nichts davon wußte. Mit gekrümmtem Rücken, die linke Hand auf das Knie gestützt und mit der rechten die gesenkte, gerunzelte Stirn überschattend, beugte ich mich immer wieder vor, bald dahin und bald dorthin, um zu sehen, ob dort drinnen irgend etwas zu unterscheiden sei; aber daran wurde ich gehindert durch das tiefe Dunkel, das dort herrschte. Und nachdem ich eine Weile so davorgestanden hatte, regten sich plötzlich zwei Gefühle in mir, nämlich Furcht und Begierde: Furcht vor der düster drohenden Höhle und Begierde, zu erforschen, ob dort drinnen etwas Wunderbares sei.«*

Höhlenforschung oder Durchdringung der Welt der Natur bis auf ihren Grund, Befragung der Sterne, das Sezieren von Tieren, das Regieren der Städte und auch die Errichtung derselben, die Behandlung von Melancholie und Wahnsinn: Dies sind einige der Aufgaben, denen sich im 15. und 16. Jahrhundert der Philosoph widmete. Der Terminus »Philosoph« erfuhr damit, im Zuge des tiefgreifenden Kulturwandels jener Zeit und der Wiederentdeckung und neuerlichen Verbreitung der antiken Philosophen, eine allmähliche Bedeutungsveränderung.

Als Johannes Herold 1554 die neue Basler Ausgabe von Petrarcas sämtlichen Werken in vier Bänden in Folio vorlegte *(per Henricum Petri*; nachgedruckt 1581), versuchte er vor allem zu zeigen, daß Petrarca ein Philosoph der Neuzeit war. Schon auf der Titelseite heißt es von Petrarca, er sein ein Philosoph, Redner und Dichter gewesen, der »die wieder aufblühende Literatur und die lateinische Sprache, welche in mehreren Jahrhunderten schrecklicher Barbarei verdorben und fast schon zugrundegerichtet worden war, rettete und ihnen zu neuer Geltung verhalf«. In Petrarcas Werk, so heißt es weiter, finde man die Natur- und Moralphilosophie und die Enzyklopädie aller Freien Künste *(liberalium quoque artium Encyclopediam)* vereint – die neue Enzyklopädie. Doch damit nicht genug: In seinem Einleitungsbrief betont Herold – der nicht umsonst gerade Erasmus und Cardano zitiert, die Petrarca ja sehr schätzten –, der Dichter habe die Philosophie von Natur aus geliebt. Petrarca, so Herold weiter, hätte nicht jener Meister des sprachlichen Ausdrucks sein können, wenn er kein Philosoph gewesen wäre, und Petrarcas Werk sei eine Wiederherstellung der Enzyklopädie der Künste.

Hieran läßt sich zweierlei ablesen: Zum einen wird deutlich, daß Petrarca als der große Intellektuelle, der Vertreter der »wieder aufblühenden Literatur« gesehen wird, als jemand, der an der sich vollziehenden Erneuerung teilhat, ein Literat, der zwar keiner Bildungseinrichtung an-

* *Leonardo da Vinci, Tagebücher und Aufzeichnungen.* Nach den italienischen Handschriften übers. u. hrsg. v. Theodor Lücke. Leipzig[1] 1940, S. 916 f. *[Anm. d. Übers.]*

gehört (Petrarca lehnte einen Lehrstuhl an der Universität ab), dessen Bedeutung aber sowohl von Cardano als auch von Erasmus und Vives anerkannt wird. Zum anderen ist erkennbar, daß diese Art von Bildung als *die* Philosophie überhaupt, und wer über sie verfügt, als *der* Philosoph beschrieben wird. Zudem glaubt man, ein solcher Philosoph müsse in einer gut regierten Stadt notwendig als führende Kraft und Vorbild für die Bürger angesehen werden. »Wer wird denn bestreiten, daß Petrarca und andere Männer seiner Art in wohlgeordneten Staaten zu Recht großes Ansehen genießen? *(Quis igitur negat, vel hunc Petrarcham, vel etiam alios viros huic similes, a rebus publicis bene institutis, merito coli?)*«

Der Name Petrarcas fällt in diesem Zusammenhang nicht ohne guten Grund. Zwar gehört dieser noch in das 14. Jahrhundert, doch die von ihm ausgelöste Polemik und seine Person stehen, in kulturgeschichtlicher Sicht, für den Beginn einer neuen Epoche. Sein berühmter, noch heute oft mißverstandener Dialog mit dem ironischen Titel »Von der eigenen Unwissenheit und der vieler anderer« *(De sui ipsius et multorum ignorantia liber)*, der 1367 vollendet und kopiert, aber erst 1371 veröffentlicht wurde, ist so etwas wie ein Manifest gegen das damalige Philosophieverständnis der Lehrautoritäten und den damaligen Philosophieunterricht. Die Auffassungen, die Petrarca dem entgegensetzte, sollten sich in den darauffolgenden Jahrhunderten durchsetzen. Petrarcas Werk ist nicht von anti-averroistischem und genaugenommen auch nicht von anti-aristotelischem Charakter. Es ist ein Werk, in dem die in den Bildungseinrichtungen jener Zeit vorherrschende Konzeption der Philosophie mit der antiken Philosophiekonzeption konfrontiert wird: Der Philosophie als Kommentar zu einem »Buch« und einem »Autor«, oder vielmehr zu einem bestimmten Buch und einem bestimmten Autor, nämlich Aristoteles, wird die Philosophie als freie, rationale Suche nach der Wahrheit gegenübergestellt. In Petrarcas Augen bleibt Aristoteles durchaus ein großer, ja außerordentlich großer Philosoph – doch ist er nicht der einzige. Für Petrarca gab es auch Platon, von dem er zahlreiche Schriften vor sich auf dem Tisch liegen hatte *(Platonis libros domi habeo)*, Pythagoras und Anaxagoras, Demokrit und Diogenes; es existierten ferner Sokrates, Plotin und Porphyrios, Cicero und Seneca. Jeder dieser Philosophen hat seine eigene Philosophie, seinen eigenen Standpunkt, und pflegt, was nicht übersehen werden darf, den ständigen Dialog mit den anderen Philosophen. Obgleich er dies nicht laut vom Katheder herab verkündete, brachte Petrarca, dem sich bald viele andere anschließen sollten, ein Paradigma ins Wanken. Einer Philosophie, die nichts anderes ist als »Lektüre« und »Kommentar« zu einer im Kern bereits gefundenen Wahrheit, welche es allenfalls zu erläutern und in den Einzelheiten zu entwickeln gilt, wird eine Philosophie gegenübergestellt, die mannigfaltiges Suchen ist: Diskussion, Analyse des Handelns, Pluralität der Konzeptionen von der Welt und vom Leben, Vielseitigkeit und Abwechslung. Die Rückbesinnung auf die Antike ist ein Verzicht, wenn nicht auf die Religion, so doch auf die christlichen, arabischen und jüdischen Philosophien, insofern als es sich um Philosophien handelt, die an bestimmte Religionen gebunden sind. Dieser Verzicht wird geleistet, um eine Philosophie zurückzugewinnen, die ein rationales Fragen des Menschen nach dem Menschen, der Welt und den Dingen ist; insbesondere aber nach dem Menschen, seinem Handeln in der Welt und seiner Bestimmung. Am »ersten März fünfzehnhundertachtzig« leitete Montaigne seine *Essais* mit folgendem Bekenntnis ein: »So bin ich selber, Leser, der einzige Inhalt meines Buches.« Gut zwei Jahrhunderte früher hätte auch Petrarca diesen Satz an den Anfang nicht eines Buches, sondern aller seiner Schriften, seiner Verse, seiner Briefe setzen können. Dieser eine Mensch freilich mit seinen Erfahrungen, seiner Unruhe, seinen Qualen und seinen Widersprüchen war – und dies gilt ebenso für Montaigne – wie ein großer Spiegel: In ihm sah man, durch den Filter der menschlichen Geschichte und deren Zeugnisse – Bücher und Kunstwerke, Glaubensinhalte, Träume und Illusionen –, ein Abbild der menschlichen Gesellschaft, der menschlichen Erfahrungen und Gefühle. Hierhin bestand seine Philosophie. In seinen Traktaten und Briefen, in denen er die Polemik gegen die *Unwissenheit* fortsetzte, griff Petrarca unerbittlich die Logik (die »barbarische« Logik der Briten) und die Physik (eine unsinnige, detailverhaftete Physik) an, um immer wieder den Menschen ins Zentrum aller Erörterungen zu stellen.

Der Mensch Petrarca ist freilich, auch wenn er die Einsamkeit in höchsten Tönen lobt, selbst kein Einsamer. Er reist ununterbrochen durch Europa, er liebt leidenschaftlich (oder hat dieses Gefühl zumindest einmal gekannt), er beweint die Toten, sorgt sich um die Zukunft seines Landes, verhandelt mit Fürsten und Herrschern und ist ihnen – auf seine Art – ebenbürtig. Vor allem aber ruft er sich die ferne Zeit des klassischen Altertums »ins Gedächtnis zurück«, läßt die Werke und die Weisheit der damaligen Zeit wieder aufleben. Seine Philosophie ist kein Stoff für akademische Lehrveranstaltungen, sie ist die Weisheit eines Sokrates, eines

Seneca. Und aus eben diesem Grund ist sie auch die neue Philosophie, jene, die außerhalb der Schulen und *gegen* die Schulen entsteht – die große Philosophie der Denker der griechischen und römischen Antike, die man nun wiederentdeckt.

Von dem Franzosen de Crenaille, der während seiner Gefangenschaft in der Bastille *De remediis utriusque fortunae* und andere Schriften Petrarcas übersetzte, gibt es ein Buch, das im 17. Jahrhundert mehrere Neuauflagen erlebte und das man auch heute nicht ohne tiefe Bewegung lesen kann: *Le sage résolu contre la fortune, ou le Petrarque*. Petrarca, so der Autor, habe ihm geholfen, die schlimmsten Prüfungen durchzustehen. Petrarca, so setzte er hinzu, habe »die Stoiker wieder zum Leben erweckt«, ja sei selbst »an die Stelle der Stoiker getreten«.

Petrarcas Empfindsamkeit auf der einen und sein Ideal vom Weisen auf der anderen Seite trugen nicht wenig zur Entstehung einer neuen Konzeption der Philosophie bei, die bis in das 17. Jahrhundert hinein Gültigkeit haben sollte: einer Philosophie, in der Logik und Physik nur noch eine geringe Rolle spielen; einer Philosophie vom Menschen im Sinne einer Moralphilosophie, einer politischen Philosophie, einer Ästhetik; einer Philosophie, die den Dogmatismus der aristotelischen Schule bekämpft und statt dessen einem philosophischen Pluralismus huldigt. Dieser Pluralismus zeichnete sich im 15. Jahrhundert immer deutlicher ab. Er ließ eine Vielzahl von Konzeptionen nebeneinander gelten, denen gleichermaßen, auch wenn sie sich durchaus nicht auf einen Nenner bringen ließen, zunächst einmal mit dogmatisch unverstelltem Blick zu begegnen ist. Gleichzeitig löste Petrarca, nicht zuletzt durch seine Ausführungen über die Ärzte und die Medizin, eine Grundsatzdiskussion über das Verhältnis der einzelnen Disziplinen zueinander aus – den »Disput der Künste«, eine grundsätzliche Auseinandersetzung über das Verhältnis von Wissen und Handeln, von aktivem und kontemplativem Leben, die die Struktur des enzyklopädischen Wissens überhaupt in Frage stellte.

4

Einer der Kernpunkte der Diskussion um die Renaissance und insbesondere um die Philosophie der Renaissance war über einige Jahrzehnte hinweg (und ist es zum Teil noch heute) die Frage nach dem Einfluß der *stu-*

dia humanitatis auf die Philosophie sowie die Frage, ob es berechtigt sei, große »Humanisten« wie Leonardo Bruni und Lorenzo Valla, Erasmus von Rotterdam und Juan Luis Vives als »Philosophen« zu bezeichnen, und ob diese zum Fortschritt der Philosophie und der Naturwissenschaften beigetragen haben. Umgekehrt fragte man sich auch, ob ein Denker wie Marsilio Ficino, der ohne weiteres den Philosophen zugerechnet werden konnte, gleichzeitig aber ein hervorragender Kenner der antiken Welt und ihrer Dichter war, als Humanist anzusehen war. Nachschlagewerke und Universitäten wurden durchforstet, um herauszufinden, in welchem Sinne die Humanisten diese selbstgewählte Bezeichnung verwendeten, was ihre Lehrinhalte waren und wie die Lehrstühle der bekannten Meister benannt waren. Die tiefgreifende Kulturkrise, die zunächst auf kleine Gruppen der intellektuellen Avantgarde beschränkt blieb, erschütterte schließlich alle Bereiche des Wissens einschließlich der Sprache, ja das gesellschaftliche Leben in seiner Gesamtheit bis hin zur Religion. Und dennoch glaubte man, der Krise dadurch begegnen zu können, daß man sie einfach ignorierte: Man versuchte, sie in eben jenen Bildungsseinrichtungen, in eben jenem kulturellen Rahmen aufzufangen, der durch sie gefährdet war.

Der entscheidende Fehler all dieser Lösungsversuche lag darin, daß man dabei von den bestehenden Universitäten als Bezugspunkten ausging und nicht erkannte, daß gerade die mittelalterliche Universität angegriffen worden und in Mißkredit geraten war: Kultur und Forschung in der Renaissance gruppierten sich um neue Zentren – neue Institutionen wurden gegründet. Mit der Kritik am unkultivierten Latein der Scholastik, am sterilen Terminismus, an der Verabsolutierung der aristotelischen Lehre und an den miserablen, verfälschenden Übersetzungen der Texte des Aristoteles stellte man die Mittel und Wege der Erkenntnis selbst in Frage. In der Philosophie im engeren Sinne ging man sogar noch weiter: Man rüttelte hier an den traditionellen Grenzziehungen zwischen den wissenschaftlichen Disziplinen, ihrer Anordnung und Hierarchie. Die Diskussion über Poesie und Mythen, an der sich Künstler wie Boccaccio, Rechtsgelehrte, Moralisten und Philosophen wie Coluccio Salutati und schließlich auch Denker wie Cristoforo Landino und Marsilio Ficino beteiligten, sollte tiefgreifende Folgen haben; ihr größtes Verdienst aber besteht darin, die allzu starren Grenzen zwischen Philosophie und Poesie, Philosophie und Kunst aufgebrochen und so auch den Weg für die Mode der poetischen Theologien geebnet zu haben.

Untersucht man, wie manche Forscher, das Thema Renaissancephilosophie mit ungeeigneten Kategorien und unzweckmäßigen Unterscheidungen, wird man wohl kaum erkennen können, was an Denkern wie Marsilio Ficino und Giordano Bruno das Geniale und das Originelle war – angefangen bei der Theorie der Imagination bis hin zum häufigen Rückgriff auf Platon und die Platoniker, die davon zeugen, daß nun ein neuer Zugang zur Realität gefunden worden war, eine andere Art, die Wirklichkeit zu begreifen, eine andere Art, Philosophie zu betreiben. Sichtbar wird diese neue Konzeption der Philosophie sowohl im Gebrauch des Dialogs als heuristischem Mittel *par excellence* als auch in der Theorie des Erinnerns (der Theorie vom Gedächtnis und seiner Bedeutung), sowohl in dem zwiespältigen Verhältnis zur Poesie als auch in der Konzeption der Mathematik. Von entscheidender Bedeutung waren dabei stets die sprachlichen und übersetzerischen Probleme, das Verhältnis von Wort und bezeichnetem Gegenstand, die Verwendung des Bildes vom Buch der Natur, von der Welt als Buch: Zu finden galt es die Sprachen und Techniken, mit denen sich dieses Buch entziffern ließ.

Doch lassen wir die Metaphern einmal beiseite: Die neue Philosophie wandte sich bewußt gegen die an den Schulen gelehrte Philosophie und rief provokatorisch zu einem Aufstand der »Grammatiker« auf. Im Jahre 1509 erkannte in Paris der Verleger Josse Bade den »revolutionären« Charakter von Vallas Werk, insbesondere von dessen *Dialectica*, und veröffentlichte diese Schrift, in der »die Grundlagen der Universalphilosophie« behandelt und nicht nur Aristoteles, Boethius und Porphyrius, sondern auch die modernen Philosophen *(recentiores philosophi)* heftiger Kritik ausgesetzt wurden. Für Bade war die *Dialectica* eine Art *Diskurs über die Methode*, der alle wissenschaftlichen Disziplinen betrifft, weil er alle Kategorien in Frage stellt. Der Gestus, mit dem Josse Bade 1509 die Sorbonne, die bedeutendste Universität des Mittelalters, vor den Kopf stieß, wird jedoch besser verständlich, wenn man sich ins Gedächtnis zurückruft, daß Bade auch derjenige war, der im April 1505 Vallas *Adnotationes* (die *Collatio*) zum Neuen Testament veröffentlicht hatte, deren Handschrift von Erasmus in der Abtei Parc bei Löwen gefunden worden war. Daß Erasmus Valla und seine *Elegantiae* (von denen er sogar eine *Paraphrasis, seu potius Epitome* anfertigen sollte) bewunderte, ist bekannt. Die *Adnotationes* aber waren etwas völlig anderes. Die Kollation des lateinischen mit dem griechischen Bibeltext bedeutete, daß das Wort Gottes philologisch, unter Anwendung streng wissenschaftlicher Kriterien, in Frage gestellt wurde. Der »Grammatiker« wurde hier zum Theologen, der die Frage nach der Sprache, dem Text, den Übersetzungen samt ihrer historischen Implikationen stellte und darauf bestand, daß die Erörterung dieser Frage jeder anderen Diskussion vorauszugehen habe. Erasmus hatte sofort die herausragende Bedeutung des Vallaschen Werkes erfaßt und erkannt, was dieses für das traditionelle Wissen bedeutete. Das Verhältnis zwischen »Grammatik«/Philosophie und Theologie wurde von Erasmus in seinem wunderschönen, 1505 an Christopher Fisher gerichteten Brief aufgegriffen, der auch als Vorwort zu Vallas Schrift diente. Keiner der »Großen«, so Erasmus (womit er die echten Gelehrten meint, die von der Sache etwas verstehen), habe je gezögert, Valla »zu den Philosophen und Theologen« zu zählen *(Laurentium* [...] *inter philosophos quoque ac theologos).* Er wisse sehr wohl, schreibt Erasmus, daß Valla nicht wenige Gegner habe und daß diese es nicht ertragen können, daß ein »Grammatiker« sich mit Philosophie und Theologie beschäftige. Doch weist er darauf hin, daß die Dinge, mit denen die Grammatik sich befaßt, »zwar Geringfügigkeiten sind, daß es aber ohne sie niemand zu etwas bringen kann«. Die Grammatik werfe »geringfügige Fragen« auf, die aber »schwerwiegende Folgen nach sich ziehen«. Ohne genaue und fundierte Kenntnisse der Sprache und der Diskursstruktur sei es unmöglich, den Sinn eines Diskurses wirklich zu erfassen. Erasmus hatte demnach erkannt, daß sich hier keineswegs eine bestimmte Disziplin – die Grammatik – die Rolle der Philosophie und Theologie anmaßen wollte, sondern daß vielmehr eine bestimmte Methode der Textlektüre und Interpretation an die Stelle anderer Methoden treten sollte. Ohne die Sprache zu kennen, ohne mit ihrer Struktur vertraut zu sein und ohne sich den kulturgeschichtlichen Kontext vergegenwärtigt zu haben, in dem ein Text entstanden ist, ist jeder Versuch, ihn zu verstehen, sinnlos. Handelt es sich dann noch um Übersetzungen von Texten, die selber Übersetzungen sind, so muß man sich die gesamte Problematik des Übersetzens – den diffizilen Vorgang des Transfers eines Textes von einem sprachlichen und kulturellen Kontext in einen anderen – vor Augen führen. Nicht umsonst stellte die Veröffentlichung des *Neuen Testaments* auf Griechisch und Latein im Jahre 1516 bei Johannnes Froben einen von Erasmus bewußt vollzogenen, durch und durch revolutionären Akt dar: Die philologische Exegese der Bibel kam in Wirklichkeit einer grundlegenden Erneuerung der »christlichen Philosophie« gleich, die in engem Zusammenhang mit dem *Enchiridion militis christiani* (dt. Handbüchlein des christlichen

Streiters) von 1503 (und 1515) zu sehen war sowie mit der *Institutio principis christiani* (aus dem Jahre 1516) und der *Querela pacis* (von 1517), d.h. mit jenem christlich geprägten Humanismus, dessen europäischer Hauptvertreter Erasmus war.

Valla und Erasmus: Beide sind sie, wenn auch auf verschiedene Weise und in unterschiedlichem Maße, Philosophen und große Intellektuelle, wie sie für das Zeitalter der Renaissance typisch sind – Humanisten mit einer soliden philologischen Bildung, die sie aber für eine unermüdliche Reformtätigkeit und eine neuartige Konzeption von Leben und Welt nutzbar machen. Beide sind stark beeinflußt von den klassischen Philosophen und stehen der weltlichen Macht der Kirche und dem peripatetischen Christentum der Scholastik kritisch gegenüber. Sie pflegen Umgang mit Fürsten und Päpsten, und die Werke, die sie für diese schreiben, stoßen auf große Resonanz. Valla, der sich in den *Elegantiae* ebenso mit der linguistischen Analyse der Bezeichnung »Person« wie mit der Dreifaltigkeit befaßt und dabei gegen Boethius polemisiert, nimmt in *De voluptate*, das 1512 ebenfalls bei Josse Bade verlegt wurde, eine gewagte und originelle Neubewertung Epikurs im Rahmen des christlichen Denkhorizontes vor – jenes Philsophen, dessen Lehre in Europa im frühen 16. Jahrhundert nach dem Erscheinen der *Collatio* und der *Dialectica* erneut Verbreitung fand (die Neubewertung Epikurs sollte Valla in späteren Fassungen allerdings teilweise selber wieder zurücknehmen). Erasmus, der unpassenderweise oft mit Voltaire verglichen wird, war überzeugter Vertreter eines streng christlichen Humanismus; wie Valla mit seinen *Elegantiae* legte er mit den *Adagia* und den *Colloquia* Werke vor, die dem europäischen Publikum das große Erbe der Antike nahebrachten – Werke, denen nichts vom schulmeisterlichen Klassizismus neuzeitlicher Prägung anhaftete, sondern die von einem kritischen Bewußtsein durchdrungen waren, das im *Moriae encomium* (dt. Lob der Torheit) auf die deutlichste und wohl auch tragischste Weise zum Ausdruck kommt. Das Nachdenken über Valla und Erasmus, über ihren unterschiedlichen Einfluß und ihre unterschiedliche Rezeption ermöglicht es uns, den Zusammenhang zwischen Humanismus und Philosophie – der »neuen«, für das Zeitalter der Renaissance charakteristischen Philosophie, die keine »scholastische« mehr ist – zu erkennen.

5

Tatsächlich muß einmal in aller Deutlichkeit festgestellt werden daß es nicht um *neue* Philosophen, sondern um Philosophen an sich geht, denn den Typus des »Philosophen« (und Naturforschers) gibt es erst seit der Renaissance und der *Wiedergeburt* des Philosophen (und Naturforschers) antiker Prägung. Zwischen dem Philosophen der Neuzeit und dem der Antike bestehen komplexe Beziehungen: Letzterer wird als ein Vorbild gesehen, doch ist gleichzeitig klar, daß es nicht genügt, diesem blind nachzueifern. So strebt der neue Philosoph, der sich den Anforderungen der neuen Zeit gegenübergestellt sieht, auch nach Unabhängigkeit von seinem antiken Modell. Die Wahrheit, beziehungsweise die Philosophie (und ebenso die Naturwissenschaft), wird nun nicht mehr als etwas begriffen, das sich in einem Buche finden ließe, das *ex cathedra* kommentiert und dessen Kommentar später wieder kommentiert wird (Averroës und Thomas von Aquin kommentieren Aristoteles, Johannes von Jandun und Tomaso de Vio kommentieren Averroës und Thomas von Aquin usf.). Die Suche nach der Wahrheit erfolgt auch unabhängig von jedweder religiösen »Offenbarung«, sei sie nun jüdisch, christlich oder islamisch. Die Wahrheit wird vielmehr in der Erfahrung der Welt und der Geschichte der Menschen gesucht. Zwar wird die so gewonnene Einsicht auch abgewogen gegen das, was in den Büchern steht, doch betrachtet man diese nur als Zeugnisse menschlichen Bemühens, die einer rationalen Beurteilung zu unterziehen sind. Mit der Renaissance schließt sich also ein Kreis, und man kehrt, wie Machiavelli es ausdrückte, zu den Anfängen zurück.

Nikolaus von Kues, der wohl als der größte Philosoph des 15. Jahrhunderts gelten kann, äußerte sich in einer bedeutenden Schrift aus dem Jahre 1433 zu der Wiederentdeckung der Antike: »Wir sehen, daß alle großen Geister der heutigen Zeit, auch die bedeutendsten Gelehrten der Freien und der Mechanischen Künste, sich leidenschaftlich den Dingen des Altertums zuwenden, so als dürfe man hoffen, daß bald ein Kreis sich schlösse *(ac si totius revolutionis circulus proximo compleri speraretur)*.«

Und wirklich schloß sich ein Kreis: Der »Baum« der Erkenntnis veränderte seine Gestalt, und mit ihm wandelte sich das Verhältnis der Disziplinen zueinander. Für die mit der Forschung und der Lehre betrauten Einrichtungen, die mittelalterlichen Universitäten, wurde es zunehmend schwerer; überall entstanden neue Stätten der Begegnung und der Zusammenarbeit, neue Institutionen, die sich der Forschung und der Wissensvermittlung annahmen und deren Verhältnis zu den Universitäten nicht selten zwiespältig war. Hinzu kam, daß nun, da man sich wieder mit der Antike befaßte, da immer mehr Gelehrte das Griechische beherrschten und man die lateinischen Autoren einen nach dem anderen wiederentdeckte, der Kanon der »Autoren« und »Autoritäten« sich rasch veränderte. Vor allem auf dem Gebiet der Naturwissenschaften und der Philosophie wurde eine neue Bibliothek zugänglich, die allerhöchsten Ansprüchen genügte. Dies hatte innerhalb kurzer Zeit in vielen Disziplinen revolutionäre Folgen. Nun konnte man wieder Platon und Plotin, aber auch Archimedes und Pappos lesen; Proklos und Iamblichos, aber auch Heron von Alexandra und Claudius Ptolemäus. Mit der Umgestaltung der Bibliotheken ging eine Neuordnung des Wissens einher. Schon Coluccio Salutati hatte sich gefragt, welcher Zusammenhang wohl für einen Heiden zwischen Poesie und Theologie bestehen könne, in welcher Beziehung Astronomie, Astrologie und Philosophie zueinander stünden und welcher Stellenwert der Moralphilosophie und der Politik zukomme. Charakteristisch für den *uomo universale* der Renaissance ist, daß für ihn zwischen den einzelnen Wissensgebieten und Bereichen menschlichen Wirkens keine klaren Grenzen mehr bestehen. So werden seine Bilder zu philosophisch-politischen Abhandlungen oder, wie im Falle Raffaels, zu einem Mittel, Diogenes Laertius und das Leben der Philosophen zu illustrieren. Sein Traktat über die Sittenlehre erhält die Form eines Gedichts; seine Abhandlung über Architektur wird zu einem Buch über den Staat, und ein Werk über Malerei nimmt einmal die Gestalt einer philosophischen Abhandlung, ein anderes Mal die einer Studie über die Grundlagen der *perspectiva* an. Überdies mußte man, wollte man einen Autor wie Proklos übersetzen, sowohl Philosoph als auch Mathematiker sein und vor allen Dingen gut Griechisch können; und wollte man ihn wirklich gründlich verstehen und kommentieren, bedurfte es eines noch viel größeren Wissens. So war es, zumindest anfangs, im Grunde unerläßlich, daß sich die Gelehrten sowohl mit dem Studium der alten Sprachen als auch mit dem der Naturwissenschaften und Philosophie befaßten, auch wenn man sich später um eine Zusammenarbeit zwischen Philosophen, Philologen und Naturforschern bemühen sollte. Als zu Beginn des 15. Jahrhunderts der griechische Text der *Geographie* des Ptolemäus zugänglich wurde, plante nicht nur Jacopo Angeli da Scaperia, sondern auch der Philosoph Leonardo Bruni eine lateinische Übersetzung (die Übersetzung des Jacopo Angeli entstand zwischen 1406 und 1410). Der Text war bekanntlich ohne die Landkarten überliefert worden; diese wurden dann von Geographen aufgrund der Angaben, die sie bei Ptolemäus fanden, neu gezeichnet. So trat im Laufe der Zeit an die Stelle des Philologen, der zugleich Philosoph und Naturwissenschaftler war, die Zusammenarbeit von Vertretern verschiedener Fachgebiete. Die Ausgabe der *Geographie (Cosmographia)*, die 1477 (allerdings mit der Jahresangabe 1462) in Bologna erschien und die auch die lateinische Übersetzung des Jacopo Angeli enthielt, wurde von einem ganzen Team von Wissenschaftlern betreut: Girolamo Manfredi, Pietro Buono Avogadro, Galeotto Marzio, Cola Montano und Filippo Beroaldo.

Im übrigen verschoben sich vor allem dort, wo der Einfluß der neuen humanistischen Bildung besonders groß war (so auch an den Universitäten), im Verhältnis der einzelnen Fächer und Lehrmethoden allmählich die Schwerpunkte. 1473 äußerte ein Verwaltungsbeamter der Universität Florenz den Wunsch, man möge doch völlig davon absehen, Ordensbrüder für den Philosophieunterricht einzustellen, da die Schüler ihrer überdrüssig und nicht länger bereit seien, die *fratesca ingenia, ac fratescas et crassissimas doctrinas* über sich ergehen zu lassen.

Es handelte sich um eben die Universität Florenz, die, folgt man den Äußerungen Philipp Melanchthons, der als zuverlässiger Informant gelten darf, in Europa bekannt dafür war, daß sie zur Auslegung der antiken griechischen Philosophen renommierte byzantinische Lehrer wie den großen Johannes Argiropulos berufen hatte: Argiropulos las die Schriften des Aristoteles im Original; um ihn zu kommentieren, zog er alle Denker der griechischen Antike heran, und in der Abgeschiedenheit seiner Gelehrtenstube stellte er Vergleiche zwischen Aristoteles und Platon an; und Argiropulos war, wohlgemerkt, Philosophiedozent an einer öffentlichen Institution. Dennoch darf nicht übersehen werden, daß an der Universität Florenz ein Philologe wie Angelo Poliziano unterrichtete, der, als erster in Europa, in einem seiner Kurse über die lateinische Komödie weitgehend auf die Poetik des Aristoteles zurückgriff und einen Kurs über Logik mit einem so außergewöhnlichen Text wie seiner *Lamia* eröffnete. Interessant ist auf jeden Fall, daß am 25. Oktober 1499 die Philosophieprofessoren dazu verpflichtet wurden, Aristoteles künftig nur noch im Original zu lesen und ihren Kommentar auf den Originaltext zu stützen, so daß sie sich in ihrem Unterricht nicht länger, wie es damals üblich war, darauf beschränken konnten, einfach einen bereits vorhandenen Kommentar Wort für Wort herunterzulesen.

So wurde die Spaltung zwischen den *fratesca ingenia* mit ihren *crassissimae doctrinae* (es waren dies jene sich müde dahinschleppenden physikalischen, metaphysischen und theologischen Dispute der Spätscholastik des 14. Jahrhunderts) und der »neuen« Philosophie (der wiedergeborenen Philosophie der Antike) auf dem Wege über die neue Philologie und deren Forderungen auch in den Universitäten spürbar. In den Städten und an den Höfen aber machte sie sich noch stärker bemerkbar: Hier setzten sich nun ganz andere Fächer und ganz andere Lehrer durch. An den Universitäten, in denen die Lektüre des Aristoteles ja Pflicht war, zeigte sich der griechische Philosoph in einem neuen Gewand, dem griechischen Original, und man begann nun, dem Weg zu folgen, den große griechische Kommentatoren wie Alexander von Aphrodisias gewiesen hatte – Kommentatoren, deren Standpunkte sich nur schwer mit den herrschenden Lehrmeinungen vereinbaren ließen. Vor allem aber wurden nun auch an die alten Philosophen neue Fragen gestellt: Zum einen die nach dem Verhältnis von Poesie und Geschichte, die auch schon von Valla gestellt worden war; hier ging es um die *Poetik*, die im Europa des 16. Jahrhunderts im Mittelpunkt der gelehrten Diskussion stehen sollte. Und zum anderen die nach dem Verhältnis von Politik und Moral. Die Antwort auf diese Fragen gaben Fachleute, die selbst in den entsprechenden Bereichen tätig waren: Dichter und Schriftsteller, Stadtverordnete und Sekretäre aus den Kanzleien der freien Städte, Höflinge und Staatsmänner. Unter ihnen waren zum Beispiel Gelehrte wie Leonardo Bruni, der in der ersten Hälfte des 15. Jahrhunderts der meistgelesene Humanist Europas war, jener Historiker und herausragende Politiker, der die moralphilosophischen wie die politischen Schriften des Aristoteles übersetzte und kommentierte und der erreichte, daß dieser neue Aristoteles zum Gegenstand gelehrter Auseinandersetzungen wurde. Kurzum, Politiker und Historiker selbst waren es, die nun über Politik und Geschichte nachdachten, d.h. philosophierten: Sie setzten sich kritisch mit den Problemen und Erfahrungen auseinander, die sie aus unmittelbarer Anschauung kannten und griffen auf die maßgeblichen Autoren, auch wenn sie diese durchaus zu schätzen wußten, nur zurück, um Vergleiche zu ziehen oder ihre eigenen Ansichten zu untermauern und nicht, um deren Lehre zu übernehmen. Zu ihnen gehörten später auch Männer wie Niccolò Machiavelli, der mit seiner unorthodoxen Lehre über Jahrhunderte hinweg den Vertretern der offiziellen Philosophie Kopfzerbrechen bereiten sollte.

Die »Kulturrevolution«, die mit der plötzlichen Wiederkehr der antiken Philosophen einhergegangen war, führte nicht nur zu einer Neuordnung der wissenschaftlichen Disziplinen und war nicht allein auf die Bildungseinrichtungen beschränkt. Sie bewirkte auch, daß sich ein neues Selbstverständnis des theoretischen Denkers (des »Philosophen«) formte, der nun kritisch über die von ihm gemachten Erfahrungen reflektierte und nicht mehr nur theoretisierte, sondern selbst handelte.

Das beste Beispiel für diesen neuen Philosophen ist Marsilio Ficino, der in der europäischen Kultur des 15. und 16. Jahrhunderts eine entscheidende Rolle spielte. Er war Arzt und Sohn des Leibarztes von Cosimo dem Älteren. Wo er sein Medizinstudium begann, ist nicht bekannt, ebensowenig, ob er es zu Ende führte. Fest steht jedoch, daß er sich mit medizinischen Fragen beschäftigte und hierzu auch mehrere Schriften verfaßte. In der zweiten Hälfte des 15. Jahrhunderts begann er, eine ganze platonische und neuplatonische Bibliothek aus dem Griechischen zu übersetzen, bis hin zu Psellos, einem Philosophen des byzantinischen Mittelalters. Im Zentrum seiner Arbeit standen Platon und Plotin, die er nicht nur vollständig übersetzte, sondern auch kommentierte. Seit 1463 (die gedruckte Ausgabe stammt allerdings von 1471) beschäftigte er sich jedoch auch mit der hermetischen Tradition und ihren Vertretern, die, so glaubte er, Theologen längst vergangener Zeiten waren und möglicherweise zeitgleich mit Moses, auf keinen Fall aber später gelebt hatten. Nach Ansicht Ficinos hatten sie die gemeinsame Grundlage aller unter den Menschen existierenden Glaubensvorstellungen geschaffen und konnten Trost und Stütze für alle jene sein, die für die Verwirklichung jenes Ideals des Friedens und des Glaubens kämpften, das Nikolaus von Kues kurz zuvor in einem großartigen Dialog formuliert hatte: dem *De pace fidei*. Der Kusaner hatte diesen Text im September 1453 geschrieben, kurz nachdem Konstantinopel von den türkischen Truppen unter Mehmed II. erobert worden war. Nikolaus von Kues war ein großer Philosoph, stets offen für naturwissenschaftliche Fragen, doch unterrichtete er nicht an der Universität und stand den Auseinandersetzungen der Spätscholastik fern; er war ein Mann der Tat, der – als Kurienkardinal – in einer von Schismen und Konzilien geprägten Zeit eine wichtige gesellschaftliche Position innehatte. Auch Marsilio Ficino war eine bedeutende Persönlichkeit, die sich unter Herrschern und Fürsten bewegte, die keiner Universität angehörte, sondern im Kreise seiner »Mitphilosophen«

in jener Villa in Careggi unterrichtete, die Cosimo de' Medici zum Sitz der neuen Platonischen Akademie auserkoren hatte. Die hermetische Tradition, jene einzigartige und faszinierende, vom Geiste des Neuplatonismus durchdrungene Mischung, die Ficino mit nichtchristlicher Gnosis, Magie und Astrologie kombiniert hatte, stieß ab 1471 auf außerordentlich großes Interesse und fand allerorts ihren Niederschlag: in der Dichtung wie in den bildenden Künsten, in religiösen Auseinandersetzungen wie in den Sitten und Gebräuchen. Sehr bald sollte diese synkretistische Lehre auch bis in die fortschrittlichen Pariser Kreise des Jacques Lefèvres d'Estaples vordringen, jenes Theologen, der 1514 eine Gesamtausgabe des Werkes von Nikolaus von Kues besorgte; Lefèvres erklärte, er liebe Ficino wie einen Vater *(»amore Marsilii Ficini, quem tamquam patrem«).* Im Jahre 1515 dann begann ein vom Geruch des Teuflischen umgebener Philosoph, Heinrich Cornelius Agrippa von Nettesheim, an keinem geringeren Orte als der Universität Pavia einen Kurs über Hermes Trismegistos mit einem Vortrag, der über weite Strekken eine Abschrift Ficinischer Schriften war.

So fand Hermes Trismegistos, der durch die Übersetzungen und Empfehlungen Marsilio Ficinos bekannt wurde, im 16. Jahrhundert immer größere Verbreitung. Hermetismus bedeutete vor allem Verherrlichung des Menschen: Der Mensch war nichts Geringeres als der hermetische Gott Anthropos in Menschengestalt, ein »großes Wunder«, wie Giovanni Pico della Mirandola in seiner berühmten Schrift immer wieder betonte. Hermetismus bedeutete, die Welt als universales Leben und universale Liebe, als universales Licht (und universale Begreifbarkeit) zu sehen. In einem seiner meistgelesenen Werke, das im ganzen 16. Jahrhundert überall verbreitet war und viele Male nachgedruckt wurde, den *Büchern vom Leben (De vita libri tres)*, spricht Ficino immer wieder vom Leben des Universums, von einem kosmischen Leben, das sich vom Himmel ergießt und die Erde in einer Vereinigung alles Seienden fruchtbar macht. Das universale Licht und die universale Liebe werden hier als Substanz und Triebkraft des Ganzen begriffen. In einer *Apologie*, die er verfaßte, um sein Werk gegen den Vorwurf der Magie zu verteidigen, der trotz der Protektion Lorenzo de' Medicis aus kirchlichen Kreisen gegen ihn erhoben wurde, schrieb Ficino: »Der Himmel, Bräutigam der Erde, berührt diese nicht und vereinigt sich auch nicht mit ihr, wie gemeinhin angenommen wird. Mit den Strahlen der Sterne, die seine Augen sind, umfaßt er die Braut, und in der Umarmung befruchtet er sie und bringt die Lebewesen hervor. Werden wir denn wirklich behaupten wollen, daß der Himmel, der mit seinem Blick allein allerorts Leben verbreitet, selber ohne Leben sei?«

Die Bücher vom Leben (De vita libris tres), Das Buch von der Liebe, Die Lust (De voluptate), Das Buch von der Sonne und vom Licht (De sole et lumine), ferner verschiedene Übersetzungen und Kompendien, die Kommentare enthalten, so »Die Geheimnisse des Iamblichos«, »Die Phantasie des Priscianus«, »Die Dämonen des Psellos« und »Die Träume des Synesios«: Diese mit eindrucksvollen Titeln versehenen Werke waren es, die, zusammen mit den großen Übersetzungsarbeiten und den Kommentaren, Ficinos Namen überall bekannt machten und auf nahezu allen Gebieten ihren Einfluß ausübten. So erforschte man wenig bekannte Bereiche wie die Welt der Phantasie, gab sich dem Reiz des Okkulten und den Verführungen der Magie hin, schuf durch die Verbindung von Lukrez und Plotin ein eindrucksvolles Geflecht von Poesie und Philosophie und bewegte sich in jenem großen Jahrhundert der Kunst ständig auf der Grenze zwischen Poesie und bildenden Künsten. Hier und nicht so sehr in der Systematisierung der *Theologia platonica* liegt der Grund für die große Popularität, derer sich Ficino sogar noch gegen Ende des 16. Jahrhunderts erfreute. Wie ein Zeitgenosse berichtet, wurde Giordano Bruno, als er im Sommer des Jahres 1583 eine Reihe von Vorträgen in Oxford hielt, von einem gebildeten Zuhörer (vermutlich dem Arzt Culpepper) bezichtigt, das dritte Buch aus dem *De vita*, das berühmte *De vita coelitus comparanda* plagiiert zu haben; Bruno sah sich gezwungen, seinen Vortrag abzubrechen. Es ist schwer zu sagen, was hier mehr beeindruckt: Daß Bruno auf Marsilio Ficino zurückgriff oder daß der gebildete Engländer so vertraut mit den Werken des italienischen Philosophen war.

Ficino war Vertreter des Platonismus in einer Zeit, in der die Autorität des Aristoteles erschüttert war, doch begegnete er Aristoteles mit derselben Achtung, die er allen großen Denkern der Antike, einschließlich Epikur, entgegenbrachte. Er vertrat die Auffassung, daß alle Religionen eine gemeinsame Wurzel in einer *prisca theologia* hätten. So überzeugt war er von der religiösen Bedeutung der platonischen Tradition, daß er 1487 eine »Lesung« Plotins in der Angioli-Kirche durchführte, womit er bei Pietro Dolfin, dem Ordensgeneral der Kamaldulenser, große Aufregung verursachte. Er beeindruckte nicht wenig, als er 1489 mit voller Überzeugung die Auffassung vertrat, daß der Philosoph ein Magier sei, da er sich mit Naturwissenschaft befasse und auch selber auf die Natur einwirke. Hiermit griff er die These Pico della Mirandolas wieder auf (die im übrigen bereits verurteilt worden war), daß die »Magie der Natur« die praktische Seite der Naturwissenschaft darstelle. Ficino ließ auch keinen Zweifel daran, daß er, zumindest innerhalb gewisser Grenzen, die Astrologie vom Geruch einer unseriösen Disziplin befreit wissen wollte: Er sah in ihr eine Wissenschaft, die die Naturkräfte erforscht und sich zunutze macht. »Der Landwirt«, so Ficino, »bereitet Feld und Samen darauf vor, die himmlischen Gaben zu empfangen [...], und etwas Ähnliches tun der Arzt und der Chirurg in unserem Körper, sei es, um unsere Natur zu kräftigen, sei es, um diese besser an die Natur des Universums anzupassen.« Dasselbe tue auch »der Philosoph, der sich auskennt in den Dingen der Natur und des Himmels, jener Philosoph, den wir eigentlich Magier zu nennen gewohnt sind«.

Es ist hier gewiß nicht der Ort, die Frage nach der Ficinischen Magie zu erörtern. Außer Zweifel steht jedoch, daß Ficino häufig magische Texte benutzte und sich eingehend mit Talismanen beschäftigte, von deren Wirksamkeit er überzeugt war. Bemerkenswert ist auch, daß noch im 16. Jahrhundert ein vornehm ausgestattetes Büchlein im Umlauf war, von dem sogar mehrere Neudrucke angefertigt wurden: Ein Band, der einen Großteil jener Ficinischen Übersetzungen enthielt, die nicht nur hermetisch, sondern im eigentlichen Sinne »magisch« zu nennen sind.

6

Ohne Zweifel war auch Giovanni Pico, der Graf von Mirandola und Concordia, ein »Philosoph«, oder genauer gesagt, einer jener »neuen« Philosophen von der Art Marsilio Ficinos. Pico, der aus einer sehr wohlhabenden und einflußreichen Familie stammte, gehörte zu den komplexesten und bedeutendsten Figuren des 15. Jahrhunderts. Er selber lehrte nicht an einer Universität, wenngleich er Verbindungen zu zahlreichen berühmten Professoren pflegte und sich eine Anhängerschaft wünschte. Ebenso wie Ficino war auch Pico della Mirandola ein Verfechter des Hermetismus; man findet ein Zitat aus den hermetischen Schriften am Anfang seines bekanntesten Werks, der Abhandlung vom Menschen: »Ein großes Wunder ist der Mensch, o Äskulap.« Doch anders als Ficino verband er den Hermetismus mit der jüdischen Kabbala, mit der er sehr schnell vertraut war und die ihn begeisterte, da er in ihr den Schlüssel zur religiösen Wiedervereinigung von Juden und Christen vermutete. Aristotelisch gebildet, entdeckte er jedoch bald Platon und Plotin und äußerte sich in einträchtiger Zwietracht mit Ficino zur platonischen Theorie der Liebe. Aristoteles schätzte er allerdings auch weiterhin. Er träumte von einer »Eintracht« unter den Philosophen, da er überzeugt war, daß sie alle von demselben Streben nach Wahrheit erfüllt seien; zwar würden sie die Wahrheit von verschiedenen Standpunkten aus betrachten, doch seien diese letztendlich miteinander vereinbar. Zwar beherrschte Pico das Griechische und verehrte die Alten, doch hütete er sich davor, die Scholastiker pauschal zu verurteilen; er erkannte vielmehr an, daß einige von ihnen eine bedeutende Rolle spielten.

Entschieden setzte Pico sich dafür ein, daß die Vernunft zu ihrem Recht kam. So wandte er sich auch gegen eine Astrologie, die sich als Kunst des Wahrsagens verstand und den Anspruch erhob, mit Hilfe des Horoskops spezifische Ereignisse (die Zufälle, die den einzelnen betrafen) auf kosmische Ursachen wie das Licht oder die Wärme zurückführen zu können. Die mathematische Astrologie hingegen, die sich mit der Untersuchung der Gesetze befaßt, die den Bewegungen der Himmelskörper zugrundeliegen, verteidigte er. Ablehnend stand Pico der nekromantischen Magie gegenüber, die Magie der Natur aber befürwortete er: Erst hier, so glaubte er, konnte die Naturwissenschaft ihre volle Wirkung entfalten. Er wurde nicht müde zu betonen, daß der Magier »die Welt zusammenführt«, d.h. versucht, zu neuen Erkenntnissen zu gelangen, indem er sich die natürlichen Verhältnisse der verschiedenen Kräfte zunutze macht. Während Ficino in Schriften von großer ästhetischer Wirkung immer wieder die Vermählung von Himmel und Erde hervorhob (wobei er von Lukrez das Motiv von Liebe und Leben des Universums übernahm, jenen Kräften, die allem inhärent sind und alles Lebendige hervorbringen), war Pico darauf bedacht, die Grenzen zwischen realen, nachweisbaren Vorgängen und willkürlich vorgenommenen, imaginären Verknüpfungen genauestens zu bestimmen. Hierin liegt vielleicht auch der entscheidende Unterschied zwischen den beiden Philosophen, die miteinander befreundet waren, wenngleich Pico gegen Ficino polemisierte: Pico gab sich in weitaus geringerem Maße als Ficino dem Imaginären, der Kraft der Phantasie hin.

Vermutlich ist dies auch der Grund dafür, daß Pico mit beredter Zunge die Fachsprache der Philosophen verteidigte, dabei aber übersah, worum es den »Humanisten« bei ihrer Diskussion um die Sprache eigentlich ging. Am 5. April 1485 hatte Ermolao Barbaro in einem Brief an Pico geschrieben, er freue sich, daß er neben Aristoteles nun auch Platon kenne (»denn von Aristoteles kann man nicht sprechen, wenn man ihn von Platon trennt«). Er betonte, wie erfreut er darüber sei, den barbarischen Stil der Scholastiker abgelegt zu haben, die sich einbildeten, noch zu leben, in Wirklichkeit aber schon längst gestorben seien (»diese Germanen und Teutonen, die nicht einmal wirklich lebten, als sie noch am Leben waren, [...], diese niedrigen, ungebildeten, barbarischen Grobiane«).

Barbaro war ein typischer Vertreter des »neuen« Philosophen: Er stammte aus einer Familie, in der Adel und Bildung sich trafen, beherrschte das Griechische und interessierte sich sehr für die Naturwissenschaften. Als hervorragender Kenner der Schriften des Plinius und des Dioskurides war er der festen Überzeugung, daß man, solange man die Terminologie, die in einem wissenschaftlichen Werk verwendet wurde, nicht genau verstand, auch von der betreffenden Wissenschaft nichts verstehen könne. 1485 vertraute er einem Freunde an, er habe in Padua eine Vorlesung über die moralphilosophischen Schriften des Aristoteles gehalten und anspruchsvolle Ämter bekleidet; er habe, so fügte er hinzu, sich vorgenommen, die Physik, die Theologie, die Poetik und die Rhetorik des Aristoteles anhand des griechischen Originals zu erläutern, wobei er auf die griechischen Kommentare zurückgreifen wolle. Die lateinischen und arabischen Scholastiker, so wurde er nicht müde zu betonen, hätten bloß die Griechen plagiiert, und um dies zu beweisen, habe er »sich einen Spaß daraus gemacht«, Themistios zu übersetzen.

Pico antwortete ihm am 3. Juni 1485 mit einem berühmt gewordenen Brief, *De genere dicendi philosophorum*, der sich fast wie eine Apologie der Scholastiker liest (auch wenn Leibniz dies später bestreiten sollte): »Berühmt waren wir, Ermolao, und werden es auch künftig sein, jedoch nicht in den Schulen der Grammatiker, nicht dort, wo man die Jungen unterrichtet, sondern in den Zusammenkünften der Philosophen und in den Kreisen der Weisen, in denen nicht über die Mutter der Andromache, die Kinder der Niobe und ähnliche Belanglosigkeiten, sondern über die tieferen Gründe der menschlichen und göttlichen Dinge gesprochen wird.« Der Brief Picos löste, nicht zuletzt wegen seiner vollendeten Form, ausgedehnte Diskussionen aus. Barbaro antwortete ihm sofort in sehr scharfsinniger Weise. Er machte ihn darauf aufmerksam, daß doch gerade er, Pico, vor allem um eines bemüht sei: Um Genauigkeit der Sprache, um Präzision und Eleganz des Ausdrucks. Barbaro wußte sehr wohl, daß es, auch wenn von der Form die Rede war, in Wirklichkeit um Philosophie ging, und zwar um die *neue* Philosophie. Sicher, die Philosophie bestehe nicht aus Worten, sondern aus Inhalten *(philosophiam rebus constare)*, doch gerade deswegen sei es nötig, daß die Worte die Inhalte exakt wiedergeben und diese nicht von ungeeigneten Ausdrücken verdorben werden *(sordidis verbis et ignobilibus inquinari, contaminari, pollui non debere)*. Barbaro war sich darüber im klaren, daß es hier nicht um Zierat, sondern um Klarheit und Genauigkeit – um Eindeutigkeit – ging.

In jenem Jahr, in dem Barbaro seinen Brief schrieb (1485), hatten Ficino und sogar Pico (aber vor ihnen auch andere wie Giannozzo Manetti) damit begonnen, sich bei der Abfassung philosophischer Werke auch des Italienischen zu bedienen. Die Tage des »Gelehrtenjargons« waren endgültig gezählt. Doch damit nicht genug: Die Vertreter der neuen Philosophie schufen nunmehr Werke, die an ein *anderes* Publikum gerichtet waren; sie waren angenehm kurz, lesbar und somit einer breiten Leserschaft zugänglich. Selbst unter der Feder Pomponazzis, der doch ein Universitätsgelehrter war (wenn auch einer, der durch provozierendes Auftreten häufig Anstoß erregte), verwandelte sich die Unsterblichkeit der Seele in einen lieblichen Duft, der zudem noch in Form eines handlichen Büchleins angeboten wurde. Ebenso legte Pomponazzi seine Theorie vom Verhältnis der Wunder, Verzauberungen und »Phantasien« in einem hübschen, um Ficinische Themen gewobenen Bändchen vor.

Neu war auch, daß die Philosophen der Renaissance ihre Gedanken nicht mehr nur in ermüdenden und unverständlichen Vorträgen äußerten, bei denen sie überdies sehr oft voneinander abschrieben, sondern in meist elegant formulierten Briefen, die zum Teil bereits im 15. Jahrhundert in der Volkssprache abgefaßt wurden. So trat an die Stelle des Lateins der Scholastiker, das zu einem schauerlichen, nur für Eingeweihte verständlichen »Jargon« verkommen war, über den sich die Dichter in den »makkaronischen« Versen lustig machten, zunächst ein klares, verständliches Latein und schon wenig später sehr häufig die Volkssprache. Mit anderen Worten, Naturwissenschaft und Philosophie – die »neue« Naturwissenschaft und die »neue« Philosophie – wandten sich nun an ein anderes Publikum, dem sie, auf eine andere Weise als zuvor, andere Dinge mitteilten. Wie einige Autoren des 16. Jahrhunderts ausführen (in Italien z.B. Alessandro Piccolomini und Sperone Speroni), konnte nicht länger übersehen werden, daß nun auch die Frauen, die Kaufleute und Verwaltungsbeamten sowie all jene, die weder Zeit noch Lust hatten, Latein und Griechisch zu lernen, sich der Lektüre widmen, sich bilden wollten. Es verstand sich von selbst, daß »Philosophie« in diesem Sinne zugleich Logik und Sittenlehre, Politik und Poetik, Naturwissenschaft und Psychologie umfaßte und somit tatsächlich etwas völlig Neues bedeutete.

Dies war auch der Grund, weshalb der durch die Auseinandersetzung zwischen Pico und Barbaro ausgelöste Disput sich nicht erschöpfte. Im 16. Jahrhundert wurde er von Philipp Melanchthon mehrmals wieder aufgegriffen, so im *Encomium eloquentiae* (1523) und in der »Replik auf Pico zur Verteidigung des Ermolao« (1558). Und nicht zufällig wendete sich 1670 Leibniz erneut diesem Thema zu, wobei er allerdings Pico gegenüber allzu nachsichtig war (»Er versuchte nicht so sehr, die Fehler der Scholastiker zu rechtfertigen, als vielmehr, sie als unbedeutend hinzustellen und zu überdecken«). Schon in der ersten Hälfte des 17. Jahrhunderts hatte Descartes darauf hingewiesen, daß die Wissenschaften sich »nicht auf die großen und dunklen Dinge, sondern auf die einfachen und offensichtlichen« gründen, und hatte seinen *Discours* auf Französisch geschrieben, und auch Pierre de la Ramée (Petrus Ramus) hatte bereits 1555 seine *Dialectique* auf Französisch veröffentlicht.

7

Ficino, Pico, Ermolao Barbaro: Sie alle waren, wie wir gesehen haben, typische Vertreter jener großen Intellektuellen der Neuzeit, die außerhalb der Universitäten wirkten oder zu einigen ihrer Vertreter ein gespanntes Verhältnis hatten. Sie verhandelten persönlich mit Fürsten und Kardinälen, und sie leisteten ihren Beitrag zu dem, was man heute als Kulturpolitik eines Landes bezeichnen würde. Waren sie nicht schon von Haus aus reich, wurden sie oft von wohlhabenden Aristokraten unterstützt oder lebten von kirchlichen Pfründen. So bewegten sie sich in einem nahezu unüberschaubaren Beziehungsgeflecht. Einige von ihnen versuchten, neue Bildungseinrichtungen zu gründen, wie etwa Ficino, der mit der Unterstützung der Medici die Platonische Akademie ins Leben rief. Diesen Intellektuellen war es zu verdanken, daß der Forschung neue Wege eröffnet wurden, die jene tiefgreifende Umwälzung verdeutlichen, von der nicht allein die Philosophie, sondern die verschiedenen Formen des Umgangs mit der Realität, also die verschiedenen »Künste«, betroffen waren. Liest man so bedeutende und schöne Werke wie Ficinos *Buch von der Liebe*, so gewinnt man ein tieferes Verständnis jenes neuen Verhältnisses, das sich zwischen den Künsten und der neuen Philosophie entwikkelt hatte: Mit der Theorie der Schönheit und der Liebe, der Theorie des Lebens und des Lichts wird zwar tatsächlich an die Erkenntnisse der platonischen Philosophie angeknüpft, doch werden diese nun, nach Art der Meister des Quattrocento, bildlich dargestellt. Dies ist auch der Grund, weshalb es oft schwer fällt, eine klare Grenzlinie zwischen dem Künstler und dem Wissenschaftler, dem Sittenlehrer und dem Philosophen zu ziehen. Für viele dieser Intellektuellen, seien sie nun Gelehrte oder Maler, hochqualifizierte Techniker (Architekten, Ingenieure) oder Naturwissenschaftler (Astrologen/Astronomen, Mathematiker), ist dies ein kennzeichnendes Merkmal. Wo liegt die Grenze zwischen Poliziano, dem Dichter, und Poliziano, dem Philologen? Wo scheidet sich der »Grammatiker« vom »Logiker«, wo der Rhetoriker vom Dialektiker?

In der Geschichtsschreibung wird leider heute noch häufig ein falsches Bild von Ficino gezeichnet; man zwängt ihn in Schemata und konfrontiert ihn mit Problemstellungen die nicht mehr die seinen sind. Auch Persönlichkeiten wie Leon Battista Alberti oder Leonardo da Vinci weiß man nicht einzuordnen und entledigt sich ihrer schließlich, indem man sie mit dem vieldeutigen Etikett des »Universalgenies« versieht – ein ebenso großtönender wie nichtssagender Begriff. Doch gerade in diesen Denkern, in ihrem unermüdlichen und unersättlichen Streben nach Erkenntnis, in ihrem Bemühen, aus der Erfahrung Erkenntnisse zu gewinnen und selber handelnd die Realität zu verändern, nahm die Rolle einer neuen Philosophie Gestalt an, die nun als Gesamtschau der Welt und des Menschen begriffen wurde.

Für nicht wenige bedeutende Zeitgenossen war Leon Battista Alberti ein Denker im Sinne jener von Ficino begonnenen Erneuerung. Cristoforo Landino, Mitglied der Platonischen Akademie, sah ihn als zentrale Figur in der Diskussion um den Vorrang des aktiven vor dem kontemplativen Leben und rechnete ihn, wenn auch zu Unrecht, zu den Sympathisanten der Platoniker. Tatsächlich war Alberti vor allen Dingen ein Vertreter der neuen Kultur, ein Techniker, der auch in der Mathematik und der Optik bewandert war, ein großer Essayist, der über Malerei, Bildhauerei und Architektur schrieb und sich engagiert mit den Problemen der zeitgenössischen Gesellschaft, der Stadt und der Familie auseinandersetzte. In einigen seiner italienischen und vielen seiner lateinischen Schriften wird eine pessimistische Weltsicht erkennbar: Die stoischen Tendenzen sind hier von seltsam düsteren Tönen durchdrungen, so als sei sich Alberti der tiefgreifenden Krise jener Zeit sehr wohl bewußt gewesen. Auf diese Weise verbindet sich in seinem Werk eine entzauberte Weltsicht mit einem einzigartigen Gespür für die Forderungen seiner Zeit, denen er sich mutig stellte. Hiervon zeugt die wohlüberlegte und ungeheuer präzise Verwendung sowohl der italienischen als auch der lateinischen Sprache bei Alberti sowie der Einsatz des Dialogs, der alle Gegensätze zuläßt. Zwar versuchte man, mit Begriffen wie Ästhetik, Harmonie und Schönheit oder mathematischer Rationalität für Albertis Werk eine Einheit zu behaupten; tatsächlich aber gewinnt man eher den Eindruck, daß dieser Denker für alle Gegensätze offen gewesen ist und Philosophieren für ihn nichts anderes bedeutet hat, als die Tragik des menschlichen Daseins zu erkennen. Unweigerlich drängt sich hier der Gedanke an jene bereits zitierten Lobesworte auf, die Alberti für die einzigen beiden Philosophen fand, die seiner Ansicht nach diesen Namen wirklich verdienten: Sokrates und Demokrit. Erinnert wird man zudem an jenen Vorwurf, den er an alle »anderen« Philosophen richtete, den Vorwurf nämlich, daß sie inkonsequent und ungenau seien; jeder von ihnen operiere mit seinem eigenen Modell der Welt; so gebe es, da jeder Philosoph in seiner eigenen Welt lebe, eine unendliche Zahl möglicher Welten (und eine unendliche Zahl von Verrückten).

Wie seine Werke zweifelsfrei zeigen, war Alberti auf dem Gebiet der Philosophie sehr bewandert, doch griff er meist theoretische Probleme und präzise technische Fragestellungen in den einzelnen Forschungsbereichen auf, so etwa die *perspectiva* oder die *ludi matematici*, Fragen der Astronomie oder der Optik. Sein größtes Interesse und seine fruchtbarsten Forschungen galten zwar Fragen der Ethik, der architektonischen Struktur von Städten und Villen oder nach dem Sinn des Lebens; sein eigentliches Anliegen aber war umfassender: Es ging ihm um eine Gesamtschau der Welt, kurz, um eine Philosophie. Dies zeigen die spitzen ironischen Bemerkungen im *Momus* recht eindeutig. Doch handelte es sich hierbei, wohlgemerkt, um ein Anliegen, das allen Künstlern jener Zeit am Herzen lag. Die Malerei setzte, da sie die Welt in ihrer Gesamtheit zum Gegenstand hat, ein Universalwissen und somit die Philosophie voraus, und bei den übrigen Künsten verhielt es sich nicht anders. Das lehren uns vor allem die *Kommentare* von Lorenzo Ghiberti, insbesondere der dritte Kommentar, wie auch immer man ihn sonst beurteilen mag. Am weitesten vorgewagt hat sich in dieser Hinsicht jedoch zweifellos Leonardo da Vinci. Während hier die vielen ungeschickt gestellten Fragen nach dem Beitrag Leonardos zur Entstehung der modernen Wissenschaft, die Fragen nach seinen Erfindungen und all den Dingen, in denen er seiner Zeit voraus war, unberücksichtigt bleiben müssen, sind seine augenfälligen Bemühungen, eine große Enzyklopädie des Wissens zusammenzustellen, in welche die neuesten Erkenntnisse Eingang finden sollten, von außerordentlichem Interesse für das Verständnis der Epoche. Tatsächlich lassen sich in seinem umfangreichen Werk zwei Tendenzen erkennen: Zum einen die unermüdliche, allumfassende Suche nach innovativen Techniken, zum anderen das Bemühen, einen übergeordneten Bezugspunkt zu bestimmen, den Leonardo schließlich in der Philosophie fand, die allein in der Lage sei, den Ursprung alles Seienden zu ergründen. Die Äußerungen Leonardos (in *Madrid* II, 107r), daß »jegliche Mathematik letztendlich philosophische Spekulation« sei, ist beeindruckend. Noch mehr aber beeindrucken seine Ausführungen über die Malerei, vor allem, wenn man bedenkt, wie Leonardos Bilder beschaffen sind und mit welcher Ausdruckskraft in ihnen »die Oberfläche, die Farben und Gestalten jedes beliebigen, von der Natur geschaffenen Dinges« wiedergegeben werden. Seine These lautet, daß Malerei Philosophie sei, »da sie die Bewegungen der Körper in ihrer Unmittelbarkeit zum Gegenstand hat«. An einer anderen Stelle schreibt er, die Philosophie dringe in die Körper ein und stelle »die ihnen eigenen Wesenszüge fest«. Zugrundegelegt ist hier das Verhältnis von Geist und Auge, Klarheit und Schönheit, zu dem Leonardo sich im übrigen sehr deutlich äußerte: »Wer die Malerei verachtet, liebt auch die Philosophie nicht«, denn »wenn du die Malerei verachtest, die allein alle klar erkennbaren Schöpfungen der Natur nachzubilden vermag, wirst du gewiß auch die scharfe Phantasie verachten, die mit Philosophie und subtiler Spekulation alle Arten von Formen in Betracht zieht.« An anderer Stelle schreibt er: »Zuerst im Sinn und dann in den Händen«, womit er einen seiner Leitgedanken formulierte.

Schon vor 1474 hatte Ficino im *Buch von der Liebe* geschrieben, daß die Schönheit »im Körper widerscheint, weil die Idee der Schönheit auf ihn einwirkt«. Liest man die zahlreichen Schriften Leonardos über die Malerei, fällt es schwer, nicht an die wunderbare italienische Prosa Ficinos zu denken, ebenso wie man die Werke der Maler jener Zeit (z. B. die Bilder

Botticellis) vor sich sieht, wenn man in den volkssprachlichen Kommentaren Ficinos und Picos zu Platons Symposion schmökert. Bei Leonardo aber entdeckt man – und es ist dies das eigentlich Faszinierende an ihm – eine innere Spannung, die sich im fortgesetzten Bemühen äußert, das Denken (und Handeln) des Menschen mit der Realität, das Werk des Künstlers mit der Wahrheit der Natur zu verbinden: »Ich sah die Schwalbe fliegen und sich niedersetzen auf das gemalte Gerät.«

Ausgebildet wurde Leonardo, ein unehelicher Sohn des Notars Ser Piero, in der »Werkstatt« des Verrocchio. Er »würde in Gelehrsamkeit und Kenntnis der Wissenschaft Großes geleistet haben, wenn er einen minder unbeständigen und wandelbaren Geist gehabt hätte«.* Er war dennoch ein großer Ingenieur, Baumeister und Konstrukteur von Maschinen aller Art; er interessierte sich für Physik, kannte sich in der Hydraulik aus, verfügte über erstaunliche anatomische Kenntnisse und folgte mit seinem Zeichenstift den Linien des menschlichen Körpers bis in die verborgensten Einzelheiten. Mit Herrschern wie Franz I. verkehrte er wie mit seinesgleichen. Eine Einladung des Königs zu einem Aufenthalt in Frankreich nahm er an, weil er offensichtlich die Materialien für seine wundervoll illustrierte, gigantische Enzyklopädie (die wirklich *de omnibus rebus et de quibusdam aliis* handelte) ordnen wollte, um sie später zu veröffentlichen. So jedenfalls schildert es der Kanoniker Antonio de Beatis in einer berühmten Passage seiner Beschreibung der Reise des Kardinals Luigi d'Aragona. André Chastel, der auf Cellini verweist, schreibt, daß der französische König in Leonardo »einen echten Philosophen, einen wundertätigen Magier« sah. Ein solcher war er tatsächlich: ein Magier, der seine ganze schillernde Persönlichkeit verwirklichte und seine eigene Konzeption der Welt entwickelte. Diese war für ihn ein gewaltiges, leibhaftiges Gebilde, das durch den unendlichen Kreislauf des Wassers am Leben erhalten wird, so wie der menschliche Körper durch den Blutkreislauf (»das Wasser wird von derselben Kraft bewegt [...], die auch das Blut im menschlichen Körper bewegt«), und in dem Maschine und menschlicher Organismus, mechanische und spontane Bewegung einander fortwährend abwechseln. Dabei war Leonardo, wie Giordano

---

* Giorgio Vasari, *Leben der ausgezeichneten Maler, Bildhauer und Baumeister.* Deutsche Ausgabe von Ludwig Schorn u. Ernst Förster. Neu hrsg. u. eingel. v. Julian Kliemann [Nachdruck der ersten deutschen Gesamtausgabe Stuttgart/Tübingen 1832–1849]. Worms 1983, Bd. III, 1. Teil, S. 4.

Bruno es formulierte, stets erfolglos auf der Suche nach jener »großen Magie«, die danach strebte, »den Verknüpfungspunkt zu finden, um das jeweils Gegensätzliche erfassen zu können.«

Der Philosoph der Neuzeit gab sich nicht länger damit zufrieden, Bücher zu lesen und zu kommentieren. Er wandte seinen Blick auf die Widersprüche, die Rätsel und die dramatischen Ereignisse des Lebens. Man denke etwa an den Arzt und Philosophieprofessor Pietro Pomponazzi und an seine berüchtigten Abhandlungen über die Unsterblichkeit, über das Fatum und die Zaubereien *(De immortalitate animae, de fato, de incantationibus)*, in denen er alle im Kommentar des Alexander von Aphrodisias angelegten Möglichkeiten voll ausschöpfte, um eine entzauberte, durch und durch weltliche und »materielle« Konzeption vom Schicksal des Menschen zu entwickeln, eine Konzeption, die nicht nur bei den gelehrten französischen Freigeistern des 17. Jahrhunderts begeistert aufgenommen wurde, sondern die, verquickt mit der atheistischen Lehre Julius Caesar Vaninis, auf dem Wege über Burtons *Anatomy of Melancholy* auch in England noch bis ins 18. Jahrhundert hinein Verbreitung finden sollte. Pomponazzis Zeitgenossen und Gegner – stellvertretend für alle sei hier nur der Augustiner Ambrogio Flandino genannt – sahen in ihm den Inbegriff des Freigeistes: Einen Atheisten und Materialisten, der kein Maß und keine Sitten kenne, der lasterhaft und zügellos sei und der die Stoiker in den höchsten Tönen lobe, sich dabei aber die Epikureer zum Vorbild nehme *(Zenonem laudo et Epicurum vivo)*.

Pomponazzis Äußerungen aber sind unmißverständlich, er täuscht in seinen Schriften nichts vor. Die Unsterblichkeit ist bei ihm nur ein »Duft« von Unsterblichkeit, und die Naturgesetzlichkeit wird bei ihm zum Fatum, das *per infinita saecula, et in infinitum* das Werden der Dinge dem Gesetz der Notwendigkeit unterwirft. Die Bemerkung von Augustinus, der Schatten des Bösen trage dazu bei, das Gute in umso hellerem Lichte erstrahlen zu lassen, erhält bei Pomponazzi einen nahezu höhnischen Beiklang: »Es ist überhaupt nicht grausam, daß die einen von den anderen unterjocht werden, daß die einen befehlen und die anderen dienen. Es ist etwas ganz Natürliches, nicht anders, als wenn der Wolf die Schafe frißt oder die Schlange andere Tiere umbringt« – zumindest, so Pomponazzi, solange man sich auf der Ebene des Natürlichen und in den Grenzen des Vernünftigen bewege *(stando in puris naturalibus, et quantum dat ratio humana)*. Wenn es das Fatum gibt und die Seele sterblich ist *(si anima est mortalis)*, dann gibt es keine Freiheit, keine Tugend, keine Gerechtigkeit, keine Religion *(nulla libertas, nulla virtus, nulla religio).* Die Zaubereien aber und die als Wunder anmutenden Geschehnisse erklärt Pomponazzi, nicht anders als Ficino, mit der Kraft der Phantasie.

Pomponazzi forderte Polemik, Schmähungen und Bücherverbrennungen geradezu heraus (sein *De immortalitate* etwa wurde in Venedig verbrannt) und zog den Zorn der Ordensbrüder in halb Europa auf sich, ohne jedoch, wie er es im Scherz einmal formulierte, als Röstkastanie zu enden. Fast zwei Jahrhunderte lang übten seine kühnen Gedanken, die großenteils auch von Vanini übernommen wurden, maßgeblichen Einfluß aus. Nicht minder einflußreich war jedoch der Arzt und Magier Heinrich Cornelius Agrippa von Nettesheim, der in Pavia den *Pimandro* kommentierte (während in Bologna Peretto an der *Immortalità dell' anima* arbeitete) und den noch Jean-Jacques Rousseau las.

Agrippa von Nettesheim war ein Abenteurer von unstetem Wesen, der ganz Europa bereiste, sich mit Gelehrten traf und halbgeheime »Bruderschaften« ins Leben rief. Die Magie Pico della Mirandolas und den Hermetismus Marsilio Ficinos bereicherte er um die Kabbala Johannes Reuchlins *(De verbo mirifico).* Auf diese Weise entstand eines der großen Magie-Bücher der Renaissance, *De occulta philosophia*, an dem Agrippa sein Leben lang schrieb (die erste Fassung entstand 1510; 1533 stellte er die endgültige Fassung fertig). Fast zur selben Zeit (1531) verfaßte er auch eine weithin bekannte *Declamatio* von durchschlagender Polemik: Die 103 Kapitel des *De incertitudine et vanitate scientiarum atque artium*, in denen er jene von Gian Francesco Pico im *Examen vanitatis doctrinae gentium* behandelte Fragestellung zumindest teilweise aufgriff. Tatsächlich wollte Agrippa auf diese Weise der Naturphilosophie des »alten Stinkers« Aristoteles sein eigenes Gedankengebäude entgegensetzen, jene letztendlich auf Ficino und Pico zurückgehende Magie, die den Höhepunkt seiner Bemühungen um eine aktive Naturwissenschaft, eine operative Erkenntnis bildete *(naturalium scientiarum summa potestas, absolutissima consummatio, activa portio philosophandi naturalis).* So stellte er im *De vanitate* die Grundlagen und Methoden des gesamten Wissens in Frage. Doch war dies weniger eine Form des Skeptizimus als vielmehr das radikale Bemühen um eine kritische Sichtweise mit dem Ziel, eine authentische Wissenschaft zu begründen. Hiermit griff Agrippa, wie er sehr wohl wußte, den Versuch wieder auf, den Pico della Mirandola mit der Astrologie unternommen hatte, als er versuchte, in der Vielzahl der Disziplinen, die mit dem Anspruch auftraten, den Himmel zu erkunden, die exakte Wissenschaft von abergläubischen Vorstellungen und Schwindeleien zu befreien. Doch anders als Pico wollte Agrippa alle Formen rationaler Erkenntnis einer kritischen Betrachtung unterziehen und deren Grenzen bestimmen. Agrippa hatte also erkannt, daß es nun, da die Gelehrsamkeit des Mittelalters ausgedient hatte, vor allem darauf ankam, eine exakte Wissenschaft zu entwickeln, die freilich nicht auf die aktiven und operativen Möglichkeiten der Naturwissenschaften verzichtete. Von Ficino wollte er daher die Medizin, von Pico die Astronomie übernehmen. Zugleich aber wollte er gegen jene »Theologaster«, jene »Sophisten« ankämpfen, die Magie und Kabbala verdammten, sobald sie nur davon reden hörten: »Diese zimperlichen Esel fühlen sich gekränkt, nicht wenn von Philosophie, aber wenn von Kabbala und Magie die Rede ist, und wenn man diese Worte nur in den Mund nimmt, weckt man ihren Argwohn.« So stand es in dem offenen Brief an die Stadtväter von Köln aus dem Jahre 1535, in dem sich Agrippa gegen jene »Esel«, jene »rasenden Bestien«, jene Feinde der *bonae litterae* wandte, die stets bereit waren, »all das, was sie nicht verstehen«, zu verurteilen und zu verdammen. In diesem speziellen Fall war mit dem »zimperlichen Esel« der Dominikaner Konrad Köllin aus Ulm gemeint, doch sollte die Schmähung die gesamte Zunft der Universitätslehrer und offiziell anerkannten Theologen treffen:

»Diese Ferkel, diese unflätigen Schweine haben die Gewohnheit, immer dann, wenn ihnen etwas mißfällt oder wenn sie etwas nicht verstehen, etwas von Ketzerei, Skandal, Intrigen, Aberglauben und Hexerei vor sich hin zu grunzen und die gesamte Philosophie der Antike mit Ausnahme ihres Aristoteles, dieses alten Stinkers, als heidnische Hinterlist zu verdammen [...]. Sie maßen sich an, nicht nur mich, sondern auch Giovanni Pico aus Mirandola, Marsilio Ficino aus Florenz, Johannes Reuchlin aus Pforzheim und Francesco Zorzi aus Venedig [...] zu verurteilen und zu verdammen.«

Agrippa fühlte sich nunmehr isoliert. An Erasmus konnte er zwar schreiben (am 20. Dezember 1531): »Ich bin, das schwöre ich, Dein treuer Gefolgsmann, Dir übergebe ich mich, Dir vertraue ich mich an.« Die Theologen in Löwen und Paris aber hatten ihn gerügt, und jene aus Köln warfen ihm vor, er habe Beschimpfungen *in totam Universitatem*, gegen die gesamte Universität ausgestoßen. Aus den kaiserlichen Hoheitsgebieten wurde er verbannt, vor Franz I. war er auf der Flucht. So starb er einsam in Grenoble, und sein schwarzer Hund, der bekanntlich in Wirklichkeit der Teufel war, stürzte sich in die Isère. In Wahrheit aber war Agrippa, mochte er auch verfolgt und isoliert gewesen sein, ein typischer Vertreter der »neuen Philosophie« jener Zeit; er war einer jener Magier-Philosophen, welche frühzeitig die epistemologischen Probleme erkannten, die sich aus der Krise der mittelalterlichen Gelehrsamkeit ergaben und die für die traditionellen Lehr- und Forschungsstätten – die Schulen und Universitäten – fatale Folgen hatten.

Es war kein Zufall, daß zu derselben Zeit eine Gestalt, die noch ruheloser und wunderlicher war als Agrippa, auf ähnliche Weise wie jener durch Europa zog: Paracelsus, jener Arzt und Alchimist, Philosoph und Magier, der zuweilen als Philippus Aureolus Theophrastus Bombastus Paracelsus von Hohenheim auftrat: »Ich bin Theophrastus, und ich bin mehr wert als jene, mit denen Ihr mich vergleicht. Ich bin ich, der *monarcha medicorum*, und mir steht es an, Euch Dinge zu zeigen, die Ihr nicht zu zeigen vermögt.« Völlig zu Recht hat der gelehrteste unter den Paracelsus-Forschern, Walter Pagel, auf das *De vita* des Marsilio Ficino hingewiesen, den Paracelsus ohne Umschweife als den »besten italienischen Arzt *(Italorum medicorum optimus)*« bezeichnete. Ficino nämlich hatte (was er später bereuen mußte) geschrieben: »Den Philosophen, der sich in den Angelegenheiten der Natur und des Himmels auskennt, nennen wir gewöhnlich einen Magier.« Diese Feststellung hätte ebensogut Paracelsus treffen können.

Paracelus in Kürze abzuhandeln, ist unmöglich, doch läßt sich folgendes festhalten: Die Grundlage jener neuen Heilkunde, die er in dem seltsamen Wust seiner Schriften entwickelt, bilden die Konzeption der Natur als universelles Leben, lebendige und »magische« Kraft, die Vorstellung von der »Konkordanz« zwischen Mikrokosmos und Makrokosmos, eine neue Deutung der Astrologie und die Vorstellung von der kreativen Kraft der Imagination, was sowohl an Ficino als auch an Pomponazzi erinnert. Obgleich er Kontakt hatte zu Erasmus, dem bedeutendsten Humanisten jener Zeit, der den Verleger Froben zu ihm in Behandlung geschickt hatte, verwendete Paracelsus in seinen Schriften einen deutschen Dialekt und nicht das Lateinische wie die alten und neuen Gelehrten. »Ich gehöre nicht zu ihrer Schule und passe mich ihnen auch in meinen Schriften nicht an«, so betonte er immer wieder. »Ich bin ein Philosoph, der nicht bei euch gelernt hat.« Galen und Avicenna überzog er mit Schmähungen, wann immer er konnte, und in Aristoteles sah er eine Art Auswuchs, einen Kropf, eine Pestbeule. Seiner Auffassung zufolge gründete sich die Medizin auf die Philosophie, die Astronomie und die Alchimie, weil sie auf der Natur beruhe: »Der Arzt muß von der Natur ausgehen. Was ist die Natur denn anderes als Philosophie? Und was ist die Philosophie anderes als unsichtbare Natur?« Noch deutlicher wird er in folgender Äußerung:

»Glaubt nicht dem törichten Spruch: ›Unsere Väter sind Galen und Avicenna.‹ Von ihnen wird nicht viel bleiben. Der Himmel wird neue Ärzte schaffen, die sich mit den vier Elementen auskennen. Außerdem wird es die Kunst der Magie und der Kabbala geben, sie werden sich vor euren Augen ergießen wie Katarakte. Es wird *geomantici* geben und *adepti*, *archei* und *spagiri*, und sie werden das *quintum esse* haben und die *arcana*, die *mysteria* und die *tinctura*. Was wird bei einer solchen Umwälzung aus euren widerwärtigen Schwindeleien werden? Wer wird die dünnen Lippen eurer Frauen bemalen und ihre Stupsnäschen blank polieren? Der Teufel mit dem schwarzen Fastentuch.«

Zwar irrt der große Historiker Alexander Koyré, wenn er bestreitet, daß Paracelsus über beträchtliche Kenntnisse der zeitgenössischen Philosophie verfügte; doch hat er völlig Recht mit der Feststellung, daß die Lehren des Theophrastus Bombastus von Hohenheim sehr wirkungsvoll waren und eine große Anziehungskraft ausübten. »Es ist«, so Koyré, »eine merkwürdige und ziemlich verworrene Lehre, eine Mischung aus Mystik, Magie, Alchimie. Aber über die Maßen schön, denn hier war jemand ernsthaft bemüht, die Welt in Gott und Gott in der Welt zu sehen und auch den Menschen, der an beidem teilhat und beides ›umfaßt‹.« Die Lehre des Paracelsus wies in die Zukunft, auch wenn seine »Erfahrung« und seine »Experimente« recht wenig mit der Empirie der modernen Naturwissenschaften zu tun hatten und sein Glaube an Phantasie und Imagination, und vielleicht auch an Träume und Visionen, größer war als sein Glaube an die Vernunft. Doch wie könnte man die wichtige Rolle übersehen, die eine solch radikal unkonventionelle Haltung in einem Moment der Auflehnung gegen Tradition und Autorität spielte?

8

Magie und Astrologie, Imagination und Träume (wie viele Träume!), Ruhelosigkeit und ein leidvolles Leben, Inquisitionsprozesse und Unglaube bestimmten auch das Leben des Arztes und Mathematikers Girolamo Cardano (1501–76). Auf seinen Reisen begleiteten ihn seine Mißgeschicke und seine Genialität, seine Philosophie und seine Astrologie, die es ihm (was nicht wenig Anstoß erregte) ermöglichte, ein präzises Horoskop von Jesus Christus wie auch von sich selbst und seinem langen Leben zu erstellen.

Er stritt mit Niccolò Tartaglia um die Lösung von Gleichungen dritten Grades, doch war er zweifellos ein Mathematiker von großem Format. So wurden denn auch seine mathematischen Schriften von seinem Freund Andreas Osiander ediert, jenem lutherischen Theologen, der die berühmte Vorrede (eine *fabula absurdissima* nannte sie Petrus Ramus) zu *De revolutionibus orbium coelestium libri VI* von Kopernikus verfaßt hatte (»so sollen denn nun auch diese neuen Hypothesen neben den alten bekannt werden, die in keiner Weise wahrscheinlicher sind«). Cardanos Schriften stießen auf starke Resonanz, so daß er 1562 bekannte, diese Veröffentlichung sei »der Beginn unseres Ruhms« gewesen.

Bei Cardano kehren all jene Themen wieder, welche die geistigen Auseinandersetzungen der voraufgegangenen hundert Jahre prägten: die Natur, das Leben, der Okkultismus, der Unglaube, das menschliche Vermögen, die Magie. Von sich selber sprach er als *magus, incantator, religionis contemptor*; er sei besessen von der *cupiditas omnium occultarum artium*. »Man wüßte nicht«, so schrieb er, »welcher meiner Entdeckungen man den Vorzug geben sollte [...]. Was die Mathematik anbetrifft, so habe ich fast die gesamte Arithmetik erneuert sowie jenen Teil derselben, den man Algebra nennt [...]. In der Geometrie habe ich das Verhältnis des Unendlichen zum Endlichen untersucht, wiewohl auch Archimedes dies schon getan hatte. In der Musik habe ich neue Töne und Konsonanzen entdeckt, oder besser gesagt, ich habe jene wieder ans Licht gebracht, die von Ptolemäus und Aristoxenos entdeckt worden waren.«

Cardano war sich der Tatsache vollkommen bewußt, daß die alte Enzyklopädie des Wissens ausgedient hatte; daher begann er, die neue zusammenzustellen. 1547 veröffentlichte er das sehr erfolgreiche *De subtilitate*, und 1557 brachte er »mit dem Material, das nicht verarbeitet worden war« und das er nicht hatte »ordnen und vervollständigen« können, das *De rerum varietate* heraus. Die erste Schrift, *De subtilitate*, die mehrere Auflagen erreichte und 1556 von Le Blanc ins Französische übersetzt wurde, wurde von Julius Caesar Scaliger ausführlich und mit pedantischer Genauigkeit widerlegt. Doch war es diese Schrift, die Cardanos Ideen und Phantasien zu allgemeiner Verbreitung verhalfen.

Mit Vorliebe rühmte Cardano sich seiner einzigartigen Fähigkeiten; so kann es kaum verwundern, daß er diesen ein eigenes Buch widmete, eine

Autobiographie, die seine erfolgreichste oder zumindest seine bekannteste Schrift werden sollte. In ihr gibt Cardano eine schonungslose Darstellung seiner Mißgeschicke wie auch seiner Größe. *Magus, incantator, religionis contemptor*, so nennt er sich immer wieder: Er war also Naturforscher und Magier, Atheist und Okkultist. Tatsächlich gehörte er zu der nicht großen, aber wachsenden Schar derer, die sich mit aristotelischem Gedankengut gegen Hermes Trismegistos und Platon gewendet hatten und die nun unabhängig von Platon (wenn auch nicht unabhängig von Hermes Trismegistos) die »Natur« mit Hilfe der Sinne zu erkunden suchten. Ähnlich wie Cardano widersprach auch Bernardino Telesio all jenen, die neue Welten erfanden und ihre Phantasien für die Wirklichkeit hielten. »Sie erfanden«, so schrieb er, »eine Welt nach eigenem Willen und Gutdünken«, und setzte hinzu: Wir aber, »die wir die Weisheit des Menschen lieben und ihr in allem folgen, haben uns entschlossen, *diese* Welt zu betrachten mit all ihren Gliedern, mit den Leidenschaften und Handlungen und Wirkungen all der Dinge, die sie in sich birgt«, wobei wir nur »den Dingen Beachtung schenken, die die Sinne offenbart haben«.

Francis Bacon, der sich bekanntlich mehrfach auf Telesio berief, sah in ihm allerdings nur einen Erneuerer der vorsokratischen Philosophie des Parmenides und warf ihm ebenso wie Patrizi, Bruno, Campanella und vielen anderen vor, er habe seine Märchen mit Wissenschaft verwechselt und dabei nicht einmal die Fehler der Peripatetiker vermieden *(Peripateticis scilicet notionibus depravatus)*. Auch wenn es zutraf, daß die »Natur«, die durch die Dialektik physikalischer Urkräfte (Kälte und Wärme) in Bewegung gehalten wird, selbst eine »Fabel« war und wenig mit der Physik eines Galileo Galilei oder der »Fabel« des Descartes gemein hatte, so war dennoch genau dies der Punkt, an dem die neue Wissenschaft, die neue Philosophie entstanden. Sicherlich erzählte auch Telesio ein Märchen, *sein* Märchen, doch bewegte er sich bereits in einer neuen Dimension, befand sich auf der Suche nach neuen Wegen.

Telesio lehrte nicht an den alten Universitäten, sondern begnügte sich damit, seine »Träume« in einer Akademie seiner Heimatstadt Cosenza auszuleben. Sein treuer Schüler Antonio Persio hingegen, der für die Veröffentlichung und die Verbreitung seiner Schriften sorgte, sollte, wenn auch unter gewissen Vorbehalten, zusammen mit Galileo Galilei in die Accademia dei Lincei aufgenommen werden (er war »postumes Mitglied« der Akademie) und in keinem geringeren als Federico Cesi großes Interesse für das Werk seines Lehrers wecken. Andererseits darf man nicht vergessen, daß Telesio und ebenso Patrizi auf den Index gesetzt wurden, daß Petrus Ramus in der Bartholomäusnacht in Paris ermordet wurde, daß Bruno und Vanini auf dem Scheiterhaufen endeten und Campanella lange Jahre im Kerker verbrachte, daß Kopernikus und Galilei verurteilt wurden und daß Descartes aus Furcht vor der Inquisition auf die Veröffentlichung seines Werks *Le Monde* verzichtete.

Noch stellten diese Männer eine Minderheit dar, die Verdächtigungen und oft auch Verfolgungen ausgesetzt war; doch handelte es sich im 16. Jahrhundert nicht mehr bloß um vereinzelte, bizarre Gestalten. In den »Schulen« beschäftigte man sich zwar weiterhin mit Aristoteles und den alten und neuen Kommentaren zu seinem Werk, und Gelehrte wie Petrus Tartaretus in Paris, Crisostomo Javelli Canapicio in Italien und viele andere füllten noch immer ihre erfolgreichen Handbücher unbeirrt mit überholtem peripatetischem Gedankengut. Sie schrieben weiterhin ein völlig unverständliches Latein, während Denker wie Petrus Ramus und Alessandro Piccolomini mit Rücksicht auf die adligen Damen, die Kaufleute und die Verwaltungsbeamten ihre philosophischen Bücher bereits Mitte des 16. Jahrhunderts auf Französisch und Italienisch veröffentlichten. Doch Ramus und Piccolomini gehörten bereits einer anderen Welt an und schrieben für ein anderes Publikum. Der Graben, der sie von der alten Welt trennte, war seit Beginn des 15. Jahrhunderts immer tiefer geworden. Sie waren Rebellen, die sich gegen die Tradition der Schulphilosophie auflehnten; von den Alten hatten sie gelernt, daß es nicht nur ein einziges Buch, sondern viele Bücher gab und daß nicht nur die Bücher der Menschen zählten, sondern vor allem das große Buch der Natur und daß es, um dieses zu verstehen, nicht der »Autorität«, sondern der Vernunft bedurfte. Sie strebten nach Erkenntnis, wollten diese aber auch in die Praxis umsetzen. Sie waren zu allem bereit, selbst dazu, nach den Geheimnissen der »Magie der Natur« zu suchen, um die Welt zu beherrschen; gleichzeitig aber setzten sie sich dafür ein, die »Naturwissenschaft« von der »Magie« zu befreien. So lebten sie in einer neuen Welt, die mit der alten bereits nicht mehr vereinbar war, einer Welt ohne Grenzen mit einer Vielzahl verschiedenartiger Weltbilder, einer Welt, in der die Erde um die Sonne kreiste und der Mensch nach Gewißheiten suchte, indem er nicht nur sich selbst erforschte, sondern sich bemühte, mehr über die Einwohner von Ländern zu erfahren, die seit jeher wenig bekannt waren und die nur schwerlich in das Weltbild der traditionellen Theologie paßten (wer ist der Stammvater der Einwohner Amerikas und welcher Erlöser hat sie errettet?).

Die Kirche verurteilte die neuen Philosophen ausnahmslos, da diese ihr Weltbild zerstörten. So lehnte sie die Philologie und Theologie eines Valla und eines Erasmus ab, die Astronomie eines Kopernikus und eines Galilei, die politische Philosophie eines Machiavelli und die Psychologie eines Pomponazzi, die Naturphilosophie eines Telesio wie die eines Palingenio Stellato oder eines Giordano Bruno. Diese Männer, die keinen Zugang zu den traditionellen Hochburgen des Wissens (den Universitäten) fanden oder in diesen ungern gesehen waren, schufen im Verborgenen ihre eigenen Treffpunkte und Forschungsstätten, wobei sie von Herrschern und Fürsten gefördert wurden. In ihren Akademien und Gesellschaften bemühten sie sich darum, das neue Gesamtwissen, die neue Wissenschaft, mit deren Hilfe das wahre Reich des Menschen aufgebaut werden sollte, auf eine sichere oder zumindest kritisch reflektierte Grundlage zu stellen und sie vom Verdacht des Okkulten zu befreien. Sie wollten die Astronomie von der astrologischen Wahrsagerei, die Physik von der zeremoniellen Magie trennen. Zwei Jahrhunderte lang versuchte dies jene kleine Zahl von Männern, die an mehreren Fronten gleichzeitig kämpfen mußten, ohne sich über ihre Rolle wirklich im klaren zu sein, ohne zu wissen, wer sie eigentlich waren und was sie suchten. Die Krise der mittelalterlichen Gelehrsamkeit hatte nicht nur zur Beseitigung von Schranken, sondern auch zur Aufhebung traditioneller Unterscheidungen geführt. Nun war der Künstler auch Wissenschaftler, der Philologe Theologe, der Historiker Moralphilosoph, der Physiker Philosoph. Die »neuen Philosophen«, rebellisch und voll innerer Unruhe, waren eine Art fahrende Ritter der Gelehrsamkeit, die sich in einer Welt der Träume und magischen Künste, der Utopien und der Illusion eines umfassenden, ewigen Friedens bewegten; sie stellten kritische Reflexionen an, mit denen sie alle Aspekte des Innenlebens erforschen konnten, und begaben sich auf mystische Streifzüge zwischen den Seelen der Sterne und mathematischen Formeln, mit denen ihre – nun nicht mehr als kreisförmig begriffene Bewegung – erfaßt werden konnte.

Nach zwei von Auseinandersetzungen und Zweifeln geprägten Jahrhunderten scheint mit Descartes fast symbolisch ein langes Kapitel ungewöhnlicher Abenteuer zu Ende zu gehen. Er hatte die Rosenkreutzer kennengelernt und alle auffindbaren Bücher über »die merkwürdigsten und ausgefallensten Wissenschaften« gelesen, doch diese für immer zugeklappt. Er hatte drei außergewöhnliche Träume geträumt (die ungewöhnlicher waren als die Träume Cardanos) und sie minutiös beschrieben, doch dann sprach er nicht mehr darüber. Er hatte nämlich entdeckt, daß alle Wissenschaften in der »Universalmathematik« zu einer Einheit verknüpft sind und in dieser Form das Gesamtwissen bilden *(»quippe sunt concatenatae omnes scientiae [...] et tota simul encyclopaedia«).* Hiermit allein sollte er sich für den Rest seines Lebens beschäftigen.

Kapitel 6

Der Kaufmann und der Bankier

Alberto Tenenti

Zumindest theoretisch ist es durchaus möglich, die Charakterisierung eines in einer bestimmten Epoche auftretenden sozialen Typus vorzunehmen, wenn auch nur unter bestimmten Voraussetzungen. Wohl ließe sich anstatt von »Typus« auch von »Stand« sprechen, doch ist dieser Begriff unbestreitbar schwieriger zu fassen, vieldeutiger und demnach wesentlich schwerer abzugrenzen. Der Begriff des Typus ist ungleich prätentiöser und mag in historischer Sicht ebenfalls etwas fragwürdig erscheinen, da historische Phänomene in ihrer Vielschichtigkeit und Komplexität nur schwerlich Vereinfachungen und Typisierungen zulassen. Doch solche Vorbehalte und Bedenken sind unseres Erachtens auf die vorliegende Untersuchung nicht anwendbar. Denn unser Ziel ist es festzustellen, inwieweit sich im Europa der Renaissance der Kaufmann und der Bankier als ein eigener Menschentypus bestimmen und beschreiben läßt. Wir haben also über den Gegenstand unserer Untersuchung keine vorgefaßte Meinung und setzen ihn nicht als gegeben voraus, sondern sehen in ihm lediglich eine Möglichkeit, die es auszuloten, einen Weg, den es zu verfolgen gilt. In der Geschichtsschreibung faßt man zu Recht vor allem Veränderungen, Unterschiede und Nuancen ins Auge. Es muß dabei jedoch auch gestattet sein, Konstanten zu ermitteln und zu verfolgen, Profile einzugrenzen und nachzuzeichnen.

Dies heißt natürlich nicht, daß eine solche Untersuchung nicht gewissen allgemeinen und spezifischen historischen Bedingungen unterläge. So muß die Beschreibung des Kaufmanns der Renaissance ganz anderen Erfordernissen genügen als die Beschreibung des mittelalterlichen Kaufmanns, und auch die Schwierigkeiten, auf die man stößt, sind andere.

Dies hängt vor allem damit zusammen, daß das Mittelalter nach wie vor als eine tausend Jahre umfassende Epoche gesehen wird, in der notwendig verschiedene soziale und menschliche Typen einander abgelöst haben. Es wird davon ausgegangen, daß das Mittelalter schon lange vor der Feudalzeit begann, mit dieser also nicht gleichzusetzen ist; andererseits spricht man von Mittelalter auch noch in bezug auf eine Zeit, in welcher bestimmte Unterscheidungsmerkmale dieser Epoche sich bereits tiefgreifend verändert haben bzw. weitgehend verschwunden sind. Derjenige, der sich vorgenommen hat, bestimmte Typen durch das ganze sogenannte Mittelalter hindurch zu verfolgen, ist um seine Aufgabe gewiß nicht zu beneiden; völlig anders aber ist die Situation desjenigen, der diese Typen für die Zeit der Renaissance untersucht, handelt es sich hierbei doch um eine zeitlich wesentlich stärker eingegrenzte Epoche, die sich im Grunde lediglich über einige Jahrzehnte und nicht, wie das Mittelalter, über viele Jahrhunderte erstreckte. Außerdem war trotz der noch immer erheblichen Unterschiede zwischen den einzelnen europäischen Ländern ihre Integration in gewisser Hinsicht bereits wesentlich weiter fortgeschritten als noch im Mittelalter, was eine viel homogenere und ausgewogenere Darstellung ermöglicht.

Man wird jedoch zugeben müssen, daß gerade wegen der ungewöhnlich langen Zeitspanne, die dem Mittelalter zugeschrieben wird, genaue zeitliche Angaben erforderlich werden. Ganz abgesehen davon, daß die unersättlichen Mediävisten eine möglichst große Zahl von Jahrhunderten für ihren Forschungsbereich in Anspruch nehmen möchten, ist festzustellen, daß es in Westeuropa zwischen dem Kaufmannsmilieu vor dem 13. Jahrhundert und dem der darauffolgenden Zeit tatsächlich kaum noch Gemeinsamkeiten gab. Zweifellos setzten sich manche Neuerungen nur sehr langsam und zögernd durch. Doch zwischen dem 13. und 14. Jahrhundert wurde im kaufmännischen Bereich eine Reihe von Verfahrensweisen eingeführt, die für die darauffolgenden Jahrhunderte kennzeichnend sein sollten: die Verwendung arabischer Ziffern, die doppelte Buchführung, die Versicherung, der Wechsel und anderes mehr. Es erscheint demnach wenig sinnvoll, weiterhin vom Kaufmann des Mittelalters zu sprechen, zumal dieser offensichtlich noch in bestimmten Glaubensvorstellungen und theologisch begründeten Verboten befangen war. Wäre es denn nicht erheblich sinnvoller, die Welt der Kaufleute von innen, im Hinblick auf ihre neuen, spezifischen Merkmale zu beschreiben anstatt von außen?

Diese Vorbemerkungen erschienen uns sinnvoll und notwendig, um den Gegenstand der vorliegenden Untersuchung zumindest ungefähr zu umreißen. Unseres Erachtens stellen nämlich vor allem das 13. und 14. Jahrhundert (wenn auch nicht allein) im Hinblick auf das hier behandelte Thema einen wichtigen Neubeginn und eine große Wende dar. Für den Beginn der Renaissance setzen wir dabei die ersten Jahrzehnte des 15. Jahrhunderts an, wodurch unterstrichen werden soll, daß sich das Handelswesen auch im spezifischen Sinne, d. h. im Hinblick auf die nunmehr in wachsendem Maße angewandten neuen Methoden deutlich von dem des Mittelalters unterscheidet. Es wird noch zu zeigen sein, wie eng und folgerichtig im Falle des Kaufmanns und des Bankiers die Verwendung dieser Verfahrensweisen mit Einstellungen zusammenhängt, die für ihn sowohl im gesellschaftlichen und politischen Bereich als auch in bezug auf Kunst und Kultur charakteristisch waren.

Ohne im Beginn des 15. Jahrhunderts einen absoluten Einschnitt sehen zu wollen, der unter allen Gesichtspunkten gleichermaßen relevant ist, glauben wir also dennoch, daß sich die Bedeutung dieses Zeitpunktes schwerlich in Zweifel ziehen läßt. Weniger leicht dürfte zu klären sein, wann das Ende der hier zu betrachtenden Epoche anzusetzen ist, zumal viele der wesentlichen Charakteristika in der Welt des Renaissancekaufmanns sehr lange Zeit, d.h. mindestens bis Ende des 17. Jahrhunderts, vorherrschend sein sollten. Dennoch erscheint es uns als gerechtfertigt, unsere Untersuchung nicht über die Zeit um 1570 hinaus auszudehnen. In Anbetracht der Tatsache, daß Entwicklungen sich in sehr langen Zeitspannen vollziehen, mag jede allzu genaue Zeitangabe angreifbar und unangemessen erscheinen. Doch während sich viele Praktiken des kaufmännischen Lebens ab der zweiten Hälfte des 16. Jahrhunderts nicht mehr wesentlich veränderten, wandelte sich in dieser Zeit der historische Kontext in nahezu jeder Hinsicht weitaus stärker als zwischen Ende des 14. und Anfang des 15. Jahrhunderts. Die Geistesbewegung der Renaissance nahm deutlich andere Züge an und brachte in verhältnismäßig raschem Tempo neue Formen des Glaubens, der Kultur und der politischen und gesellschaftlichen Realität hervor, wenn auch in den verschiedenen Ländern auf jeweils unterschiedliche Weise. Auch wenn wir also weder das Tridentinische Konzil noch die religiöse Spaltung in Katholiken und Protestanten als direkte Bezugspunkte nehmen wollen, so erscheint es doch als überaus zweckmäßig, unsere Untersuchung mit diesem Einschnitt enden zu lassen.

Da die Entwicklung der europäischen Geschichte jedoch überaus komplex ist, mag eine rein chronologisch orientierte Periodisierung als ungenügend erscheinen. Schon in den ersten Jahrhunderten nach dem Niedergang des Römischen Reiches bildete sich eine verhältnismäßig klare gesellschaftliche Ordnung heraus, in der die Stände im großen und ganzen den als grundlegend erachteten gesellschaftlichen Funktionen entsprachen. So gab es den Klerus, die adligen Krieger oder Ritter und die Bauern. Dem Kaufmann und dem Bankier wurden zu jener Zeit keine hinreichend wichtige, eigenständige Rolle zuerkannt, da sie in weiten Bereichen des damaligen Wirtschaftslebens praktisch bedeutungslos waren. In Südeuropa sowie in Mittel- und Nordeuropa änderte sich die Situation vor allem ab dem 11. und 12. Jahrhundert allmählich. Um die Mitte des 13. Jahrhunderts nahm der Franziskaner Berthold von Regensburg eine wesentlich differenziertere Einteilung der Gesellschaftsschichten vor, wobei er ohne zu zögern die Kaufleute einem der neun von ihm unterschiedenen Stände zuordnete. Zwar entsprach die Realität im großen und ganzen diesen theoretischen oder ideologischen Klassifikationen, doch gelang es damit nicht, das zu erfassen, was das eigentlich Neue an den kaufmännischen Berufen war. Tatsächlich versuchte man, weitgehend unveränderliche soziale Typen zu unterscheiden und auf diese Weise die gesellschaftliche Ordnung so eindeutig wie möglich zu bestimmen, doch erkannte man das dynamische und innovative Moment der Handelstätigkeit nicht. Dennoch wurde diese zunehmend mit Mißtrauen betrachtet und teilweise auch verurteilt, so als habe man gespürt, daß sie allein der bestehenden gesellschaftlichen Ordnung gefährlich werden konnte.

Wir haben es hier somit mit einer gesellschaftlichen Gruppe und einer Art von Tätigkeit zu tun, denen die Kultur der Herrschenden sich über Jahrhunderte hinweg entgegengestellt oder die sie in Mißkredit zu bringen versucht hat. Wenngleich dieses Problem auch für die Renaissance unmittelbar relevant ist, so greift es doch weit über diese Epoche hinaus und besteht schon fast seit den Anfängen der europäischen Kultur. Die Tatsache, daß der Kaufmann über eine so lange Zeit hinweg von den Vertretern einer kirchlich-aristokratisch geprägten Kultur mit Mißgunst beäugt wurde, bewirkte, daß sich in der Mentalität manch eines Landes eine Reihe von Vorurteilen festsetzte. Zudem hatten die kollektive Abneigung und das ungünstige Klima zweifelsohne, vielleicht auf indirekte, aber deshalb gewiß nicht minder nachhaltige Weise, Auswirkungen auf die

Kaufleute selbst, mochten diese ihrer Tätigkeit auch mit Leidenschaft und Überzeugung nachgehen. Man muß einfach sehen, daß im Abendland im Laufe der Jahrhunderte, wenn auch in je unterschiedlichen Epochen und auf je unterschiedliche Weise, zwar der Stand der Priester und der Adligen, der Hirten und der Bauern oder der Arbeiter verherrlicht und idealisiert worden ist, der Kaufmannsstand im Grunde jedoch nie.

Hier ist nicht der Ort, diese Einstellung, die einer ganzen Kultur oder doch zumindest ihren führenden Schichten eigen war, zu erörtern. Der Kaufmann und der Geschäftsmann haben es (gewiß auch deshalb, weil sie unverbesserliche Individualisten sind) selbst in jüngerer Zeit nicht vermocht, jene Bewunderung zu gewinnen, die doch offensichtlich all jenen zuteil wurde, welche sich den Anliegen der Allgemeinheit widmeten, vom Missionar bis zum Arzt, vom Soldaten gar bis zum Gewerkschafter oder Politiker. Ein kurzer Blick in die neuesten biographischen Nachschlagewerke würde genügen, um festzustellen, daß sich ohne weiteres auch heute noch Spuren jener alten Vorurteile und jener uneingestandenen Verachtung finden lassen. War ein Kaufmann zugleich Reisender, Schriftsteller oder Buchdrucker, so widmet der Verfasser des biographischen Artikels zumeist den Verdiensten, welche dieser sich auf dem Gebiet der Geographie, der Literatur oder des Verlagswesens erworben hat, breiten Raum und große Aufmerksamkeit. Die kaufmännischen Tätigkeiten des Betreffenden aber hält er im besten Falle für völlig nebensächlich und übergeht sie oft nahezu stillschweigend.

Der Kaufmann gewann auf sehr indirekte Weise, sozusagen erst im nachhinein, eine gewisse Bedeutung, und zwar insofern, als er ein Vorläufer beziehungsweise ein frühes Beispiel des Kapitalisten ist. Der Kaufmann als sozialer Typus, der, zumindest bis zu einem gewissen Grade, die Seele des Bürgertums verkörperte, hat dazu beigetragen, das Schreckgespenst von der *trahison de la bourgeoisie* heraufzubeschwören, so daß eine Analyse der Gestalt des Kaufmanns und des Bildes, das man sich durch alle Epochen der abendländischen Kulturgeschichte hindurch von ihm machte, eine Art Psychoanalyse oder röntgenographische Aufnahme der abendländischen Zivilisation ergäbe. In dieser Hinsicht ist die Epoche der Renaissance tatsächlich zu kurz, um sinnvolle Aussagen zu erlauben, wenngleich sie sich in anderer Hinsicht als äußerst bedeutsam erweisen wird. Es war jedoch notwendig, daran zu erinnern, daß das, was in dieser Epoche erkennbar wird, nicht etwa eine glänzende, aber isolierte Episode, sondern ein besonders wichtiger Moment in einer Jahrhunderte umfassenden Entwicklung war. Anders gesagt, verlangt der soziale Typus, der hier dargestellt werden soll, eine gründliche Betrachtung aus zwei verschiedenen Blickwinkeln: Einerseits ist er, zumindest in gewisser Hinsicht, als Endpunkt der gesamten voraufgehenden Entwicklung zu betrachten, andererseits (und in anderer Hinsicht) als glanzvoller Ausgangspunkt einer neuen Entwicklung.

1

Zumindest andeutungsweise wurde bereits darauf hingewiesen, daß unseres Erachtens der Einschätzung, welche die Geistlichen von bestimmten kaufmännischen Tätigkeiten überliefert haben, viel zu große Bedeutung beigemessen wurde. Viel sinnvoller wäre es gewesen, die Kaufleute selbst und ihre Verhaltensweisen zu untersuchen, um zu konkreten Aussagen zu gelangen. So aber kommt es auch heute noch vor, daß man sich, anstatt die historischen Bedingungen und die spezifischen Arbeitstechniken der Kaufleute darzustellen, damit begnügt, jenes Bild ins Gedächtnis zurückzurufen, das die Theologen von ihnen gezeichnet haben. Dabei tappt man nun aber in eine »historiographische Falle«, da man nun letztendlich anerkennen muß, daß sich alle Kaufleute in einem permanenten inneren Zwiespalt befinden zwischen ihrem Wunsch, sich zu bereichern, und der Angst, nach ihrem Tod dafür bestraft zu werden. Doch spiegelt dies nicht eher die Sichtweise der Geistlichen wider, deren Gültigkeit für die jeweiligen Betroffenen noch nie überprüft worden ist? Natürlich ist davon auszugehen, daß auch der Kaufmann von dem, was die Priester, Mönche und Laienbrüder predigten, nicht unberührt blieb. Wie groß der Einfluß dieser Predigten jedoch wirklich war, ist überaus schwierig festzustellen. Auf jeden Fall lassen sich gültige Aussagen nur treffen, wenn man das Phänomen von innen und nicht von außen untersucht. Der Beweis dafür, daß der Kaufmann (auch der des Mittelalters) aus diesem Grunde tatsächlich an einem inneren Zwiespalt gelitten hat, wäre allerdings noch zu erbringen.

Die meisten Historiker haben sich diesem Problem gegenüber nicht sehr konsequent verhalten; vielmehr wird noch heute vielfach deutlich, daß sie sich von der Sichtweise der Geistlichen, die in den voraufgehenden Jahrhunderten vorherrschend war, beeinflussen ließen. Dies hatte zur Folge, daß ein äußerst widersprüchliches Bild vom Kaufmann des Mittelalters und der Renaissance entstand. Einige vertreten die Ansicht, daß der Kaufmann noch im 16. Jahrhundert stark an die traditionelle Religion gebunden war; andere hingegen behaupten, daß die Venezianer seit der Zeit der Kreuzzüge ohne Bedenken jedwedes religiöses Gefühl mit Füßen getreten haben, um ihre wirtschaftlichen Interessen durchzusetzen. Natürlich muß eingeräumt werden, daß sich die kollektiven Verhaltensmuster von Region zu Region zum Teil erheblich unterschieden. Doch selbst diejenigen, die betonen, daß die Kaufleute des 16. Jahrhunderts noch überaus gläubig und fromm waren, geben schließlich zu, daß religiöse Erwägungen diese nicht davon abhielten, ihre Unternehmen zu vergrößern. In diesem Sinne hätten in der Hochblüte der Renaissance also einerseits die von der Kirche erteilten Verbote eine starke Wirkung auf den Einzelnen ausgeübt, hätte das Individuum aber andererseits rasch Wege gefunden, diese zu umgehen, ohne die verbotenen Praktiken in irgendeiner Weise zu modifizieren.

Es ist sicher alles andere als einfach, die mit einer solch zwiespältigen Forschungssituation verbundenen Aporien zu überwinden, zumal das Problem im Grunde noch nicht systematisch, sozusagen von innen heraus, untersucht worden ist. Die Äußerungen, auf welche die Historiker sich stützen, sind entweder eher indirekt und wurden von außen herangetragen (so etwa die der Theologen), oder sie stehen in keinem größeren Zusammenhang und sind vielfach wenig überzeugend. So wird etwa darauf hingewiesen, daß die Kaufleute, wenn sie dem Tode nahe waren, eine große Zahl von Seelenmessen bestellten und anordneten, daß ein beträchtlicher Teil ihres Vermögens frommen Zwecken zufließen solle. Dabei wird jedoch nicht in gebührender Weise berücksichtigt, daß diese Praktiken längst zu einer Gewohnheit geworden waren und daß die Geistlichen wie die Adligen, sofern sie über entsprechende Mittel verfügten, genauso handelten. Akte der Frömmigkeit wie etwa, das eigene Vermögen für wohltätige Zwecke zu stiften, waren zu Bekundungen des Prestiges, zu *Statussymbolen* geworden, denen sich die wohlhabenden Kaufleute ebensowenig entzogen wie die übrige gesellschaftliche Elite. Jedenfalls ist bis zum gegenwärtigen Zeitpunkt keineswegs erkennbar, daß die Bankiers und die Kaufleute insgesamt gesehen, zumindest vom 13. Jahrhundert an, bei der Ausübung ihres Gewerbes tatsächlich durch die kirchlichen Verbote in Gewissensnöte gebracht wurden und sich tagaus, tagein über den unversöhnlichen Gegensatz zwischen Gott und dem

Mammon den Kopf zerbrachen. Gewiß machten sie sich darüber nicht mehr Sorgen als andere Christen, die zu einem großen Teil ebenfalls auf die eine oder andere Weise nach irdischen Gütern strebten. Sofern der Kaufmann den kirchlichen Geboten Gehör schenkte, tat er dies – wie die Mehrzahl der Gläubigen für ihren Tätigkeitsbereich – stets in einer Form, die es ihm gestattete, die Forderungen der Kirche mit denen seines Berufes in Einklang zu bringen. In der Regel wurde der Kompromiß so geschlossen, daß er den Geschäften nicht zum Nachteil gereichte, d. h. die Erzielung von Gewinnen hatte Vorrang vor bestimmten, eher nebensächlichen Forderungen der Kirche.

Ein Grund für die Mißverständnisse, die es in dieser Hinsicht gegeben hat, liegt darin, daß man es versäumte, zwischen Religion und Moral einerseits und den Vorschriften der Kirche andererseits zu unterscheiden. Zwar trifft es zu, daß die Kirche das Monopol sowohl über die Religion als auch über die Kriterien zur Beurteilung von Gut und Böse für sich in Anspruch nahm und außerdem bestimmte Glaubensinhalte vorschrieb. Zu bedenken ist jedoch zum einen, daß nicht überprüft wurde, in welchem Maße die Forderungen der Kirche tatsächlich akzeptiert und erfüllt wurden. Es ist vielmehr hervorgehoben worden, daß die katholische Kirche vor allem nach dem Konzil von Trient einen größeren und tiefergreifenden Einfluß ausgeübt hat; hinzufügen ließe sich hier, daß sich die Situation für die protestantischen Kirchen in den von ihnen dominierten Ländern ähnlich darstellte. Zum anderen wurde ganz zutreffend bemerkt, daß die Kirche des Spätmittelalters und der Renaissance religiöse Praktiken und sogar Glaubensinhalte übernahm und förderte, die stark von dem für die weltliche Gesellschaft typischen Geschäftssinn beeinflußt waren. Hier wäre an erster Stelle der Ablaß zu nennen, mit dem ein wahrer Handel getrieben wurde, an welchem die Kaufleute natürlich nicht weniger interessiert waren als die Geistlichen. Ein klassisches und wohlbekanntes Beispiel ist das der Fugger, denen im Gegenzug für ein Darlehen, das sie Albrecht von Brandenburg gewährten, damit er die Würde des Erzbischofs von Mainz erwerben konnte, die Hälfte aller Einnahmen zugesprochen wurde, welche Albert aus dem Verkauf von Ablässen gewinnen würde. Doch die Ablässe stellten längst nicht das einzige Geldgeschäft der Kirche dar. Hinzu kamen die umfangreichen Zahlungen, welche die Kurie für die Verleihung von Pfründen in vielen Fällen forderte, der Kirchenzehnte, die Annaten und anderes mehr.

Für eine angemessene Darstellung des Verhaltens der Kaufleute sollte man sich also nicht darauf beschränken, bestimmte Stellungnahmen seitens der Theologen und deren mögliche Wirkung auf das Gewissen des einzelnen gegenüberzustellen, sondern vielleicht mehr als bisher die Merkantilisierung der Kirche berücksichtigen. Wenn die Kaufleute so leicht und in immer größerem Ausmaß mit der Kirche übereinkommen konnten, so auch deshalb, weil deren Einstellung auf vielen Gebieten mit der Mentalität der Kaufleute und ihren Bereicherungspraktiken im Einklang stand. So war zum Beispiel die Verbreitung des Glaubens an das Fegefeuer als Ort der Läuterung von der Sündenschuld im Grunde nichts anderes als eine doppelte ökonomische Spekulation, ein richtiger Schacher: Auf der einen Seite erwarb sich der Christ Verdienste, indem er Geld zahlte, um die Leiden der büßenden Seelen im Fegefeuer zu lindern. Auf der anderen Seite bereicherte sich die Kirche an diesem Geld und schrieb dem Gläubigen einen mehr oder weniger imaginären Anteil an der göttlichen Barmherzigkeit gut. Es wäre dennoch gar nicht so paradox, wollte man behaupten, daß zumindest vom 14. Jahrhundert an nicht so sehr die Kirche die Gläubigen dazu brachte, ihre strengsten Gebote in bezug auf Gewinne einzuhalten, sondern daß sich vielmehr umgekehrt typisch kaufmännische Verhaltensweisen in die Kirche einschlichen.

In jedem Fall aber lassen sich eine Reihe von Feststellungen formulieren, die speziell auf das Zeitalter der Renaissance zutreffen. Zunächst einmal zeichnet sich der Kaufmann in keiner Weise – wie es bei bestimmten humanistischen Intellektuellen der Fall ist – durch eine besondere Unabhängigkeit von den Geboten der Kirche aus, und er distanziert sich auch nicht von ihnen. Er nimmt am religiösen Leben der Gemeinschaft teil; die religiösen Spannungen jener Zeit gehen nicht spurlos an ihm vorüber. Nicht von ungefähr sollten die Kaufleute bei der Verbreitung der Reformation eine wichtige Rolle spielen, auch wenn man kaum behaupten kann, daß sie sich ihr in großer Zahl anschlossen, nicht einmal in den nordeuropäischen Ländern. Kaufleute waren selten, wie die Mehrheit der Bevölkerung, mehr oder minder an den Flecken, an dem sie lebten, oder zumindest an ein begrenztes Gebiet gefesselt. Sie reisten viel, hatten zahlreiche Kontakte und einen regen Meinungsaustausch über Ländergrenzen hinweg, besonders in den verschiedenen städtischen Zentren, in denen sie zusammenkamen; sie konnten lesen und schreiben und hatten so Zugang zu einem Netz von wichtigen mündlichen und schriftlichen Informationen. Demzufolge besaßen sie eine andere Art von Bildung und Religiosität als die Mehrheit der Bauern und ärmeren Bürger, waren weit offener und kritischer, aufnahme- und anpassungsfähiger. Zwischen der traditionellen, gewohnheitsmäßig gepflegten, von Aberglauben geprägten, dumpfen Religiosität der großen Mehrheit und der der Kaufleute gab es abgrundtiefe Unterschiede. Sehr treffend ist bemerkt worden, daß der Kaufmann und der Bankier in der Kirche auf allen Ebenen ihrer Hierarchie eine Macht sahen, deren Wohlwollen sich zu erhalten nützlich und notwendig war. So gab es denn auch eine große Zahl von Kaufmannssöhnen, die eine kirchliche Laufbahn einschlugen.

Die Kaufleute waren also in erster Linie Bürger, denen ihre Geschäfte und der Erfolg ihrer Familie am Herzen lagen. Insgesamt gesehen hatten sie deshalb ein gutes Verhältnis zur Kirche als einer Institution, die großes Ansehen genoß und großen Einfluß ausübte – und dieses gute Verhältnis blieb auch später gegenüber den protestantischen Kirchen bestehen. Natürlich erschöpfte sich damit ihre Religiosität nicht. Auch sie hatten Anteil am gemeinsamen religiösen Erbe des europäischen Kontinents, doch bewahrten sie ein gewisses Maß an Selbständigkeit und Autonomie, was darauf zurückzuführen war, daß sie *de facto* eine verhältnismäßig hohe Position in der Gesellschaft einnahmen und in der Regel zu den fortschrittlicheren bürgerlichen Kreisen gehörten. Zur Zeit der Renaissance gab es – wie auch aus so voreingenommenen Quellen wie denen der Kirche hervorgeht – kaum noch Spuren von Abneigung und Feindseligkeit gegen die Kaufleute, nicht einmal gegenüber jenen kaufmännischen Tätigkeiten, die in der Vergangenheit auf Ablehnung und scharfe Verurteilung gestoßen waren. Zwar zweifelte der Kaufmann (vor allem, wenn er Katholik war) vielleicht gelegentlich noch an der Zulässigkeit mancher seiner Handlungen, aber ganz gewiß glaubte er nicht, daß weltlicher Wohlstand und Reichtum mit dem Seelenheil nicht zu vereinbaren seien. Auch die Theologen versagten ihm diese doppelte Genugtuung nicht, wenn sie auch gewisse Bedenken und Vorbehalte geltend machten. Denn auf der einen Seite war die Überzeugung, daß geschäftlicher Erfolg Gott nicht mißfallen könne, sondern vielmehr ein Zeichen seiner Gunst sei, sowohl bei den katholischen als auch bei den protestantischen Kaufleuten gewachsen. Auf der anderen Seite waren die Kirchen in gewisser Weise ratlos angesichts des starken Anstiegs der wirtschaftlichen Gewinne und der weltweiten Entwicklung des Handels.

2

Wir wollen daher die kollektive Psyche des Kaufmanns und des Bankiers der Renaissance einmal näher betrachten. Ihre religiös motivierten Bedenken waren zwar nicht unbedingt zweitrangig, bildeten jedoch nur einen Aspekt ihrer Welt, die von geistigem Reichtum, sittlicher Reife und klaren, an den Erfordernissen ihres Berufs ausgerichteten Vorstellungen geprägt war. Mit anderen Worten: Einerseits waren der Kaufmann und der Bankier Christen, und als solche hatten sie mehr oder minder dieselben Gewissenskonflikte wie andere Gläubige auch. Im Mittelalter waren sie angesichts einiger ihrer Tätigkeiten, insbesondere der Kreditgeschäfte, vom Klerus scharf verurteilt worden, so als wäre das, was sie unternahmen, besonders verwerflich gewesen. Im 15. und 16. Jahrhundert jedoch hatten die Verbote und Vorschriften der Kirche viel von ihrer Verbindlichkeit eingebüßt und wurden weniger streng gehandhabt. Andererseits stellten die genannten Bedenken, sieht man sie im Verhältnis zu der eigenen Welt und Denkweise, die der Kaufmann sich geschaffen hatte, nur ein sehr spezielles Problem dar und waren von nur geringem Gewicht. So hatte der Kaufmann, unabhängig von der Weltsicht des Klerus und des Adels, eine eigenständige, wenn auch noch wenig ausgeprägte, Vorstellung vom Leben und Handeln im Alltag entwickelt.

Es hat gewiß seinen Grund, daß sich in der westlichen Welt die Ökonomie auf begrifflicher Ebene und als wissenschaftliche Disziplin sehr viel später etabliert hat als die Philosophie, die Naturwissenschaft, die Politik und auch die Religion. Theoretiker wie Quesnay, Smith oder Ricardo traten erst im späten 18. Jahrhundert auf; das 16. Jahrhundert kennt keinen volkswirtschaftlichen Denker, der etwa mit Machiavelli oder Kopernikus vergleichbar gewesen wäre. Die Lebensvorstellungen, welche die Kaufleute eigenständig entwickelten und deren Träger sie unbestreitbar waren, standen nicht eindeutig im Zeichen der Moderne, sondern gehörten zu einer Epoche des Übergangs vom Mittelalter zur Neuzeit. Wie bereits erwähnt, begannen sich die Methoden des kaufmännischen Gewerbes und die Kaufmannsmentalität schon zwischen dem 13. und 14. Jahrhundert herauszubilden und setzten sich dann seit der Renaissance in großem Maßstab durch. Jedoch ist zu betonen, daß die Kaufleute sich ihrer selbst als Schicht nur sehr zögernd bewußt wurden und ihre Bewußtwerdung auch nur sehr bedingt ideologisch untermauerten. So ist es auch kein Zufall, daß die hervorragendsten zeitgenössischen Schilderungen der Gestalt des Kaufmanns und seines Berufes nicht aus der Feder echter Kaufleute stammen (Leon Battista Alberti war kein Kaufmann, und auch Benedetto Cotrugli war es nur teilweise).

Der Kaufmann der Renaissance, der erkannt hatte, daß seine Tätigkeit auch gesellschaftlich von Nutzen war und der davon überzeugt war, daß sein Handeln im Grunde weder unrechtmäßig noch sittenwidrig war, fühlte sich in seinem Tätigkeitsbereich zunehmend wohl. Dennoch ging er sehr pragmatisch vor, so als wäre er nicht in der Lage, seine Bedürfnisse und Zielsetzungen klar zu formulieren (und wahrscheinlich war er es in der Regel tatsächlich nicht). Es schien ihm gar nicht daran gelegen, die Neuheit und Besonderheit seiner Rolle hervorzuheben, die zwar eine Tatsache war, doch auf theoretischer Ebene nicht als solche erkannt und nicht geltend gemacht wurde. Er beschränkte sich darauf, seine Unabhängigkeit unermüdlich weiter auszubauen und sein Prestige in der Gesellschaft, in der er schon längst festen Fuß gefaßt hatte, zu vergrößern. Auf diese Weise wurde der Kaufmann, wenn auch in Abhängigkeit von der jeweiligen Religion und den jeweiligen Gegebenheiten, zu einem entscheidenen Faktor der gesellschaftlichen Entwicklung in Europa. Er verfügte zwar über eine gute Allgemeinbildung wie auch eine gute Berufsausbildung, doch waren diese so angelegt, daß sie ihn veranlaßten, keine theoretischen Stellungnahmen und geistigen Auseinandersetzungen anzustreben, ja ihnen sogar auszuweichen. Zwei weitere Faktoren trugen indirekt, aber entscheidend dazu bei, daß die Kaufleute ihre Ansprüche offensichtlich nur sehr zurückhaltend geltend machten. Zum einen wurden, wie bereits erwähnt, wirtschaftliche Berufe, besonders im Handel und im Geldwesen, seit je geringgeschätzt und auch später nur ungenügend und sehr zögernd anerkannt. Zum anderen war das 15. Jahrhundert weitgehend von einer Atmosphäre der Stagnation geprägt, die damit zusammenhing, daß sich am Vorabend der Kriege des 16. Jahrhunderts bereits unterschwellige Spannungen ankündigten, die durch die Suche nach Kompromissen, das Streben nach Harmonie und den Wunsch nach friedlicher Koexistenz unter Kontrolle gehalten wurden. Eine ähnliche Haltung war auch unter den Humanisten jener Zeit häufig anzutreffen, wenngleich diese, zumindest potentiell, ein aggressiver einsetzbares Rüstzeug zur Verfügung hatten oder sich ein solches gerade aneigneten.

Doch während die Humanisten darauf angewiesen waren, das moralische Erbe der Antike wiederaufzugreifen und sich damit zu wappnen, um die beginnende Autonomie der bürgerlichen Gesellschaft gegen die

Wertvorstellungen der Kirche zu behaupten, hatten sich die Kaufleute ihre Form der Unabhängigkeit im wesentlichen aus eigener Kraft geschaffen, wenn auch auf unauffälligere, viel bescheidenere Weise. Leitmotivisch kehrt in der Geschichtsschreibung die These wieder, daß die weltliche Kultur sich allmählich im Zuge der fortschreitenden Aufwertung der Vita activa gegenüber der Vita contemplativa oder dem der Religion gewidmeten Leben durchgesetzt habe. Zu dieser Entwicklung leisteten die Kaufleute schon früh einen wichtigen, wenn auch ideologisch minder ausgeprägten Beitrag. Tatsächlich werden in der Geschichtsschreibung immer wieder die Zeitauffassung des Kaufmanns und die der Kirche einander gegenübergestellt. Für die eigentliche Zeitmessung im täglichen Leben spielte diese »Konkurrenz« jedoch eine wesentlich geringere Rolle, als man gemeinhin annimmt. Schließlich wurden die ersten tragbaren, für den persönlichen Gebrauch bestimmten Uhren erst vom späten 15. Jahrhundert an hergestellt, und diese verbreiteten sich nur sehr langsam und ausschließlich in der gesellschaftlichen Elite. Außerdem, und dies ist vielleicht von größerer Bedeutung, stellten bis zum 15. Jahrhundert selbst öffentliche Uhren eine Seltenheit dar und wurden nur in sehr geringer Zahl in einigen größeren Städten installiert. Zudem waren sicherlich auch in den Städten des 14., 15. und 16. Jahrhunderts die kirchliche Zeiteinteilung und ihr Einfluß auf das tägliche Leben noch vorhanden.

Das eigentlich Neuartige am Zeitbewußtsein der Kaufleute liegt auf einer anderen, in gewissem Sinne höheren Ebene. Während die Kirche noch im 14. und 15. Jahrhundert die Unbeständigkeit und Vergänglichkeit des menschlichen Lebens betonte, waren die Kaufleute nicht nur davon überzeugt, daß jeder Moment des Lebens wertvoll sei, sondern machten überdies diese Überzeugung zur Grundlage ihrer Existenz, richteten daran ihr tägliches Leben aus. Unter Berufung auf das biblische Gleichnis, in welchem es heißt, daß der Mensch seine Begabungen erhalten habe, auf daß sie Früchte tragen, hatte der bereits erwähnte Berthold von Regensburg die Ansicht vertreten, daß Gott den Menschen die Zeit gegeben habe, damit er sie sowohl für die Mühen des irdischen Lebens als auch zur Rettung der Seele verwende. Der aus einer bedeutenden Kaufmannsfamilie stammende Humanist Leon Battista Alberti hingegen formulierte in der ersten Hälfte des 15. Jahrhunderts eine völlig andere Konzeption der Zeit. In seiner Schilderung des Lebens eines Familienvaters und Geschäftsmannes wird das Seelenheil mit keinem Wort erwähnt, und ebensowenig ist die Rede davon, daß der Mensch im Jenseits Rechenschaft darüber ablegen müsse, wie er seine Zeit verbracht habe. Im Falle des Kaufmanns und jedes anderen aktiven Menschen werde die Zeit sogar zu einem Teil seines Wesens. Zwar bestünden wir aus Geist und Körper, aber unser Wesen sei, so Alberti, immer zugleich auch Zeit und in gewissem Sinne vor allem Zeit, denn diese sei das Maß, an dem wir uns messen. In Albertis Dialog wird das gesamte Handeln des bürgerlichen Kaufmanns als ein ständiges Planen dargestellt, das darauf ausgerichtet ist, das Leben, welches auf diese Weise ein jeder für sich gestaltet, bewußt und intensiv zu nutzen. Je intensiver jemand seine Zeit nutzt und je weniger er sie verschwendet, desto besser kann er sich verwirklichen, eben indem er sein Möglichstes tut und sein Bestes gibt.

Diese aus der Welt der Kaufleute übernommene dynamische Konzeption der Zeit findet sich auch in den Schriftstücken wieder, die zwischen den vielbeschäftigten Geschäftsleuten hin und her gingen. Zunächst einmal erschien es ihnen nicht länger zulässig, Abrechnungen zu machen, ohne das Datum des jeweiligen Geschäftsganges genau zu vermerken; dies geschah vor allem, um auf einen Blick das Verhältnis zwischen der verstrichenen Zeit und dem erzielten Gewinn erfassen zu können: Es durfte, wie jemand nicht ohne Ironie bemerkte, kein Jahr mit 18 Monaten geben. Darüber hinaus bemühte man sich, das Verhältnis zwischen den von den Schiffen und den transportierten Waren zurückgelegten Entfernungen und der hierfür benötigten Zeit genauer zu bestimmen, da sowohl der Profit als auch die Neuinvestition der langfristig zu erzielenden Gewinne hiermit in engem Zusammenhang standen. Wenn ein Geschäft nicht innerhalb einer angemessenen Zeit zu Ende geführt wurde, so war das investierte Geld totes Kapital geworden: Die ungenutzt verstreichende Zeit hatte zur Folge, daß die Gewinne stagnierten, was im Endeffekt zu schweren Verlusten führte. So war es eine der Handlungsmaximen des Kaufmanns der Renaissance (und nicht nur der Renaissance), alles zu unternehmen, damit das Kapitel nicht »brachlag«, wie man knapp und treffend zu sagen pflegte. Diese Vorstellungen prägten die Mentalität des Kaufmanns und leiteten ihn in seinem ständigen Streben nach Gewinn. Zeit und gute Gelegenheiten zu vergeuden, war auf keinen Fall zulässig, und dementsprechend galt: »Promptes Handeln ist die Mutter des Reichtums.« Ebenso hieß es, es sei »vernunftwidrig«, wenn jemand untätig auf ein Geschäft warte. Ein solches Verhalten lasse jegliche kaufmännische Klugheit vermissen und sei daher verachtenswert. Dem Kaufmann war sehr wohl die Unerbittlichkeit der Zeit bewußt, von der sowohl der ersehnte Gewinn als auch der gefürchtete Verlust abhing. So trat ihm die gnadenlos vergehende Zeit als jenes Etwas gegenüber, das den Gewinn verschlang, wenn das positive Ergebnis einer Investition allzu lange auf sich warten ließ. Hieraus war zu folgern: Je älter ein Kredit, desto geringer sein Wert. Zu folgern war hieraus aber auch: Je mehr die Geschäfte stagnierten, desto größer das Risiko für den Kaufmann. »Wir sind so gut wie tot«, schrieb beispielsweise Andrea Berengo aus Aleppo im Herbst des Jahres 1555, als sich herausstellte, daß die Seide, mit der gehandelt werden sollte, nicht eintreffen würde.

Zwar konnte man in der Epoche der Renaissance im Handel oft recht hohe Gewinne erzielen; es wäre jedoch naiv, hieraus ableiten zu wollen, daß die Gewinne sich regelmäßig, wenn nicht gar automatisch einstellten. Das Leben des Kaufmanns war im Gegenteil voller Unwägbarkeiten: Das Vertrauen in die eigenen Kräfte und der mutige Einsatz von Kapital garantierten den Erfolg keineswegs. So lebte der Kaufmann nicht nur im Wissen um die Bedeutung des Zeitfaktors für seine Geschäfte, sondern auch in einer ständigen Spannung, denn es galt, der Entfernungen Herr zu werden, an der Schnelligkeit des Transportes zu verdienen und den zahlreichen Gefahren zu entgehen, die überall lauerten. Für den Kaufmann war Fortuna mehr als eine bloße Allegorie: Sie repräsentierte für ihn den Inbegriff all der Gefahren, die er nicht beherrschen konnte und denen er nicht mehr mit der Hilfe Gottes allein (dessen unumschränkte Autorität er jedoch keineswegs in Frage stellte) begegnen wollte. Auch hier ließe sich noch einmal das Beispiel des Andrea Berengo anführen, der in einem Atemzug die Empfehlung ausspricht, den Heiligen Geist anzurufen, und den Rat gibt, einen Versicherungsvertrag abzuschließen. Die Versicherung stellte eine bedeutende Neuerung dar, die vom Kaufmann schon im dreizehnten, vierzehnten Jahrhundert eingeführt wurde, sich aber erst seit der Renaissance wirklich durchsetzte. Zwar ließen längst nicht alle ihre Waren versichern, und selbst wenn sie es taten, nicht ihren vollen Wert; außerdem wurden die Versicherungen, die *sicurtà*, in den verschiedenen Handelsstädten unterschiedlich häufig in Anspruch genommen. Dennoch sind sie, neben der auf eigene Erfahrung gegründeten und an den Erfordernissen des Berufes orientierten Konzeption der Zeit, das zweite grundlegend neue Element in der Lebenseinstellung und Lebensweise der Renaissancekaufleute. Die Versicherung war zu einem Instrument geworden, mit welchem man sowohl einer übertriebenen Risikobereitschaft als auch einem allzu großen Vertrauen zu Gott begegnen konnte. Zwar wußte man sehr wohl, daß der Erfolg in erster Linie von den eigenen Fähigkeiten und denen der Mitarbeiter abhing; auch übten die Kaufleute ihren Beruf, den sie in der Regel bereits in jungen Jahren erlernten, mit immer größerem Geschick aus. Doch mit der Erfindung und insbesondere der immer häufigeren Inanspruchnahme der Versicherung stellte der Kaufmann jener Zeit seine Reife unter Beweis, denn er machte sich den Vorteil zunutze, den dieses System ihm bot: War es auch zunächst der Versicherer, der daran verdiente, so konnte sich der Kaufmann auf diese Weise doch wirksam gegen eine Beeinträchtigung seiner Gewinne absichern.

Die Konzeption der Zeit als dynamisches Element, das es intensiv zu nutzen galt, und der Einsatz jenes neuen, Sicherheit verleihenden Mittels ermöglichten es dem Kaufmann der Renaissance, auf neuartige Weise die Faktoren *Zeit* und *Risiko* in den Griff zu bekommen. Eine weitere Praktik, die ebenfalls bereits in früherer Zeit angewendet worden war, nun aber in weit größerem Umfang eingesetzt und geschickt und sorgfältig organisiert wurde, ermöglichte es ihm, auf rationale Weise mit dem Problem der Entfernung umzugehen, so daß er neben der Zeit und dem Risiko nun auch den *Raum* besser beherrschte: Die Rede ist von jenem dichten Netz von Briefkontakten, mit denen der Kaufmann seine Unternehmungen stützte und zugleich auch fortwährend kontrollierte. Es geht sicher nicht zu weit, wenn wir zu den Geschäftsbriefen, die in großer Zahl in Umlauf waren, auch die vielen Wechselbriefe zählen, denn in beiden Fällen handelt es sich, zwar in unterschiedlichem Maße, um Methoden, die mit dem Ziel entwickelt und eingesetzt wurden, die Geschäfte zum Erfolg zu führen. Noch reiste der Kaufmann viel, doch konnte er nun nicht mehr auf jene wertvolle Hilfe verzichten, welche die Korrespondenz ihm bot, die mittlerweile einen bedeutenden Teil seiner Arbeit ausmachte. Es gab damals kaum jemanden, der mehr Zeit als der Kaufmann für den intensiven und systematischen Austausch von Nachrichten aufwendete, welcher sich schließlich zu einem regelrechten Informationssystem entwickelte.

3

Die fortschreitende systematische Beherrschung von Zeit, Raum und Risiko war nicht der einzige Faktor, der für die Welt des Renaissancekaufmanns kennzeichnend war, doch an ihm wird bereits deutlich, wie gefestigt und autonom diese Welt war. Die anderen Faktoren entsprachen scheinbar mehr der Tradition: Es handelt sich um die Struktur der Familie, die gesellschaftliche Stellung des Kaufmanns und sein Ansehen. Auf die Diskrepanz zwischen dem geringen Ansehen, das er genoß, und seiner tatsächlichen gesellschaftlichen Bedeutung wurde bereits hingewiesen. Ohne Zweifel spielten der Kaufmann und der Bankier in der Renaissance bereits eine wichtige Rolle, doch war es ihnen noch nicht gelungen, sich als sozialer Typus gesellschaftliche Anerkennung zu verschaffen. Dies lag zum einen daran, daß die Kirche bestimmte Tätigkeiten des Kaufmanns von jeher verurteilt hatte, was bis zu einem gewissen Grade auch die Auffassung der Allgemeinheit beeinflußte. Zum anderen war die nicht minder alte und mittlerweile überholte Dreiteilung der Gesellschaft in Krieger, Priester und Bauern noch immer präsent. Der Kaufmann hatte es nie vermocht, mit rationalen Argumenten die Vorurteile der Theologen zu widerlegen oder zu beweisen, daß jene alte Dreiteilung kaum oder gar nicht mehr mit der Wirklichkeit übereinstimmte. Statt dessen verschaffte er sich ganz allmählich Geltung, dank der tatsächlichen Bedeutung seiner Rolle, der Bedeutung der von ihm bereitgestellten Dienstleistungen sowie der Tatsache, daß er es geschafft hatte, eine Reihe eigener Wertvorstellungen und Handlungsverfahren zu entwickeln. Doch veranlaßte dies den Kaufmann nicht dazu, selbstbewußt aufzutreten und etwa den anderen Schichten gegenüber auf seine Vorrechte zu pochen; er begnügte sich vielmehr damit, sich in die bestehende gesellschaftliche Ordnung einzugliedern und deren vertikalen Aufbau anzuerkennen. Mit anderen Worten, der Kaufmann hat in der Renaissance die gesellschaftliche Stellung des Adels und der Geistlichkeit praktisch nie in Frage gestellt. Ja, er bemühte sich sogar um den sozialen Aufstieg, indem er Mitglied des Klerus oder, besser noch, des Adelsstandes wurde.

Dieser allgemeine Prozeß nahm in den verschiedenen Regionen Europas recht unterschiedliche Formen an. Als Beispiel ließen sich etwa die Gebrüder Veckinchusen aus Westfalen anführen, beides Hansekaufleute im internationalen Handelsgeschäft. Hildebrand, der ältere (gestorben 1426), war der abenteuerlustigere und auch derjenige, dem sich das Glück weniger hold zeigte. Obwohl Bürger der Stadt Lübeck, handelte er vor allem in Brügge. Er heiratete zuerst die Tochter des Bürgermeisters von Dortmund und später die eines reichen Kaufmanns aus Riga. Mit seinen Geschäften hatte er bald mehr, bald weniger Erfolg. Er trieb Handel mit Venedig, doch sein Partner Peter Karbow leitete die Geschäfte so ungeschickt, daß er starke Verluste erlitt. Dann lieh er Kaiser Siegmund unbedachterweise 3000 Goldkronen, welche dieser ihm jedoch lange nicht zurückzahlte, so daß er wegen Zahlungsunfähigkeit festgenommen wurde. Von diesem Schlag sollte er sich nicht mehr erholen. Sein Bruder Sivert hingegen ging erst von Lübeck nach Köln und kehrte dann nach Lübeck zurück, wo er überaus erfolgreich war und vor allem an dem Handel mit Ambra verdiente. Seinen geschäftlichen Erfolgen hatte er es auch zu verdanken, daß er 1431 in das Patriziat der Stadt Lübeck aufgenommen wurde. Noch bezeichnender ist das Schicksal der Gebrüder Kuns, Hans, Paul und Matthias Mulich aus Nürnberg, die sich in Lübeck niederließen und Bürger dieser Stadt wurden. Sie trieben Ende des 15., Anfang des 16. Jahrhunderts vor allem mit Livland, den skandinavischen Ländern und Süddeutschland regen Handel. Matthias, der jüngste von ihnen, erzielte die größten sozialen Erfolge: Er wurde 1515 Patrizier der Stadt Lübeck und verband seine Familie durch Heirat mit den Castorp und den Kerkring, die zu den vornehmsten Geschlechtern der Stadt gehörten. Er pflegte Beziehungen zu den Herzögen von Schleswig und Mecklenburg, aber auch zum König von Dänemark, der ihm ein Lehen in Oldesloe gewährte.

Wendet man nun den Blick vom deutschen Raum auf die Iberische Halbinsel, so läßt sich das Schicksal des Kaufmanns Juan de Torralba anführen, der in der ersten Hälfte des 15. Jahrhunderts lebte. Torralba spielte bereits um 1425 eine wichtige Rolle in der Handelsstadt Barcelona. Von 1428 bis 1435 leitete er eine internationale Handelsgesellschaft, und 1437 gründete er eine Reederei. Er kaufte in Genua ein großes Schiff von 1200 Tonnen und vertraute das Kommando seinem Schwiegersohn Juan Sabastida an, der aus einer Familie adeliger Großgrundbesitzer stammte. Mit der Erweiterung des Netzes seiner geschäftlichen Verbindungen ging auch die Ausweitung seiner gesellschaftlichen Beziehungen einher. Ohne dem Handel den Rücken zu kehren, bekleidete Torralba hohe Ämter in der Stadtverwaltung von Barcelona. Überdies intensivierte er seine Kontakte zum aragonesischen Hof. Schon 1431 hatte er sich an einem Kredit beteiligt, der Alfons V., dem späteren König von

Neapel, gewährt wurde. Kurze Zeit später stieg er auch in das Bankgeschäft ein, während er gleichzeitig in Schuldverschreibungen der öffentlichen Hand investierte und Ansprüche auf Anteile an Steuereinnahmen aus weltlichen und kirchlichen Gütern erwarb. 1440 begann er schließlich mit dem Ankauf von Immobilien und wurde Eigentümer von mindestens fünf Gebäuden in Barcelona. Andere hatten weniger Glück. So verdiente Sabastida zwar gut an dem Handel, den er mit Hilfe des ihm überantworteten Schiffes ausübte, und erst recht an der Piraterie, die er im Auftrag seines Schwiegervaters betrieb; dennoch gab er seine Tätigkeit nach dem Tod Torralbas im Jahre 1458 auf und zog sich auf die Familiengüter zurück.

Über die Situation in anderen Ländern, von Polen bis Frankreich, läßt sich Ähnliches sagen. Der Venetier Pietro Bicarani, der Anfang des 15. Jahrhunderts in Breslau wirkte, knüpfte fruchtbare Kontakte mit der Stadt Krakau, der er einen großen Kredit gewährte, nachdem er zuvor bereits die Erlaubnis erhalten hatte, die Münzen für das Königreich Polen zu prägen. Kurze Zeit später pachtete er zusammen mit seinem Neffen für mehr als ein Jahrzehnt die Salzbergwerke von Vieliczka und Bochnia. Da er so gute Beziehungen zum polnischen Hof unterhielt, machte ihn die Republik Venedig zu ihrem Gesandten; dieses Amt bekleidete er bis zu seinem Tode im Jahre 1424. Auch die Karriere des Florentiners Antonio Ricci in Polen verlief auf ganz ähnliche Weise. Nachdem er die beiden Salzbergwerke von Krakau gepachtet hatte, übernahm er zusammen mit seinen Brüdern auch die Bergwerke in der Gegend von Lemberg. Später siedelte er nach Breslau um, wo er in den Rat der Stadt aufstieg. Nach Ricci übernahm Niccolò Serafini, ebenfalls ein Florentiner, die Leitung der erwähnten Salzbergwerke und häufte bei seiner Tätigkeit, die er bis 1456 ausüben sollte, ungeheure Reichtümer an. Schließlich wurde er Untertan des Königreichs Polen und dann auch in das Patriziat der Stadt Krakau aufgenommen. Ähnlich gelagert war der Fall des Aghinolfo Tebaldi, in dessen Händen sich in der zweiten Hälfte des 15. Jahrhunderts nicht nur zahlreiche bedeutende Salzgruben, sondern auch ein beträchtlicher Teil der Einkünfte der polnischen Krone befanden. Nachdem er aufgrund seiner hohen Ämter überdies die Grundherrschaft über zahlreiche Dörfer erhalten hatte, starb er schließlich 1495 in Krakau.

Ungeachtet der Entfernung waren auch die Schicksale der italienischen Kaufleute in Marseille nicht viel anders. Die Remesan beispielsweise kamen von Savona in die französische Hafenstadt und wurden Bürger des französischen Königreichs. Von Marseille aus trieben sie einerseits Handel mit Spanien, andererseits mit Italien und dem französischen Hinterland bis nach Lyon. Einer der Remesan, Giacomo, stieg Ende des 15. Jahrhunderts in die Schicht der geadelten Kaufleute der Stadt auf. Einen ähnlichen Weg ging in Marseille auch die Genueser Familie Vento, die schließlich in den Adelsstand erhoben wurde, nachdem sie das französische Heer in Frankreich beliefert hatte. Doch auch die bedeutendsten einheimischen Kaufleute verhielten sich ähnlich, so zum Beispiel Jean de Villages, ein Reeder und Freibeuter, der ebenfalls im Rat von Marseille saß. De Village, der hauptsächlich zwischen 1462 und 1477 aktiv war, hatte das Kommando über die Flotte des Jacques Coeur sowie über zwei Schiffsgeschwader geführt, von denen das eine 1461 gegen Savona, das andere 1466 gegen Katalonien entsandt worden war. Der reiche Unternehmer nannte nicht nur mehrere Häuser in Marseille, sondern auch das Schloß La Salle in Valbonnette sein eigen. Jacques Forbin wiederum, der in den letzten Jahrzehnten des 15. Jahrhunderts wirkte, gab sich nicht mit seinen prosperierenden Geschäften zufrieden und erwarb 1482 die Grundherrschaft über Gardanne. Ein anderer Forbin und Zeitgenosse, Jean, legte ungeachtet seines großen Erfolgs als Geschäftsmann und Reeder Wert darauf, 1474 von König René von Anjou die Herrschaft über La Barben zu erwerben. Auch eine Frau gab es, die ähnliche Ziele verfolgte: die mutige Madeleine Lartissat (ca. 1480 – ca. 1545). Sie war eine Sklavenhändlerin und Reederin, die Marseille zu ihrer Wahlheimat erkoren hatte und den Warenvertrieb für den Freibeuterkapitän Bertrand d'Ornezan, Baron von Saint-Blancard, leitete. Doch gleichzeitig war sie zusammen mit Luisa di Remesan Herrin der Insel Pomègues.

An das Ende dieses ersten Überblicks über die Welt der Kaufleute ließe sich ein Porträt der Mitglieder der Sieneser Kaufmannsfamilie Spannocchi stellen. Giacomo Spannocchi (geb. 1420) war der Sohn eines Kleinhändlers. Sein Lebensweg scheint weiter keine Besonderheiten aufzuweisen. Nachdem er Siena aus politischen Gründen verlassen hatte, ließ er sich in Ferrara nieder, wo er ein Bankhaus gründete und einen Großhandel mit Wollstoffen eröffnete. Zwischen 1411 und 1415 erwarb er zudem drei Häuser, von denen er zwei in Gasthöfe verwandelte. Das Schicksal des Ambrogio Spannocchi (1420 – ca. 1478) fällt schon eher aus dem Rahmen. Nachdem er sich in Rom niedergelassen hatte, gelang es ihm nämlich, in die Kreise um Kalixt III. aufgenommen zu werden. Dank dieser Verbindungen wurde er päpstlicher *Provveditore generale* (hoher

Militärbefehlshaber) »wider die Türken«, während er gleichzeitig dem Papst Gelder zur Ausrüstung seiner Flotte vorstreckte und außerdem in Valencia, der Heimatstadt des Pontifex, eine Bank gründete. Noch bemerkenswerter aber ist, was ihm unter Pius II. widerfuhr: Der Papst ernannte ihn zum Leiter der Apostolischen Kammer und räumte ihm das Recht ein, ein Wappen zu führen, in dessen vier Feldern neben den Ähren der Spannocchi die Monde der Piccolomini abgebildet waren. Zur selben Zeit gründete Ambrogio in Rom die Bank Spannocchi-Miraballi. Wenig später richtete er eine Filiale seiner Bank in Neapel ein und wurde Berater König Ferrantes. Dann eröffnete er eine Reederei, um mit Getreide und Alaun zu handeln. Nachdem er von Sixtus IV. zum Schatzmeister ernannt worden war, widmete sich Ambrogio, der tüchtige Geschäftsmann, mit Freuden dem Ankauf von Ländereien in Siena und Umgebung und ließ sich zwischen 1472 und 1474 im Herzen der Stadt von Benedetto und Giuliano da Maiano einen eigenen Palast errichten. Nach seinem Tod sollte er in der Familienkapelle beigesetzt werden, die er in der Kirche San Domenico hatte bauen lassen.

Dies war der Anfang jenes gewaltigen sozialen Aufstiegs der Spannocchi, der sich zwischen dem Ende des 15. und den ersten Dezennien des 16. Jahrhunderts vollzog. Die Personifikation dieses Erfolgs waren die Gebrüder Antonio (1474 – ca. 1530) und Giulio (1475 – ca. 1535). Ersterer war schon 1495, im Alter von etwas mehr als 20 Jahren, Gesandter Papst Alexanders VI. gewesen, letzterer gehörte zu dieser Zeit bereits der Sieneser Stadtregierung an. Dennoch vernachlässigten beide keineswegs ihre Geschäfte: Sie waren gemeinsam in der Alaunförderung und im Handel mit Getreide und Textilien aktiv. Ihre Bank in Siena diente als Staatskasse, und in Rom traten die Spannocchi mit Beginn des Pontifikats Alexanders VI. die Nachfolge der Medici als Leiter der Apostolischen Kammer an. Doch mußten auch sie Rückschläge erleiden. Ihre Bank in Siena ging 1503, die in Neapel 1504 in Konkurs, so daß sie gezwungen waren, zahlreiche Immobilien wieder zu verkaufen, die sie Ende des 15. Jahrhunderts in der Umgebung von Siena nach und nach erworben hatten. In ihrem Besitz blieb jedoch die Villa in dem Ort Campriano, dessen Kastell die Sienesen den Spannocchi mit voller Gerichtsbarkeit überlassen hatten. Zudem war die Laufbahn der Gebrüder Spannocchi, die sich nach dem finanziellen Zusammenbruch aus dem Geschäftsleben zurückzogen, noch lange nicht zu Ende: So sollte Antonio neun Jahre lang das Amt des Schatzmeisters der Mark Ancona innehaben, und Giulio wurde

1528 in Siena zum *Capitano del popolo*, zum Vertreter der Zünfte, ernannt. Außerdem flossen ihnen von 1505 an neun Jahre lang die Einkünfte aus dem Weinzoll ihrer Stadt zu.

4

Wir haben nun eine Reihe von bemerkenswerten Vertretern des Handelswesens vor allem des 15. Jahrhunderts vorgeführt und es dabei bewußt vermieden, andere, sehr viel bekanntere und erfolgreichere zu nennen. Das heißt natürlich nicht, daß ihr – vergleichsweise wenig auffälliger – Lebensweg deshalb von größerer Bedeutung gewesen wäre. Sie können uns jedoch helfen, die Schicksale berühmter Familien oder Individuen, denen wir uns noch zuwenden werden, besser einzuordnen. Zudem läßt sich anhand ihrer Profile eine Reihe von Feststellungen treffen, die unseres Erachtens für die Betrachtung des Kaufmanns und des Bankiers der Renaissance notwendig sind.

Zunächst einmal ist festzuhalten, daß sich gerade auf dem Gebiet des Handelswesens unsere Kenntnisse zu sehr auf jene Persönlichkeiten beschränken, die ihr Glück gemacht oder sich auch außerhalb des wirtschaftlichen Bereichs hervorgetan haben. Bis heute ist, hält man die besondere Rolle vor Augen, welche die Kaufleute im gesellschaftlichen Leben der europäischen Länder gespielt haben, das Interesse für die Kaufmannswelt, für die zweitrangigen oder durchschnittlichen Vertreter dieser Gruppe viel zu wenig entwickelt. Die Medici, die Fugger, die Affaitati usw. stehen an der Spitze einer Pyramide mit einer sehr breiten Basis. Es gibt eine große Zahl von Kaufleuten, die sich mit dem Ausdruck »regional« beschreiben ließen; ihr Handelsgebiet ist relativ klein und reicht nicht über das eigene Land hinaus. In diesem Zusammenhang ließe sich ein Unbekannter wie Pierre Garet anführen, ein Händler und Gerber des 15. Jahrhunderts aus Saint-Loup bei Poitiers, dessen Aktionsfeld keineswegs nur auf seine Provinz beschränkt war. Da er über beträchtliche Gelder verfügte, war es ihm sogar möglich, Wertpapiere des Pariser Hôtel de Ville zu erwerben. Über Vertreter dieser Gruppe von Kaufleuten liegen jedoch nur spärliche Informationen vor, und auch für die in den Städten ansässigen Händler sieht die Lage nicht viel besser aus. Doch gab es in allen Städten neben den ausländischen auch zahlreiche einheimische Kaufleute, die sich nicht allein um die Herstellung und den Vertrieb der Waren kümmerten, sondern auch daran interessiert waren, über mittlere und längere Entfernungen hinweg Handel zu treiben. Dennoch befinden wir uns noch immer in jenem Stadium, in dem es nur erlaubt ist, über diejenigen zu schreiben, die im Bereich des internationalen Handels tätig waren.

Dies hat notwendigerweise Folgen für das Bild, das man sich vom Renaissancekaufmann macht. Inwiefern, so ist zu fragen, war dieser bereits überwiegend an dem Ort verwurzelt, in dem sich seine Firma oder sein Geschäft befand, und nicht mehr ständig in fernen Ländern auf Reisen? Bisher liegen zu diesem Thema kaum systematische Studien vor. Aus diesem und auch aus anderen Gründen läßt sich auf unsere Frage so leicht keine Antwort finden. Ziemlich offensichtlich ist, daß es in den größeren Gesellschaften eine Zentrale gab, in der sich der Firmenleiter die meiste Zeit über aufhielt, um die verschiedenen Unternehmungen zu verfolgen und zu koordinieren. Doch Gesellschaften von dieser Größenordnung gab es nur wenige, wobei diese allerdings eine bemerkenswerte, wenn nicht entscheidende Rolle gespielt haben dürften. Unterhalb dieser Ebene gab es eine breite Schicht von Kaufleuten, die im wesentlichen zwei Gruppen zuzuordnen sind. Die einen waren ebenfalls seßhaft; sie blieben an ihr Geschäft oder an den Ort gebunden, an dem die Waren hergestellt wurden, mit denen sie handelten (Zucker oder Bücher, Seife oder Textilien). Die anderen waren recht häufig unterwegs, allerdings aus sehr verschiedenen Beweggründen. Einige besuchten lediglich die Märkte in der näheren Umgebung oder fuhren in eine größere Stadt, auf welche sie ihre Tätigkeit konzentrierten (die fahrenden Händler sind hier nicht eingerechnet). Darüber hinaus gab es jene Gruppe von Kaufleuten, deren Arbeitsweise nach dem gegenwärtigen Stand unserer Kenntnisse für den Typus des Kaufmanns jener Zeit am charakteristischsten ist. Es handelt sich um jenen Kaufmann, der in der Regel im Rahmen einer Handelsgesellschaft auf einem nicht-heimischen Warenumschlagsplatz tätig war und von diesem zu weiteren Umschlagsplätzen aufbrach, um dort im Dienste anderer Handelsgesellschaften wiederum deren Geschäfte zu betreiben.

Dies ist der Typus des internationalen Kaufmanns, dessen Geschäftsverbindungen von Genua bis Marseille, von Ancona bis Split, von England bis an die Küste von Guinea und von Sevilla bis in die Neue Welt reichen mußten. Es ist durchaus möglich, daß wir diesem Handel über mittlere, weite und gelegentlich auch sehr weite Entfernungen hinweg zu viel Aufmerksamkeit widmen, doch wurde er tatsächlich sehr intensiv und in großem Umfang betrieben. Er machte es erforderlich, daß junge Leute, die sich anschickten, das kaufmännische Gewerbe zu erlernen, und erfahrene Kaufleute, die wichtige und verantwortungsvolle Unternehmungen pesönlich überwachen mußten, sich an andere Orte begaben. Ihre Reisen nahmen nicht bloß Monate in Anspruch, sondern brachten oft einen jahrelangen Aufenthalt im Ausland mit sich. Hierauf ist zurückzuführen, daß in dieser Zeit neben dem Soldaten und im Prinzip auch dem Pilger der Kaufmann derjenige war, der am längsten und am häufigsten reiste und die verschiedensten Gegenden erreichte. Es ist schwer einzuschätzen, ob den Land- oder den Seereisen größere Bedeutung zukam, doch sind letztere besser belegt und waren zweifellos häufiger. Bei einem Transport auf dem Landweg fühlte sich der Kaufmann nicht unbedingt verpflichtet, die Ware zu begleiten; hingegen legte er eher Wert darauf, den Transport per Schiff und den Handel in den Häfen persönlich zu beaufsichtigen. Es ist schließlich bekannt, daß sich im Laufe des 15. und 16. Jahrhunderts in Europa der Seehandel in erstaunlichem Maße ausweitete.

Darüber hinaus lassen sich noch eine Reihe weiterer Beobachtungen machen, die jedoch auch auf die Zeit vor und nach der Renaissance zutreffen. Diese gelten zunächst den Waren, die gehandelt wurden, und der Form der wirtschaftlichen Unternehmungen. Die Tendenz ging dahin, sich nicht auf bestimmte Bereiche zu spezialisieren, d.h. der Kaufmann jener Zeit war bereit, jede erdenkliche Einnahmequelle zu nutzen. Zwar gab es auch Kaufleute, die fast ausschließlich mit einer bestimmten Ware handelten, so etwa, in den meisten Fällen, die Buchhändler und die Verleger; doch diese stellten eindeutig eine Minderheit dar. Im allgemeinen achtete der Händler weniger auf die Warengattung als vielmehr auf die jeweiligen Gewinnmöglichkeiten. Gewöhnlich handelte ein jeder mit den Waren, die er aufgrund der regionalen Gegebenheiten mit dem größten und sichersten Gewinn absetzen konnte. Bartolomé de Avila etwa, der in der ersten Hälfte des 16. Jahrhunderts in Valladolid wirkte, war im großen und ganzen auf Stoffe und Seidenwaren spezialisiert. Von diesen aber führte er eine erstaunliche Auswahl aus aller Herren Länder. Sein Zeitgenosse Sansin de Villanueva, im selben Ort tätig, handelte hingegen mit allen möglichen Gegenständen, von Uhren bis hin zu Spielkarten, von Schmuck bis hin zu Textilien, von Spiegeln bis hin zu Büchern, Scheren, Messern und Kerzenhaltern. 1566, als nach dem Ableben eines Kurzwarenhändlers aus Rostock Inventur gemacht wurde, stieß man auf etwa 250 verschiedene Artikel. Es dürfte kaum überraschen, daß diese Vielseitigkeit des Kaufmanns nicht auf die Wahl seiner Waren beschränkt blieb, sondern nahezu alle Aspekte seines Handelns betraf. Vor allem machte sie sich in bezug auf die Produktion bemerkbar: Verleger waren gelegentlich zugleich Eigentümer von Zuckerfabriken und Seifensiedereien, so z. B. die Giunta aus Venedig. Doch auch im Hinblick auf seine Investitionstätigkeit stellte der Kaufmann seine Vielseitigkeit unter Beweis. So erwarb er Ländereien und Immobilien, und kaufte öffentliche Schuldverschreibungen oder Versicherungsscheine.

Dies ist einer der Gründe, warum wir darauf verzichtet haben, die Gestalt des Kaufmanns von der des Bankiers zu unterscheiden. Es stimmt zwar, daß die Mehrzahl der Kaufleute nur mehr oder minder am Rande Geld- oder Kreditgeschäfte tätigte und nicht wirklich im Bankgewerbe aktiv war. Andererseits ist jedoch hervorzuheben, daß nur wenige sich ausschließlich der Leitung einer Bank widmeten. Als Beispiel seien hier zwei Vertreter einer venezianischen Familie angeführt, die überwiegend Bankiers waren: Andrea (1444 – 1493) und Antonio Cappello (1461 – 1541). Andrea, der auch Jura studiert und in seiner Jugend Handel in Flandern und England getrieben hatte, gründete 1480 zusammen mit den Gebrüdern Lippomano eine Privatbank, die bald zu den größten Geldinstituten Venedigs gehören sollte. Dem Staat streckte er große Geldsummen vor und ließ sich dafür einen gewissen Anteil am Steueraufkommen auszahlen; gleichzeitig aber wurde er Mitglied des Senats der Republik. Er starb schließlich in Rom, wohin er als Gesandter geschickt worden war. Auch Antonio war zunächst zusammen mit seinen Brüdern Silvano und Vittore in London dem Handel nachgegangen und hatte dann, mit ihnen und Luca Vendramin, in Rialto ein Bankhaus gegründet (1507). Obwohl er für mehr als zwanzig Jahre in diesem wichtigen Bereich arbeitete, übte er außerdem noch verschiedene Ämter in der Stadtverwaltung aus, von dem des *Provveditore di Comune* im Jahre 1509 bis hin zu dem des für die Verwaltung des Zehnten verantwortlichen *Savio alle Decime* im Jahre 1521. Antonio, der Bankier und Inhaber umfangreicher Schuldverschreibungen der öffentlichen Hand, kaufte zahlreiche Wohnungen und Geschäfte im Stadtzentrum, ließ mindestens acht Häuser auf einem Grundstück erbauen, das er in Murano erworben hatte, und gab zusammen mit seinem Bruder Silvano die Errichtung einer Bleigießerei in Auftrag. Zur Vervollständigung des hier skizzierten Porträts bleibt noch hinzuzufügen, daß er, ebenfalls zusammen mit Silvano, Eigentümer eines Palazzo am Canal Grande und ausgedehnter Landgüter in Meolo auf dem

Festland war. Außerdem besaß er ein hübsches Haus in Murano, wo er sich im Alter mit Vorliebe aufhielt.

Auch wenn wir andere Beispiele gewählt hätten, wären wir auf ähnliche Lebenswege gestoßen. Nicht jeder war in der Lage, eine Bank zu leiten, doch recht häufig fanden sehr vermögende Familien und große Firmen hierin eine ergänzende Nebenbeschäftigung, die sich quasi von selbst ergab. Das Bankgewerbe wurde also weniger um seiner selbst willen als vielmehr zusätzlich zu einem bereits florierenden Unternehmen betrieben, wobei man sich, wie in anderen Bereichen auch, für eine bestimmte Zeit mit anderen Partnern zusammenschloß. Aufgrund der wichtigen Rolle, die die Geldinstitute im öffentlichen Leben spielten, betrafen die Eröffnung oder Schließung einer Bank die ganze Gemeinde und veranlaßten die örtliche Regierung, Stellung zu nehmen. Bleibt noch zu erwähnen, daß die Banken fast immer Privatunternehmen waren und daß sie, wie ähnliche Betriebe auch, als Familienunternehmen geführt wurden oder in Zusammenhang mit den Unternehmungen eines bestimmten Geschlechts standen.

Was die Kaufleute und Bankiers der Renaissance von denen der voraufgegangenen Epoche unterscheidet, ist ihre größere Neigung, ihr Kapital in Grundbesitz, Immobilien in der Stadt und Residenzen auf dem Lande zu investieren. Wir halten es für überflüssig, die Frage näher zu erörtern, ob sich die Kaufleute des 15. und 16. Jahrhunderts von denen der vorherigen Epoche wirklich dadurch abheben lassen, daß sie so großen Wert auf Landbesitz legten. Denn zum einen gab es bereits in der ersten Hälfte des 13. Jahrhunderts eine norwegische Abhandlung, in welcher ausdrücklich empfohlen wurde, zwei Drittel aller Gewinne aus jenen Handelsgeschäften, die sich als besonders lukrativ erwiesen hatten, dem Ankauf von Ländereien vorzubehalten. Zum anderen hatten sich schon seit dem 13. und 14. Jahrhundert die Bürger wichtiger Städte in großer Zahl auf dem umliegenden Lande niedergelassen. In der Renaissance verstärkte sich somit lediglich eine schon längst im Gange befindliche Entwicklung. Doch nahm das Phänomen nun größere Ausmaße an, was weniger darauf zurückzuführen war, daß die Profite stiegen, als vielmehr darauf, daß sich nun in der gesamten gesellschaftlichen Elite ein neuer Lebensstil durchsetzte, der die Menschen dazu bewog, sich größere Annehmlichkeiten im täglichen Leben zu gewähren und sich mehr gesellschaftliche Anerkennung zu verschaffen.

Der Kaufmann war besonders empfänglich für diese neuen Tendenzen, zumal er auf diese Weise auch sein Ansehen mehren und sich der Lebensweise des Adels annähern konnte. Die Rede ist hier natürlich vor allem von den sehr reichen oder doch zumindest ziemlich reichen Kaufleuten. Schon in der ersten Hälfte des 15. Jahrhunderts setzte Leon Battista Alberti in seiner Schilderung der Gestalt des Kaufmanns als selbstverständlich voraus, daß dieser mindestens einen Gutshof mit einem Herrenhaus in der näheren Umgebung seiner Stadt besaß. Gut dreißig Jahre später schlug sein Zeitgenosse Benedetto Cotrugli aus Ragusa in Dalmatien vor, daß jeder Kaufmann zwei Gutshöfe besitzen solle: den einen in der Nähe der Stadt, um von ihm aus die Lebensmittel in das städtische Wohnhaus liefern zu lassen, den anderen an einem Ort, der sich besonders gut zur Erholung und Zerstreuung eigne. Anders als der Humanist aus Florenz, der die »Villa« als ein wahres Paradies auf Erden verherrlichte, äußerte Cotrugli jedoch auch Vorbehalte gegen die Freuden des Landlebens. Gerade weil er erkannte, daß diese eine große Verlockung darstellten, befürchtete er, daß der Kaufmann sich ihnen völlig hingeben und mit der Zeit seine anderen Geschäfte, welche ihn im allgemeinen größere Anstrengung kosteten, vernachlässigen könnte. Zwar existiert kein Beweis dafür, daß diese Befürchtung tatsächlich in der Renaissance berechtigt gewesen wäre, doch ist bekannt, daß die Kaufleute dieser Epoche sich gerne auf ihre Landgüter zurückzogen, um sich zu entspannen und zu amüsieren. Nicht von ungefähr beschäftigte sich Alberti in mehreren Abschnitten seines Traktats über die Architektur (*De architectura*) mit dem Bau von Villen – Villen, die eben längst nicht mehr nur den Adligen und Geistlichen vorbehalten waren, sondern die vielmehr den Bürgern und Geschäftsleuten empfohlen wurden. Es steht außer Zweifel, daß letzteren im 15. und 16. Jahrhundert die Geschäfte, die Freuden des Landlebens und die Aura des vornehmen Herrn, die ihnen der Landbesitz verlieh, gleichermaßen wichtig waren.

Die wohlhabenden italienischen Kaufleute führten in der Renaissance zwar einen Lebenswandel, der dem des Adels ähnelte und ihn in manchen Fällen auch offen nachahmte, doch bemühten sie sich nie darum, in den Adelsstand zu gelangen: Schließlich waren sie bereits Mitglieder eines angesehenen städtischen Patriziats, und sie glaubten auch noch an die republikanischen und antifeudalen Werte. Nahmen sie jedoch Verbindungen zu ausländischen Fürsten auf, verschmähten sie die Titel nicht, mit denen sie ausgezeichnet wurden. Außer den bereits genannten Persönlichkeiten ließe sich hier der Kaufmann Gaspare Ducci (1492 – ca. 1577) aus Pistoia anführen, der in Flandern und in Frankreich sein Glück machte. Er hatte zunächst in Antwerpen als Makler und Verwalter die Luccheser Handelsgesellschaft Arnolfini-Nobili vertreten, doch schon bald wurde er Finanzexperte an der Börse. Nachdem er beträchtliche Gewinne erzielt hatte, konnte er sowohl dem französischen König als auch Karl V. hohe Geldsummen leihen. Letzterer ernannte ihn zu seinem Berater, und von Franz I. wurde er mit der Organisation des Systems der öffentlichen Anleihen beauftragt. Nachdem er geadelt und zum Herrn von Cruybeke erhoben worden war, kaufte er eine prachtvolle Villa in Hoboken und lebte dort umgeben von gut zwei Dutzend bewaffneten Dienern, die er anwies, gegen seine Widersacher mit Gewalt vorzugehen.

Außerhalb Italiens hingegen gab es eine große Zahl von Kaufleuten, die in den Adelsstand aufstiegen. So schaffte zum Beispiel in der ersten Hälfte des 15. Jahrhunderts die Familie Najac in Toulouse einen raschen sozialen Aufstieg. Schon 1426 hatte sie erreichen können, daß sie von Karl VII. in den Adelsstand erhoben wurde und die Grundherrschaft über zwei Dörfer zugesprochen bekam. Huc Najac, der mehrere angesehene Ämter bekleidete, verwendete seine Gewinne für den Kauf von Ländereien und Gebäuden. Sein Geschlecht erlebte jedoch, möglicherweise aufgrund der hohen Ausgaben für Repräsentationszwecke, einen raschen Niedergang. Völlig anders verlief hingegen die berufliche Laufbahn seines Landsmannes Jean Amic (gest. ca. 1460), eines Geldwechslers, Bergwerkspächters und Kaufmanns, der sowohl im Einzelhandel als auch im internationalen Großhandel tätig war und alle möglichen Artikel kaufte und verkaufte. Er besaß ein Palais und mindestens ein halbes Dutzend anderer Gebäude in Toulouse und legte Wert darauf, verschiedene Grundherrschaften zu erwerben und dann die entsprechenden Titel zu führen. In erster Linie blieb er jedoch ein Geschäftsmann und treuer Anhänger der Monarchie. Der Engländer Richard Gresham (1485 – ca. 1549) war schon seit seiner Jugend im kaufmännischen Gewerbe tätig gewesen. Im Handel erzielte er schon bald große Gewinne, die es ihm ermöglichten, Schiffseigner zu werden und seinem Herrscher Geld zu leihen. Nach dem Regierungsantritt Heinrichs VIII. vertieften sich seine Beziehungen zum Hof und zu den wichtigsten Ministern zusehends, und 1537, ein Jahr vor seiner Ernennung zum Vorsteher der Kaufmannsgilde *Merchant Adventures* wurde er schließlich in den Adelsstand erhoben. In ähnlicher Weise vollzog sich auch der Aufstieg des Flamen Erasmus Schetz (1495 – ca. 1550) aus Maastricht, der in Antwerpen sehr rasch sein Glück machte.

1539 ließ er sich ein Palais errichten, in dem er 1545 Karl V. seine Gastfreundschaft gewähren konnte – gerade zu der Zeit, in der er sich anschickte, durch eine jährliche Zahlung von 1 000 Florin die Grundherrschaft über Grobbendonck zu erwerben. Schetz war der Bankier des Kaisers: Er war es gewesen, der ihm ohne Zögern die Summe vorgestreckt hatte, welche dieser 1523 benötigte, um sich mitsamt seiner Gefolgschaft von London nach Spanien zu begeben. Ebenso ließe sich hier Bartholomäus Welser anführen, der auf den Handel mit dem spanischen Amerika spezialisiert war und die Kupferbergwerke in Haiti gepachtet hatte. Seine Familie wurde 1531 in den Adelsstand erhoben, als sie das Monopol über die Einfuhr von Sklaven innehatte. Schließlich sei noch der Bankier und Juwelier Joris de Vezelaere (1493–1570) erwähnt, der 25 Jahre lang die Aufsicht über die kaiserliche Münze in Antwerpen geführt hatte; zwischen 1533 und 1535 ließ er sich in Deurne ein Schloß errichten, betrieb jedoch sowohl den Kleinhandel als auch den Geldverleih weiter.

5

Der Kaufmann und Bankier dieser Epoche war zwar unbestreitbar Träger eigener kultureller und beruflicher Werte, doch richtete er sich in nicht unbeträchtlichem Maße nach dem jeweiligen Milieu, in dem er lebte und erfolgreich wirkte. Wir haben dies soeben anhand der Beobachtung festgestellt, daß nicht wenige Kaufleute Mitglieder des Adels wurden. Doch ließe sich dies noch besser anhand ihres Verhältnisses zu den Herrschern, ihres künstlerischen Geschmacks und anhand des Verlagswesens belegen. In gewissem Sinne sieht sich der Kaufmann der Renaissance also auch einem Identitätsproblem gegenüber. In der voraufgegangenen Epoche war seine gesellschaftliche Stellung eindeutiger abgegrenzt gewesen, zumal er meist nicht zum Patriziat und erst recht nicht zum Adel gehörte, nur vereinzelt Kontakte zu Fürsten hatte und sein kulturelles Umfeld weitgehend von seiner beruflichen Tätigkeit geprägt war. Dies traf auf das 10., 11. und 12. Jahrhundert zu, doch ebenso wie in anderen Bereichen änderten sich die Verhältnisse im 13. und 14. Jahrhundert allmählich. In der Renaissance war jedenfalls bereits klar, daß der Kaufmann ebenso selbstverständlich in den Stadtregierungen wie in Fürstenkreisen ein und aus ging. Außerdem finanzierte er nun künstlerische und kulturelle Vorhaben nicht mehr bloß als Mitglied einer Gilde oder einer Innung, sondern auf rein privater Basis.

Im vierten Buch seiner Schrift über die Familie bemerkt Leon Battista Alberti, er halte es für notwendig, daß ein hochgestellter Kaufmann die Gunst eines weltlichen Fürsten oder eines Kirchenfürsten zu erlangen wisse, und führt über Seiten hinweg aus, auf welche Weise der Kaufmann dies seiner Ansicht nach am besten bewerkstelligen könne. Alberti kam es nicht darauf an, aus dem Kaufmann einen Höfling zu machen, doch sollte er zumindest in der Lage sein, sich in höfischen Kreisen zu bewegen. Schon vom 13. und 14. Jahrhundert an hatten die Kaufleute sehr wohl verstanden, daß es greifbare Vorteile einbrachte, sich die Gunst der Fürsten zu verschaffen, und willigten deshalb häufig darin ein, ihnen gewaltige Summen selbst unter großem Risiko und *à fonds perdu* zu leihen. Im 15. und 16. Jahrhundert konnten die Fürsten und Herrscher zwar ihren Einflußbereich in bemerkenswerter Weise festigen, doch hatten sie ihre Finanzwirtschaft nicht in genügendem Maße ausgebaut, um ihren Geldbedarf und vor allem die Sonderausgaben für Kriege und anderes decken zu können. Den Kaufleuten bot sich so eine ganze Reihe von vorteilhaften Möglichkeiten: Als Gegenleistung für die Gewährung von Barvorschüssen konnten sie sich Zollbefreiungen oder Monopole, Pachtrechte an Bergwerken oder das Recht auf Erhebung von Steuern oder Abgaben zusichern lassen. Es ist sicher nicht übertrieben, wenn man behauptet, daß es zu jener Zeit keinen Fürsten gab, der nicht auf die Kredite der Kaufleute zurückgegriffen hätte, während andererseits der Kaufmann nun weniger unter der Zahlungsunfähigkeit der Herrscher zu leiden hatte, da diese über vielseitigere und differenziertere Einnahmequellen verfügten als zuvor.

Als besten läßt sich dieser gegenseitige Austausch von Gefälligkeiten, von dem beide Seiten profitierten, an der Person Jakob Fuggers (1460–1525) zeigen, der ursprünglich für die geistliche Laufbahn ausersehen, dann aber bereits in seiner Jugend von Augsburg nach Venedig geschickt worden war, damit er die kaufmännischen Fertigkeiten erlerne. Während seines Aufenthaltes in der Lagunenstadt verfolgte er auch kulturelle und künstlerische Interessen im weiteren Sinne, und nach seiner Rückkehr in die Heimat begann er, sich der hohen gesellschaftlichen Stellung bewußt zu werden, in die er allmählich aufstieg. Fugger, bis zuletzt ein echter Kaufmann, dem es vor allem auf den Gewinn ankam, verstand es, die Not der Fürsten für seine Zwecke auszunutzen. Schon 1487 trat ihm der Erzherzog Siegmund von Habsburg als Garantie für einen Kredit seine Anteile an der Silberförderung in den Tiroler Bergwerken ab. Der Handel mit diesem wertvollen Metall und mehr noch der Handel mit dem in anderen Bergwerken gewonnenen Kupfer bildete, zusammen mit den Schmelzhütten und schließlich dem Bankhaus, die wichigste Grundlage für den Reichtum dieses deutschen Unternehmers. Fugger gelang es überdies, sich für einige Zeit das Monopol über den Transfer jenes Geldes zu verschaffen, welches die Geistlichen zahlreichen Regionen nördlich der Alpen an die päpstliche Kurie sandten. Dank derartiger Monopole und ähnlicher Unternehmungen auf der Iberischen Halbinsel konnte Jakob ein ungeheures Vermögen anhäufen, was ihm später den Beinamen »der Reiche« einbrachte. Nach seiner Heirat im Jahre 1498 begann er, ein prunkvolles Leben zu führen; von Kaiser Maximilian erwarb er die Grafschaften Kirchberg und Weißenborn und wurde Herr über zahlreiche Vasallen. Zwar führte er, ebenso wie sein Nachfolger Anton, sein Kaufmannsleben weiter, doch versorgte er bekanntlich den jungen Karl von Burgund bei seiner Wahl zum Kaiser im Jahre 1519 mit mehr als einer halben Million Gulden. In Augsburg gründete er eine Siedlung für die Armen (die »Fuggerei«), die sich aus 106 unabhängigen Unterkünften zusammensetzte. Die Bewohner mußten eine symbolische Miete zahlen und jeden Tag ein Vaterunser, ein Ave-Maria und ein Glaubensbekenntnis für die Seelen der Stifter und deren Angehörige beten. Zwei Jahre nach Jakobs Tod wurde das Vermögen der Fugger auf fast zwei Millionen Goldgulden netto geschätzt.

Die italienischen Kaufleute und Bankiers, die sich hier anführen ließen – von den Chigi bis hin zu den Affaitati – gingen oft ähnlich vor und erzielten vergleichbare Erfolge, wenn auch in weitaus kleinerem Maßstab. Die Situation auf der Appennin-Halbinsel war jedoch insofern unterschiedlich, als die italienischen Kaufleute sich nicht mit finanziellen Gewinnen begnügten, sondern in vielen Fällen ihre kaufmännische Macht in politische ummünzten. In den Gemeindeordnungen der großen vorindustriellen Handelsstädte wie Venedig, Florenz und Genua wurde sehr reichen Bürgern oft die Möglichkeit eingeräumt, aufgrund ihrer Vorrangstellung die jeweiligen Regierungen auf mehr oder minder direkte Weise zu leiten. Natürlich war die Situation von Republik zu Republik verschieden, und Florenz war zweifellos diejenige Stadt, in welcher die Verbindung von Reichtum und politischer Vorherrschaft am deutlichsten zutage trat. Hier gelang es den Medici (in gewisser Weise nach dem Vorbild anderer großer Familien wie den Alberti und den Albizzi), sich von den wohlhabendsten Bürgern der Stadt zu ihren tatsächlichen Herrschern aufzuschwingen und diese Stellung für sechzig Jahre zu halten (1434–94). Es handelte sich hierbei um eine weder offizielle noch offen proklamierte, gleichwohl aber *de facto* ausgeübte Herrschaft; den Medici gelang es in jenen Jahren, nachdem sie sich weitgehend mit Hilfe des Familienvermögens die Unterstützung der Bevölkerung gesichert hatten, ihre Herrschaft auch dann noch aufrechtzuerhalten, als es mit ihnen wirtschaftlich bergab ging und sie sich nicht mehr auf ihre Reichtümer stützen konnten. Das große »Geschäft« der Medici bestand darin, die Stadt Florenz, ihre Finanzen und die Gunst des Volkes, kurz, den Staat in eine Art Familienbesitz umzuwandeln. Durch die wechselvollen Ereignisse gegen Ende des 15. und Anfang des 16. Jahrhunderts, in deren Sog zwei Medici die Kardinalswürde und später den Papstthron erlangten, wurde diese Kaufmannsfamilie von 1530 an ein Geschlecht von Herzögen und Großherzögen, das noch bis in das 18. Jahrhundert hinein regieren sollte.

Zwar verschieden, doch im Kern vergleichbar mit dem Schicksal der Medici war das der Grimani oder der Gritti in Venedig, das der Buonvisi in Lucca oder das einiger großer Geschlechter in Genua, wenn auch jeweils in anderer Ausprägung und Dimension. Nördlich wie südlich der Alpen stellte die Verquickung von Geschäften und Politik, von monarchischen und republikanischen Ideen eines der herausragendsten Merkmale der großen Kaufmannsgeschlechter der Renaissance dar, auch wenn die Mehrzahl der Kaufleute sich auf ihre Tätigkeit im wirtschaftlichen Bereich beschränkte. In bezug auf das Verhältnis zwischen Kaufmann und Bankier einerseits und Kunst und Kultur andererseits sind wahrscheinlich ähnliche Betrachtungen anzustellen. Ebenso wie bei der Verbindung von Politik und Handel waren es auch hier die Entwicklung und die allgemeinen Merkmale der neuen Gesellschaft, die es den wohlhabendsten unter ihnen vielfach ermöglichten, zu Mäzenen und Förderern der Kunst zu werden. War die Renaissance vielleicht auch nicht weniger grausam als andere Epochen der europäischen Geschichte, so muß man doch festhalten, daß in dieser Periode die gesellschaftliche Elite besonders vielschichtig war, zugleich aber Zusammengehörigkeitsgefühl und Verständigungsbereitschaft bewies. Damals gehörten die Humanisten und Literaten, die Maler und Baumeister sozusagen zur »Familie« der Fürsten und Staatsmänner, und zu diesen Kreisen hatten auch Kaufleute,

Pächter von Bergwerken und Finanziers unmittelbar Zugang. Die zuletzt genannten Berufsgruppen verschmolzen zwar nicht mit den übrigen, standen mit diesen aber bisweilen in so engem Kontakt, daß gelegentlich der Eindruck entsteht, als hätten sie die Identität der anderen sozialen Schichten zum Teil übernommen, auch wenn es sich hier nur um die verhältnismäßig kurze Zeitspanne von etwa einem Jahrhundert handelte.

Wir haben bereits darauf hingewiesen, daß sich der Kaufmann im Laufe des 14. und 15. Jahrhunderts das grundlegende Instrumentarium seines Gewerbes schuf, indem er eine Reihe von neuen Arbeitstechniken entwickelte, die sein besonderes intellektuelles Erbe konstituierten. Sogar die Schrift, welche der Kaufmann verwendete, unterschied sich vielfach von der der Kopisten und der Vertreter anderer gebildeter Kreise. Was seine Bildung betraf, so lernte er in der Regel nicht nur lesen und schreiben, sondern auch die Anfangsgründe der Mathematik, der Geographie und des Rechts. Des weiteren haben wir festgestellt, daß der Kaufmann unentwegt Buch führte über das, was er neu erlernte, so als fände er Freude daran, sich stetig weiterzubilden. In der Renaissance schließlich leistete er aufgrund seiner eigenen Bedürfnisse und der Erfahrungen, über die er verfügte, einen nicht unbedeutenden Beitrag zur Buchhaltung, Kartographie, Geographie und Astronomie sowie zum Wissen über die Nautik, die Wirtschaft und das Finanzwesen. Der Beitrag, den er zur Entwicklung der Kultur im allgemeinen geleistet hat, ist in einem möglichst weiten und umfassenden Sinne zu verstehen. Welche Rolle spielte es zum Beispiel, daß die zunehmende Ausweitung des Kaufmannsmilieus indirekt die Verwendung der jeweiligen Volkssprache förderte? Lag es nicht in jedem Fall an der dem Kaufmann eigenen Genauigkeit, die sich zunehmend in der Gewohnheit äußerte, alles in Zahlen zu notieren, daß der bis dahin so wenig ausgeprägte und so wenig verbreitete Sinn für Präzision weiter um sich griff? Da der Kaufmann tagtäglich mit Maßen und Berechnungen zu tun hatte, war es nur natürlich, daß eine solche Einstellung in seiner Schicht allgemein verbreitet war, auch wenn sich nicht ohne weiteres nachweisen läßt, daß diese tatsächlich unmittelbar den messenden und berechnenden Umgang mit der Wirklichkeit beeinflußt hat. Auf jeden Fall ist darauf hinzuweisen, daß die Zahlen zunächst ein Werkzeug des Kaufmanns waren und erst dann ein Mittel der Verständigung in der Wissenschaft geworden sind. Daß an die Stelle des Anthropomorphismus und halbmagischer Vorstellungen eine rationalere Denkweise getreten ist, liegt zumindest teilweise am Erfolg der kaufmännischen Weltsicht (im weitesten Sinne).

Gleichermaßen komplex ist auch die Frage nach dem Verhältnis der Kaufleute und Bankiers der Renaissance zu Kunst und Kultur. Es ist schwer nachvollziehbar, inwiefern sie tatsächlich einen Sinn für Kunst hatten, zumal wir uns lediglich an einzelnen Beispielen orientieren und uns nur in seltenen Fällen auf systematische Beobachtungen stützen können. Außer Frage steht, daß dem Kaufmann das Haus, in dem er wohnte, sehr viel bedeutete, und daß er eine Vorliebe für prachtvolle Residenzen hatte. Die Architektur als eine Form der Kunst, die gewissermaßen einen gesellschaftlichen Nutzen hat und deren Auswirkungen auf die Gesellschaft unmittelbar sichtbar sind, war diejenige Kunstform, welcher der Kaufmann den Vorzug gab. So begnügte er sich nicht mit seiner Villa auf dem Lande, sondern legte auch Wert darauf, ein Haus in der Stadt zu besitzen, für dessen Bau er erst recht keine Kosten scheute und das nicht selten die Ausmaße eines richtigen Palastes annahm – Paläste, wie sie die Baumeister der Renaissance, von Leon Battista Alberti angefangen, mit so großer Sorgfalt entwarfen. Der Bau eines entsprechenden Hauses war das geeignete Mittel, um den Erfolg und das Prestige einer Kaufmannsfamilie zu feiern und in der städtischen Öffentlichkeit zu dokumentieren. Hierfür gibt es eine Vielzahl von Beispielen, wie auch heute noch an zahlreichen historischen Stadtzentren in Europa ersichtlich ist. Es handelt sich in der Regel um gewaltige und eindrucksvolle Bauten, die alle mehr oder minder in dem neuen, eher strengen und erhabenen Stil der Renaissance gehalten sind. Die Eigentümer jener Paläste standen in dieser Beziehung den Adligen und den hohen kirchlichen Würdenträgern in nichts mehr nach.

Zu den anderen Formen der Kunst hatten die Kaufleute ein sehr viel weniger eindeutiges und eher vielfältig schillerndes Verhältnis. Während man einerseits keineswegs behaupten kann, daß ihnen jeglicher Sinn für das Schöne gefehlt habe, so läßt sich andererseits doch nur schwer bestimmen, warum sie nach dem Schönen strebten und was es ihnen tatsächlich bedeutete. Wie bereits erwähnt, wurden die Kaufleute – aus den verschiedensten Motiven – zunehmend selbst zu Auftraggebern und beschränkten sich nicht mehr darauf, das Geld für Kunstwerke bereitzustellen, die von den Zünften in Auftrag gegeben wurden. Dies ist einer der Gründe, weshalb in dieser Epoche das Porträt und das Grabmal als künstlerische Formen zu großer Bedeutung aufstiegen. Es ist jedoch keineswegs sicher, daß die Kaufleute immer in der Lage waren, die besten Künstler auszuwählen, oder daß sie die Kunstwerke vorrangig aus ästhetischen Erwägungen heraus bestellten. Offensichtlich liebten sie es, sowohl die Innenräume als auch die Fassaden ihrer Häuser mit Fresken auszuschmücken und die Zimmer mit zahlreichen Gemälden zu dekorieren. Man wird heute kaum noch klären können, inwieweit sie hierin lediglich dem Zeitgeschmack gehorchten oder inwieweit sie ihren persönlichen Vorlieben folgten. Außer Frage steht, daß die Kaufleute, schon allein wegen der großen Geldbeträge, die ihnen zur Verfügung standen, sich durchaus mit den Auftraggebern aus den Kreisen des Adels und der Geistlichkeit jener Zeit messen konnten, ja ihnen sogar ebenbürtig waren. Außerdem wurden sie, da sie fremden Ländern größeres Interesse entgegenbrachten als andere Schichten und häufiger auf Reisen gingen, bedeutende Sammler, vor allem von Münzen und Medaillen.

Insgesamt gesehen hatten nur wenige Kaufleute einen ausgeprägten eigenen Kunstgeschmack oder waren humanistisch-literarisch gebildet. Nicht vergessen werden darf jedoch eine besondere, für die Renaissance typische Gruppe von Kaufleuten: die der Buchdrucker und Verleger. War das Buch auch unbestreitbar ein Kulturträger, so stellte es doch zugleich von Anfang an ein serienmäßig gefertigtes Produkt dar, eine Ware, die für den Verkauf bestimmt war und konkurrenzfähig sein mußte. Und wenn auch der Bibliophile mit Leidenschaft die Reihe der Inkunabeln herunterbetet und die schönsten Werke rühmt, so muß der Historiker doch betonen, daß der Buchdruck ein bedeutendes neues Gewerbe war. Es gab in jener Zeit eine große Zahl von Kaufleuten, die im Verlagswesen tätig waren, doch ist – ebenso wie in den anderen Zweigen des Handels und der Produktion – wieder nur über die bedeutendsten Vertreter dieser Gruppe Genaueres bekannt. William Caxton zum Beispiel (1420 – ca. 1491) begann in London als Laufbursche eines Kurzwarenhändlers und wurde 1465 Direktor der Filiale der englischen Mercer's Company in Brügge. Später trat er in den Dienst der Herzogin von Burgund; er begann, literarische Werke zu übersetzen, und widmete sich von 1471 an der Buchdruckerkunst. Nachdem er sein Wissen in Köln vervollkommnet hatte, war er der erste, der in England gedruckte Bücher herausgab (1474). Seine Druckerei richtete er in Westminster ein, und im Verlauf der 14 Jahre, in denen er in der Gunst Eduards IV. und Richards III. stand, setzte er mehr als 80 000 Druckseiten und übersetzte 21 Bücher von eigener Hand.

Auf dem Kontinent fand Caxton zahlreiche Nachahmer. In Paris, an der Brücke von Nôtre-Dame, in Saint-Sévérin und schließlich in der Rue Saint-Jacques veröffentlichte und verkaufte Antoine Verard (gest. 1512) mehr als 200 französischsprachige Werke. In Lyon wirkte von 1528 bis zu seinem Tod (1556) der Deutsche Sebastian Greyff, der über eine ausgezeichnete Bildung verfügte und Bücher auf Latein und Französisch, Griechisch und Hebräisch herausbrachte. Christoph Plantin (ca. 1520–1589), der aus der Touraine stammte und eine Druckerlehre in Caen absolviert hatte, machte sein Glück in Antwerpen: Er wurde der bedeutendste Buchdrucker der Stadt. Der gebildete Florentiner Filippo Giunta (1450–1517), der aus einer Familie von Tuchhändlern hervorging, begann 1497, vor allem lateinische und italienische Bücher in Italique zu drukken. Mit seinen handlichen, eleganten und preiswerten Bänden machte er dem Verleger Aldus Manutius Konkurrenz und setzte sich schließlich gegen diesen durch. Ihm haben wir mehr als einhundert Ausgaben zu verdanken, während Lucantonio Giunta (1457–1538) eine noch größere Zahl von Büchern verlegte. Lucantonio der Ältere war nicht nur ein wesentlich geschickterer Geschäftsmann als Manutius; seine Bücher – er druckte neben medizinischen und liturgischen Werken vor allem Klassiker – zeichneten sich außerdem noch durch eine hervorragende Drucktechnik aus.

Die Gestalt des Kaufmanns und Bankiers hat in ihrer Vielseitigkeit das Leben der Renaissancegesellschaft in unauslöschlicher Weise geprägt. Die Kaufleute, aus deren Reihen sich die sozialen Mittelschichten rekrutierten, stellten in der neuen Gesellschaftsordnung jener Zeit ein unersetzliches Bindeglied dar. Sie bereicherten überdies die Gesellschaft mit zahlreichen neuen Impulsen und sachverständigem Unternehmergeist, was damals auf äußerst fruchtbaren Boden fiel. Auch die dauerhafteren Errungenschaften der Zivilisation (sofern wir uns überhaupt noch einer solchen Konzeption bedienen wollen) – von der Kunst bis hin zur Wissenschaft, der Technik bis hin zur Bildung – haben den Kaufleuten und Bankiers viel zu verdanken.

Kapitel 7

Der Künstler

André Chastel

Das Wort *artista* existierte in der Renaissance noch nicht. Vergebens sucht man es in der ungeheuren Fülle von Leonardos Schriften, immerhin dem größten literarischen Vermächtnis, das je ein Maler hinterließ. Als dann der Moment gekommen war, die neue Zeit zu feiern, widmete Giorgio Vasari seine Biographiensammlung den *artefici del disegno*, den »Handwerkern« der visuellen Künste. Es wäre also ein Fehler, die handwerkliche Ausrichtung der von Vasari beschriebenen Gestalten der Renaissance angesichts seines überreichen Anekdotenschatzes zu unterschätzen. Denn das Besondere an seinen Schilderungen lag darin, daß er auf eindrucksvolle Weise die Anforderungen, ja sogar die Mühsal des Metiers darzustellen wußte, daß er dessen konkrete Probleme, die stöfflichen Aspekte hervorhob. Während der zwei Jahrhunderte unter der kulturellen Vorherrschaft Italiens hatte man nicht nur begonnen, die individuelle Künstlerpersönlichkeit zu feiern, sondern auch der Arbeit des Fachmanns und dessen Techniken wachsende Aufmerksamkeit geschenkt. Zur gleichen Zeit waren schließlich auch die *letterati*, die Literaten und Schriftgelehrten, auf das Studium des Alphabets, auf die Paläographie, die Lexikologie und die Techniken der Rhetorik gestoßen.

Keineswegs aber wollte man den in diesem Bereich Tätigen einen neuen Status zuweisen, indem man die konkrete, materielle Realität der *arti del disegno* leugnete oder ihre Zugehörigkeit zu den *artes mechanicae* bestritt. Vielmehr betonte man gerade die Ausdrucksmöglichkeiten des Metiers, pries seinen »handwerklichen« Charakter. Ganz offensichtlich ist dies ein – und nicht der geringste – Aspekt der Wiederaufwertung der *vita activa*, die sowohl bei den Humanisten als auch bei Geschäftsleuten

Interesse an der Eroberung, Erforschung und Inbesitznahme der realen Welt weckte. Das Quattrocento war eines der großen Jahrhunderte der Technik; unter Technik verstehen wir hier das exakte Spiel der Werkzeuge und ihren umfassenden Einsatz zur Gestaltung des Raumes und der Vorstellungswelt.

Für die Renaissance ist der *artifex* jene Gestalt, die mit den ihr eigenen Mitteln am allgemeinen Streben – um es mit jener altbekannten Formulierung auszudrücken – nach dem Schönen und Nützlichen teilhat. Sofern wir diesen Begriff von den schönfärberischen, allzu wohlwollenden und etwas mystischen Implikationen freihalten, die wir der Romantik und dem Symbolismus verdanken, haben wir die Chance, im Künstler einen charakteristischen Menschentypus der Renaissance zu beobachten.

Artifex

Ein Platz in der Gesellschaft

Die *botteghe*, die Werkstätten, waren zahlreich und in den Straßen der Städte nicht zu übersehen. Sie waren der Ort, wo man sich alle Gebrauchsgegenstände beschaffte: Möbel, Kleidungsstücke, Waffen... und auch Nippes, Heiligenbilder und Luxusartikel. Die auf Altarbildern (*pale*) dargestellten Stadtansichten zeigen Verkaufsstände und im Hintergrund oft auch arbeitende Menschen. Solche Werkstätten waren äußerst zahlreich in Städten wie Florenz, Venedig oder Mailand, wo außer in einigen Perioden wirtschaftlicher Flauten, eine hohe Produktivität und eine stabile Nachfrage zusammentrafen. Um 1460 zählt Benedetto Dei in Florenz allein vierzig *botteghe di maestri di prospettiva*, Werkstätten von Möbelschreinern, die Truhen, Rückenlehnen, Bettkopfenden und Sitzbänke anboten, von Zimmerleuten, die Rahmen für Altarbilder, Stühle und Betten anfertigten. Und es genügt, die Memoiren Cellinis aufzuschlagen, um einen Eindruck von der Rolle zu erhalten, die die Goldschmiede spielten: Durch ihre Hände wanderten einige der wichtigsten Ausdrucksformen des Reichtums, nämlich Gold und Edelsteine.

Immer müssen wir uns zunächst solche konkreten Berufsbilder vor Augen halten, bevor wir die Idealbilder jener »Schöpfer« zu definieren versuchen, die uns leicht als erstes in den Sinn kommen. Keinesfalls kann man von vornherein behaupten (wie es manchmal unter Berufung auf Dante und Petrarca geschehen ist, die beide die Souveränität ihrer Dichtungen proklamierten), daß die Situation des *artifex* sich ebenso wie die des Dichters entscheidend gewandelt hätte.* Das hieße, einen vorübergehenden Anspruch mit einer realen Situation und eine nur in bestimmten Kreisen erhobene Forderung mit einer allgemeinen Entwicklung zu verwechseln. Das Interesse Dantes an Giotto und Petrarcas an Simone zeigt gewiß die Affinitäten zwischen Ausnahmegestalten, doch waren ihre Probleme nicht die einer breiteren Allgemeinheit. So trifft es durchaus zu, daß die Stellung der *artifices* bescheiden und mit keinerlei besonderen Würden verbunden war. Sie waren zunächst nichts anderes als Produzenten von Gebrauchsgegenständen, und in Zünften mit festen Statuten zusammengeschlossen. Diesen Berufsgenossenschaften durfte nicht jeder beitreten. Sie waren, wie aus den Rechnungsbüchern einer so vielbeschäftigten Werkstatt wie der des Neri di Bicci hervorgeht, vor allem im Dienst ihrer Kundschaft (Ordensgemeinschaften, Patrizier, Stifter) mit genau festgelegten Erwartungen tätig. Den isolierten Künstler, der in der Einsamkeit seines Ateliers für sich selbst arbeitet – diese Gestalt gab es nicht. Der *artifex* mußte zwar keine Schule, aber auf jeden Fall als Lehrling ein *Studio* absolvieren und sich nach und nach seine Sporen, d. h. seine Meisterwürde verdienen. Man lernte bei einem etablierten Meister. Daher auch die Unzahl von Formeln, die diesen Grundsatz verdeutlichen wie z.B.: *fu discepolo di Piero (della Francesca) piero da Castel del Pieve* (»war ein Schüler von...«). Und was aufgrund der vorzüglichen Quellenlage aus der Toskana verbürgt ist, gilt ohne Zweifel auch für kleinere Städte.

Alle *artifices* fingen auf diese Weise an. Giotto bei Cimabue, Gozzoli bei Fra Angelico, Leonardo bei Verrocchio, Andrea del Sarto bei Fra Bartolomeo, Bronzino bei Pontormo usw... Immer wieder findet sich der gleiche Ausbildungsgang, und ohne ihn würden weder das klare Berufsbild noch die so oft unternommenen Emanzipationsversuche verständlich. Nehmen wir einmal Luca della Robbia: Dank seiner großen Familie, die alle Geschäftsdokumente bis Mitte des 16. Jahrhunderts aufbewahrte, sind wir über den Ahnen ebensogut informiert wie über die Nachfahren. Della Robbia wurde um 1400 geboren:

* »All became liberal artists, divinely inspired like the poet, while their crafts appeared no less ›philosophical‹ or even ›prophetical‹ than poetry itself.« (K. Borinski, *Die Antike in Poetik und Kunsttheorie*, Leipzig 1914, Bd. 1, S. 183; zit. n. E. H. Kantorowicz, »The sovereignty of the artist«, in: *The artibus opuscula* XL, New York, 1961)

»...sein Vater gab ihn, damit er die Goldschmiedekunst erlerne, zu Leonardo di Ser Giovanni in die Lehre, welcher damals für den besten Meister jener Kunst in Florenz gehalten wurde. Nachdem Luca es bei diesem so weit gebracht hatte, daß er zeichnen und in Wachs arbeiten konnte, stieg ihm der Muth, und er unternahm es, einiges in Marmor und Erz zu verfertigen, was ihm ziemlich wohl gelang und Veranlassung wurde...« (Vasari 1532 (1978) Bd. II, 1. Teil, S. 63f.)

Dieses Entwicklungsschema wiederholt sich: zunächst eine spezielle, jahrelange Ausbildung, dann *cresciutogli l'animo*, (»wenn er Mut gefaßt«), die persönliche Initiative, und manchmal der Durchbruch des Genies, was aber nicht dazu führt, daß er die Verbindung zu seinem Berufsstand verliert.

Bei fast allen bemerkenswerten Karrieren ist zu beobachten, wie der Ehrgeiz der Betreffenden ständig wächst: Man kann mitverfolgen, wie der Kunsthandwerker »von unten nach oben aufsteigt« (*salire di basso in alto*), wie es unser Meisterbiograph Vasari an verschiedener Stelle formulierte. Doch ging es dem *artifex* nicht unbedingt darum, eine höhere gesellschaftliche Stellung zu erreichen. Vielmehr strebte er danach, ein hohes Maß an Verantwortung und Einfluß in seinem Berufsstand zu erlangen. Das Beispiel Cellinis zeigt dies ganz deutlich: Seine handwerklichen Kraftakte, seine fieberhafte Arbeit an der Perseus-Statue wurden nur deshalb mit gespannter Aufmerksamkeit verfolgt, weil seine Epoche – niemand wußte das besser als er selbst – sich für seine Werke begeisterte. Doch hatte Cellini sein ganzes Leben lang im Grunde nur eine ganz bestimmte Sorge, nur einen einzigen Wunsch: Er wollte offiziell vom Rang eines Goldschmiedes zu dem eines Bildhauers aufsteigen, weil dieser Beruf ihm eine größere Achtung versprach.

Stellte sich der Erfolg ein, waren die *artifices* bisweilen versucht, ihre Erfolgsrezepte bis ins Endlose auszubeuten. Derartiges ist bei Perugino, einem Meister der Selbstdarstellung, und bei vielen anderen zu beobachten. Dafür ernteten sie jedoch flammende Kritik von Seiten der Moralisten: Man dürfe dem Geld nicht die Verheißungen wahren Ruhms opfern, der immer ein größeres Maß an Mühe und Sorgfalt – *studium et diligentia* – koste. Doch hielt die Konkurrenz den Berufsstand auf Trab, und die großen Erfolge einiger Berufsgenossen spornten an. Von neugeschaffenen Meisterwerken ging ein Einfluß aus, der eine »Dynamik« der Metiers bewirkte: eine Tatsache, die besondere Aufmerksamkeit verdient. Donatello, ein kleingewachsener Mann mit immenser Energie, wollte den Florentinern, Römern und Paduanern auf dem Gebiet der Bildhauerei Einzigartiges präsentieren. Und dabei geschah es, daß er einen Bruch mit dem Gewohnten und Altbekannten vollzog. Er erregte Erstaunen und hatte Erfolg.

Verträge

Juristischen Formalia wurde im Berufsstand der *artifices* große Bedeutung beigemessen. Aus dem Italien des 13. bis 17. Jahrhunderts ist eine Unzahl von Verträgen erhalten, die bereits dokumentiert, veröffentlicht und kommentiert worden sind – allerdings selten in vollständigem Umfang, wenn man von der denkwürdigen Sammlung G. Gayes (1839/40) absieht. Beim Studium dieser Dokumente entdeckt man insbesondere einen vorsichtigen Formalismus: eine präzise Festlegung materieller und finanzieller Vereinbarungen, Bestimmungen zur Absicherung für den Fall verspäteter Fertigstellung und ungenügender Ausführung usw... Die Tätigkeit des Malers und Bildhauers wurde also einfach als eine spezielle Form des Kunsthandwerks eingestuft. Man hat festgestellt, daß diese Verträge nach dem Vorbild der *locatio operarum* abgefaßt wurden, die *merces* anstatt *pretium* vorsieht, wobei *merces* alle möglichen Vergünstigungen in Form von Naturalien und genaue Bestimmungen zur Beschaffung jener Arbeitsmaterialien umfaßte, die aufgrund ihrer Kostspieligkeit immer Probleme aufwarfen: Gold und Ultramarinblau.

Nichts davon schien auf neue Zeiten hinzudeuten. Oft wurde dem Maler sogar ein Modell vorgegeben, oder der Auftraggeber behielt sich das Recht vor, das fertige Werk abzulehnen.* Eine kleine Summe gab man dem Künstler als Handgeld (*pro manu sua*), was beileibe nicht, wie man hätte glauben können, eine Würdigung der Qualität der Arbeit bedeutete (dafür wäre dies ein lächerlicher Betrag gewesen), sondern als

* Dies geht deutlich aus einem Vertrag zur Fertigstellung der Madonna Ruccelai vom 12. April 1285 hervor: »quod si dicta tabula non erit pulcra et laborata ad coluntatem et placibilitatem eorundem locatorum quod ad dictum pretium me aliquam partem ei persolvendum nullatenus teneantur« (Archivio di Stato, Florenz). Dieses Dokument enthält für die Historiker den Beweis, daß es sich hier nicht um ein Werk Cimabues handelte, wie man zu Vasaris Zeiten glaubte, sondern daß es von Duccio stammte. Die Klausel, die eine eventuelle Ablehnung des Werkes vorsieht, bleibt in abgemilderter Formulierung bestehen. Und wenn der Verwalter von Santa Maria Nuova in Florenz – wie Vasari erzählt – im Jahre 1515 ein von Rosso geschaffenes Altarbild zurückwies, weil ihm die abgebildeten Gestalten als zu »teuflisch« erschienen, so war er hierzu sicherlich aufgrund des Vertrags berechtigt.

Entgelt für die aufgewendete Arbeitszeit gedacht war. All diese Klauseln betrafen sowohl die bekannten als auch die weniger bekannten Künstler, denn sie wurden gewissermaßen automatisch angewandt. Die individuelle Situation eines Künstlers läßt sich deshalb nur dann aus diesen Dokumenten erschließen, wenn man sie etwas eingehender betrachtet. Je strenger die Verträge nämlich formuliert sind, umso weniger scheinen sie beachtet worden zu sein. Auch mußten sie in gewissen Abständen erneuert werden: so bei Piero della Francesca, der es einfach nicht schaffte, die *pala* von Perugia zu liefern, oder bei Leonardo, der 1483 mit der Bruderschaft von der Unbefleckten Empfängnis in Mailand übereinkam, eine *pala* für diesen Orden zu entwerfen, die jedoch erst im Jahre 1508, nach mancherlei Verhandlungen und Papierkrieg, fertiggestellt werden sollte; darüber hinaus handelte es sich dabei nur um eine Kopie eines früheren Werkes, der heute im Louvre befindlichen »Madonna in der Felsengrotte«, die von De Predis noch mit einigen Ausschmückungen versehen wurde. Die Unterschiede zwischen den aufwendigen und detaillierten Plänen und der tatsächlichen Ausführung waren bisweilen frappierend. Im Mai 1515 vereinbarte Andrea del Sarto mit den Nonnen eines florentinischen Klosters vertraglich die Anfertigung eines Altarbildes, das eine Madonna zeigen sollte, welche ein Jesuskind auf dem Arm hält, das gerade von zwei Engeln gekrönt wird, und welche rechts und links eingerahmt ist von dem Heiligen Bonaventura und dem Evangelisten Johannes. Die *pala* sollte binnen Jahresfrist vollendet sein. Hielt der Maler diese Bedingungen nicht ein, so war er vertraglich zur Rückgabe der Vorauszahlung verpflichtet. Fertiggestellt wurde das Bild schließlich im Jahre 1517 (das Datum ist auf dem Sockel zu lesen), statt des Heiligen Bonaventura ist der Heilige Franziskus abgebildet, und außerdem stützen die Engel Maria, die keine Krone trägt.

Doch wir wollen nichts verallgemeinern. Viele der *botteghe*, deren Rechnungsbücher überliefert sind, wie bei den Neri di Bicci oder den Vivarini, kamen ihren Verpflichtungen anstandslos nach und lieferten die bestellten Arbeiten ohne jede weitere Diskussion. Es waren vor allem die »Stars« der Kunst, bei denen Auseinandersetzungen mit ihren Auftraggebern an der Tagesordnung waren. Denn manchmal wurden beträchtliche Summen im voraus an die Künstler gezahlt, und wenn der Grabstein Julius' II. für Michelangelo zu einer »Tragödie« wurde, weil er hinsichtlich Größe und Ausführung des Projekts immer mehr Abstriche machen mußte, dann ist das darauf zurückzuführen, daß die Erben des Geschlechts der Della Rovere sehr wohl wußten, welche außergewöhnliche Summe der Papst dem Künstler als Vorauszahlung gewährt hatte.

Im Dezember 1502 schrieb die Signorie von Florenz in einem Brief an den Marschall de Gié, der ungeduldig auf den bei Michelangelo in Auftrag gegebenen *David* aus Bronze wartete, folgendes: »Wenn es sich um Arbeiten von Malern und Bildhauern handelt, ist es, wie Ihr wißt, schwierig, genaue Fristen festzulegen«. Der Gonfalonniere Soderini mußte dies gegenüber den staatlichen Autoritäten in Frankreich noch mehrmals wiederholen, weil diese wenig Verständnis für eine solche Problematik zeigten. Jenseits der Alpen waren derartige Unabhängigkeitsbekundungen gegenüber der Regierungsmacht nicht angebracht.

Ein berühmtes Beispiel mag genügen, um die Situation der Künstler zu verdeutlichen. Lorenzo Ghiberti, ein Goldschmied, war aufgrund der Gold- und Silberfäden, die er zur Herstellung seiner Luxustextilien benötigte, Mitglied in der Seidenweberzunft *(arte della Seta)*. Dort genoß er eine Sonderstellung, doch wurde 1407 in einer Übereinkunft über die Anfertigung der ersten Tür des Baptisteriums festgelegt, daß 1. der Auftraggeber, der *Arte di Calamala*, die benötigte Bronze selbst liefern würde und daß der Meister 2. »an jedem Arbeitstag den ganzen Tag selbst arbeiten müsse, wie der, der Bescheid weiß, es für Lohn macht, und wenn er die Arbeit unterbricht, so muß ihm die Unterbrechung von der Bezahlung abgezogen werden«.* Diese Reglementierung zeigt sich in unzähligen Verträgen, woran die rechtlich unsichere Position des Künstlers leicht erkennbar ist. Wie wirksam solche Zwangsbestimmungen allerdings tatsächlich waren, steht auf einem anderen Blatt.

Die Klausel, mit der die tägliche Arbeitszeit festgelegt wurde, darf nicht so verstanden werden, als ob der Meister das gesamte Werk *di mano sua* (mit eigener Hand) hätte ausführen müssen. Angesichts der Größe des Projekts und der zahlreichen anderen Aufgaben, die beispielsweise Ghiberti neben der Arbeit an den beiden großen Türen des Baptisteriums noch übernommen hatte, wäre dies unmöglich gewesen. Es handelte sich hier *immer* um Gemeinschaftsarbeiten unter Aufsicht des Meisters. Ghiberti war lediglich verpflichtet, »jene Teile, die die größte Vollkommenheit erfordern, wie Haare, nackte Körperteile und ähnliches« eigenhändig auszuführen. Die Aufteilung der Arbeit innerhalb der *bottega* war sicherlich wichtig, jedoch ist es meist schwer festzustellen, wer nun genau

---

* Zit. n. R. und T. Krautheimer, *Lorenzo Ghiberti*, Princeton 1956, Bd. II, S. 369

was gemacht hat. Kein Fresko ohne Assistenten, kein Altaraufsatz ohne Mitarbeiter, keine Monumentalskulptur ohne Gehilfen.

Dies war die allgemein übliche Praxis und gilt für jene toskanisch-umbrische Künstlergruppe, die 1481 die Sixtinische Kapelle gestaltete ebenso wie für Raffael, als dieser an den Stanzen arbeitete. Sobald sich der Erfolg einstellte, vergrößerte sich die *bottega*, und die Mitarbeiter, die getreulich die Kartons des Meisters ausführten, übernahmen immer größere Teile der Arbeit. In vielen Fällen ist *der* Künstler eigentlich die *gesamte* Werkstatt. Es bedarf schon eines detektivischen Spürsinns, um festzustellen, welche Teile eines Werkes nun von wem stammen. Die moderne Kunstkritik – und auch der Kunsthandel – nehmen bei der Zuschreibung von Werken auf diese Tatsache oft zu wenig Rücksicht. Was zählt, ist das Etikett, die Herkunft. Daher erklärt sich auch, warum die Signatur von Werken (insbesondere bei solchen, die für Auftraggeber in anderen Ländern bestimmt waren) üblich wurde. Und häufig haben gerade an der Entstehung eines solchermaßen »beglaubigten« Werkes die Gehilfen eines Künstlers erheblichen Anteil.

Häufig wurde in den Verträgen vorgesehen, daß die Honorare in Naturalien wie beispielsweise Kornsäcken und Weinfässern zu zahlen waren. Erfolgte die Vergütung in bar, so erhielt der *artifex* entweder Silber- oder Goldmünzen *(lire* bzw. *fiorino)*. Die Unterschiede in der Entlohnung konnten beträchtlich sein: Die individuelle Gunst und der Ruf, die ein Künstler genoß, spielten hier eine große Rolle. So stellte man bei der Untersuchung der Zahlungsmodalitäten fest: »Sobald jemand einen sozialen Stand ähnlich dem eines Kaufmanns der höheren Zünfte erreicht, erfolgt die Entlohnung in Goldmünzen.« (Alessandro Conti) Dies widerfuhr in Rom z.B. jener Künstlergruppe, die unter Sixtus IV. die Sixtinische Kapelle gestaltete, und auch Giovanni Bellini in Venedig und Michelangelo in Florenz (letzterer für die Fertigstellung seines Bronze-Davids) kamen in den Genuß dieses Privilegs. Und unter diesen Voraussetzungen wird auch eine Anekdote, die Vasari über Leonardo erzählt, besser begreiflich:

»Als er einstmals nach der Bank ging, um das Gehalt zu holen, das Piero Soderini ihm jeden Monat auszahlen ließ, wollte der Cassier ihm einige Dukaten mit Pfennigen geben, er aber nahm sie nicht und sagte: Ich bin kein Pfennigmaler. Da er sein Bild nicht vollendete, gab man ihm Schuld, er habe Piero Soderini betrogen, und schalt über ihn. Als Leonardo solches hörte, bemühte er sich bei seinen Freunden, das Geld zusammen zu bringen, und wollte zurück zahlen, was er empfangen hatte.« (Vasari 1532 (1978), Bd. III, Teil 1, S. 37)

Leonardo war beleidigt worden: Er stand rangmäßig höher als ein Kunsthandwerker – weshalb dann also die Zahlung von »Pfennigen« *(quatrimi)*? Warum sammelte Leonardo bei seinen Freunden, um die Rückzahlung zu leisten? Muß man daraus schließen, daß Soderini aus Verärgerung über Leonardo, der sich mit dem Beginn der Arbeiten an den Malereien im großen Saal der Signoria säumig zeigte, dem Maler eine Lektion erteilen wollte, indem er Strafgelder von ihm forderte, die von ihrer Höhe her eigentlich einem niedrigeren beruflichen Rang entsprachen? Nun, Leonardo war eben ein Sonderfall.

Artifex polytechnes

Die »Dynamik« der Metiers brachte weitere neue Phänomene hervor. Giuliano da Sangallo z. B. war Schreiner und stellte Truhen und Chorgestühle her. Ausgehend von Holzmodellen, die er selbst anfertigte, gelangte er zur Architekturzeichnung und von da wiederum zur Konstruktion – all das dank der Förderung durch Mäzene wie Lorenzo de' Medici und Kardinal Giulio della Rovere (dem zukünftigen Papst Julius II.), die ihn zu weiteren Erfindungen und Leistungen antrieben. Auch die Karriere vieler weniger brillianter Künstler verlief ähnlich. Nach 1500 waren alle Blicke auf Michelangelo gerichtet, der einen so unglaublich raschen und spektakulären Aufstieg erlebt hatte. Dieser entsprach dem bereits beschriebenen Schema: Als Knabe trat er zum großen Entsetzen der Familie Buonarotti in eine Malerwerkstatt ein. Sehr bald war sein überragendes Talent unübersehbar. Sein Streben nach dem Meisterwerk trieb ihn immer weiter und im Alter von 30 Jahren hatte er es geschafft: Die Pietà im Petersdom und der David an der Signoria waren die feinsten und vollendetsten Marmorstatuen, die je ein Mensch gesehen hatte.

War ein Künstler in einem Metier etabliert, hatte er häufig auch in einem anderen Erfolg. Es ist eines der am weitesten verbreiteten und interessantesten Charakteristika der Epoche, daß sie den Talentierten dazu anspornte, sich in mehreren oder gar in allen Bereichen zu versuchen. 1334 wurde Giotto offiziell von der Stadt Florenz mit Bauarbeiten beauftragt: Der Maler war zum Baumeister geworden. Zwei Jahrhunderte später wunderte sich niemand mehr, daß die Republik Michelangelo mit der Konstruktion der Festungsanlagen um Florenz betraute. Die Beispiele für eine derartige Erweiterung der Tätigkeitsbereiche sind zahlreich:

Francesco di Giorgio, ein Maler und Bildhauer, baute Kirchen und verfaßte eine architektonische Abhandlung. Manche Maler inszenierten Bühnenaufführungen und kreierten zudem die Wagendekorationen festlicher Umzüge. Raffael und Giulio Romano wirkten als Maler, Dekorateure und Baumeister zugleich. Verrocchio war in Florenz vielleicht der typischste Vertreter dieser vielseitigen Werkstattmeister, bis sein Schüler Leonardo gewissermaßen zu seinem hyperbolischen Nachfolger wurde. Sein aus dem Jahre 1482 stammender Brief an Ludovico *»il moro«* verwirrt durch die Aufzählung all der Talente, auf die dieser 30jährige *artifex* Anspruch erhob. Nichtsdestoweniger ist dies eine für die großen Werkstätten im letzten Drittel des Quattrocento recht charakteristische Tendenz. Die Aufgaben des *artifex* wurden zunehmend komplexer.

Natürlich gab es auch weiterhin spezialisierte Werkstätten. Das Atelier des Neri di Bicci beschränkte sich auf die Herstellung von Altaraufsätzen, die Della Robbia auf die Fertigung von Glaskeramik. Die Vivarini in Venedig hatten einen ähnlich engen Wirkungskreis, ebenso wie die Goldschmiede, die in Rom für die Kurie und den Papst Schmuck entwarfen... Doch neben dieser Spezialisierung erschien als neues Phänomen der *artifex polytechnes*, in dem sich das Ganzheitskonzept künstlerischer Tätigkeit offenbarte. Die Vorstellung eines gesamtverantwortlichen künstlerischen Leiters griff auf alle möglichen gesellschaftlichen Bereiche über. Ausschmückungen, schauspielerische Inszenierungen, Innendekorationen u.v.a.m. erforderten eine Art künstlerischen Direktor, wie ihn Leonardo in Mailand, Vasari ein Jahrhundert später in Florenz und schließlich Bernini noch ein Jahrhundert später in Rom darstellten. Eine Nachfrage nach der Inszenierung des städtischen Lebens ist zu beobachten. Die Anhäufung von Kunstwerken in Kirchen und Privatbauten stellt nur einen Aspekt dieser Entwicklung dar.

In diesem Zusammenhang springen zwei Hinweise ins Auge, die die volle Dimension dieses Phänomens verdeutlichen: Nach der traditionellen Auffassung, die man als astrologische Anthropologie bezeichnen könnte, sind die Kinder Merkurs seit jeher die *artifices*. Auf einer aus der Zeit um 1460 stammenden berühmten Serie von Kupferstichen sind auf einer Platte, die Merkur zeigt, auch die ihm zugeschriebenen Tätigkeiten abgebildet: Goldschmiedekunst, Bildhauerei, Malerei, ferner Astronomie und Musik – also alles Bereiche, die mit Rechnen und Technik verbunden sind. Diese Darstellung entsprach der allgemeinen Sicht von der praktischen Ordnung der Dinge, von der Welt der Technik. Sechzig Jahre später griff ein Kupferstecher aus dem deutschen Raum, Hans Sebald Behaim, die immer noch gültige Formel in kraftvollerer Zeichnung wieder auf. Interessanterweise findet sich die gleiche umfassende Definition von Kunst bei den Philosophen. So ist die Kategorie der »Merkurier« etwa bei Ficino klar umrissen: Neben den Boten und den Dieben stehen die Erfinder, die Techniker, die *ingenieri*, also alle, die nach exakter Messung, nach der Ratio vorgehen. Daß auch die Musik hier noch dazugerechnet wird, sollte uns ins Gedächtnis rufen, daß in den Werkstätten fast überall Musik gemacht wurde. Alles in allem war die Ganzheit der Künste eine Realität.

Es kann daher nicht überraschen, daß man bald die Einheit der in diesem Bereich Tätigen auf den einfachen, aber treffenden Begriff *arti di disegno* brachte. Vieles, was in dieser Bezeichnung damals mitschwang, ist uns heute nicht mehr zugänglich. Seine Entstehung geht auf die unter Herzog Cosimo de' Medici neugeschaffene akademische Institution *Academia Platonica* zurück, doch hatte der Begriff noch eine viel weitergehende Dimension. Michelangelo rühmte die *arti di disegno* einmal nach Art der Dialektiker. Für ihn waren sie überall dort beteiligt, wo die Intelligenz eine Rolle spielte: im Krieg, bei der Navigation, beim Studium der Gestirne, bei der Ausgestaltung von Privathäusern und Städten... An die zwei Jahrhunderte hatte es also gedauert, bis diese Vorstellung herangereift war.

Kleine Soziologie des Milieus

Das Milieu der Künstler besaß keinen guten Ruf. Geldstreitigkeiten, Rivalitäten, die sich bis hin zur Verleumdung und zum Verbrechen zuspitzten, Alkohol, Skandale und Libertinage boten reichlich Stoff für Klatsch und Polizeiberichte, die nicht immer als Legenden abgetan werden können. Die rührigen *artifices* stellten eine kleine Gesellschaft in der Gesellschaft dar, mit Sitten und Launen, die jeden Chronisten entzückten.

Zur Zeit des Konzils von Florenz (1438/39), als die Medici endlich eine unangefochtene Machtstellung erreicht hatten, sandten die Maler eine Flut von Bittbriefen an Piero de' Medici, der als sachkundiger Kunstliebhaber galt. So bat Domenico Veneziano im April 1439 darum, daß man ihn mit der Fertigung eines Altaraufsatzes betraue, der mit Sicherheit zum Meisterwerk geraten würde. Der Karmeliterbruder Filippo

Lippi schickte 15 oder 16 Monate später, im August 1439, einen flehentlichen und weinerlichen Brief an den Fürsten: »Es ist klar, daß ich einer der ärmsten Brüder von Florenz bin, und ich habe sechs Nichten, Mädchen im heiratsfähigen Alter, und Kranke und Taugenichtse...«

Sowohl Cosimo als auch später der Papst mußten gegenüber dem Karmeliterbruder viel Nachsicht walten lassen, denn dieser liebte nicht nur das Geld, sondern auch die Frauen. Er war einer der ersten einer langen Reihe von Künstlern, die ein liederliches Leben führten. Cosimos Ausspruch über jene Männer, die eigentlich unhaltbar seien, die man aber trotzdem tolerieren müsse (»sie sind ja keine Kutscher«), markiert in der Tat den Beginn eines neuen Kapitels in der Geschichte.

Die *botteghe* waren nicht nur kleine Zentren des gemeinsamen Lebens, sondern manchmal auch so etwas wie Diskussionskreise. Die um 1390 entstandene Novelle 136 von Sacchetti berichtet über eine Unterhaltung in San Miniato, die in dem Kreis um Taddeo Gaddi stattfand: Man beklagte, daß die Malerei seit Giotto nichts mehr wert sei. Solche Anmerkungen gibt es im Überfluß: Des Abends fand man sich bei Botticelli ein und diskutierte über alles, über Politik (Savonarola fand hier für sich ein günstiges Terrain vor) und über Kunst. Etwas später, zu Beginn des 15. Jahrhunderts, bildete sich ein ähnlicher Kreis um Baccio d'Agnolo, einem jener zum Baumeister avancierten Schreiner:

> »Da er jedoch seine Werkstatt niemals verließ, sah man dort häufig eine Menge Bürger und die besten und geschätztesten Künstler unseres Berufes, vornehmlich im Winter, wo sie schöne Gespräche mit ihm führten und über wichtige Gegenstände disputierten.« (Vasari 1532 (1978), Band III, Teil 2, S. 268)

Und Vasari nennt auch die bei diesen Gesprächen anwesenden Freunde des Hauses:

> »Der erste darunter war der damals noch jugendliche Raffael von Urbino, hernach Andrea Sansovino, Filippino, Maiano, Cronaca, Antonio und Giuliano Sangalli, Granacci und bisweilen, wenn auch selten, Michelangelo, vieler anderer fremder und einheimischer junger Leute nicht zu gedenken.« (Ebd.)

Dies alles sind wertvolle Informationen, und man darf durchaus auch für frühere Zeiträume Vergleichbares annehmen, denn es war schon lange vorher üblich gewesen, daß Künstler sich zu solchen Gesprächsrunden trafen. Die Erzähler berichten uns davon. Wie auch hätte z.B. Ghiberti ohne solche Zusammenkünfte seine Autorität erwerben können? Ebenso offensichtlich ist, daß diese Diskussionen, bei denen es natürlich auch um künstlerische Fragen ging, im Laufe der Generationen zur Entstehung akademischer Institutionen und zu organisierten *disputationes* führte.

In eine ganz andere Richtung entwickelte sich der anarchistische und nonkonformistische Individualismus dieser Gruppen. Ein Beispiel hierfür ist Giovan Francesco Rustici, wahrhaft ein Original. Aus Ärger über das Verhalten des Gremiums, das die Honorare für die am Bildnis des Heiligen Johannes im Baptisterium arbeitende Künstlergruppe festlegen sollte, sonderte er sich von seinen Genossen ab, was ihn allerdings nicht davon abhielt, sich in die Gesellschaft merkwürdiger »Bruderschaften« zu begeben, wo man sich nicht schlecht vergnügte: Die dort veranstalteten »Feste« bestanden vor allem aus außerordentlich phantasiereich arrangierten Gastmählern, wo witzige *Entremets* gereicht wurden und sogar *intermedas* stattfanden. Diese satirischen *sodalitates*, die ein leicht rabelaisscher Anstrich auszeichnete, entwickelten sich im 16. Jahrhundert. Im Jahre 1512 hatte Andrea del Sarto für die Kesselbruderschaft einen achteckigen Tempel nach dem Vorbild des Baptisteriums, jedoch mit Säulen, errichtet – alles aus Würsten, Gelatine, Parmesankäse und Gebäck. Doch die Kesselbruderschaft befriedigte wohl noch nicht alle Bedürfnisse, und so wurde unter dem Schutz des Hl. Andreas die Gesellschaft der Cazzuola gegründet. Dieser private Zirkel wollte Persönlichkeiten der Gesellschaft, u.a. Künstler, Musiker und Dichter zusammenbringen, die auf Vergnügungen aus waren. Hierzu wurden parodistische Szenarios mit Kostümen entworfen, zu deren bemerkenswertesten eine vorweggenommene Fantasie über die späteren Freimaurer gehörte. Man erarbeitete auch komplette Inszenierungen wie beispielsweise Plutos Abstieg zur Hölle. Natürlich führten derartige Aktivitäten letztlich zur öffentlichen Aufführung von Komödien, wie es bei *Calandria* und *Mandragora* der Fall war.

Ähnliches geschah auch in Venedig. Um 1500 wurden dort immer mehr private Vergnügungsabende, Tanz- und Musikfeste veranstaltet (*radunate*), als deren Organisatoren und strahlende Mittelpunkte musizierende Maler wie Giorgione auftraten. Die Jugend der wohlhabenden Gesellschaft sammelte sich in leichtlebigen Zirkeln, die man der nächtlichen Ruhestörung beschuldigte. Die bekannteste unter diesen Gruppen waren die *I compagni della calza*, die durch ihre prächtigen Kostüme Aufsehen erregten (in den großen Menschenmengen auf Carpaccios Gemälden sind sie leicht zu erkennen). Sie taten sich als Stimmungsmacher bei Festen, Empfängen und Komödienaufführungen hervor. Natürlich mischten sich auch Künstler unter diese Kreise, in denen man sich der Zerstreuung und Vergnügung hingab. So erfahren wir von Cellini über einige Festabende in Rom, wo ein sehr freizügiger Umgangston herrschte. Die *artifices* bildeten also außerhalb der Zünfte und Gilden, wo sie eigentlich ihren Platz finden sollten, häufig kleine, unabhängige Gruppen in der Gesellschaft.

»Ernsthafte« Künstler hatten für diese Grüppchen wenig übrig, insbesondere, wenn sich wie in Florenz Müßiggänger und Schwätzer daruntermischten. Vasari wollte wohl im Rahmen einer Begebenheit, die sich um das Jahr 1550 zugetragen haben muß, mit ihnen abrechnen:

»Denn es war allerdings die Kunst damals in Florenz zum Theil in den Händen von Personen, welche mehr nach Scherz und Genuß als nach Arbeit verlangten; deren Studium darin bestand, sich in Herbergen und an anderen Orten zu versammeln, um dort übelwollend in ihrem Kauderwelsch die wenigen zu tadeln, welche Vorzügliches leisteten und wie rechtliche Leute lebten.« (Vasari 1532 (1978), Band IV, S. 383)

Als Meister Giorgio eines Tages zusammen mit einem Dienstboten nach Hause ritt, paßte ihn eine solche Bande in der Nähe des Pallazo Medici ab, und einer von ihnen erkundigte sich spöttisch nach dem Befinden Seiner Herrlichkeit. Meister Giorgio, der über diesen Tonfall erbost war, antwortete scharf, daß er keine elende Gestalt von ihrer Sorte sei, sondern Reichtum erworben habe: Mochten sie ihn auch für einen tolpatschigen Parvenu halten, so genieße er doch die Wertschätzung des Klerus. Außerdem trage er jetzt anstatt eines miserablen Malerkittels ein Samtgewand (»ich trug Kleider, wie sie die armen Maler trugen, und jetzt trage ich Samt«). Alle diese Zeichen der Ehrbarkeit waren ein Beweis des Erfolgs und unterschieden den wahrhaften Künstler von dem unfähigen Pack der Neider. Die Tatsache, daß an öffentlich ausgestellten Werken häufig satirische Plakate befestigt wurden, erklärt übrigens, warum diese kleinen Gruppen von Spöttern, aus deren Reihen immer wieder bösartige Kritik laut wurde, so gefürchtet waren. Doch genau hierin zeichnete sich das künstlerische Leben der Stadt Florenz aus, das für seine heftigen Schlagabtäusche bekannt war. Donatello meinte sogar, daß es nichts Anregenderes gäbe.

Keineswegs belanglos war ferner die Frage der Kleidung. Man denke nur an jene berühmte Passage, in der Leonardo der Überlegenheit der Malerei gegenüber der Bildhauerei das Wort redete, welche darin begründet liege, daß der Bildhauer einem Handlanger gleiche, der »wie ein Bäkker mit Marmorstaub bedeckt sei«, während der Maler wie ein Edelmann bequem und gut angezogen an seiner Staffelei sitze. Leonardo stellte hier den »vornehmen« Maler, der Zugang bei Hofe gefunden hatte, jenem Bildhauer gegenüber, der nichts als ein Handwerker war. Das galt aber beileibe nicht für jeden Maler oder Bildhauer. Je nach Geschick, Kunstfertigkeit und finanziellem Erfolg bekleideten sie unterschiedliche gesellschaftliche Positionen. In Vespasiano da Bisticcis Werk über das Leben Cosimos des Älteren findet sich folgende Episode:

»Da er ein guter Freund Donatellos war, schenkte er ihm einen rosafarbenen Mantel und eine Haube und ließ ihm einen Umhang machen, den er unter dem Mantel tragen konnte... Er brachte ihm dies einmal, zweimal, und danach noch ein paarmal, und dann wollte er es ihm nicht mehr bringen, weil es ihm schien, daß er verspottet werde.« (Guco 1844, Bd. III, S. 294)

In diesem Fall lehnte es der Künstler also ab, den sozialen Aufstieg durch geschenkte Kleidung zu dokumentieren. Ganz anders Alfonso Lombardi, ein eitler Schönling, wie Vasaris beißende Bemerkung belegt: »Er pflegte an den Armen, am Hals und an der Kleidung stets Schmuckstücke aus Gold oder Tand zu tragen, die ihn eher als einen ausschweifenden und eitlen Höfling erscheinen, ließen denn als *artifex*, der nach Ruhm strebt.« (Guco Bd. IV, S. 353)

Der institutionelle Rahmen der künstlerischen Berufe sollte sich erst mit der verspäteten Entstehung der »Akademien« wandeln. Vorerst waren es nur die Sitten, an denen sich sowohl die Ausweitung als auch die Diversifizierung des sozialen Verhaltens beobachten ließ. Die Gesellschaft öffnete sich den *artifices*, und schon bildeten sich alle möglichen Charaktere heraus, vom gelehrigen Handwerker zum frechen, Aufmerksamkeit heischenden Talent, vom dienstfertigen und findigen Kunstlieferanten zum eigenbrötlerischen Arbeiter (*malinconico e solitario* – »melancholisch und einsam«), vom frommen Künstler zum skrupellosen Zyniker. Innerhalb eines guten Jahrhunderts hatte sich das schöpferische Spektrum der *artifices* in alle Richtungen erweitert, wodurch sich nun in diesem Milieu zwangsläufig originelle Gestalten entfalteten: Der Künstler war zu einer bedeutenden »kulturellen« Persönlichkeit geworden.

Zwischenfälle in Venedig

Das überraschendste und schließlich entscheidende Moment dieser Entwicklung aber war erreicht, als sich der Künstler zunehmend von seinem Auftraggeber distanzierte. So mußte Isabella d'Este Botschaft um Botschaft an Leonardo senden, um das ihr versprochene Porträt anzumahnen (die berühmte im Louvre befindliche Skizze war zu diesem Zweck in Mantua angefertigt worden). Es handelte sich hier auch nicht einfach um Schlamperei. Die Diskussionen, die dieselbe Marquise Isabella über Pietro Bembo als Mittler) mit Giovanni Bellini führte, zeigen deutlich, wie schwierig sich die Beziehungen zwischen Auftraggeber und Künstler manchmal gestalteten. In einem der Briefe, in denen Bembo seine fruchtlosen Bemühungen beschreibt, findet sich die ebenso hellsichtige wie ungewöhnliche Erklärung (auf die wir später noch zurückkommen), »daß diese festgelegten Bedingungen sich gar nicht für seinen Stil eignen; er pflegte, wie er sagte, immer nach Herzenslust in den Bildern herumzustreunen« (Gaye Bd. II, S. 76).

Der Künstler, daran kann kein Zweifel bestehen, arbeitete immer noch auf Bestellung (wir befinden uns nicht im 19. Jahrhundert, wo der Maler seine Werke zunächst für sich selbst vollendet und sie anschließend verkauft). Aber er nahm sich im Rahmen der vertraglich festgelegten Bedingungen das Recht heraus, nach seiner eigenen Façon vorzugehen, und akzeptierte keinerlei Vorschriften, wobei er obendrein Mittel und Wege fand, sich bestimmten Verpflichtungen zu entziehen.

Sicherlich handelt es sich hier um Ausnahmefälle. Bei weitem nicht alle *artifices* legten ein solches Verhalten an den Tag. Perugino, der sich mit Aufträgen übernahm, befand sich zwar manchmal sogar mehrere Monate im Rückstand; letztlich schaffte er es aber doch immer, zu liefern, auch wenn ein Werk einmal kleinere Mängel aufwies. Mantegna, der vor Peruginos Zeit lebte, war in der Ausführung seiner Arbeiten sehr zuverlässig. Als Dürer sich 1506 in Venedig aufhielt (wo übrigens Bellini der einzige war, der ihn freundlich empfing), vollendete er innerhalb von fünf Monaten die »Madonna mit dem Rosenkranz«, die für Sankt Bartholomäus, die Kirche der Deutschen, bestimmt war. Er zeigte sich als guter Handwerker nördlicher Prägung, d.h. gewissenhaft und genau – was übrigens auch für viele uns bekannte italienische *artifices* gilt, die ihre Altaraufsätze mit bewundernswerter Pünktlichkeit signierten, datierten und lieferten. Nicht alle teilten also die eigenwillige und nonchalante

Einstellung, die einige der großen Meister bezüglich ihrer Verpflichtungen an den Tag legten. Dank der Briefe Dürers wird für uns leichter faßbar, was es mit dem Künstlerleben auf sich hatte. Der Nürnberger, der von den Händlern des Fondaco nach Venedig gerufen wurde, fand bei seinen Kollegen keine freundliche Aufnahme: Der Protektionismus der Zunft verhinderte dies. Doch schuf er sich durch seine charmante und liebenswürdige Persönlichkeit Freunde, bekam vielerlei gute Ratschläge, konnte Fristverlängerungen für seine Arbeit erwirken und gönnte sich sogar etwas Zerstreuung. Er machte ein paar Geschäfte – vor allem mit Edelsteinen –, wie anscheinend die meisten Künstler, die Gelegenheit hatten zu reisen. Die Menschen seien sehr freundlich, so schrieb er im Februar an seinen Freund Pirckheimer, »die Edelleute sind mir wohlgesonnen, die Maler allerdings kaum«. Er war sehr glücklich, das »kulturelle« Klima sagte ihm zu. Und als er in seinem letzten Brief vom Oktober 1506 an die Rückkehr dachte, prägte er jenen seither tausendfach kommentierten Ausspruch: »Hier bin ich ein Herr, daheim ein Schmarotzer.« Man muß Dürers letztlichem Erfolg Rechnung tragen: Mit seinem Meisterwerk »Die Madonna mit dem Rosenkranz«, einem Gemälde im venezianischen Stil, und mit seinen allerorten verkauften und plagiierten Stichen war er, wenn man so will, in die Oberklasse der Künstler aufgestiegen. Die Probleme, die wir in diesem Abschnitt betrachtet haben, zeigen sich demnach in dieser Episode aus dem Jahre 1506 gleichsam in konzentrierter Form.

Doctrina

Ein Platz in der Kultur

Mit den Päpsten Nikolaus V. und Pius II. war eine für die Kirche entscheidende Entwicklung eingeleitet worden: Die moderne Kunst wurde zur sakralen Kunst. Auf die spektakulären Amtsperioden Julius II. und Leos X. folgte jedoch die kurze, aber einschneidende Herrschaft Hadrians VI., der all diesen neuen Tendenzen am liebsten ein Ende bereitet hätte. Die Medici sahen eine Ehre darin, als Beschützer der Künste aufzutreten, aber auch das Zwischenspiel Savonarolas blieb nicht ohne Folgen. Und wenn Castiglione, der ein Freund Raffaels war, meinte, dem *Hofmann* empfehlen zu müssen, daß er sich als aufgeklärter Kunstliebhaber zu zeigen habe, so gab er damit nur zu, daß diese Auffassung nicht von allen Seiten geteilt wurde. Mit anderen Worten, der allgemeine Produktionsschub (ja, die Überproduktion) in den Künsten traf auch auf Widerstände.

Über die gesamte Renaissance hinweg herrschte ein Konflikt zwischen jenen, die aus religiösen, moralischen und intellektuellen Gründen die zunehmende Emanzipation der Künstler und die Gunst, in der sie standen, mit Mißtrauen betrachteten, und jenen, die instinktiv in eine Neuaufteilung der Disziplinen vertrauten und jeder Form von Kunst positiv gegenüberstanden.

Die letzteren bezogen sich in ihrer Argumentation immer auf die spirituelle, wissenschaftliche und poetische Dimension der Kunst. So warf Leonardo das Motto, »die Malerei ist etwas Geistiges«, in die Debatte. Michelangelo, der sich jeglicher Diskussion verweigerte, behauptete schlicht, daß dem Künstler der Status eines »Geistesmenschen« zukäme: »Man malt nicht mit den Händen, sondern mit dem Geist.« Doch erfahren wir auch, daß Botticelli zur Zielscheibe des Spotts wurde, weil er sich selbst als eine »äußerst feinsinnige Person« ansah und sich deswegen für fähig hielt, die Werke Dantes zu illustrieren.

Das Problem des Architekten

Ein Schlüsseltext zu dieser Thematik ist die Präambel eines Vertrags zwischen Luciano Laurana und Federigo da Montefeltre, den letzterer im Jahre 1468 unterzeichnete:

»Unseres Erachtens müssen die Männer geehrt und gelobt werden, die mit Begabung und Kunstfertigkeit gerüstet sind, und besonders jener Kunstfertigkeit, die sowohl von den Alten als auch den Modernen immer verachtet wurde, wie zum Beispiel die Kunst der Architektur, die auf die Arithmetik und die Geometrie gegründet ist, welche zu den sieben freien Künsten und den Hauptkünsten gehören, denn sie sind gesicherte Errungenschaften ersten Ranges, und eine Kunst, die große Wissenschaft und große Begabung erfordert und von uns sehr geschätzt und gewürdigt wird.« (Gaye Bd. I, S. 214f.)

In dieser bemerkenswerten und sehr umfassenden Erklärung finden wir alle Informationen, die in diesem Zusammenhang für uns von Interesse sind. Wie in einem Manifest wird zunächst proklamiert, daß die Architektur die größte aller Künste sei und nicht allein den (handwerklichen) Praktikern überlassen werden dürfe; ihre Existenzberechtigung, ihre *virtu*, ihre Tugend und Kraft liege in ihrer mathematischen Grundlegung, durch die sie in den Rang einer der *artes liberales* erhoben würde. Im Verweis auf die Antike, der hier wohl bis zu einem gewissen Grad als stilistische Ausschmückung verstanden werden darf, wird das Bekenntnis zu rationalem, gelehrten Vorgehen noch zusätzlich unterstrichen. Dahinter wird der Wille erkennbar, die starren Trennungen zwischen den Disziplinen aufzuheben und den Geltungsanspruch des universitären Quadriviums (Arithmetik, Geometrie, Astronomie, Musik) zu relativieren. Ein neuer Typus des Architekten, ein Vertreter der »Kunst-Wissenschaft« war gefordert.

In allen Städten versuchten die Autoritäten ihr öffentliches Ansehen mit Hilfe ihrer architektonischen Vorhaben abzusichern. Die Größe einer Stadt zeigte sich im Palast der Signoria, das der religiösen Orden und der großen Prälaturen an den Sanktuarien... Die allgemeine Sorge galt der Gestaltung des Raumes, mit allem, was dazugehörte: Logen, Standbilder, für Zeremonien und Gottesdienste geeignete Plätze. Wenn also die Architektur als größte aller Künste angesehen wurde, dann erforderte sie gut ausgebildete und bewußt handelnde Architekten. Der außerordentliche Erfolg von Persönlichkeiten wie Brunelleschi, Bramante, Antonio da Sangallo u.a. wäre ohne diese generelle Ausrichtung nicht vorstellbar. Jene hochgelehrten Baumeister wurden geholt, wenn es um den Bau von Villen in den Vororten von Florenz und Neapel oder um die Gestaltung herausragender Monumente in Rom und Venedig ging. Bei Bedarf rief man sie auch alle zusammen: So wurden Francesco di Giorgio, Giuliano da Sangallo, Bramante und schließlich Leonardo da Vinci als Experten nach Mailand und Pavia eingeladen. Der Baumeister war ein bevorzugter Ansprechpartner der Macht.

Die Ablehnung einer von keinerlei Regeln abhängigen Baukunst – die bald vereinfachend als »gotisch« bezeichnet werden sollte – bedeutete, daß man alle Erwartungen in ein höheres Wissen setzte, nämlich in die Mathematik, die exakt beweisbar und im Prinzip allen zugänglich war. Es war dies zunächst die Stunde der Theorie, der Reflexion, der Abhandlungen über die richtigen Methoden. Luca Pacioli verdankte seinen Erfolg als Redner zu einem Gutteil der Tatsache, daß er einem großen Publikum »wissenschaftliche« Rezepte nahebrachte, von denen alle profitieren konnten. Seine *De divina proporzione* ist zweifellos der am weitesten entwickelte – und, aus moderner Sicht: der am wenigsten überzeugende – Versuch, die allen technischen Operationen innewohnende mathematische Struktur herauszuarbeiten.

Bei all dem erwies sich der Rückgriff auf die antike Literatur als ausgesprochen hinderlich, da die Theoretiker nun zwischen den Problemen der aktuellen Konstruktionstechnik und archäologisch verbürgten Lösungsversuchen gefangen waren. In dieser Situation versuchte Alberti mit seiner Abhandlung *De re aedificatoria* (der sogar die Ehre einer offiziellen Veröffentlichung mit jenem eminent wichtigen Vorwort Landinos von 1482 zuteil wurde), ein neues Denken in die Architektur einzuführen. Der an Vitruvius und durch die Assimilation der Antike geschulte Geist werde sich der Logik architektonischer Konstruktionen bewußt und könne dementsprechend handeln. Die theoretische Grundlage müsse nur präzise genug ausformuliert sein, dann könne sie jeder beherrschen. Und auch der Schritt von der Theorie zur Praxis berge im Prinzip keine Schwierigkeiten. Jeder gut instruierte Auftraggeber, jeder große Herr könne somit zum Architekten werden. Sowohl Federigo da Montefeltre, der Herzog von Urbino, als auch Malatesta und Lorenzo de' Medici fanden in den Chroniken wegen ihrer Fähigkeiten als Konstrukteure lobende Erwähnung. Der Begriff »Architekt« erhielt dadurch einen gleichsam symbolischen Charakter: Er bezeichnete keinen Berufsstand mehr, sondern in gewisser Weise eine Fähigkeit des menschlichen Geistes.

Das halbe Jahrhundert zwischen 1470 und 1520 war eine an Initiativen besonders reiche Periode, sowohl was die in Angriff genommenen Projekte als auch die (selten veröffentlichten) schriftlichen Werke betraf. Es mußte der Moment kommen, wo trotz der Anerkennung der *ars aedificandi* als Wissenschaft bis zu einem gewissen Grad eine Spezialisierung gefordert wurde. Am Beispiel einer Persönlichkeit von »mittlerer« Begabung wie Baccio d'Agnolo (1462–1543) läßt sich diese Entwicklung verdeutlichen. Sie erreichte ihren Höhepunkt in der Polemik gegen die schlecht ausgebildeten Baumeister, die ursprünglich aus anderen Berufen kamen und nun das große Metier der Architektur für sich in Anspruch nahmen. Vasari beklagte 1550 die Zustände »besonders in der Baukunst, deren Kenntnis noch vor wenigen Jahren in der Hand von Schnitzarbeitern oder von spitzfindigen Menschen war, die sich darauf beschränkten, ohne Einsicht in die Kunstausdrücke und Grundsätze, Perspective zu verstehen« (Vasari, Bd. III, Teil 2, S. 267). Vasari hatte Bramante zwar als unumschränktes Vorbild gepriesen, doch wußte er sehr wohl, welchen

Verdruß dessen Konstruktionen schon bereitet hatten. Deshalb rief er nun nach mehr Sachverstand. Jene, die als Baumeister aushalfen, seien sie nun »Bildner«, Maler oder Bildhauer, maßten sich an, »Säulen, Simse und Postamente und alle ihre Verhältnisse« (ebd.) zu vermessen; genau dies seien jene *Figuren*, wie Vasari es sehr hübsch ausdrückte, die sich durch die Baukunst in Szene setzen wollten. Doch das allein reiche nicht, die Technik sei weit komplizierter als die Arbeit in einer Malerwerkstatt. Vasaris Biographie Baccio d'Agnolos war demnach als eine scharfe Kritik an jenen sich als Baumeister ausgebenden Dekorationsmalern gedacht, die sich in Florenz breitgemacht hatten – eine Kritik, die in das allseits bekannte vernichtende Urteil einstimmte, das Michelangelo über Baccio gefällt hatte, als er das Dockengeländer rings um die Kuppel von Santa Maria del Fiore zu Gesicht bekam:

»Michelangelo Buonarotti, der ... sah, daß man bei Errichtung dieses Werkes die Verzahnungen wegschnitt, welche Brunelleschi nicht ohne Grund hatte heraus stehen lassen, erhob darüber solchen Lärm, daß man mit der Arbeit einhielt, denn er sagte, ihm dünke, Baccio habe einen Grillen-Käfig draus gemacht, so ein mächtiges Gebäude fordere etwas Großartigeres nach anderer Zeichnung mit mehr Kunst und Anmuth ausgeführt, als Baccios Modell ihm zu haben scheine.« (Vasari, Bd. III, Teil 2, S. 271f.)

Einziges Ergebnis dieser Schelte war allerdings, wie so oft in Florenz, daß verschiedene Kommissionen zusammentraten, die sich zu keinerlei Entscheidung durchringen konnten.

Derartige Auseinandersetzungen zeigen uns, mit welcher Anteilnahme architektonische Probleme verhandelt wurden! Das erwähnte, zugunsten von Laurana formulierte Manifest basierte auf einer Lehrmeinung, die noch lange Zeit Geltung haben sollte. Der Architekt, jener mit den Möglichkeiten der Mathematik gerüstete Musterknabe der »Kunst-Wissenschaft«, stieg schließlich in den Rang eines universalen Gelehrten auf. Letzten Endes ist dieser *artifex* höheren Ranges mit dem von Picco della Mirandola beschriebenen umfassenden Menschen verwandt, der dazu bestimmt sein sollte, die Natur zu beherrschen. Schon in Giannozzo Manettis *De dignitate et excellentia homines* war zu lesen, daß die Größe des Menschen sich in seinen Fähigkeiten als Konstrukteur zeige: Neben die Pyramiden, neben die mechanische Taube von Archytas und die Leistungen des Archimedes stellte man nun die Kuppel von Brunelleschi. Ficino und seine Freunde rühmten in ihrer optimistischen Phase bei jeder sich bietenden Gelegenheit ihre Epoche, in der sich an der Arbeit des Baumeisters, des Ingenieurs und des Malers die Hoheit des menschlichen Geistes zeige; durch die volle Anwendung der organisatorischen Vernunft werde der Mensch zum *deus in terris*. Somit konnte ein neues Bild vom Künstler entstehen: *divino*, »göttlich«, hieß nun das höchste Lob.

Wenn auch der Baumeister zum Paradigma dieses Künstlerbildes avancieren konnte, wäre es doch ungerecht, darüber die Musik zu vergessen, der in allen kunstbegeisterten und in unserer Darstellung erwähnten Kreisen ein augenscheinlich sehr sachkundiges Interesse entgegengebracht wurde. Die *musica* ging ebenso wie die *architectura* auf die *artes liberales* zurück, da sie über eine theoretische Grundlegung verfügte, deren Tragweite durch eine Abhandlung wie beispielsweise die *Theorica musicae* (1492) von Gaffurio verständlich wird. Die Zahl der Künstler, die auch Musiker und als eben solche sehr begehrt waren, ist so beträchtlich, daß man wohl mit Recht behaupten kann, die Musik habe sich sowohl im täglichen Leben als auch im kulturellen Schaffen der Werkstätten einen bemerkenswerten Platz erobert. Die Musik, die Harmonie und Auflösung von Dissonanzen verkörperte, erschien letztlich als *analogon* der Schönheit. Manchmal wurde der Begriff in einer höheren und erweiterten Bedeutung verwendet, ähnlich wie im 19. Jahrhundert das Wort »Poesie«. So behauptete Ficino, daß das in der Musik vertretene Prinzip »sich immer mehr des menschlichen Körpers bemächtige, daß alle schöpferisch Tätigen sich in ihren Werken davon inspirieren ließen, von Rednern, Dichtern, Malern, Bildhauern bis hin zu Architekten« (Lettre à A. Canisiano, *Opere*, Ep. L, S. 65).

Auf diesem theoretisch so klaren, in der Praxis aber so unübersichtlichen Terrain der »Kunst-Wissenschaft« begegnen wir einem überragenden Geist, der sich so weit vorwagte wie nur irgend möglich. Über 40 Jahre hinweg bemühte sich Leonardo, indem er sich in allen möglichen Sparten versuchte und sich aller Techniken befleißigte, einen neuen Wissenstypus zu schaffen, der die ganze Wirklichkeit umfassen und dem konkreten Handeln des *artifex* neue und gesicherte Grundlagen bieten sollte. Außerhalb der literarischen Kultur *(omo senza lettere)* entstand damit eine andere Art von Bildung, die zum großen Teil aus der Neugier und den Erfahrungen der Werkstätten hervorgegangen war, und die den *artifex polytechnes* formten. Doch vermochte man den Sinn von Leonardos Arbeiten in seiner Zeit nicht zu begreifen. Das Problem des Künstlers im allgemeinen und nicht mehr nur des Architekten erscheint durch sein einzigartiges Beispiel, das die verwirrten Zeitgenossen sprachlos machte, in einem falschen Licht. Selbst Castiglione beklagte, daß dieser große Maler einer Schimäre nachgejagt und deshalb für die Kunst verloren sei. Leonardo war in eine neue Dimension vorgestoßen.

Audendi postestas

Man sollte nie vergessen, daß die Künstler der Renaissance, ob nun bekannt oder unbekannt, nicht anders als ihre Vorgänger im Mittelalter überall mit den kirchlichen Behörden und den religiösen Gemeinschaften in Verbindung standen oder für diese arbeiteten. Die künstlerische Produktion im Profanbereich (Portraits, Historiengemälde, Allegorien) war im Vergleich dazu noch wenig ausgeprägt. Und in der Kirche existierte eine »rigoristische« Strömung, die nicht nur über die Unmoral der Künstler beunruhigt war, sondern sich auch um die Schicklichkeit ihrer Werke sorgte. Der Hl. Antonius im Kloster von Angelico in Florenz z. B. äußerte starke Vorbehalte gegenüber den immer zahlreicheren ikonographischen Launen der Maler. Kaum beachtet, kündigte sich hier eine »pietistische« Bewegung an, die der Gegenreformation den Weg bereiten sollte. Wie aber erklärt sich dann die erstaunliche Freiheit, die Maler und Bildhauer genossen?

Diese Frage ist nicht so leicht zu beantworten. Bereits C. Dionisotti hat darauf hingewiesen, daß der Weg eines »Intellektuellen« fast unausweichlich in die Arme der Kirche führte, ob er sich nun in die Dienste der Kurie begab wie Giovanni-Battista Alberti oder einer Ordensgemeinschaft beitrat mit dem letztendlichen Ziel, den Kardinalshut zu erwerben, wie Bembo, Giovio und andere. Für gewöhnlich jedoch entsprach das Verhältnis zwischen Künstler und der Kirche dem zwischen Lieferant und Auftraggeber.

So hatte die Nachfrage nach Statuen, Altaraufsätzen und nach Schmuckwerk für Chorgestühle und Sakristeien solche Ausmaße angenommen, daß es kaum verwundert, wenn Regulare sich an Malerei und Dekoration versuchten: In Fra Angelico finden wir jene große Gestalt des malenden Mönches, der seinem Orden zur Ehre gereichte. Sein Gedenken, sein Vorbild sollte von den Gegenreformatoren und den Verteidigern der sakralen Kunst immer wieder angeführt werden. Darüber hinaus bildete sich um den Bartolomeo eine regelrechte »Schule von San Marco«, als dieser, nachdem er die Malerei auf Geheiß Savonarolas zunächst aufgegeben hatte, sich später wieder mit großem Engagement der Kunst zuwandte.

Das eigentliche Problem hängt jedoch mit einer sehr einfachen Tatsache zusammen: Der Okzident kannte im kanonischen Recht kein klares Dogma für die Kunst – keine Theologie des Bildes wie in Byzanz, keinen allgemein verbindlicher Kodex, sondern nur Brauch und Tradition *(consuetudo)*. Lediglich einige grundlegende dogmatische Definitionen wie das berühmte *»quod legentibus scriptura, hoc idiotis cernentibus praebat pictura«* von Gregor dem Großen hatten das ganze Mittelalter hindurch als Richtlinie gedient. Schon Durandus von Mende erkannte (um 1280), daß die Geschichten der Bibel von den Malern sehr frei dargestellt würden. Genau diese Auffassung wiederholt auch Cennino Cennini zum Beginn seiner um 1420 entstandenen Abhandlung. Ein dem Horaz-Brief an die Pisaner entnommener Sinnspruch (daher der Name *Dictum Horatii*), der schon sehr früh, zumindest aber seit dem 13. Jahrhundert in Umlauf war, segnete gewisse mehr oder weniger phantastische Erfindungen von Künstlern ab: *quidlibet audendi potestas*. Man hüte sich daher, diese unendlich oft wiederholte Formel als Zeichen einer in der Renaissance neu entstandenen Geisteshaltung zu werten. Es dürfte jedoch sehr wohl genau dieses Motto die *artifices* zu ihren Bestrebungen inspiriert haben. In dem Skizzenbuch eines Malers aus dem Kreis um Benozzo Gozzoli finden sich Motivstudien wie menschliche Gestalten, Hände und – man liest es nicht ohne Überraschung – jener vollständige lateinische Ausspruch, der hier wie eine Art Manifest niedergeschrieben ist: *pictori(bu)s atque poetis semper fuit et erit equa potestas*. Hier zeigte sich also direkt in der Werkstatt das neue Selbstverständnis der Künstler: Man wollte ähnliche »kulturelle« Privilegien wie die Dichter.

Legitimiert wurde diese *potestas* durch die persönliche Begabung, das *ingenium*, das den Künstler auszeichnete. Unter diesen Voraussetzungen wird auch der bereits zitierte Brief von Pietro Bembo besser verständlich, in dem er in seiner Funktion als Vermittler zwischen Isabella d'Este und Giovanni Bellini die doch recht überraschenden Worte des letzteren wiedergab:

»Die Erfindungen, von der mir Eure Majestät schreibt, daß ich sie beim Zeichnen ersinnen soll, müssen an die Phantasie desjenigen angepaßt werden, der sie zu machen hat und dem es beliebt festzustellen, daß festgelegte Bedingungen gar nicht zu seinem Stil passen, denn, wie er sagt, pflegt er immer nach Herzenslust in den Bildern herumzustreunen, so daß sie schließlich später den Betrachter möglichst zufriedenstellen.« (Gaye, Bd. II, S. 71 (73))

Hier handelt es sich nicht mehr um einen in den Diensten einer erlauchten Fürstin stehenden Handwerker, sondern schon um den Künstler im modernen Sinne, der für sein *ingenium* Respekt verlangt.

Sicherlich wurde diese Auffassung noch nicht von allen geteilt. Doch gerade die Vorstellung, daß eine gewisse Distanz zwischen dem vorgegebenen Projekt oder Auftrag und der tatsächlichen Gestaltung des Werkes bestehe, verschaffte dem *artifex* eine Zwischenstellung zwischen dem Handwerker und dem Dichter. Michelangelo beispielsweise zog bei sich bietender Gelegenheit aus jenem von Horaz stammenden Ausspruch seinen Nutzen. In seinem von Francesco da Olanda getreulich aufgezeichneten berühmten Wort aus dem Jahre 1532, in dem er das unverständliche Dekor der »Grotesken« verteidigt, stellte er den besagten Spruch sogleich als unangreifbares Prinzip dar. Und dies war selbstverständlich genau der Punkt, den die Kritiker seines »Jüngsten Gerichts« zur Zielscheibe ihrer Angriffe machten. Den Theologen der Gegenreformation sollte jedoch bald peinlich bewußt werden, daß es bis dahin in der römisch-katholischen Kirche tatsächlich kein klares Dogma zur bildlichen Darstellung gegeben hatte.

Dieses Faktum ließ lokalen Autoritäten und Ordensgemeinschaften die Freiheit, diesbezüglich Fragen nach ihrem eigenen Gusto zu entscheiden. Die Nachsicht, die man dem unabhängigen Leben der Künstler entgegenbrachte, fand ihre Entsprechung in der Freiheit, die man ihren individuellen schöpferischen Kräften ließ. Und umgekehrt mußten die Werke an den Mauern der Kapellen und auf den Altären natürlich der Frömmigkeit dienen, doch wollte ihr Schöpfer auch wegen seiner individuellen Qualitäten, wegen seiner Verdienste als Maler oder Bildhauer anerkannt werden. Mancher Künstler forderte gar ostentativ eine schöpferische Freiheit, die die ursprüngliche Vorstellung von Auftragsarbeiten und Dienstleistungen doch beträchtlich überstieg. Und dies um so mehr, seitdem die Auftraggeber, sei es nun eine Ordensgemeinschaft, ein Bischof oder ein großer Herr, stolz darauf waren, einen Botticelli, einen Mantegna oder einen Tizian in ihrer Kapelle oder Studierstube zu wissen.

Es ist daher wenig erstaunlich, daß das Streben der *artifices*, als Persönlichkeiten des kulturellen Lebens anerkannt zu werden, schließlich auch zur Entstehung des »Künstlerhauses« führte. In den Architekturabhandlungen, die sich ausschließlich an der gesellschaftlichen Hierarchie orientierten, ist das Haus des armen Künstlers *(casa del povero artefice)* kaum mehr als eine etwas vergrößerte Werkstatt: Dies war um 1500 bei Francesco di Giorgio und um 1540 bei Serlio der Fall. Auch Donatello, der häufig seinen Wohnort wechselte, mußte sich mit wenig zufriedengeben. Aus den Steuererklärungen Masaccios geht hervor, daß er nur über eine Ecke in einer Werkstatt verfügen konnte. Bereits Ghiberti aber leistete sich einen Hof mit Portikus. Mantegna in Mantua gönnte sich neben dem *studio* einen Raum, der anscheinend zur Aufbewahrung seiner Bilder gedacht war, und stellte über der Eingangstür seiner Wohnstatt eine Merkurstatue auf. Eine Generation später traten die Arbeitsräume bereits hinter der Fassade zurück, die nun der eines Palazzo glich: so bei Raffael in Rom, und, nach seinem Vorbild, bei Giulio Romano in Mantua, bei Zuccaro in Rom und bei Andrea del Sarto in Florenz, dessen Wohnsitz Raffael mit prächtigen Dekorationen ausstattete. Und natürlich darf hier Vasari nicht fehlen, dessen Haus in Arezzo Museum und Inszenierung zugleich war. Der Kreis hatte sich geschlossen.

Virtù et gloria

Ein Platz in der Geschichte

Dum viguit eloquentia, viguit pictura (»Die Kunst vermag ebensoviel wie die Literatur«), schrieb Aeneas Sylvius Piccolomini um 1456 an Nicolas de Wyle. Doch galt dies nun generell oder nur für die großen Gestalten unter den *artifices* (von »Genies« sprach man zu dieser Zeit noch nicht)? Die Lösung findet sich im selben Text etwas weiter unten: *Post Petrarcham converserunt litterae, post Joctum surrexere pictorum manus.* Zwar erinnert das Wort *manus* daran, daß es sich bei der Kunst um ein handwerkliches Metier handelte, doch war immerhin die assoziative Verbindung zur Literatur hergestellt. Die Gleichsetzung zwischen Petrarca und Giotto markiert deshalb einen bedeutenden geschichtlichen Einschnitt.

Wir müssen hier auf ein berühmtes literarisches Werk zurückkommen, das in diesem Zusammenhang von großem Einfluß war. Die Erwähnung Giottos und Cimabues im XI. Gesang des *Purgatoriums* von Dantes *Göttlicher Komödie* stellt keineswegs jene bedingungslose Glorifizierung der darstellenden Künste dar, als die sie manchmal interpretiert wird. Vielmehr sollen die Hochmütigen vorgeführt und die Selbstgefälligkeit des Ruhms angeprangert werden *(fiato di vento)*. Dante wählte als Beispiel das wechselvolle Schicksal des von Giotto verdrängten Cimabue, da beide allseits bekannte Künstler waren, und seine Verse bezeugen lediglich den Bekanntheitsgrad beider Maler, ohne sie zu verherrlichen.

Die Erwähnung der beiden Maler in Dantes Werk hatte aber nichtsdestoweniger ungeheure Konsequenzen, weil die darauf folgenden gewichtigen Kommentare sich nicht auf die Kunst, sondern auf die Persönlichkeit Giottos bezogen: Man bewunderte den Ruhm, zu dem ein einfacher Handwerker gelangen konnte. Die Kommentatoren waren Gelehrte und Literaten, die es höchst frappierend fanden, daß zwei *homines ignoti hominis et bassae artis* mit zwei so renommierten Dichtern wie Guido Guinizelli und Guido Cavalcanti verglichen wurden. Und wohlbekannt ist auch jene Erklärung Benvenuto da Imolas, der für die erste Hälfte des 14. Jahrhunderts einen wichtigen Hinweis liefert: *appetitus gloriae ita indifferentes occupat omnes quod etiam parvi artifices sunt sollicit circa illam acquirendam, sicut vidimus quod pictores apponunt nomina operibus*. Diese Beobachtung ist in zweifacher Hinsicht von Bedeutung: Als die Künstler dazu übergingen, ihre Werke zu signieren – was sich durch eine Untersuchung der Altaraufsätze bestätigen läßt –, traf dies nicht überall auf Zustimmung, vor allem nicht bei den Klerikern und den Intellektuellen. Sie sahen darin einen Ausdruck von Hochmut, der zu verurteilen sei, weil dadurch die Öffentlichkeit in den Kirchlichen Heiligtümern auf den Namen des Künstlers aufmerksam gemacht werde, was ihm einen Bekanntheitsgrad sichere, den Schriftsteller nur im Ausnahmefall erlangten. Diese »ruhmsüchtigen Leute« seien außerdem niederer Herkunft, *parvi artifices*, denen die literarische Bildung fehle, welche die Grundlage jeden wahren Ruhmes sei. Benvenutos Kommentar hilft uns, jener Falle zu entgehen, die die Historiker des 19. Jahrhunderts in ihrer Begeisterung übersahen: die Vorstellung, daß die zeitgleichen Entwicklungen in der Kunst und der Literatur ein gegenseitiges Verständnis beider Bereiche füreinander bewirkt hätten, eine Art Komplizenschaft zwischen Schriftstellern und Künstlern. Eher das Gegenteil ist der Fall: Zwischen der Situation des Intellektuellen und der des Handwerkers gab es eindeutige Unterschiede sowohl in sozialer als auch in geistiger Hinsicht. Die beiden Gruppen waren miteinander alles andere als vertraut. Immerhin wußte ein gewitzter Werkstattmeister wie Ghiberti, daß er sich der Literatur bedienen mußte, um seinen Ruf zu sichern, und verfaßte deshalb seine klangvoll betitelten *Commentari*, in denen er einen völlig neuen

Diskurs über die künstlerischen Berufe skizzierte. Nach ihm jedoch veröffentlichten und verfaßten die großen Praktiker nur noch kleinere Traktate, und nicht einmal Leonardo sollte ein Buch zustandebringen. Es fiel also den *litterati*, den Gelehrten und Literaten, zu, die Künstler literarisch zu verewigen. Im 15. Jahrhundert bekundeten dann auch Humanisten in Neapel und Florenz ihr Interesse für die *uomini famosi*, die »berühmten Männer« der Malerei und Bildhauerei. In seiner Einleitung zur kommentierten Ausgabe der *Commedia* (1481) widmete Landino den großen Meistern seiner Epoche ein kurzes Kapitel. Ugolino zählte die noch lebenden Künstler in seinem um 1500 verfaßten Werk *De illustratione urbis Florentiae* (LIII) auf. Die *artifices* wurden zudem in den Zeugnissen der lokalen Geschichtsschreibung erwähnt.

Jene *artifices*, die wegen ihres merkwürdigen Verhaltens bei ihren amüsierten oder irritierten Zeitgenossen Aufsehen erregten, galten gemeinhin als großmütige Menschen, die von ihrer *virtù*, mit anderen Worten: ihrer Leidenschaft, mitgerissen wurden. Die geometrischen Berechnungen Uccellos, mit denen er die Perspektive in seinen Intarsienarbeiten bestimmte, gehören ebenso in diese Kategorie wie die »physiognomischen« Untersuchungen Donatellos. In diesem Zusammenhang zu erwähnen sind auch die von Pollaiolo, Leonardo und Michelangelo durchgeführten furchtbaren Sezierexperimente, die in jeder Hinsicht aus dem Rahmen fielen. So berichtet Vasari, wie um 1550 ein Knabe namens Bartolommeo Torri bei diesen Sezierarbeiten buchstäblich den Kopf verlor: Er bewahrte »Glieder und Theile menschlicher Leichname« bei sich unter dem Bett auf und zog sich vor aller Welt zurück, »weil er glaubte, wenn man wie ein Philosoph schmutzig und ohne Regel lebe, und die Unterhaltung der Menschen fliehe, so habe man den Weg gewählt, der zu Größe und Unsterblichkeit führe« (Vasari 1978 (1532), Bd. IV, S. 38). Manchmal konnte Eifer und Tatkraft in die Irre führen.

Es ist unmöglich, abzuschätzen, welchen Einfluß Leonardo mit seinen technischen Studien und seiner systematischen, unersättlichen Erforschung der Geheimnisse der Natur, der Fruchtbarkeit und des menschlichen Organismus tatsächlich ausübte. Doch kann sehr wohl von einem »Leonardo-Effekt« gesprochen werden, der die Maler dazu anregte, nach seltenen Motiven und subtilen Posen zu suchen und sich esoterischer Spekulationen zu rühmen. Von Beccafumi, Giovan Francesco Rustici oder Parmigianino u. a. wurde erzählt, daß diese Eigenbrötler zu erforschen suchten, wie man Quecksilber in einen festen Zustand überführen könne:

eine sehr beliebte Methode, heimliche Experimente mit beunruhigenden Stoffen anzuprangern. Cellini war nicht wenig stolz darauf, im Kolosseum an einer Geisterbeschwörung teilgenommen zu haben. Vor allem aber rühmte er sich nach einer tiefgreifenden Glaubenskrise, die ihm im Castel Sant' Angelo widerfahren war, einer einzigartigen Eigenschaft: »Dann muß ich noch eine Sache nicht zurücklassen, die größer ist, als daß sie einem anderen Menschen begegnet wäre... Denn seit der Zeit, daß ich jene himmlischen Gegenstände gesehen, ist mir ein Schein ums Haupt geblieben.« (Cellini 1728 (1803): 269) Diese Aureole werde im Morgengrauen, aber auch in der Abenddämmerung sehr gut sichtbar, doch könnten nur die Eingeweihten sie wahrnehmen. Der Leser ist perplex. Hat er auch wirklich richtig verstanden? Aber ja doch, in der Renaissance kannte der Hochmut keine Grenzen.

Die Legenden um manche Künstler schadeten zuweilen ihrer Seriosität. Aber in der *virtù* zeigte sich die schöpferische Kraft – die auch in die Irre gehen konnte – durch das absolute, ausdrückliche und leidenschaftliche Streben nach »Glorifizierung«, d.h. im Streben nach einem erhöhten Platz im Gedächtnis der Menschen, der alles rechtfertigte und entschuldigte. Doch hatte der Ruhm im Leben der Menschen eine unerbittliche Feindin: *Fortuna*, das Schicksal. Unvollendete oder abgelehnte Werke, Unfälle, Leidenschaften, der Tod von Gönnern..., soviele Schicksalsschläge. Nur wenige Karrieren verliefen ohne Dramen und ohne Hindernisse. Wenn der Künstler seine »göttlichen« Fähigkeiten unter Beweis gestellt hatte, war es die Eifersucht des Himmels, so meinte man, die ihn den Menschen wieder fortnahm.

Die Verherrlichung des künstlerischen »Genies« konnte erstaunliche Formen annehmen. So wurde für Giulio Romano, als dieser an Allerheiligen 1546 gestorben war, folgende Grabinschrift verfaßt:

»Jupiter sah die in Stein gehauenen und gemalten Formen / die Leben atmeten, und die dem Himmel gleichen Wohnstätten / geschaffen durch die *virtù* des Giulio Romano. Zornentbrannt berief er den Rat der Götter ein / Er nahm ihn von der Erde, weil er nicht ertrug / daß ihn ein Erdenmensch überträfe oder ihm gleichkäme.«

Dieses durch und durch heidnische Elogium wurde 1550 in Vasaris Biographiensammlung veröffentlicht, doch 1568 wieder daraus entfernt.

Benvenuto da Imola empörte sich über die Ruhmsucht, die sich in der Signierung der Werke zeige. Diese war zwar nicht generelle Praxis, wurde aber dennoch im Quattrocento häufiger. So gab es fingierte Unterschriften – das mehr oder weniger ostentative *cartellino*, den auf einer Treppenstufe, einer Vase oder sogar spielerisch auf dem Holz eines Pfeils hingeworfenen Namenszug (wie bei Perugino), der gleichsam als Markenname fungierte. So ist auf der *pala* von Ancona (1520) die Inschrift *Titianus Cadorinus pinxit* zu lesen – auf der *pala* Pesaro, die für die Kirche der Frari bestimmt war, hingegen nicht.

Was bedeutete aber dann das Selbstporträt im Hinblick auf die wachsende »Glorifizierung«? An dessen Geschichte läßt sich sehr genau der Übergang vom bescheiden hingenommenen Handwerkerstatus zur Prahlerei des der Anonymität entkommenen Virtuosen ablesen. Im 14. Jahrhundert kam es vor, daß der Schöpfer einer Freske, auf der viele Gestalten abgebildet waren, irgendwo im Hintergrund, also am Rande des dargestellten Geschehens, sein eigenes Konterfei verewigte wie Taddeo Gaddi, oder wie Masaccio und Filippino in der Kapelle Brancacci. Bei Perugino, Signorelli und Pinturicchio hebt sich der Maler bereits von der Menge ab: Sein Selbstporträt ist nun eingerahmt. In der Folge leistete man sich alle möglichen Variationen, sogar das verzerrte Bild des Spiegels. Vasari begann diese Künstlerportraits zu sammeln, als er bemerkte, daß sie sich als Illustrationen für die zweite Auflage seiner *Vite* (1568) verwenden ließen.

Im Vorwort zu den *Historiae sui temporis* hatte Paolo Giovio etwas ausgesprochen, was ihm sehr am Herzen lag: *»in hac vita ... beatius esse potest quam nominis famam ad non incertam spem sempiterne laudis extendisse«*. Damit wollte er ausdrücken, daß jeder große Mann der literarischen Lobpreisung bedürfe und sich daher der Unterstützung eines wortgewandten Autors versichern solle. Doch sei der Künstler auch sehr nützlich, weil, wie es die antiken Lehren wollten, die Malerei und Bildhauerei dazu erfunden seien, die Erinnerung an die Gesichter zu wahren. Der Schriftsteller und der Künstler sind also die beiden Instrumente jener Rhetorik, die unentbehrlich zur Mehrung des Ruhms ist. In diesem Sinne wurde Vasari von Giovio zu der Freske in der Kanzlei, *ubi Paulus dispensat praemia* (»Die Belohnung der *virtù*«), inspiriert: Um Papst Paul III. scharen hier neben Giovio selbst noch Sadoleto, Bembo und Michelangelo.

Vasaris Künstlerbiographien entsprechen einem analogen Bedürfnis. Ein solcher Rahmen drängte sich geradezu auf: Man findet hier die traditionelle Schau »berühmter Männer« *(uomini famosi)*, kombiniert mit der literarischen Form der *elogia*. Und ging nicht die Idee zu dieser Sammlung auf einen Abend bei Kardinal Farnese zurück, wo just Paolo Giovio sich zu Wort meldete? Vasari arbeitete hier demnach alle Argumente ein, die seit anderthalb Jahrhunderten vorgebracht worden waren, um den »kulturellen« Wert dieser Persönlichkeiten zu begründen, und führte alles an, was ihm geeignet erschien, ihre gesellschaftliche Rolle verständlich zu machen. Wenn dieser Zufallsschriftsteller die Spezies »Künstler« zum ersten Mal auf geradem Weg in die Geschichte einführte, dann deshalb, weil diese so etwas wie eine Schlacht gewonnen hatten, welche der Erzähler nun schildert.

Im Jahre 1540 befreite Paul III. Michelangelo und Pierantonio Cecchini offiziell vom Zunftzwang *(ars scalpellinorum)*. 1571 gestand Cosimo de' Medici dieses Recht allen Künstlern zu. Giorgio Vasaris Plädoyer hatte gewirkt. In der Zwischenzeit hatte man die *Accademia del disegno* gegründet, die den »hohen Künsten« den ersehnten, über dem Handwerker stehenden Status sicherte. Doch sollte man einmal einen Blick in die Kapelle der Bruderschaft des Heiligen Lukas im Kloster Annunziata werfen. Vasari wünschte hier begraben zu werden; er selbst hatte die Wände bemalt: Auf den Fresken sieht man hinter der Gestalt des Schutzpatrons der Maler immer noch den Farbenmischer, den bodenständigen Handwerker bei der Arbeit.

Kapitel 8

Die Frau

Margaret L. King

Gegen Ende des Mittelalters und mit dem Beginn der Renaissance zeigen bildliche und figürliche Darstellungen zum ersten Mal eine Mutter Gottes, die lächelnd auf ihr Kind blickt: die nährende Mutter und das verspielte, vor Leben übersprudelnde Jesuskind. Aus dieser innigen Umarmung, die in der Skulptur der Gotik und der Malerei des 15. Jahrhunderts auf zwei unsterbliche Wesen projiziert wird, entsteht mit Macht die Kultur der Renaissance. Der »Mensch der Renaissance« wird von der Frau der Renaissance geboren.

Der Mann der Renaissance hat viele, klar umrissene Gesichter, von denen jeweils eines in den anderen acht Kapiteln dieses Buches beschrieben wird. Die Frau hingegen bleibt konturenlos. Männer konnten Fürsten oder Soldaten, Künstler oder Humanisten, Kaufleute oder Geistliche, Gelehrte oder Abenteurer sein. Frauen waren nur selten in solchen Rollen zu finden – und wenn, dann waren diese nicht bestimmend für ihre Identität. Die Frau konnte nur Mutter, Tochter oder Witwe, Jungfrau oder Dirne, Hexe oder Heilige, Maria, Eva oder Amazone sein. All diese Identitäten, die ausschließlich durch ihre Geschlechtszugehörigkeit definiert waren, absorbierten sie völlig und erstickten jegliches andere Selbst, auf das sie hätte Anspruch erheben können. Über die gesamte Zeit der Renaissance hinweg sollte die Frau kämpfen, um eine Identität zu finden und sie zum Ausdruck zu bringen – doch ohne Erfolg. Denn am Ende der Epoche ist ihre gesellschaftliche und kulturelle Rolle mehr denn je durch ihr Geschlecht bestimmt, und ihre Situation hat sich keinesfalls verbessert, sondern im Gegenteil sogar verschlechtert.

Mutter und Kind

Die meisten Frauen der Renaissance waren Mütter. Die Mutterschaft wurde als ihre wichtigste Aufgabe angesehen und verlieh ihnen ihre Identität. Im Erwachsenenalter (in den meisten gesellschaftlichen Gruppen ab Mitte zwanzig, in den oberen Gesellschaftsschichten ab der Adoleszenz) stellte ihr Leben eine Abfolge von Geburten, Stillzeiten und erneuten Geburten dar. Frauen, die nicht den oberen Schichten angehörten, gebaren ungefähr alle 24 bis 30 Monate. Die zeitlichen Abstände zwischen den Geburten waren von der Dauer der Stillzeiten abhängig, da diese die Fruchtbarkeit einschränkten. War ein Kind von der Mutterbrust entwöhnt, konnte die Frau wieder empfangen. Frauen aus wohlhabenden Familien gebaren sogar mehr Kinder als arme Frauen, denn um die Existenz eines Erben zu sichern, der für die rechtsgültige Weitergabe des Familienvermögens unabdingbar war, waren sie zur Fruchtbarkeit verurteilt. Wenn sie also ihre Kinder nicht selbst stillten (mehr über diese Sitte des Stillverzichts an späterer Stelle), war schon kurz nach einer Geburt eine erneute Schwangerschaft möglich. Alessandra Macinghi Strozzi, eine Nachfahrin der florentinischen Händlerdynastien der Alberti und Strozzi, gebar in den Jahren von 1426 bis 1436 acht Kinder. Henrietta Maria, die Gemahlin von König Karl I. von England, war von 1628 bis 1639 beinahe ununterbrochen schwanger. Diese außergewöhnliche Fruchtbarkeit, die manchmal sogar weit über die eigentlich beim Menschen biologisch mögliche durchschnittliche Höchstzahl von zwölf Geburten hinausging, lag im Interesse der Familie, die für ihren Fortbestand mindestens einen überlebenden männlichen Erben benötigte. Die Frauen des Geschlechts der Donato in Venedig dürften zwischen dem 14. und dem 17. Jahrhundert wohl in jeder Generation diese Zahl erreicht haben. Die venezianische Ehefrau von Francesco Marcello, Magdalucia, die an der Wende vom 14. zum 15. Jahrhundert lebte, gebar im Laufe ihres Lebens sogar 26 Kinder.

Die Fähigkeit, Kinder zu gebären, ist einerseits das Privileg, andererseits aber auch die Last der Frau. In Italien und Frankreich wurde eine Frau, die gerade ein Kind geboren hatte, besonders geehrt und liebevoll umsorgt. So beschrieb der Mailänder Stiftsherr Pietro Casola, wie im Jahre 1494 das Zimmer einer jungen Mutter aus dem venetianischen Adelsgeschlecht der Dolfin aussah. Der Raum war mit Zierat im Wert von mindestens 2000 Dukaten ausgestattet, und die Kammerfrauen trugen

Juwelen im Werte von mindestens 100 000 Dukaten. Eine Frau, die gerade entbunden hatte, genoß, ebenso wie eine Braut bei ihrer Hochzeit, einen Status höchster Ehre. Als ebensolche Auszeichnung für eine Frau wurde die Schwangerschaft selbst verstanden. Die von Piero della Francesca geschaffene Madonna del Parto, die mit der Hand auf ihren Leib deutet, in dem sie den ungeborenen Jesus Christus trägt, war zugleich ein Abbild aller Frauen, die bald Leben schenken sollten. Als der venezianische Adlige und Bischof Gregorio Correr der Tochter des Herrschers von Mantua, Cecilia Gonzaga, den Reiz der Mutterschaft ausmalte, um sie davon abzubringen, den Schleier zu nehmen, sprach er von den schwellenden Leibern ihrer Schwägerinnen und den Schreien eines Neugeborenen, das von ihr, Cecilia, gestillt werden wolle. Die Ehefrau von Francesco Datini, dem berühmten Kaufmann von Prato, über dessen Leben glücklicherweise ein wahrer Schatz an Zeugnissen erhalten geblieben ist, wünschte sich sehnlichst ein Kind. Da sie aber selber unfruchtbar war, schenkte sie ihre ganze Liebe einem Kind, das ihr Mann mit einer anderen Frau hatte.

Von den Frauen der oberen Gesellschaftsschichten wurde erwartet, daß sie ihre Kinder liebten. Viele von ihnen stillten ihre Kinder auch selbst und kümmerten sich bis zum Alter von sieben Jahren (bei Mädchen sogar bis zu deren Heirat) um ihre Erziehung. Die Mutterschaft bot ihnen so die Chance zu Kreativität und Selbstverwirklichung. Alessandra Macinghi Strozzi, die bereits erwähnte Mutter von acht Kindern, stand nicht nur all ihre Schwangerschaften durch, sondern mußte darüber hinaus ihre überlebenden Kinder allein erziehen, denn ihr Ehemann, ein Gegner der Medici, und ihre älteren Söhne waren aus der Stadt verbannt worden; ihr Mann verstarb bald darauf. 72 Briefe, die sie den Söhnen zwischen 1447 und 1471 schrieb, zeugen von ihrer mütterlichen Sorge um ihr Wohlergehen. Ihrem Sohn Filippo, der der Familie später wieder zu Vermögen und Ansehen verhalf, sandte sie medizinischen Rat, Informationen über die geschäftlichen Unternehmungen der Familie, Pakete mit neuem Leinenstoff und reifem Käse, Neuigkeiten über die heranwachsenden jüngeren Geschwister, Vettern und Basen.

Von ganz anderer geistiger Größe, jedoch von ebensolcher Fürsorge erfüllt, war Margaret Beaufort aus dem englischen Geschlecht der Lancaster, die ihren Sohn, den zukünftigen König von England, Heinrich VII., zu großen Taten anspornte und zu strenger Tugend erzog. Diese Schutzpatronin und Vorläuferin der mächtigen und hochgebildeten Frauen der Tudor-Ära spann unaufhörlich Intrigen, um ihrem einzigen Kind den englischen Thron zu sichern. Aus dem Briefwechsel zwischen Mutter und Sohn wird die tiefe Zuneigung ersichtlich, die beide füreinander empfanden. In einem Geburtstagsgruß nannte sie ihn »ihre einzig ersehnte Freude auf dieser Welt«. Er wiederum erklärte, daß er sich ihr aus Dankbarkeit für ihre mütterliche Liebe so sehr verbunden fühle wie keinem anderen Lebewesen. Knapp ein Jahrhundert später schrieb eine Landsfrau Margaret Beauforts, die Hofdame Elizabeth Grymeston, eine umfangreiche Abhandlung für ihren Sohn Bernye, in der sie ihm ihre Erkenntnisse über Bildung, Ehe, Glauben und Tod eröffnete. Die Kraft der Liebe sei die größte Kraft auf der Welt, so erklärte sie ihm, und es gebe keine größere Liebe als die einer Mutter zu ihrem Kind. So häufig geschah es, daß Mütter ihren erwachsenen Kindern – und insbesondere ihren Söhnen – weiterhin beratend und lenkend zur Seite standen, daß die zu diesem Zweck verfaßten Sendbriefe, Handbücher und Tagebücher eine bedeutende Gattung der Frauenliteratur darstellen.

Doch auch Frauen, die ihre Kinder liebten, fürchteten sich häufig vor der Geburt. Sie galt als besondere Strafe Gottes für Evas Falschheit im Garten Eden: eine weniger schwere Strafe als die des Mannes, meinte im 15. Jahrhundert die Veroneser Humanistin Isotta Nogarola; im Gegenteil noch schlimmer, entgegnete ihr männlicher Dialogpartner in einem Gespräch über dieses Thema, denn die Frau trüge die Last beider Strafen auf einmal, nämlich sowohl die nie enden wollende Mühsal des Lebens als auch die Schmerzen der Geburt. Der größte aller Humanisten, Erasmus von Rotterdam, nannte die Geburt die schlimmste aller menschlichen Qualen. So verfiel die englische Mystikerin Margery Kempe nach der Geburt ihres ersten Kindes in eine sechs Monate dauernde Depression. Für viele Frauen hatte die Geburt aber eine noch weit schlimmere Folge: den Tod. Lediglich von Hebammen betreut, deren einzige Ausbildung in der Kenntnis tradierter Hausmittel bestand, konnten sie manche komplizierten Geburten oder bestimmte Infektionen nicht überleben: eine Gefahr, die sowohl reiche als auch arme Frauen bis weit in die Neuzeit hinein zu fürchten hatten. Gregorio Dati berichtet in einem Klagelied, das als Denkschrift für alle Frauen der Vergangenheit dienen könnte, über den Tod der ersten drei seiner vier Ehefrauen: Bandecca kam 1390, nach einer Fehlgeburt und anschließender neunmonatigen Krankheit, ins Paradies; Betta erreichte nach der Geburt ihres achten Kindes (1402) ewige Glückseligkeit; Ginevra, die Dati elf Kinder gebar, starb um das Jahr 1420 während einer Geburt, bei der sie schreckliche Schmerzen litt, und erreichte hernach das Paradies. Ähnlich waren die Qualen der englischen Lady Danby, die ihre Schwester 1648 beschrieb: Nachdem sie neun Kindern das Leben geschenkt und außerdem sechs Fehlgeburten überstanden hatte, gebar sie noch ein 16. Mal und hieß ihren zwei Wochen später folgenden Tod wie eine Erlösung willkommen. Im Winter 1774 wütete in einem Edinburgher Hospital das Kindbettfieber, wobei innerhalb von 24 Stunden nach der Geburt fast alle Wöchnerinnen erkrankten; keine der betroffenen Frauen überlebte die Infektion.

Mütter, die die Geburt überstanden, mußten häufig mitansehen, daß das Kind, das sie unter so großen Schmerzen geboren hatten, bald hinwegstarb. Die Kindersterblichkeit war erschreckend hoch. Die Überlebensrate bei Kindern lag im westlichen Europa bei 20 bis 50%. Todesursachen waren Pest, Diarrhöe, Grippe, Schnupfen, Tuberkulose und Unterernährung. Jene Kinder, die das Säuglingsalter überlebten, waren noch bis weit in die Pubertät hinein besonders gefährdet. In der italienischen Stadt Pistoia starben im 15. Jahrhundert knapp 18% aller Kinder zwischen 1 und 4 Jahren, etwa 11% im Alter zwischen 5 bis 9 und weitere 8% im Alter von 10 bis 14 Jahren. 1470 starben in Mailand 5% aller Neugeborenen schon am Tage ihrer Geburt. Derselbe Gregorio Dati, der den Verlust dreier Ehefrauen zu beklagen hatte, rekapitulierte auch Geburt und Tod seiner Kinder: von mindestens 25 ehelichen Kindern (hinzu kamen noch ein uneheliches Kind und zwei Fehlgeburten) lebten bei seinem Tode im Jahre 1435 nur noch (etwa) neun. Von den 26 Kindern Magdalucia Marcellos erreichten nur 13 ein »widerstandsfähiges Alter«. Alessandra Strozzi verlor von ihren fünf Söhnen, nachdem ihr Jüngster, Matteo, im Jahre 1459 gestorben war, noch weitere zwei. Nichts hatte sie jemals so bekümmert, so schrieb sie, wie Matteos Tod, doch fand sie Trost in dem Bewußtsein, daß er die bestmögliche medizinische Behandlung und ausreichenden geistlichen Beistand erhalten hatte, und von Gott in den Himmel aufgenommen worden war.

Eine Geburt war immer von der Furcht vor dem Tode des Kindes überschattet. Wahrscheinlich betrachteten die Mütter der Renaissance ihr neugeborenes Kind deshalb als ein äußerst flüchtiges, vergängliches Wesen, dem sie jegliche Liebe, mochte sie auch noch so stark sein, nur gleichsam versuchsweise entgegenbringen konnten. Der französische Chevalier de la Tour-Landry (1371) ermahnte seine Töchter, sich über die Geburt eines Kindes nicht allzu überschwenglich zu freuen oder sie zu aufwendig zu feiern, denn das könne Gott erzürnen und das Kind dann möglicherweise sterben. Der englische Reformator John Wyclif erklärte mitleidslos, daß eine Mutter dankbar dafür sein solle, wenn Gott so gnädig wäre, ein Kind von dieser Welt zu nehmen.

Doch ob sie nun mit Liebe empfangen wurden oder nicht: Jene Säuglinge, die überlebten, wurden gestillt, und das im allgemeinen 18 bis 24 Monate lang. Andere Nahrung war meist nicht verfügbar, und deshalb war auch dies wieder die besondere Aufgabe der Frau. In ganz Europa hat in dieser Epoche sowohl in der Stadt als auch auf dem Land die überwiegende Mehrzahl der erwachsenen Frauen die meiste Zeit einen oder mehr Säuglinge gestillt: und zwar ihr eigenes Kind und, wie wir noch sehen werden, die Kinder anderer Frauen. Die adligen Frauen und Patrizierfrauen der Renaissance weigerten sich, ihre Kinder zu stillen. Dies stand jedoch im krassen Gegensatz zu den Ratschlägen, die allerorten von Humanisten und Ärzten unter Berufung auf so alte und anerkannte Autoritäten wie Aristoteles und Plutarch ausgesprochen wurden. San Bernardino verkündete seiner weiblichen Zuhörerschaft auf der Piazza drohend, daß sie an dem Tag, an dem sie ihr Kind einer Amme gäben, der Sünde anheimfielen. Francesco Barbaro, der Verfasser der elegant formulierten und vielgelesenen Abhandlung *De re uxoria* (1415) (dt. Vom heiligen Ehestand, 1561), erklärte, daß es natürliche Pflicht einer Mutter sei, ihrem Kinde selbst die Brust zu geben. Für einen Säugling sei die Milch jener Frau, die ihn in ihrem Leib getragen habe, die beste Nahrung. Ein Jahrhundert später führte der aus Spanien stammende Juan Luis Vives in seinem berühmten Werk *De institutione foeminae christianae* (1529) dieselben Argumente an. Außer in der humanistischen Literatur tauchte derselbe Expertenrat darüber hinaus regelmäßig in katholischen und protestantischen Handbüchern und Predigten auf.

Doch wenn die Frauen der oberen gesellschaftlichen Schichten es vermieden, ihre Kinder selbst zu stillen, so hatte dies wohl noch andere Gründe als bloßen persönlichen Widerwillen. Oft war nämlich ihren Ehemännern das äußere Erscheinungsbild einer stillenden Mutter unangenehm. Außerdem vermied man das Stillen in diesen Kreisen wahrscheinlich aufgrund seiner empfängnisverhütenden Wirkung, damit mehr Kinder gezeugt werden konnten. Eine größere Zahl von Geburten war in diesen gesellschaftlichen Schichten erwünscht, um die Weitergabe von Reichtum, Wissen und Macht von einer Generation zur anderen zu sichern – ebenso wie bei den Armen eine zu hohe Kinderzahl für die von vorherein schon schlechte Ernährungssituation bedrohlich war. Welches im einzelnen nun auch immer die Gründe gewesen sein mögen: Die Frauen der oberen gesellschaftlichen Schichten vermieden es beinahe durchweg, ihre Kinder selbst zu stillen. Die Kinder der Reichen wurden an den Brüsten der Armen genährt. Die Wohlhabendsten leisteten sich für ihre Säuglinge eine Amme, die mit im Haushalt der Familie lebte. Sehr viel häufiger jedoch gaben die reichen Familien aus den italienischen, französischen, deutschen und englischen Städten Säuglinge kurz nach der Geburt zu Bäuerinnen auf das Land. Manche dieser Ammen hatten soviel Milch, daß sie neben ihren eigenen Kindern problemlos weitere, ihnen von anderen Müttern anvertraute Säuglinge stillen konnten. Teilweise handelte es sich auch um Frauen, denen gerade ein Kind gestorben war, die gerade abgestillt hatten oder die (angelockt von dem zu erwartenden Entgelt, das fast doppelt so hoch war wie der Lohn eines Dienstmädchens) ihr eigenes Kind an eine andere Amme weitergaben. Montaigne berichtet von Bauernkindern, die von einer Ziege gesäugt wurden, weil ihre Mütter die Kinder anderer Frauen stillten; einmal sei sogar ein Kind gestorben, als man es von der Ziege getrennt habe, da es eine sehr starke gefühlsmäßige Bindung zu dem Tier entwickelt habe.

Unter den Kindern, die von Ammen auf dem Land aufgezogen wurden, gab es mehr Todesfälle (in England zum Beispiel doppelt so viele) als unter jenen, die in der Obhut ihrer Eltern blieben. Dies hatte vielerlei Ursachen: Armut, Unterernährung, Vernachlässigung. Der toskanische Notar Ser Lapo Mazzei vertraute 14 Kinder einen Tag nach ihrer Geburt einer Amme an; nur fünf davon überlebten. In einer Stadt im englischen Buckinghamshire entfielen zwischen 1578 und 1601 6% aller Beerdigungen auf Kinder, die von Ammen aufgezogen worden waren. Kinder, die trotz Krankheiten und Unterernährung überlebten, fielen häufig der Böswilligkeit ihrer Ammen zum Opfer. Denn diese wollten die ihnen anvertrauten Säuglinge nicht immer und schreckten oftmals nicht davor zurück, sie umzubringen. Eine weitverbreitete Methode hierzu war das »Darüberlegen«: Die Amme rollte sich im Bett – angeblich versehentlich im Schlaf – über das Kind, um es zu ersticken. Auf ebenso wirkungsvolle Weise entledigten sich manche Ammen unerwünschter Kinder, indem sie sie verhungern ließen, aussetzten oder ihnen Betäubungsmittel verabreichten. Von den 23 Kindern, die die Engländerin Mrs. Poole im Jahre 1765 zu betreuen hatte, starben 18 im ersten Lebensmonat, zwei wurden ihr wieder fortgenommen und lediglich drei kamen durch.

Ein weiterer Grund für den Tod von Säuglingen, die von Ammen großgezogen wurden, war wahrscheinlich die fehlende mütterliche Liebe (ebenso wie die fehlende dauerhafte Liebe und Zuwendung einer bestimmten Bezugsperson in den heutigen Fürsorgeheimen äußerst negative Folgen für Säuglinge und Kinder hat). So scheint Stefano Guazzo in seiner *Civile conversazione* (1581) seine eigene Verlassenheit zu beklagen, wenn dort ein Kind seiner Mutter vorwirft, daß sie es nur neun Monate lang in ihrem Leib beherbergt und sich dann für zwei Jahre seiner entledigt habe, indem sie es einer Amme gab. Oft wurden Kinder von einer Amme zur anderen weitergereicht, und wenn die Mutter starb, blieb das Kind jahrelang unter der Obhut dieser Frauen. Der Florentiner Giovanni Morelli berichtet, daß sein Vater (im frühen 13. Jahrhundert) bis zum Alter von 10 Jahren bei einer Amme lebte. Unter solchen Umständen ist es nicht verwunderlich, daß die über mehrere Jahrhunderte hinweg bei den oberen Gesellschaftsschichten herrschende Sitte, die Kinder gleich nach der Geburt jahrelang zu Pflegemüttern zu geben, ihren Tribut an Tod und Leid forderte.

Die Ammen behandelten die ihnen anvertrauten Kinder gewiß oft so schlecht, daß dies deren Tod zur Folge hatte – doch trifft dies auf die leiblichen Mütter (und Väter) ebenfalls zu. Jedes der unserer Zeit vorausgehenden Jahrhunderte kannte den Kindsmord. Während er aber in der Antike ein allgemein übliches und akzeptiertes Mittel der Geburtenkontrolle (insbesondere zur Beschränkung der weiblichen Nachkommenschaft) darstellte, wurde die Kindestötung in den christlichen Jahrhunderten geächtet und bestraft. Doch konnte dies zahlreiche Fälle von Kindsmord nicht verhindern. Vor allem arme, unverheiratete Frauen griffen häufig zu diesem Mittel. Innerhalb stabiler bäuerlicher Gemeinschaften gelang es meist, uneheliche Geburten zu vermeiden, und sei es nur durch Heirat im Falle einer verfrühten Schwangerschaft. Nichtsdestoweniger gab es sowohl in der Stadt als auch auf dem Land bei armen Frauen und Prostituierten uneheliche Kinder. Diese erwartete meist ein elendes Schicksal. Wahrscheinlich machen sie die größte Gruppe von Kindern aus, die einer Gewalttat ihrer Mütter zum Opfer fielen, doch sind diese zweifellos selbst als Opfer anzusehen. Die gegen solche Frauen ergangenen Gerichtsurteile sprechen hier eine deutliche Sprache. War das Kind getauft, so wog die Sünde, sich eines ungewollten Kindes entledigt zu haben, oftmals nicht so schwer, und die betreffenden Frauen, die sich außerstande gesehen hatten, das Kind großzuziehen, wurden mit Milde behandelt.

Im Falle einer Verurteilung jedoch, hatten sie unweigerlich mit einer harten Bestrafung zu rechnen: Auf Kindsmord stand die Todesstrafe und die Hinrichtung wurde auf viel qualvollere Weise (Ertränken, Verbrennen) vollstreckt als es bei männlichen Straftätern üblich war (Erhängen). In Nürnberg etwa bestrafte man Kindsmord durch die leibliche Mutter im 16. Jahrhundert mit Ertränken; 1580 wurde die Strafe in Enthauptung umgewandelt und die abgeschlagenen Köpfe von drei Kindsmörderinnen zur öffentlichen Abschreckung ans Schafott genagelt. Viele Frauen erlitten in der Renaissance ein solches Schicksal, denn nach der Verurteilung wegen Hexerei war Kindsmord in dieser Zeit der Hauptgrund für die Hinrichtung von Frauen.

Mütter, die sich nicht in der Lage sahen, ihre Kinder, seien sie nun ehelich oder unehelich, ausreichend zu versorgen, setzten sie häufig aus, in der Hoffnung, daß dies eine weniger schwere Sünde als Mord sei (obwohl beides im Grunde oft das gleiche bedeutete) und daß sich irgendein barmherziger Fremder des Kindes annehmen würde. Infolgedessen nahm die Zahl der in manchen italienischen Städten schon seit dem 8. Jahrhundert existierenden Findelhäuser vom 14. bis zum 16. Jahrhundert immer mehr zu. Die diesen Institutionen zur Verfügung stehenden Mittel waren jedoch im allgemeinen nicht ausreichend. So mußten Neugeborene teilweise an Ammen weitergegeben werden, was oft mit den bereits beschriebenen nachteiligen Folgen für das Kind verbunden war. Wer das Kindesalter überlebte, hatte als Erwachsener nur düstere Lebensaussichten. In Florenz lag die Kindersterblichkeit in den Waisenhäusern zwischen 25 bis 60% – was aber verglichen mit einer Rate von 90%, die im 18. Jahrhundert in den Findelhäusern von Paris, London und St. Petersburg manchmal zu verzeichnen war, noch nicht einmal so hoch erscheint.

Wenn also arme Frauen ihre Kinder barmherzigen Institutionen überließen, und wohlhabende sie an Ammen abschoben, was bleibt dann von dem verklärten Bild der Einheit von Mutter und Kind, mit dem dieses Porträt der Frau der Renaissance begann? – Die Schmerzen der Geburt, die Verzweiflung über den Tod ihrer Kinder, drückende Armut, ungesicherte Vermögensverhältnisse und drakonische Gesetze machten diese Projektion zunichte.

Ehefrau und Ehemann

Ebenso wie das glückselige Verhältnis von Mutter und Kind hatte auch die verklärte Zweisamkeit von Ehemann und Ehefrau eine tragische Kehrseite. Heirat war das Ergebnis einer wirtschaftlichen Kalkulation, denn die Institution der Ehe fungierte vor allem als Mechanismus zum Erwerb, Erhalt und zur Weitergabe von Eigentum. Das Vehikel, mit dem das Eigentum von einer Familie auf die andere übertragen wurde, war die Frau.

In manchen Teilen Europas, etwa in vielen flandrischen Städten, konnten Frauen ebenso wie Männer Eigentum (und darüber hinaus auch begehrte Rechte wie z.B. die Zunftangehörigkeit) durch Erbschaft erwerben. In diesen Fällen war eine begüterte Frau für einen heiratswilligen Mann eine attraktive Partie. Sehr viel häufiger aber konnte die Frau infolge von Erstgeburtsrecht, Fideikommiß oder Gewohnheitsrecht nicht erben. Sie besaß lediglich den sicheren Anspruch auf eine Mitgift, welche ihr eine Heirat – bei hoher Mitgift sogar eine Heirat mit einem wohlhabenden Mann – ermöglichte und ihr deshalb für die Dauer ihrer Ehe einen gewissen Status verlieh (weil sie durch die Mitgift die Vermögensverhältnisse ihres Ehemannes verbesserte). Die Gewährung einer Mitgift befreite den Vater also von der weiteren Verantwortung für das materielle Wohlergehen seiner Tochter, was besonders für ärmere Familienväter von Vorteil war, da sie so ihren Söhnen mehr zukommen lassen konnten. Bei den Wohlhabenden jedoch diente die Mitgift weniger der Absicherung der Frau, da sie diese nur nominell besaß, als vielmehr dazu, Eigentum von Mann zu Mann weiterzugeben.

Falls eine Frau durch ihre Mitgift einen wohlhabenden Gatten fand, konnte sie den Nachkommen der Familie ihres Vaters eine stattliche Erbschaft sichern. Die durch die Mitgift erworbene verwandtschaftliche Beziehung garantierte den Enkelsöhnen – die sich nichtsdestoweniger als zum Geschlecht ihres Vaters zugehörig betrachteten – ein gutes Auskommen. Dieselbe Mitgift, von der die Nachkommen des Vaters der betroffenen Frau profitierten, stellte auch für die Familie ihres Ehemannes zeitweilig eine Quelle des Wohlstands dar. Insgesamt gesehen waren die Ehemänner die Hauptnutznießer der Geldsummen, welche in den oberen Gesellschaftsschichten für die Verheiratung der Töchter gezahlt wurden. Väter, die Töchter hatten, waren bestrebt, die Mitgiftzahlungen so gering wie möglich zu halten, während die Väter von Söhnen versuchten, möglichst viel für deren Verheiratung zu bekommen. Im 15. Jahrhundert forderte Leon Battista Alberti, daß die Mitgift, selbst wenn sie bescheiden ausfiele, genau ausgehandelt werden müsse und sofort an den Ehemann auszuzahlen sei. Das venezianische Geschlecht der Donato nahm im Laufe von zwei Jahrhunderten 123 177 Dukaten ein, den Gewinn aus der Differenz zwischen den von ihnen empfangenen und den von ihnen geleisteten Mitgiftzahlungen

Die Frau selbst erbte lediglich den rechtlichen Anspruch auf das Vermögen, das ihr Vater oder sein gesetzlicher Stellvertreter nach dem Gewohnheitsrecht zu zahlen verpflichtet waren; nur selten konnte sie selbständig darüber verfügen. Die betreffende Summe (die groß genug war, um einen ganzen Besitz zu verschulden und die Verheiratung aller Töchter einer Familie unmöglich zu machen), wurde unmittelbar vor der Heirat festgelegt und ging unverzüglich in die Verfügungsgewalt des Ehemannes über. Die Frau konnte erst dann uneingeschränkt darüber verfügen, wenn sowohl ihr Vater als auch ihr Ehemann gestorben waren. Für den Fall ihres eigenen Todes lag es im Ermessen der Frau, was mit ihrem Vermögen geschehen sollte; sie konnte es – immer häufiger per Testament – ihren eigenen Kindern oder anderen Verwandten vermachen (Töchter wurden dabei, zumindest in Italien, unverhältnismäßig häufig bedacht). Wenn Ehemänner das Mitgiftvermögen schlecht verwalteten, konnten die betroffenen Frauen unter Umständen eine Entschädigung einklagen. Doch kam es auch vor, daß Frauen das ganze ihnen zustehende Vermögen durch den Leichtsinn ihrer Ehemänner verloren. Im Jahre 1403 beschrieb der Florentiner Giovanni Morelli den Fall seiner leicht beeinflußbaren Schwester Sandra, die sich von ihrem Ehemann Jacopo hatte überreden lassen, ihm einige Landgüter zu überschreiben. Jacopo war jedoch nach nicht allzu langer Zeit ruiniert, und als er starb, mußte Sandra als mitgiftlose, finanziell abhängige junge Witwe mit einem zwölfjährigen Sohn im Haushalt ihres Bruders leben.

Die Mitgift bildete also den Kitt für Ehen, bei denen die Partner (häufig von ihren Eltern) aus materiellen Gründen füreinander ausgewählt worden waren. Von beiden Seiten erwartete man, daß sie sich dieser Entscheidung fügten. Alberti, für den beim Arrangement einer Heirat neben materiellen Erwägungen auch der Fortbestand des Familiengeschlechts von großer Bedeutung war, forderte harte Zwangsmaßnahmen gegen Söhne und Töchter, die sich nicht nur der vom Vater getroffenen Wahl widersetzten (dieser hatte mehrere geeignete Ehegatten vorzuschlagen), sondern es letztlich überhaupt ablehnten zu heiraten; ab einem gewissen Alter (nach Albertis Vorstellungen 25 Jahre), sollte der Vater deshalb mit Enterbung drohen. Die Logik erscheint zwingend: Die Erbschaft sollte schließlich nicht dem Sohn zum Vergnügen dienen, sondern den Fortbestand des Geschlechts sichern. Alberti rühmte sich, daß seine Familie 200 Jahre lang ihren Reichtum hatte bewahren können (was angesichts der wechselvollen Geschichte der Stadt Florenz eine beträchtliche Zeitspanne bedeutete), und sie war auch in der Tat die einzige in der ganzen Stadt, die ein großes Vermögen über drei Generationen weitervererbte.

Manche Frauen der oberen Gesellschaftsschichten (besonders in England) widersetzten sich – offensichtlich ebenso wie manche italienischen Männer – der Ehegattenwahl durch die Eltern. Margery Paston, die Tochter eines englischen Landadligen, weigerte sich, den für sie ausgesuchten Mann zu heiraten, und wurde daraufhin monatelang eingesperrt und wiederholt geschlagen. Als sie schließlich den Haushofmeister ihrer Eltern heiratete, durfte sie ihnen nie mehr unter die Augen treten – ihr Ehemann jedoch wurde nicht aus den elterlichen Diensten entlassen. Und Frances Coke (Tochter des bekannten Rechtsgelehrten Sir Edward Coke) ergriff die Flucht, nachdem sie 1617 zur Heirat mit dem Taugenichts John Villiers (einem Bruder des königlichen Günstlings George, Herzog von Buckingham) gezwungen worden war. Wegen Verlassen des Ehegatten und Ehebruch angeklagt, wurde sie mit Verbannung bestraft: ein hoher Preis für persönliche Unabhängigkeit. Derartige Fälle von Verweigerung waren jedoch selten. Immer wieder schworen gehorsame Töchter und Söhne unter elterlichem Zwang und aufgrund der wirtschaftlichen Bedeutung der Ehe einander ewige Treue.

Vor Beginn der Neuzeit betrachtete man die Ehe im allgemeinen als unauflöslich; jedoch wurden in gewissen Sonderfällen Gründe für eine Scheidung oder Annullierung anerkannt. Hierzu gehörten Blutsverwandschaft, Ehebruch (seitens der Frau, nicht jedoch des Mannes), Impotenz, Lepra und Apostasie. In Ausnahmefällen galt es auch als legaler Trennungsgrund, wenn ein Ehemann seine Frau extrem brutal behandelte. Einige protestantische Denker (z. B. Luther selbst, Martin Bucer und am lautstärksten der an der Schwelle zur Neuzeit lebende englische Dichter John Milton) traten für eine Erleichterung der Ehescheidung ein. Doch auch in protestantischen Ländern fanden Ehen viel häufiger auf nicht legale Weise, durch böswilliges Verlassen ein Ende. Dabei handelte es sich um ein männliches Vorrecht: Im Jahre 1570 waren in der englischen

Stadt Norwich 8% aller Frauen im Alter zwischen 31 und 40 Jahren verlassene Ehefrauen. Immerhin konnten sich Frauen in den oberen gesellschaftlichen Schichten von ihrem untreuen Gatten trennen und finanzielle Unterstützung von ihm verlangen. So erhielt zum Beispiel im ausgehenden 16. Jahrhundert die Ehefrau des Earl of Sussex jährlich 1700 Pfund Unterhalt.

Wenn eine Ehe nicht durch Scheidung, Trennung oder böswilliges Verlassen ein Ende fand, dann geschah dies sehr viel häufiger durch den plötzlichen Tod eines Ehegatten, als wir es heute gewohnt sind. Die Lebenserwartung war niedrig, und oftmals starben die Frauen, bevor sie das Ende des gebärfähigen Alters erreicht hatten. Nur selten kam es vor, daß ein Paar, dessen Kinder erwachsen geworden waren, noch eheliche Zweisamkeit erleben durfte. Die Ehe war eine vorübergehende Verbindung von zwei Menschen, die die Zeitspanne zwischen dem Erreichen wirtschaftlicher Unabhängigkeit (bei Männern Ende zwanzig, bei Frauen fast überall in Europa und in den meisten Bevölkerungsschichten etwas früher) und einem frühen Tod umfaßte. Da es üblich war, nach dem Tode des Ehepartners wieder zu heiraten, läßt sich ein Haushalt als eine sich ständig verändernde Konstellation von Kindern verschiedener Mütter oder Väter bezeichnen, die miteinander um Rechte und Privilegien konkurrierten. Eine Frau, die nach dem Tode ihres Mannes erneut geheiratet hatte, konnte dazu gezwungen werden, auf ihren Anspruch auf das Vermögen ihres verstorbenen Mannes (mit Ausnahme der Mitgift) – und sogar auf ihre Kinder aus erster Ehe – zu verzichten. Jedoch durfte eine Witwe weiterhin im Hause ihres verschiedenen Mannes leben, wenn sie »keusch« blieb und sich selbst um ihre Kinder kümmerte. In Venedig wurden in den Häusern der adligen Familien immer ein Bett und ein Öfchen für die eventuelle Rückkehr einer Tochter bereitgehalten, deren Ehe beendet war und die sich im Hause ihres Mannes nicht mehr wohl fühlte.

Manche Ehen ähnelten jedoch trotz der finanziellen Motive, aus denen heraus sie geschlossen wurden, eher romantischen Paarbeziehungen, wie sie den Vorstellungen des 20. Jahrhunderts entsprechen, und waren geprägt von Kameradschaftlichkeit und Reife. Jene Ehepartner, die ein freundschaftliches Verhältnis zueinander hatten, stellten die gelungene Verwirklichung eines vormodernen (und auch modernen) Ideals dar, das von Katholiken und Protestanten gleichermaßen anerkannt wurde. In den religiösen Handbüchern des späten Mittelalters, den Predigten der Reformation und den Abhandlungen der Humanisten findet dieses Ideal von gegenseitiger Liebe und Ergebenheit seinen Widerhall. Frater Cherubino forderte im späten 15. Jahrhundert in seiner *Regola della vita matrimoniale*, daß die Ehepartner einander wahrhaftig lieben, miteinander Tisch und Bett teilen, sich gegenseitig Trost und Unterstützung gewähren und einander vor Sünde bewahren sollten. Ein Landsmann Cherubinos, der Patrizier Barbaro, schrieb, daß eine Frau ihren Ehemann lieben, trösten und ihm eine Quelle der Inspiration sein solle. Die Beziehung zwischen Eheleuten müsse einer »perfekten Freundschaft« gleichen, in der die Partner einander ihre persönlichsten Belange mitteilten und alle Lasten gemeinsam trügen. Ganz im Sinne diese Ideals mißt Barbaro der Schönheit einer Ehefrau (und auch ihrem Vermögen, wobei man jedoch nicht vergessen darf, daß er hier eine Schicht von außerordentlich wohlhabenden Bräutigamen anspricht) nur eine geringe Bedeutung bei, betont hingegen die Wichtigkeit eines anständigen Charakters und guter Herkunft. Ähnlich betrachtet Alberti Charakter und Elternhaus als vorrangig. Als zweitwichtigstes Ziel der Ehe (das wichtigste sei es, das Fortleben des Mannes in seinen Kindern zu sichern) bezeichnet er eine verläßliche Kameradschaft. Der deutsche Universalgelehrte Heinrich Cornelius Agrippa von Nettesheim ging in seinem Werk *De nobilitate et praecellentia foeminei sexus declamatio* (1509; Der Vorzug des weiblichen Geschlechts vor dem männlichen 1780.) noch weiter: Wenn die Ehe mehr auf Liebe und Kameradschaft beruhe als auf Geld und materiellen Interessen, dann gebe es keinen Ehebruch und keine Scheidungen mehr.

Doch wenn katholische und protestantische Ratgeber auch eine kameradschaftliche Beziehung zwischen Eheleuten forderten, so bestanden sie nichtsdestoweniger auf der Beibehaltung patriarchalischer Machtverhältnisse. Damit verlangten sie Unmögliches: Gegenseitige Liebe sollte oberstes Gebot sein, gleichzeitig aber die absolute Autorität des Mannes gewahrt bleiben. Die patriarchalischen Vorstellungen von der Ehe, welche die Frau der Autorität ihres Mannes unterstellten, verfestigten sich während der Renaissance. Barbaro meinte, daß eine Frau ihren Ehemann lieben, ihm gegenüber aber auch gehorsam sein müsse, denn Gehorsam sei die höchste Tugend, die man von einer Frau verlangen könne. Der Engländer W. Whately spricht in seinem Handbuch *The Bride Bush* (1617) dieselbe Empfehlung aus: Eine Frau sollte sich immer sagen, daß ihr Ehemann über ihr stehe und ihr Gebieter sei. Für Calvin war die Unterordnung der Frau unter ihren Mann ein Vorbild für die Unterordnung beider Eheleute unter Gott. Frauen, deren Verhalten als absolut unverbesserlich empfunden wurde, durften geschlagen werden. Frater Cherubino riet jedoch, daß dieses Mittel nur anzuwenden sei, wenn alle Freundlichkeit und Überredungskunst versagt hätten; dann jedoch sollte die fehlgeleitete Ehefrau um ihres Seelenheils willen kräftig geschlagen werden (und zwar nicht aus Wut, sondern aus Liebe). Einige führende Protestanten warnten allerdings vor einem solchen Vorgehen, und im calvinistischen Genf wurden Männer, die ihre Frauen schlugen, beim Konsistorium angezeigt. Im protestantischen England hingegen war diese Sitte noch bis in die jüngere Vergangenheit hinein weit verbreitet. Der englische Ausdruck »rule of thumb« (»Daumenregel«, entspricht der dt. Wendung »Faustregel« Anm. d. Übers.) bezieht sich auf die traditionelle Gesetzesregel, daß Frauen nur mit Stöcken geschlagen werden durften, deren Durchmesser nicht größer als der eines Daumens war.

In der Literatur, in der die ideale Heirat beschrieben wurde, sind auch sehr präzise und ausführliche Vorschriften enthalten, welche Einschränkungen eine angemessene eheliche Sexualität (die als die einzig duldbare sexuelle Aktivität überhaupt betrachtet wurde) unterliege. Als ihr Hauptzweck wurde die Fortpflanzung betrachtet. So meinten die Gelehrten übereinstimmend: Die sexuellen Beziehungen in der Ehe dienten der Zeugung von Kindern, die (durch die göttliche Gnade) gerettet werden und die leeren Plätze im Himmel einnehmen könnten, wie Frater Cherubino es ausdrückte. Die zweite, nur widerwillig zugestandene Funktion ehelicher Sexualität bestand in der Vermeidung von Ehebruch. Wenn die von einem Ehepartner eingeforderte »eheliche Pflicht« von Mann oder Frau sofort erfüllt würde, käme der von Leidenschaft ergriffene Partner nicht auf Abwege. In jedem Fall jedoch mußte der sexuelle Akt bestimmten Normen entsprechen: Er hatte am richtigen Tag, zur richtigen Zeit, mit den dafür bestimmten Organen *(in debito vase)* und auf die angemessene Art und Weise *(in debito modo;* auf gar keinen Fall *bestialiter)* vollzogen zu werden. Unter allen anderen Umständen war Sexualität anstößig und verboten. Und auch die eheliche und allen Vorschriften nicht zuwiderlaufende Sexualität war sündig, wenn zu große Leidenschaft im Spiele war. Der Chevalier de la Tour-Landry (1371) hielt seine Töchter dazu an, zur Förderung der ehelichen Enthaltsamkeit drei Tage in der Woche zu fasten – zumindest freitags, und aus Ehrfurcht vor der Jungfrau Maria am besten auch samstags.

Während in der Renaissance männliche Ratgeber vom Beichtstuhl, der Kanzel und von den Bibliotheken der Gelehrten aus das eheliche Verhältnis und das Sexualleben von Männern und Frauen zu reglementieren suchten, sorgten sich ebenfalls männliche Ärzte mit allerlei Vorschriften um die Gesundheit. Bis zum Beginn der Moderne waren jedoch die meisten europäischen Frauen auf dem Gebiet der Geburtshilfe und Gynäkologie von Hebammen und Ärztinnen betreut worden. Aus Gründen der Sittlichkeit blieben männliche Ärzte weitgehend ausgeschlossen. In Neapel erhielt 1321 Francesca, die Ehefrau von Matteo de Romana aus Salerno, vom Königlichen Hof die Erlaubnis, als Ärztin zu praktizieren (obwohl sie natürlich keine Universitätsausbildung absolviert hatte), nachdem sie versprochen hatte, sich an die Traditionen des Berufsstandes zu halten. Diese Erlaubnis wurde erteilt, weil man meinte, daß weibliche Patienten eher von Frauen als von Männern behandelt werden sollten. Was das Wissen dieser heilkundigen Frauen und die Wirksamkeit ihrer Methoden angeht, so ist uns nicht viel darüber bekannt. Viele von ihnen taten lediglich in der Öffentlichkeit das, was die meisten Frauen – damals wie heute – ansonsten zu Hause praktizierten: Sie wendeten Hausmittel an, verabreichten Kräuter und Tees, halfen mit menschlicher Zuwendung und Gebet.

Erst in der Renaissance begannen die Männer exklusiven Anspruch auf Sachverstand und fachliches Können bei der Behandlung des weiblichen Körpers zu erheben. In zahlreichen Ländern und Städten wurden Gesetze verkündet, die die Möglichkeit, medizinisch tätig zu werden, sehr viel stärker einschränkten, wenn keine richtige Ausbildung nachgewiesen werden konnte – und hierunter fielen (natürlich) alle Frauen. 1485 entzog König Karl VIII. von Frankreich allen heilkundigen Frauen, die ihre Kenntnisse durch praktische Erfahrung unter Anleitung anderer erworben hatten, das Recht, ärztlich tätig zu sein. In Italien begannen im 15. Jahrhundert studierte Ärzte wie Giovanni Michele Savonarola und Antonio Guainerio mit Autoritätsanspruch über gynäkologische Probleme zu schreiben. Guainerio, der mittelbar durch Hebammen und teilweise sogar selbst behandelte, bestand auf aggressiven, schmerzhaften und oft verstümmelnden (obwohl im allgemeinen ohne chirurgische Eingriffe auskommende) Behandlungsmethoden bei Frauenkrankheiten. Der deutsche Arzt Eucharius Rösslin veröffentlichte ein Handbuch für Hebammen, den *Rosengarten* (1513), worin er zwar die Meinung vertrat, daß bei Geburten sehr wohl heilkundige Frauen helfend eingreifen sollten, daß jedoch die oberste fachkundige Anleitung bei männlichen Ärzten zu liegen hätte.

Die Frau war also sowohl im Umgang mit ihrem eigenen Körper als auch in ihren sozialen Beziehungen dem Willen anderer unterworfen. Unter solchen Umständen nimmt es nicht Wunder, daß die Persönlichkeit der Frau innerhalb der ehelichen Fesseln bis hin zur Anonymität verblaßte. Angesichts ihrer rechtlichen und wirtschaftlichen Abhängigkeit vom Ehemann und der ihr von Theologen und Gelehrten auferlegten Beschränkungen bestand in der Renaissance für viele Frauen aus den oberen Gesellschaftsschichten die einzige Freiheit in der Verfügungsgewalt über ihre Mitgift. Hier besaßen sie ein Mittel, mit dessen Hilfe sie ihren Kindern eine Zukunft schaffen konnten, ein ökonomisches Gegenstück zu ihrer Hauptaufgabe: dem Gebären.

Frauenarbeit

Nach der Vertreibung aus dem Paradies traf Eva und alle ihre Töchter eine doppelte Strafe: Außer zu ewiger Mühsal waren sie zusätzlich noch zu den Schmerzen des Gebärens verdammt. So war es seit Anbeginn der Geschichte, ob nun mit Lust oder unter Qualen, das Los der Frau, Kinder auszutragen und zugleich zu arbeiten.

In allen Schichten (ausgenommen die Spitze der Gesellschaft) arbeiteten Frauen und Töchter im Haushalt mit. Auf dem Lande halfen sie bei allen bäuerlichen Arbeiten. Sie hüteten das Vieh, versorgten das Geflügel und sammelten die Eier ein, molken Kühe und schleppten Eimer; sie bauten Flachs und Hanf an und verarbeiteten diese Pflanzen, indem sie sie wuschen, droschen, sponnen und daraus Hemden und Tischwäsche woben; sie schoren Schafe und sponnen und woben Wolle für Umhänge und Decken; sie pflanzten im Küchengarten Kräuter und Gemüse und bereiteten sie zu. Darüber hinaus blieben sie auch von der schwersten Feldarbeit nicht verschont: Frauen pflügten, mähten, jäteten, wendeten Heu, brachten Dung aus, säten, ernteten und hielten die Nachlese. Auch adlige Frauen beteiligten sich an leitenden Aufgaben der Landarbeit, wenn ihre Ehemänner abwesend waren (was oft der Fall war, weil diese immer wieder in den Krieg zogen). Im Frühjahr und Sommer 1689 inspizierte die französische Gräfin von Rochefort die Felder, beaufsichtigte die Reparatur der Mühle, versorgte 178 Hühner und Truthähne, überwachte das Kämmen der Wolle und das Aufspulen von Seide, probierte, lagerte und verkaufte Wein.

In der Stadt waren die Frauen ebenfalls für die Erledigung und Beaufsichtigung der Hausarbeit zuständig. In Familien, die so wohlhabend waren, daß sie sich Möbel, Leinen, Tafelgeschirr und -besteck und Lebensmittelvorräte leisten konnten, oblag den Frauen die Aufgabe, diese Güter in Ordnung zu halten und aufzubewahren. Der erfahrene Kaufmann Giannozzo Alberti etwa, der in Leon Battista Albertis *I libri della famiglia* (dt. Über das Hauswesen) als Gesprächspartner auftritt, führte seine ihm frisch angetraute junge Ehefrau im Haus herum und wies sie in ihre neuen Aufgaben ein. Er zeigte ihr, wo Getreide, Wein, Holz und Tischgeschirr untergebracht waren, für deren Verwaltung sie verantwortlich war; für Silberzeug, Gobelins, Gewänder und Juwelen war hingegen er zuständig; seine Akten und Hauptbücher schließlich durfte sie nicht berühren. Die leitenden Aufgaben in der Haushaltsführung, die den Frauen von den italienischen Autoren des 15. Jahrhunderts zugewiesen wurden, werden im 16. und 17. Jahrhundert auch in protestantischen Handbüchern erwähnt. Die Pflichten des Ehemanns lagen außerhalb des Hauses: Er hatte sich um den Erwerb von Gütern, Geld und Vorräten zu kümmern; er reiste, pflegte Umgang mit vielen anderen Menschen und hielt mit ihnen Konversation; für alle diese Gelegenheiten hatte er darüber hinaus entsprechend gekleidet zu sein. Die Pflichten der Frau waren auf den kleineren Bereich innerhalb des Hauses beschränkt: Sie hatte zu sammeln, zu sparen, zu ordnen und den vorhandenen Bestand an Gütern und Vorräten zu kontrollieren – Geld auszugeben stand ihr jedoch nicht zu. Ansonsten hatte sie sich schweigsam zurückzuhalten und sich so zu kleiden, daß sie den Gefallen ihres Ehemannes erregte.

Doch in eben jenem Heim, auf dessen engen Bereich sie beschränkt waren, leisteten manche Frauen anspruchsvolle, produktive und angesehene Arbeiten, durch die sie beträchtliches Selbstbewußtsein erlangten. Die vielleicht privilegiertesten unter jenen Frauen der Renaissance, die eine berufliche Tätigkeit ausübten, waren die Ehefrauen und Witwen von Webern und Textilhändlern. In der Familienmanufaktur beaufsichtigten sie oft die anderen dort arbeitenden Personen – Töchter, Lehrlinge und Gesellen – und gewöhnten sich auf diese Weise an die Ausübung von Autorität. Da sie sich nicht außer Haus begeben mußten, konnten sie sich außerdem gleichzeitig den anderen Belangen des Haushalts und der Erziehung ihrer Kinder widmen. Im nördlichen Europa einschließlich Frankreich und England, in besonderem Maße jedoch in den deutschen und flandrischen Städten, fanden sie entweder als Nachfolgerin ihres verstorbenen Ehemannes oder auch aus eigenem Rechtsanspruch Aufnahme in den

Zünften. Denn obwohl es Frauen gesetzlich verboten war, Waren zu kaufen und zu verkaufen oder ohne Einwilligung ihres Ehemannes oder Vormunds selbst Geld zu leihen, zu verleihen oder zu stiften, gelang es doch vielen Frauen, diese Vorschriften zu umgehen. Es gab daher eine große Zahl von Frauen, die Handwerker- und Händlerberufe ausübten. In Straßburg sind Mitte des 15. Jahrhunderts in den Zunftrollen in folgenden Berufen Frauen verzeichnet: Hufschmied, Goldschmied, Fuhrmann, Kornhändler, Gärtner, Schneider und Küfer. In Paris durften unverheiratete Seidenweberinnen Lehrlinge beaufsichtigen (deren Status und Anzahl genau festgelegt und streng begrenzt waren). Ehepaaren, die gemeinsam Spitzen aus Baumwolle und Seide herstellten, war es erlaubt, doppelt so viele Lehrlinge zu beschäftigen wie ein Ehemann, der allein arbeitete; Witwen von Glas- und Edelsteinschleifern jedoch durften zwar sehr wohl weiter in dem von ihrem Ehemann ausgeübten Beruf arbeiten, aber keine Lehrlinge beschäftigen, weil man glaubte, daß eine Frau nicht in der Lage sei, ein soviel Geschicklichkeit erforderndes und gefährliches Handwerk zu lehren. Im englischen Bristol wurde es 1461 gesetzlich verboten, Ehefrauen, Töchter sowie andere Frauen im Weberhandwerk zu beschäftigen, um die Männer vor Arbeitslosigkeit zu schützen; hiervon ausgenommen blieben jedoch Ehefrauen, die bereits mit ihren Ehemännern zusammenarbeiteten.

Solange für Handwerker und Händler Wohn- und Arbeitsplatz identisch waren und ihr ökonomischer Status durch die Bindung an die Zünfte und das städtische Patriziat gesichert war, hatten ihre Frauen und Witwen Zugang zum öffentlichen Wirtschaftsleben. Als sich aber in den letzten beiden Jahrhunderten der Renaissance in immer stärkerem Maße größere, außerhalb des Wohnbereichs befindliche Wirtschaftsbetriebe durchsetzten, mußten vor allem die Frauen darunter leiden. So wurden neue gesetzliche Beschränkungen erlassen, um ihnen den Besitz und die Weitergabe von Eigentum unmöglich zu machen und sie von den Vorteilen der Zunftmitgliedschaft auszuschließen. Darüber hinaus konnten Frauen aus den mittleren Gesellschaftsschichten nicht das Haus der Familie verlassen, um zu den Arbeitsstätten zu gelangen: Dies sollte von nun an das unglückselige Schicksal armer Tagelöhnerinnen sein. Während die ersteren sich mit der weniger angesehenen Hausarbeit zufriedengeben mußten, waren die letzteren gezwungen, Arbeiten zu verrichten, die gerade deswegen an Prestige verloren hatten, weil sie nicht mehr in der heimischen Werkstatt verrichtet wurden. Frauen aller gesellschaftlichen Schichten waren also, auch wenn sie weiterhin arbeiteten, in jene Position der Abhängigkeit und Armut gedrängt, die durch die gesamte Geschichte hindurch die Stellung der meisten arbeitenden Frauen kennzeichnete.

In Italien arbeiteten die Frauen ebenso wie in den nördlichen Ländern Europas in der Textilherstellung mit und waren auch in den Zünften vertreten, jedoch galt dies nur zu Beginn der Renaissance. Eine aus der Zeit um 1300 stammende Satzung der Wollhändlerzunft in Siena verbot allen Mitgliedern, einer unverheirateten Frau Lohn zu zahlen, bevor sie ihre Arbeit beendet hatte, und wies die Zunftmeister an, darauf zu achten, daß alle Weber, »ob männlich oder weiblich«, ihre Kämme richtig ansetzten. Auch dort, wo Frauen Aufnahme in die Zünfte fanden, unterlagen sie einer Vielzahl von Beschränkungen. In Florenz blieb ihnen der Zugang zu den angesehensten Zünften, wie z. B. dem *Arte di Calimala* verwehrt, doch durften sie ohne weiteres der nicht so prestigeträchtigen Zunft der *Linaiuoli* (Flachshändler und Leineweber) beitreten. Früher noch als in Flandern, Deutschland und Frankreich hingegen wurden Frauen in Italien von all diesen Berufen ausgeschlossen. Die im 15. Jahrhundert eingeführten Beschränkungen führten im 16. Jahrhundert zum vollständigen Ausschluß von Frauen aus den Zünften. Die aus der in den Städten ansässigen Textilherstellung verdrängten Frauen fanden schließlich eine Aufgabe in der Seidenraupenzucht: Sie zogen die Seidenraupen heran, spulten die Rohseide auf und verwebten die fertige Seide, wobei alle diese Arbeiten auf dem Bauernhof, fern des städtischen Wirtschaftlebens geleistet wurden. Bis zu einem gewissen Grad stellten diese Beschäftigungen im 16. und 17. Jahrhundert einen Ersatz für den verlorenen Aufgabenbereich dar, den die Frauen im 15. Jahrhundert in der Tuchherstellung innegehabt hatten. Doch konnten sie daraus nicht dasselbe Selbstwertgefühl ableiten bzw. den gleichen Wohlstand erwerben. Denn jene armen Frauen vom Lande, die Seidenraupenzucht betrieben, lassen sich kaum mit den vermögenden Ehefrauen und Erbinnen der Tuch-, Leine- oder Baumwollweber in den nördlicheren Ländern vergleichen.

Frauen, die innerhalb der familiären Sphäre arbeiteten, sei es nun in leitender Funktion in der Haushaltsführung oder im handwerklichen oder kaufmännischen Bereich, genossen einen relativ hohen sozialen Status. Arbeiteten sie jedoch außerhalb ihrer familiären Umgebung, hatten sie keinen dieser Vorteile. Jene Frauen, die sich als Tagelöhnerinnen verdingen mußten, gehörten zu den Armen Europas und zogen auf der Suche nach einer elend bezahlten Arbeit als Dienstmädchen, Spinnerin oder Fuhrfrau umher. In Frankreich, wo die Landwirtschaft eine beherrschende Rolle spielte, waren sehr viele dieser Frauen Töchter von Kleinbauern und Landarbeitern, die meist kaum in der Lage waren, ihre eigene Familie zu ernähren. Unter ihren Kindern waren die Töchter immer die ersten Opfer der Armut: Alles, was zu erben war, bekamen die Söhne, die Mädchen gingen leer aus. Von frühester Jugend bis ins heiratsfähige Alter hinein – wenn sie nicht schon vorher durch Unterernährung oder Krankheiten hinweggerafft wurden – verrichteten diese jungen Frauen die verschiedensten Arbeiten. Im glücklichsten Fall konnten sie sich entweder auf großen Bauernhöfen verdingen und sich so die Fertigkeiten erwerben, die einem bäuerlichen Ehemann von Nutzen waren, oder in den Häusern von Bürgern und Adligen eine Anstellung als Dienstmädchen finden. Ansonsten strömten sie in die Städte, um bei Ladenbesitzern, Handwerkern oder in größeren Textilmanufakturen zu arbeiten. Doch wo auch immer sie unterkamen, ihre Löhne waren stets niedriger als die der Männer (etwa die Hälfte), denn sie waren in keinem Falle zur Sicherung des Lebensunterhaltes gedacht und reichten hierfür auch nur selten aus. Über die erhaltene Entlohnung führten Frauen genau Buch und sparten sich auf diese Weise mit derselben starren Fixiertheit, mit der ein Geizkragen über seine Schätze wacht, eine Mitgift zusammen. Wenn sie ein Gewerbe erlernten und ihre Löhne horteten, dann in der Hoffnung, daß ihre jahrelange, schlechtbezahlte Arbeit ihnen zu jener Kombination aus Kapital und beruflichen Fertigkeiten verhelfen würde, mit der sie sich einen Ehemann erkaufen konnten. In Italien waren arme Frauen anscheinend noch stärkeren Beschränkungen unterworfen. Während die Frauen in den Städten des nördlichen Europa in Handwerk und Handel oder als Hausiererin und Marktfrau arbeiten konnten, waren ihnen in Italien solche in der Öffentlichkeit ausgeübten Tätigkeiten untersagt. Zum Schutz ihrer weiblichen Ehre – die an sich schon einen wirtschaftlichen Hintergrund hatte, da eine erfolgreiche Verheiratung von erwiesener Keuschheit abhing – hielt man es im südlichen Europa für erforderlich, sie aus dem öffentlichen Leben auszuschließen.

Ob reich oder arm, die Frauen sponnen Garn und webten Stoffe: Nachfahrinnen Andromaches, die die Arbeit ihrer Mägde beaufsichtigte, während Hektor Krieg führte, und Penelopes, die ihre Tage mit Weben verbrachte, während sie auf Odysseus' Rückkehr wartete. Die gesellschaftlich und wirtschaftlich am besten gestellten unter ihnen waren jene

Frauen, die eine Mitgliedschaft in den Zünften erlangten. Am anderen Ende der sozialen Leiter befanden sich jedoch (egal ob sie nun zu Hause oder in der Öffentlichkeit arbeiteten) die entwurzelten, nicht mehr durch ihren Status als Ehegattin geschützten Frauen: die Tagelöhnerinnen, die zur Abhängigkeit verurteilten, mitgiftlosen Töchter, die unverheirateten Frauen (deren englische Bezeichnung *spinster** von dem Handwerk abgeleitet ist, zu dessen Ausübung sie gezwungen waren) und die Witwen. Blicken wir z. B. auf eine von den letzteren: Die verwitwete Mutter des Engländers William Stout lebte zunächst bei einem, später bei einem anderen ihrer Söhne, und gab bis vier Monate vor ihrem Tod im Alter von 84 Jahren (1716) niemals ihre Spinnarbeit auf. Als Tochter, Mutter und sogar als Witwe hatte sie unablässig gearbeitet, ohne daran zu denken, sich einmal zur Ruhe zu setzen.

Für manche armen Frauen bot sich in der Prostitution eine Alternative – denn auch dies ist eine Form der Frauenarbeit. Im Mittelalter lediglich geduldet, wurde die Prostitution in der Renaissance allgemein akzeptiert und sogar institutionalisiert. In Toulouse wurde vom späten 14. Jahrhundert an ein städtisches Bordell betrieben. Den Prostituierten im südfranzösischen Montpellier wurde ein besonderer Stadtteil zugewiesen, den sie nicht verlassen durften, aus dem sie aber auch nicht vertrieben werden konnten. Mitte des 15. Jahrhunderts wurden die Bordelle unter königlichen Schutz gestellt. Zu diesem Zeitpunkt war staatlich erlaubte Prostitution in fast ganz Europa die Regel, und die Prostituierten selbst genossen einen gewissen Status. Im darauffolgenden Jahrhundert jedoch schwand diese von offizieller Seite geübte Nachsicht. Sowohl Protestantismus als auch Gegenreformation verurteilten die als solche empfundene Unmoral, und ein sprunghafter Anstieg von Geschlechtskrankheiten und Verbrechen in der Umgebung der Bordelle dämpfte die Begeisterung für diese Etablissements.

Doch obwohl die institutionalisierte Prostitution in der späteren Renaissance in weiten Teilen Europas zurückging, blühte sie nach wie vor in den reichen Städten Italiens. Vornehmlich aus diesem Grund riet der Humanist Roger Ascham dringendst, daß die unschuldigen englischen Jungen nicht mit den losen Sitten der Italiener in Berührung kommen dürften, die er in seinem einflußreichen Werk *Schoolmaster* (1570 posthum

---

* Engl. *spinster* (dt. unverheirate Frau, Junggesellin, alte Jungfer) ist von *to spin* (dt. spinnen) abgeleitet *(Anm. d. Übers.)*.

veröffentlicht) heftig angriff. Vor allem Rom machten die Protestanten für dieses und andere Laster verantwortlich; man vergegenwärtige sich hier nur die Anschuldigungen, die Erasmus von Rotterdam (in Gestalt des Hl. Petrus, der die Tore zum Paradies verschließt) in *Julius exclusus* gegen Papst Julius II. richtete. Diese Kritik war nicht ganz unberechtigt. Von 100000 Einwohnern Venedigs arbeitete ein stattlicher Anteil von 12000 als Prostituierte. Die einfachen Dirnen hatten ihren Platz in den Elendsvierteln jenseits der Rialtobrücke. Die »verehrten Kurtisanen« lebten hingegen in reich ausgestatteten Wohnungen, waren elegant gekleidet, als Dichterinnen und Musikerinnen ausgebildet und dienten der Unterhaltung galanter Reisender und venezianischer Patrizier (die letzteren waren in vielen Fällen aus erbrechtlichen Gründen unverheiratet geblieben und in besonderem Maße auf die Gesellschaft der Kurtisanen angewiesen). Im Jahre 1570 fanden sich im *Catalogue of All the Principal and Most Honored Courtesans of Venice* (aus dem Adressen, Preise und die Namen der Kuppler(innen) zu entnehmen waren) 215 dieser Frauen aufgelistet. Zwei von ihnen zählen zu den größten italienischen Dichterinnen: Gaspara Stampa und Veronica Franco. Die letztere, die von ihrer eigenen Mutter in das Gewerbe eingeführt worden war, zog sich mit knapp 60 Jahren zurück und gründete ein Asyl für arme Prostituierte.

Auffälligerweise ähneln diese Edelkurtisanen mit ihrem luxuriösen Kleidungs- und Wohnstil, ihrer dichterischen Ausbildung und ihren literarischen Neigungen, ihrer Laute und ihrem Schoßhund den Ehefrauen der Adligen und Patrizier, deren Leben im Laufe der Renaissance in wachsendem Maße dem Leben der arbeitenden Bevölkerungsschichten entrückt war. Angesichts einer Unzahl von Mußestunden übten sie sich in jenen monotonen und nutzlosen Beschäftigungen (Sticken und Strikken, Feierlichkeiten und Besuche, Kartenspiele und Tratsch), die dieses Vakuum füllen konnten, ohne den Anschein oder auch nur den leisesten Anflug von produktiver Tätigkeit zu vermitteln. Denn ihre eigentliche Aufgabe bestand darin, die Ehre ihres Mannes hochzuhalten, und diese wurde genau dann beeinträchtigt, wenn das Erzeugnis ihrer Arbeit praktische Verwendung fand oder zum Verkauf bestimmt war. Diente die Arbeit ihrer Hände hingegen allein der Zierde, so mehrte sie das Ansehen ihres Gatten. Als die Frauen in Europa ihre produktive Rolle in der Familie verloren, beklagten manche Kritiker (wie die englischen Autoren Daniel Defoe und Mary Wollstonecraft), daß sie dadurch zu einer Art legaler Prostituierter würden. Unterdessen konnten die Frauen der bessergestellten Schichten trotz allem durch Arbeit noch ihre Würde bewahren, weil sie dadurch der Schande des Konkubinats entgingen; für die Frauen aus den ärmeren gesellschaftlichen Gruppen hingegen bedeutete die Bürde der Arbeit, ebenso wie das Konkubinat, nur eine andere Art der Versklavung.

Tochter, Mutter, Witwe

Die drei Personifizierungen des weiblichen Geschlechts – Jungfrau, Frau und altes Weib – sind uns aus der antiken Mythologie bekannt. Auch die Frauen der Renaissance lebten noch im Schatten dieser dreiköpfigen Göttin. So verkörperte die Frau der Renaissance für den Mann ihrer Epoche in jedem Lebensalter eine andere Gestalt. Als Ehefrau/Mutter stellte sie die fruchtbare und produktive Wahrerin des Reichtums und der Ehre der Familie dar. Als Witwe/altes Weib konnte sie eine nützliche Arbeitskraft oder ein abhängiges Wesen sein; eine pflichtvergessene Mutter, die die Familie ihrer Kinder verlassen hatte; eine reiche Beute für einen geschäftstüchtigen jungen Mann; oder – schlimmer noch – eine ausgestoßene Feindin der Gesellschaft, eine Hexe. Die Tochter/Jungfrau war sowohl eine ängstlich behütete Last als auch ein potentieller Trumpf im Feilschen um Reichtum; sie konnte eine völlig übersehene, bedeutungslose Kreatur, aber auch ein gewinnversprechender Faktor im religiösen Streben sein. Dante schrieb über das Unglück der Väter, denen als erstes Kind ein Mädchen geboren werde und über die drückende Last der Mitgiftzahlungen (*Paradies* XV: 103 ff.). Die Genealogen der Adelsfamilien gingen mit ihren Töchtern recht leichtfertig um, woraus wir entnehmen können, wie wenig diese in der Gesellschaft der Renaissance galten: In den Aufzeichnungen werden einfach 30% der Mädchen unterschlagen, so daß weit mehr männliche Geburten erscheinen.

Wurden sie auch kaum um ihrer selbst Willen geschätzt, so stellten die Töchter doch die Verbindung zwischen den männlichen Familienoberhäuptern her. Durch sie konnte die Familie fortbestehen, durch sie konnte das Familienvermögen weitergegeben werden, ein Vermögen, von dem sie selbst kaum mehr in die Hände bekamen als das, was sie an seidenen Gewändern und Schmuck am Leibe tragen konnten. Um aber dieser Rolle gerecht zu werden, hatten sie eine Voraussetzung zu erfüllen: Sie hatten bis zu ihrer Verheiratung in absoluter Keuschheit zu leben, denn nur dadurch war die Legitimität von Erben gesichert. Der im 18. Jahrhundert lebende englische Gelehrte Samuel Johnson, für den die Jungfräulichkeit der von den Katholiken angebeteten Maria keinesfalls etwas Verehrungswürdiges war, erklärte mit kurzen Worten die Bedeutung der weiblichen Keuschheit: Von ihr hänge der Besitz aller Güter auf dieser Welt ab. Verließ sie die Familiengemeinschaft, so erfuhr die jungfräuliche Tochter sogar noch größere Wertschätzung: Wenn sie sich für ein geistliches Leben im Kloster entschied, stellte sie für das Wohlergehen der Familie keine Bedrohung mehr, sondern sogar einen Segen dar. Zu Beginn des 15. Jahrhunderts ermahnte Leonardo Giustiniani Francesco Barbaro, sich nicht zu beklagen, daß eine seiner Töchter sich für das Kloster entschieden habe, denn durch ihre Gebete werde sie fruchtbarer sein, als sie es jemals hätte sein können, wenn ihr Leib Erben hervorgebracht hätte.

Sobald die Jungfrau/Tochter zur Erfüllung dessen ausgewählt worden war, was als ihre naturgegebene Aufgabe angesehen wurde, nämlich, Kinder zu gebären, war sie unweigerlich auch dazu bestimmt, irgendwann die Rolle der Mutter/Ehefrau und schließlich der Witwe/alten Frau zu übernehmen – das gleich Los, das auch Eva beschieden war. Andernfalls stand ihr nur eine einzige Möglichkeit offen: Dem Beispiel Marias zu folgen, die sich sogar noch in der Mutterschaft ihre Jungfräulichkeit bewahrt hatte und unwandelbar im Wesen, auf ewig unbefleckt von Sünde blieb. Jene Frauen der Renaissance, die sich einer religiösen Gemeinschaft anschlossen, anstatt in der Familie eines Ehemanns aufzugehen, waren folglich vom Leben einer erwachsenen Frau ausgeschlossen, blieben aber von dessen Fesseln befreit.

Frauen im Kloster

Im christlichen Mittelalter nutzten die Männer eine in der Antike, in Asien oder im Islam unbekannte Institution, um einen weiblichen Bevölkerungsüberschuß zu regulieren: das Kloster. Schon in der frühen Phase des Christentums waren neben Männerorden religiöse Gemeinschaften für Frauen gegründet worden. Im Laufe der Zeit rekrutierten sich immer mehr Mitglieder und leitende Amtsträgerinnen dieser Frauenkonvente aus den oberen gesellschaftlichen Schichten, denn diese konnten sich auf diesem Weg ihrer überzähligen Töchter auf humane und zugleich nutzbringende Weise entledigen. Patrizierinnen und Frauen des Adels füllten also (ebenfalls nach Zahlung einer Art Mitgift, die aber niedriger als bei einer weltlichen Heirat ausfiel) die Klöster in Europa. Im Italien der Renaissance war ein beträchtlicher Anteil der weiblichen Bevölkerung Ordensfrauen. In Florenz, Venedig und Mailand machten sie im 15. Jahrhundert etwa 13% der Einwohner aus. 1552 lebten in Florenz 15 bis 16% aller Frauen in Klöstern (wobei diese Zahl nicht die Florentinerinnen einschloß, die in Klöstern außerhalb der Stadt untergebracht waren). Die meisten Ordensfrauen waren Patrizierinnen, und umgekehrt gingen die meisten unverheirateten Patrizierinnen ins Kloster. Welche anderen Gründe auch eine Rolle gespielt haben mögen, so stellte die Sitte, Frauen auf Dauer in religiösen Gemeinschaften unterzubringen, auf jeden Fall ein Mittel dar, den Abfluß von Familienvermögen einzuschränken. Viele Frauen lebten auf diese Weise gegen ihren Willen in Klöstern (z.B. im 16. Jahrhundert in den düsteren Nonnenklöstern Frankreichs und Deutschlands, wohin die adligen und bürgerlichen Familien ihre überzähligen Töchter abschoben), und ihre Eltern überließen sie dort oft ihrem Schicksal. So schickte etwa ein Vater aus dem protestantischen England des 17. Jahrhunderts seine unerwünschten Töchter in Klöster auf dem Kontinent. Als diese ihn von dort aus baten, er möge ihnen doch als Zeichen des Interesses und der Zuneigung des öfteren Briefe schreiben, erhielten sie zur Antwort, daß er, sofern nicht dringliche Angelegenheiten es erforderten, einen Gruß im Jahr für vollkommen ausreichend halte. Selbst manche Mütter schoben ihre Kinder erbarmungslos in die klösterliche Einsamkeit ab. Als Isabella d'Estes Töchter (Ippolita und Paola Gonzaga) Ordensfrauen wurden, äußerte die Mutter Zufriedenheit: Jesus würde sich wohl als frommer Schwiegersohn erweisen.

In protestantischen Regionen hingegen boten die Klöster ab dem späten 16. Jahrhundert keine Abschiebemöglichkeiten mehr für unerwünschte Töchter. Martin Luther hatte bitter beklagt, daß diese Institutionen als Gefängnisse für unverheiratete Frauen herhalten mußten, und äußerte die Auffassung, daß nur einer Frau unter Tausenden von Gott die Eignung zu einem Leben in Keuschheit gegeben sei. Es selbst hatte sogar eine ehemalige Nonne geheiratet. Im protestantischen England gingen anscheinend mehr Frauen eine Ehe ein als z.B. in Italien. Im 17. Jahrhundert blieben, die Oberschicht ausgenommen, wohl nur etwa 10% aller Frauen unverheiratet. Im späten 16. Jahrhundert heirateten – sofern sie das Erwachsenenalter erreichten – über 95% aller Töchter des Hochadels, doch fiel dieser Anteil bis zum Jahre 1700 auf 75%. Der gesellschaftliche Druck zu heiraten, war enorm.

Obwohl manche Frauen freiwillig ins Kloster gingen, um ein gottgeweihtes Leben zu führen, gab es auch so manche Frau, die sich gegen das ihr aus ökonomischen Gründen aufgezwungene klösterliche Ideal sträubte. Caterina di Messer Vieri di Donatino d'Arezzo, die im Alter von elf Jahren von ihrer verwitweten Mutter in das Kloster von Santa Chiara in Montepulciano geschickt worden war, floh wenige Jahre später vor ihrer religiösen Berufung aus dem Orden, weil sie den Wunsch hatte zu heiraten. Der Humanist Coluccio Salutati warf ihr 1399 als Antwort auf einen Brief, den er von ihr erhalten hatte, vor, daß sie das von ihr als Kind geleistete Gelübte gebrochen habe, und warnte sie, daß die von ihr angestrebte Heirat schlimmer als Inzest und verachtenswürdiger als alle Ausschweifungen sei: Sie sei unwiderruflich ihrem wahren Ehemann, nämlich Jesus versprochen. Caterina heiratete dennoch, und im Jahre 1403 wurde ihr Gelübde schließlich durch einen päpstlichen Erlaß für nichtig erklärt, so daß ihre Kinder als legitim anerkannt werden konnten. Dies war ein ungewöhnlich glücklicher Ausgang, denn viele Frauen blieben dem Zölibat unterworfen, das ihnen von anderen aufgezwungen worden war.

Manche der unfreiwilligen Ordensfrauen hinterließen schriftliche Zeugnisse, aus denen wir etwas über ihre Sicht der Dinge erfahren. Ein Großteil aller gebildeten Frauen waren Nonnen, und eine unverhältnismäßig hohe Anzahl unter ihnen war des Lesens und Schreibens mächtig. In Handbüchern wurde üblicherweise geraten, daß junge Mädchen nicht lesen und schreiben lernen sollten, *es sei denn*, sie wären dazu ausersehen, den Schleier zu nehmen. Da sie in den Klöstern genügend Muße fanden, um sich zu bilden und schriftstellerisch tätig zu sein, verfaßten die Frauen (zumeist außerhalb der gelehrten latinisierenden literarischen Hauptströmungen) größtenteils in Mundart geschriebene Werke, die notwendigerweise religiösen Charakter hatten. Darunter befanden sich Lehrstücke, die für kirchliche Feierlichkeiten bestimmt waren – eines der wenigen Genres, das in der klösterlichen Abgeschlossenheit lebenden Frauen eine (wenn auch nur indirekte) Ausdrucksmöglichkeit bot. Eines dieser Stücke, *Amor di virtù*, stellt einen Protest gegen die Sitte, Frauen in Klöster einzusperren, dar. Dieses Werk, das Mitte des 16. Jahrhunderts von der florentinischen Ordensfrau Beatrice del Sera (1515–1586) aus dem Dominikanerkloster von San Niccolò in Prato verfaßt wurde, ist gespickt mit Metaphern von Felsen, Mauern und Türmen, durch welche Frauen gegen ihren Willen eingekerkert sind. Frauen seien nicht zum Glück geboren, so klagt eine der Figuren, sondern um zu Gefangenen, Sklavinnen und

Untergebenen gemacht zu werden. Während aber die Heldin des Stückes schließlich aus dem Gefängnis gerettet wird, grämte sich die Verfasserin ihr Leben lang über die ihr schon in einem frühen Alter entzogene Freiheit und hoffte, in der Ewigkeit für ihre Geduld belohnt zu werden. Unterdessen bemühte sie sich, die einem Mikrokosmos gleichende Welt ihrer Mitgefangenen zu beschreiben, aus der schwache Stimmen in die große Welt der von Männern geprägten Kultur hinausdrangen, ohne daß sich dadurch irgendetwas an deren feindseliger Haltung geändert hätte.

Die venezianische Ordensfrau Arcangela Tarabotti wandte sich direkt an die Männer und protestierte öffentlich dagegen, daß die Regierung der Stadt die Sitte, mitgiftlose Mädchen ins Kloster zu schicken, fördere. Die Mädchen seien Schachfiguren, so behauptet sie in ihrer zornigen Schmähschrift *La semplicità ingannata* (die kurz vor ihrem Tode im Jahre 1652 veröffentlicht wurde), die bewußt einer Politik geopfert würden, welche darauf abzielte, eine Verarmung adliger Familien aufgrund hoher Mitgiftzahlungen zu verhindern. Als Arcangela Tarabotti dies schrieb, lebten ungefähr 3 000 Frauen in den venezianischen Klöstern, die höchste Zahl in dieser Epoche. Im darauffolgenden Jahrhundert war der Brauch, unerwünschte Töchter ins Kloster zu schicken, bereits weit weniger verbreitet. Der Dramatiker Carlo Goldoni erzählt in seinen Memoiren von einer Entscheidung, die er bezüglich seiner Nichte (die zugleich sein Mündel war) traf: Als das Mädchen, das in einem Konvent erzogen worden war, schrieb, es fühle sich dort »wie in Ketten«, erkannte er, daß sie nicht für ein solches Leben geschaffen war. Sie durfte daraufhin den Orden verlassen und wurde statt dessen verheiratet.

Jene Fälle, in denen Frauen unfreiwillig und bar jeder Hoffnung in Klöster eingesperrt waren, mögen zwar erschütternd sein, dürfen aber nicht darüber hinwegtäuschen, daß es auch Frauen gab, die sich diesem Leben voller Überzeugung widmeten. Das Keuschheitsideal wurde in der Römisch-Katholischen Lehre über alles verherrlicht und wortreich von den Kanzeln gepredigt. Es erschien vor allem solchen Frauen erstrebenswert, für die andere gesellschaftlich geachtete Ziele unerreichbar waren. Normalerweise konnten Frauen ja nicht aus eigenem Recht großen Reichtum oder große Macht erlangen bzw. höchste Anerkennung für die Entwicklung handwerklicher und kaufmännischer Fertigkeiten und künstlerischer und intellektueller Talente erwerben. Die Keuschheit, durch pure Verneinung zu erreichen, war deshalb das höchste Ziel, nach dem sie streben konnten. Die Krone der Jungfräulichkeit würde am

Jüngsten Tag zur Krone der Glückseligkeit werden, wenn die 144000 Jungfrauen sich um den auferstandenen Christus scharten. Aus diesem Grund verleugneten Frauen ihren Körper in jeder erdenklichen Hinsicht, um Erfüllung durch die Vereinigung mit dem Göttlichen zu erlangen. Durch Selbstverleugnung, Selbstkasteiung, Selbstverstümmelung und Selbstzerstörung hofften viele Frauen eine Würde zu erlangen, die ihnen im weltlichen Leben versagt blieb. Durch die Keuschheit, also den Triumph der Entsagung, konnten Frauen eine ebenso große Erfüllung finden wie die angesehene Ehefrau/Mutter in der weltlichen Gesellschaft: in der Vermählung mit Jesus, die eine Vereinigung ohne die Zwänge und Gefahren des Fleisches darstellte (obwohl sie manchmal von einer durchaus fleischlichen Phantasie begleitet war).

Neben ihrer Rolle als »Braut«, die sie abgeschirmt von der profanen Welt und ihren Gefahren ausfüllen konnten, bot sich den Klosterfrauen die Möglichkeit zu produktiver Arbeit, ohne daß sie gleichzeitig den wirtschaftlichen und sozialen Risiken ausgeliefert waren, von denen ihre weltlichen Schwestern bedroht wurden. Sie waren in der Lage sich um die Armen, Kranken, Geistesgestörten und um verlassene Kinder zu kümmern; denn wenn sie es nicht getan hätten, wer sonst? Welch ein enormes Selbstwertgefühl konnten die sich solchermaßen mühenden Ordensfrauen aus der Erfüllung dieser wichtigen Aufgaben ziehen! Sie durften Schulen gründen und Kinder unterrichten, und damit ebenso sicher und umfassend den nachwachsenden Generationen die reichhaltige Kultur ihrer Vorfahren vermitteln, wie es Mütter im biologischen Sinne taten, wenn sie mit ihren Kindern sprachen. Waren ihre Interessen eher intellektueller Natur (und zu dieser Gruppe zählten zweifelsohne sehr viele Ordensfrauen), schrieben sie Andachtsbücher, übersetzten die Lebensgeschichten der Heiligen zum Nutzen ihrer weniger gebildeten Mitschwestern aus dem Lateinischen oder verfaßten sogar christliche Dichtungen und Dramen. Aus ihrer privilegierten und sicheren Position als Mitglieder einer klösterlichen Gemeinschaft heraus konnten sie sich sogar in Briefen an die Großen und Mächtigen wenden und sie zu strenger Obedienz ermahnen. Einige wenige Ordensschwestern, die als Äbtissin oder Priorin eine Klostergemeinschaft leiteten, verfügten über eine Machtfülle, wie sie ansonsten in der Gesellschaft ihrer Zeit ausschließlich Männern vorbehalten war.

Auch strebten viele Frauen aus einem Bedürfnis nach Würde und innerem Frieden ein religiöses Leben an. Schon als Kind hatte Cecilia Gonzaga,

Tochter des Marquis von Mantua und Schülerin des Humanisten Vittorino da Feltre, sich nach einem Jesus Christus geweihten Leben gesehnt. Nachdem ihr Vater ihre diesbezüglichen Bitten immer wieder abgeschlagen und versucht hatte, sie aus Familieninteressen heraus zu einer Heirat zu zwingen, entsprach er in seinem Testament schließlich doch ihrem Wunsch. Als er 1444 starb, trat Cecilia in ein Kloster ein, welches von ihrer Mutter, die ihr zugleich eine Freundin war, finanziell unterstützt worden war. Knapp ein Jahrhundert früher hatte Sancia, die Gemahlin König Roberts des Weisen von Neapel die Franziskaner mit großzügigen Spenden und durch ihre beherzte Fürsprache beim Papst unterstützt. Nach dem Tode des Königs trat Sancia 1344 in den Orden der Hl. Klara ein. Als auch sie ein Jahr später starb, blieben ihre Überreste in makellosem Zustand erhalten ohne zu verwesen. Die herausragendste Gestalt unter jenen Frauen, die sich in den religiösen Ordensgemeinschaften der Renaissance entfalten konnten, war die Hl. Katharina von Siena, die im 14. Jahrhundert lebte. In heroischer Selbstaufopferung und unermüdlicher Arbeit (ihre veröffentlichten Werke umfassen elf Bände) lenkte sie die Geschicke einer großen religiösen Gemeinde, die den Dominikanischen Drittordensgemeinschaften angehörte. Sie kümmerte sich um Arme und Kranke, beteiligte sich an der Planung eines Kreuzzugs gegen die Türken, trat für die Beendigung des Schismas und die Rückkehr des Papstes nach Rom ein, predigte den politischen Führern und Kirchenfürsten, um sie aus der großen Verblendung herauszuführen, in die sie ihrer Meinung nach verfallen waren.

Bei der Verfolgung ihrer heiligen Ziele zeigten die Klosterfrauen der Renaissance zum Teil Verhaltensweisen, die unsere verweltlichte, nachfreudsche Epoche als auffällig einstufen würde. Narzißmus, Magersucht, Hysterie und ein auf die Gestalt Jesu' fixierter Liebeswahn waren häufige Erscheinungen. Aus heutiger Sicht können wir annehmen, daß diese Verwirrungszustände (die sich manchmal zu dauerhafter Geisteskrankheit auswuchsen) von der Unterdrückung und den Zwängen herrührten, die das sexuelle und soziale Leben der Frauen vergangener Jahrhunderte kennzeichneten. Aus einer statistischen Studie geht hervor, daß 42% aller Ordensfrauen aufgrund sexueller Erfahrungen in Konfliktsituationen gerieten, während es bei den Männern lediglich 19% waren. Ein Blick auf manche Einzelfälle bestätigt den durch diese Angaben entstehenden Eindruck. Die im 15. Jahrhundert lebende Italienerin Angela von Foligno zog sich splitternackt aus, um sich Jesus hinzugeben und trank Wasser, in dem sie zuvor die Füße von Leprakranken gewaschen hatte. Elena di Udine, die ebenfalls im 15. Jahrhundert lebte und 27 Jahre mit einem Mitglied der florentinischen Familie Cavalcanti verheiratet war, trat nach dem Tod ihres Mannes in ein Kloster des Augustinerordens ein. Dort unterzog sie sich harten Bußritualen, durch die sie versuchte, die Leiden Jesu nachzuempfinden – mit einer eisernen Dornenkrone auf dem Haupt, einem dicken Strick um den Hals, und, was durchaus üblich war, durch Tragen eines Büßerhemdes und durch Geißelungen. Katharina von Genua, die im Alter von 16 Jahren mit einem brutalen Mann verheiratet worden war, gelang es schließlich, die durch ihn erlittenen Mißhandlungen besser zu ertragen, nachdem sie eine Art von Erleuchtung erfahren hatte, die es ihr ermöglichte, einen körperlichen Schmerz durch einen anderen zu betäuben: In ihrem eigenen Haus kleidete sie sich in Büßergewänder, schlief auf Dornen, betete stundenlang auf bloßen Knien und fastete.

Wenn einfache Frauen aus freiem Willen in ein Kloster eintraten, dann unterschied sich ihr Leben dort mit großer Wahrscheinlichkeit von dem der meisten Männer, die einen ähnlichen Weg eingeschlagen hatten. Frauenorden waren immer von der Außenwelt abgeschottet, selbst wenn dies für ihre Bruderorden nicht galt. Außerdem unterstanden sie männlichen Führungspersonen, die ihr Recht auf eine eigenverantwortliche Regelung ihrer Angelegenheiten einschränkten und sie bei der Erfüllung ihrer aus freien Stücken gewählten, geheiligten Mission bevormundeten. Die Klarissinnen, der weibliche Zweig des Franziskanerordens, die von der Hl. Klara gegründet worden waren (in der Hoffnung, ebenso wie ihre Brüder in der lärmenden Welt der städtischen Gesellschaft tätig werden zu können), waren bald gezwungen, sich aus eben dieser zurückzuziehen. Die Ordensschwestern mußten in völliger Abgeschiedenheit leben, durften sich nur um jene kümmern, die innerhalb der Klostermauern lebten, und unterrichteten (sogar wenn die Klöster in Städten gelegen waren) lediglich Kinder, die sich direkt unter ihrer Obhut befanden.

Drei Jahrhunderte später gründete die Heilige Angela Merici einen neuen, nicht ans Kloster gebundenen Frauenorden (einen Schwesterorden der Bruderschaft der Göttlichen Liebe). Ihr Ziel war es, auch die nicht einer klösterlichen Gemeinschaft angehörenden Frauen zu karitativer und erzieherischer Tätigkeit anzuleiten. Die Ursulinen jedoch mußten sich den gleichen Einschränkungen unterwerfen wie die Klarissinnen. Papst Paul V. verfügte im Jahre 1612, daß der Orden nach der Augustinischen Regel weltabgeschieden zu leben habe. Die englische Dissidentin Mary Ward, die innerhalb des Jesuitenordens wirkte (und außer dem Papst keinen anderen männlichen Geistlichen als übergeordnet anerkannte), versuchte ab 1609 – für eine kurze Zeit mit Erfolg – überall in Europa Mädchenschulen zu gründen, die bis zum Jahre 1631 500 Schülerinnen aufnahmen: das Institut der Seligen Jungfrau Maria. Ähnlich wie auch Angela Merici beabsichtigt hatte, sollten Frauen, die in der von Mary Ward gegründeten Gemeinschaft tätig wurden, sich frei bewegen dürfen, doch auch in diesem Fall wußten die kirchlichen Autoritäten dies zu vereiteln. Die Gegner Mary Wards wandten sich an den Papst und beschwerten sich über ihre eifernde Haltung in Glaubensfragen. Daraufhin ersuchte Mary Ward den Papst 1624 ihrerseits um eine Entscheidung. 1629 wurde der Orden jedoch aufgelöst. Als Mary Ward sich dem widersetzte, wurde sie zur Ketzerin und Abtrünnigen erklärt.

Außerhalb des Klosters: Frömmigkeit, Hexerei und Protestantismus

Frauen, die aus diesem oder jenem Grunde nicht in Klöstern lebten – weil sie Ehefrau und Mutter waren, weil sie aufgrund ihrer Armut die zum Eintritt ins Kloster nötige Summe nicht aufbringen konnten, oder weil sie nach einer anderen Art von religiöser Erfahrung verlangten –, fanden andere Wege, ihrem Glauben Ausdruck zu verleihen. Sie mischten sich unter jene Massen, die lange Stunden kniend auf der Piazza verbrachten, um Predigern wie San Bernardino zu lauschen und drängten sich, um Girolamo Savonarola zu hören. Sie nahmen an vielen kirchlichen Prozessionen teil, die anläßlich christlicher Festtage veranstaltet wurden. Im Rahmen der weltlichen Gesellschaft versuchten sie zum großen Teil dieselben Ziele zu verwirklichen wie die weltabgeschieden lebenden Ordensfrauen. Die im 14. Jahrhundert lebende Mystikerin Margery Kempe (die Ehefrau eines Kaufmanns) wandte sich Gott zu, als sie nach der Geburt ihres ersten Kindes einen Nervenzusammenbruch erlitten hatte. In den folgenden Jahren gebar sie noch 13 weitere Kinder und sorgte auch dann noch aufopferungsvoll für ihren Gemahl, als dieser alt und krank war und beide schon seit langem in gegenseitigem Einverständnis auf sexuelle Beziehungen verzichtet hatten. Margery Kempes Beziehung zu Gott und der Christenheit war von Gefühlen geprägt, die den Charakter familiärer

Bindungen aufwiesen. Der Herrgott habe wie ihr »angetrauter« Gemahl und (gleichzeitig) wie ihr »liebster« Sohn mit ihr gesprochen und sie bei anderer Gelegenheit als seine »Tochter« bezeichnet. Jesus habe sie ermahnt, alle christlichen Männer und Frauen in ihr Herz zu schließen und soviel Mitgefühl für sie aufzubringen wie für ihre leiblichen Kinder. Dieser Frau, die für einfache Mitmenschen Tränen vergoß und ihnen ihr ganzes Leben widmete, war das Klosterleben so fern, daß ihr Verhältnis zu ihrem Erlöser und zu ihren Schützlingen vor allem durch ihr Leben in ihrer eigenen vielköpfigen Familie geprägt war.

Im gleichen Jahrhundert erlebte in Belgien, im Rheinland und in Frankreich die religöse Gemeinschaft der Beginen eine Blütezeit. Die Beginen stellten einen Anziehungspunkt für arme Frauen in den Städten dar, weil sie Sicherheit, Arbeit und ein würdevolles, sinnerfülltes Leben boten. Sie verrichteten Tätigkeiten wie Spinnen, Weben und Wäschewaschen, pflegten Kranke und unterrichteten Kinder. Rechtlich gesehen nahmen sie eine Zwischenstellung ein, denn obwohl sie der Kirche unterstanden, repräsentierten sie keine offizielle kirchliche Institution. Sie kannten keine hierarchischen Strukturen und verlangten kein Gelübde auf Lebenszeit. Die Beginen gewährten Frauen eine einzigartige Chance der individuellen Entfaltung. Andererseits drohten sie ständig mit der orthodoxen Lehre in Konflikt zu geraten, und viele ihrer Anhängerinnen wurden der Ketzerei verdächtigt. Im 15. Jahrhundert allerdings zeichnete sich ihr Niedergang ab. Nichtsdestoweniger gab es weiterhin Ansätze, neue Gemeinschaften zur spirituellen Bereicherung und Erziehung zu gründen, die eine Konkurrenz für die traditionellen Institutionen darstellten. So verfolgten etwa die Schwestern vom Gemeinsamen Leben, die unter dem Schutz der Fraterherren und ihres Gründers, Gerhard Groote, standen, ähnliche Ziele. Manche Frauen, die weniger nach barmherzigen Taten, sondern eher nach Besinnung und Vereinigung mit Gott strebten, versuchten ihre persönlichen religiösen Ziele zu verwirklichen, ohne formell einer klösterlichen Gemeinschaft beizutreten. Elena Lucrezia Cornaro Piscopia hatte bereits eine bemerkenswerte Laufbahn als Gelehrte und Universitätsprofessorin hinter sich (im Jahre 1678 wurde ihr der Doktortitel verliehen), als sie dem Benediktinerorden beitrat: ein weltliches, externes Mitglied dieses alten Ordens. An ihrem Totenbett wachte ein gelehrter Mönch, der ihr als geistiger Mentor zur Seite gestanden hatte. Er richtete auch das Begräbnis den Wünschen der Verstorbenen entsprechend nach dem benediktinischen Ritual aus. Diese Frau, die eines der schwersten Hindernisse überwunden hatte, das Frauen in ihrem Fortkommen beeinträchtigte, gab in noch jungem Alter (sie starb mit 38 Jahren) ihre erfolgreiche Laufbahn auf und suchte Schutz im religiösen Leben, das schon so vielen Frauen vor ihr sowohl Ort des Trostes als auch Gefängnis gewesen war.

Nicht nur außerhalb des Klosters, sondern auch außerhalb der geltenden Normen des religiösen Lebens standen die Ketzerinnen und Hexen, die (nach Meinung ihrer Verfolger) in den Jahrhunderten der Renaissance in Massen erschienen. Im Spätmittelalter waren zuhauf ketzerische, von der orthodoxen kirchlichen Lehre abweichende und volksnahe Laienbewegungen entstanden, in denen Frauen eine herausragende Rolle spielten: Waldenser und Albigenser, die Brüder und Schwestern des freien Geistes, Beginen und Begarden, Lollarden und Hussiten. In all diesen Gemeinschaften, von denen manche zwar in der Renaissance weiterexistierten, sie jedoch nicht überdauerten, waren Frauen stark vertreten – und wurden ebenfalls Opfer von Inquisition und Bestrafung. Trotz der großen künstlerischen und intellektuellen Leistungen, die die Renaissance hervorgebracht hat, grassierte in dieser Epoche die Furcht vor allem Unbekannten, wurde den orthodoxen kirchlichen Lehren weiterhin mit Gewalt Geltung verschafft. Gerade in der Renaissance erreichte die religiöse Intoleranz mit den Inquisitionsverfahren gegen abtrünnige jüdische und moslemische Konvertiten (besonders in Spanien) ihren Höhepunkt. Die hysterischen Ängste gipfelten schließlich im Hexenwahn, dessen Opfer zumeist Frauen wurden. Selbst wenn man alle anderen Indikatoren außer acht ließe, so wären allein schon die von der kirchlichen Inquisition gegen Frauen begangenen Grausamkeiten Beweis genug dafür, daß das Zeitalter der Renaissance im Hinblick auf das weibliche Geschlecht keinesfalls diesen Namen verdient.

Die Ursprünge der Hexerei lagen in den Alpen. Während des 16. Jahrhunderts erlebte sie besonders in Mitteleuropa regen Zulauf und entbrannte schließlich im 17. Jahrhundert in Neuengland noch einmal mit großer Heftigkeit, bevor sie während der Aufklärung letztlich verschwand. Die meisten wegen Hexerei angeklagten und verurteilten Personen waren Frauen (70 bis 90%). Meist handelte es sich um Witwen und unverheiratete Frauen, die dementsprechend über keinen männlichen Schutz verfügten. Das Wort *malefica* ist, wohlgemerkt, ein weibliches Substantiv. Frauen neigten eher zur Hexerei, so argumentierten die selbsternannten Experten Heinrich Institoris und Jakob Sprenger (die Verfasser des *Hexenhammers*, eines Leitfadens zur Hexenverfolgung), weil sie leichtgläubig, falsch, schwach, dumm und ihren Leidenschaften und der Fleischeslust (»unersättlich«) verfallen seien. Der Gelehrte Jean Bodin, ein Historiker, Jurist und politischer Theoretiker, hielt außerdem bei Frauen die Gier für eine Keimzelle der Hexerei und behauptete, daß auf jeden der Hexerei schuldigen Mann fünfzig weibliche Hexen kämen. Jedes Mittel war recht, um eine der Hexerei angeklagte Person der Schuld zu überführen. Zunächst wurde der oder die Angeklagte verhört. Manche Verdächtigen legten schon zu diesem Zeitpunkt ein Geständnis ab, weil sie aufgrund geistiger Verwirrung, Autosuggestion oder Überredung tatsächlich glaubten, von einem Dämon besessen zu sein. Andere gestanden nicht und wurden gefoltert. Führte dies nicht zu einem Geständnis, so wurden sie entweder solange weitergefoltert, bis sie sich der Hexerei schuldig bekannten oder ihre »Schuld« durch eben ihren »Starrsinn« bewiesen hatten. Fast alle diese Menschen wurden qualvoll hingerichtet.

Zwischen 1480 und 1700 wurden mehr Frauen wegen des Vorwurfs der Hexerei umgebracht (meist auf dem Scheiterhaufen) als wegen aller anderen Verbrechen zusammen. In ganz Europa wurden wohl 100000 Verdächtige vor Gericht gestellt, und die Zahl der Verurteilten liegt nur geringfügig darunter. Im englischen Königreich (wo die Folter gesetzlich verboten war) waren es zwar nicht ganz 1000, in Schottland jedoch weit über 4000 Personen. In 22 Dörfern in der Gegend von Trier wurden in den Jahren 1587 bis 1593 368 Menschen der Hexerei angeklagt und verbrannt, und im Gebiet von Toulouse waren es allein im Jahre 1577 400 Menschen. Kardinal Albizzi berichtete 1631 aus Deutschland, daß er vielerorts außerhalb der Stadtmauern »zahlreiche« Scheiterhaufen gesehen habe, auf denen Frauen gefesselt und verbrannt wurden.

In Italien wurden sehr viel weniger Frauen als Hexen verfolgt, doch wurden dort die Frauen häufig wegen anderer gegen die Kirche gerichteter Verbrechen angeklagt und verurteilt. Aus Quellen geht hervor, daß in Sizilien zwischen den Jahren 1540 und 1572 viele bekannte Frauen von der Inquisition wegen bestimmter »Verbrechen« verfolgt wurden: wegen Übertritt zum Judentum (50%, wobei hier jedoch die Quellen nur bis zum Jahr 1549 reichen), Bigamie (39%) und verbotener Zauberei (29%). In Neapel waren in der Zeit zwischen 1564 und 1740 34% aller wegen verbotener Zauberei angeklagten Personen Frauen. In Friaul wurden Frauen zwischen 1596 und 1685 wegen Liebeszauber, verschiedener Flüche und Heilzauber (hier waren sie im Vergleich zu den Männern in der Überzahl) verfolgt. Überraschend ist jedoch, daß sie trotzdem – ähnlich wie in den nördlicheren Teilen Europas – den weitaus größten Anteil der der Hexerei verdächtigten Personen ausmachten: Zwischen 1506 und 1610 kamen auf jeden männlichen Verdächtigen fünf Frauen, zwischen 1611 und 1670 waren es sogar sechs. Aus all diesen Zahlen ist zu ersehen, daß in Italien bei der Verfolgung von Frauen, die in Konflikt mit der orthodoxen Lehre gekommen waren, vergleichsweise mild verfahren wurde.

Im Protestantismus fanden Frauen, die fähig und entschlossen waren, sich religiösen Zielen zu verschreiben, neue Freiräume, die ihnen die römisch-katholische Kirche nicht gewährt hatte. Der Protestantismus forderte jeden Gläubigen auf, sich direkt mit Gott auseinanderzusetzen und in der Heiligen Schrift nach einem eigenen Weg zu suchen. Frauen, die sich an dieser Quelle orientierten, fanden sowohl im Alten als auch im Neuen Testament Anregungen dafür, wie sie bei dieser religiösen Suche eine wichtigere Rolle spielen konnten. So durften auch sie fortan in den Kirchen die Heilige Schrift lesen, sich um deren Verständnis bemühen und in der Gemeinde mitsingen (bis dahin war alle kirchliche Choralmusik ausschließlich für Männerstimmen bestimmt gewesen). Jedoch blieben sie weiterhin von der theologischen Diskussion ausgeschlossen. Denn wenn auch akzeptiert wurde, daß Frauen göttliche Inspiration empfangen konnten und des göttlichen Erbarmens wert seien, so wurde doch nicht geduldet, daß sie an der Formulierung der christlichen Doktrin mitwirkten oder leitende Positionen in der reformierten Kirche einnahmen. Während die Männer in die Kanzel stiegen, machten die Frauen Krankenbesuche. Katharina Zell, die Ehefrau des früheren Priesters und Straßburger Neulutheraners Matthäus Zell (der 1527 aufgrund dieser Heirat exkommuniziert worden war), stellt ein Musterbeispiel für jene in neuer Weise tätigen protestantischen Frauen dar, die sich bemühten, die Beschränkungen, die ihrem Geschlecht durch die neue Konfession auferlegt worden waren, zu überwinden. Unterschiedslos kümmerte sie sich um Arme und Reiche, pflegte kranke Menschen und beerdigte die Verstorbenen, während andere Frauen ihre Häuser mit Zierat versahen und mit der Ausrichtung von Festlichkeiten beschäftigt waren. Ihr Haus, so schrieb sie herausfordernd an Ludwig Rabus aus Memmingen, der ihr ökumenisches Denken verurteilte, stehe Lutheranern, Zwinglianern, Schwenkfeldianern und Anabaptisten offen: schließlich, so meinte sie, habe die Reformation Freiheit und nicht Gleichförmigkeit gebracht.

Bei der Beerdigung ihres Mannes hielt sie eine öffentliche Rede, in der sie zwar kein theologisches Verständnis für sich beanspruchte, aber ihre Aussagen mit Beispielen aus der Bibel illustrierte.

Anne Hutchinson, eine englische Einwanderin, die sich in der neugegründeten Massachusetts Bay Colony niedergelassen hatte, sollte zu spüren bekommen, welche Grenzen der weiblichen Spiritualität im puritanischen Protestantismus gesetzt waren. Sie war 1634 nach Boston gekommen, mit dem ausdrücklichen Ziel, den reformierten Glauben der Puritaner (die aus freien Stücken das Exil gewählt hatten) zu leben, und glaubte noch viel überzeugter als viele andere an den von Jesus Christus gewährten Bund der Gnade. So extrem war ihre Theologie der Gnade, daß sie jegliche Bedeutung der menschlichen Taten für die Erlösung bestritt und dadurch in den Ketzerglauben des Antinomianismus verfiel. Hätte sie ihre Überzeugung für sich behalten, so wäre wohl der Konflikt mit den geistlichen Autoritäten der Puritaner zu vermeiden gewesen. Doch Anne Hutchinson predigte ihre Lehre sowohl Männern als auch Frauen, die sich (manchmal 60 bis 80 Personen) in ihrer kleinen Wohnstube zu versammeln pflegten. Als sie vor das Kirchengericht zitiert wurde, verteidigte sie ihr öffentliches Auftreten unter Heranziehung von Bibelzitaten und wußte sich in dem geistigen Schlagabtausch gegen ihre männlichen klerikalen Ankläger gut zu behaupten. Erst als sie bekannte, eine direkte Offenbarung Gottes erlebt zu haben, und damit implizit behauptete, daß es eine außerbiblische Vermittlung religiöser Wahrheit geben könne, brach ihre Verteidigung zusammen. Sie wurde auf Rhode Island verbannt, das zu jener Zeit ein Zufluchtsort für Männer und Frauen darstellte, die Opfer der Wächter der orthodoxen Lehre geworden waren.

In manchen abtrünnigen Religionsgemeinschaften erhoben Frauen aufgrund ihres besonderen Verhältnisses zu Gott Anspruch auf beträchtliche Privilegien. Die Wiedertäufer hoben alle rechtlichen Unterschiede zwischen Männern und Frauen auf und ließen letztere sogar als Predigerinnen zu. Auch die Quäkerinnen strebten mit Billigung ihrer geistlichen Führer nach der Predigt und der Lehre. Männer und Frauen seien von Gott als einander ebenbürtig erschaffen worden, so behaupteten sie, und obwohl die Frauen nach dem Sündenfall dem Manne untertan wurden, seien sie ihm doch durch die Auferstehung Christi aufs neue gleichgestellt. Die weltlichen Autoritäten teilten diese Auffassung allerdings nicht. Als sich im Jahre 1653 zwei Quäkerfrauen im englischen Cambridge berufen fühlten, öffentlich zu predigen, wurden sie dem Bürgermeister vorgeführt, verurteilt und ausgepeitscht.

In Italien fand der Protestantismus weder bei Männern noch bei Frauen größeren Zulauf. In sämtlichen Regionen des Landes waren, laut der im 16. Jahrhundert geführten regelmäßigen Aufzeichnungen, weniger als 4% aller des Protestantismus verdächtigten Personen Frauen. Doch dort, wo die Reformation auch im Herzland der Römisch-Katholischen Kirche Anhänger fand, erhielt sie direkte Unterstützung von Frauen aus dem Adel, die der Bewegung freundlich gesonnen waren. Die Herzogin von Ferrara, Renata von Frankreich, beispielsweise (sie war ursprünglich auf den Namen Renée getauft und eine Tochter und vom Thron verdrängte Nachfolgerin von König Ludwig XII. von Frankreich) verteidigte den neuen Glauben, ohne ihn jedoch offiziell anzuerkennen. So gewährte sie italienischen und aus Frankreich verbannten Protestanten in den Jahren nach 1530 an ihrem Hofe Zuflucht. Die Dichterin Vittoria Colonna, berühmt wegen ihres Neoplatonismus und ihrer Beziehungen zu mehreren gelehrten Männern, fühlte sich ebenfalls von dem reformierten Glauben angezogen, ließ sich jedoch von dem englischen Kardinal Pole davon abbringen, zu konvertieren. Jedoch schlossen sich manche Frauen auch offiziell der neuen Konfession an (allerdings wurden sie ab 1542, als die römische Inquisition eingesetzt wurde, zum Schweigen gebracht). Manche dieser Konvertitinnen gingen in die Verbannung: Isabella Bresegna beispielsweise lebte bis zu ihrem Tode in der Schweiz, Olimpia Morata in Deutschland. Sowohl die Französin Renée, welcher der ihr von ihrer Geburt her zustehende Thron durch das Gesetz verweigert blieb, als auch Olimpia Morata, jene Gelehrte aus Ferrara, die nie mehr in das Haus ihres Lutheranischen Ehemannes zurückkehren durfte, sind ein Zeugnis dafür, welche Anziehungskraft der Protestantismus auf Frauen aus den privilegierten Gesellschaftsschichten ausübte.

Aus der gleichen Dynastie wie die Herzogin von Ferrara stammte Margarete von Angoulême (nach ihrer Heirat Margarete von Navarra), eine Schwester Königs Franz I. von Frankreich. Margarete, die zusammen mit ihrem Bruder erzogen wurde, war vermutlich sogar gebildeter als dieser, doch blieb es ihr, wie den meisten Frauen königlicher oder adliger Abstammung, verwehrt, die höchsten Ämter ihres Landes zu bekleiden. Sie war eine intelligente Frau, die sich über vieles Gedanken machte und im frühen 16. Jahrhundert die Vorreiter der Humanisten und Reformatoren in Paris um sich versammelte (Jacques Lefèvre d'Etaples, Guillaume

Briçonnet, Guillaume Budé). Aufgrund ihrer hohen Stellung konnte sie manchen potentiellen Opfern der orthodoxen katholischen Dogmatiker Schutz gewähren. Ihre Tochter, die beeindruckende Jeanne d'Albret, trat – ebenso wie noch einige andere Frauen aus dem Adel in den Jahren zwischen 1550 und 1580 – als Fürsprecherin der Hugenotten auf. Ihr Sohn Heinrich von Navarra wurde später Heinrich IV., König von Frankreich. In Jeanne d'Albrets Heimatgegend, dem Béarn und Navarra, fand der Calvinismus regen Zulauf, da dort Calvinisten aus Genf, die ihren Glauben in ganz Frankreich verkünden wollten, freundlich aufgenommen wurden.

Nicht dem Adel angehörende Französinnen, die zum Protestantismus konvertiert waren, genossen es, die männlichen Kleriker, von deren Bevormundung die neue Lehre sie befreit hatte, zu schmähen. In Jean Crespins *Buch der Märtyrer* werden Hugenottenfrauen beschrieben, die mit Bischöfen, Mönchen und Theologen diskutierten. Die meisten dieser Frauen, die aus dem Handwerker- und Händlerstand stammten, waren zumeist nicht besonders gebildet und nur die wenigsten unter ihnen konnten aus der Bibel zitieren. Als sich der Protestantismus in Lyon in den Jahren nach 1570 schon fest etabliert hatte, konnte eine große Zahl der Protestantinnen noch nicht einmal ihren Namen schreiben. Letztlich hatten die gebildetsten Frauen der Stadt an ihrem alten Glauben festgehalten; die bemerkenswerteste unter ihnen war wohl die Dichterin Louise Labé.

Frau und Kirche: Freiheit und Beschränkung

In der westlichen Christenheit schufen die römisch-katholische und schließlich auch die protestantische Kirche einen Lebensrahmen für Frauen, in dem diese ähnlich wie in einer Familie leben konnten. Bis zu einem gewissen Grad boten sich den Frauen innerhalb der religiösen Institutionen große Möglichkeiten zur Selbstverwirklichung. Sie konnten in Wort und Schrift über ihre Erfahrungen berichten und ihre Auffassungen über die kirchlichen Lehren und Organisationsstrukturen formulieren; sie leiteten Wohlfahrtseinrichtungen und Bildungsanstalten und erreichten herausragende und mächtige Positionen. Andererseits unterdrückte die Kirche das Ausleben der menschlichen Vitalität, wovon Frauen wiederum besonders stark betroffen waren. Viele unfreiwillige Nonnen waren allein zum Vorteil ihrer Brüder und Schwestern in Klöster gesperrt worden: Ihre genaue Zahl ist nicht bekannt, doch war sie zweifellos sehr hoch. Viele dieser Frauen verleugneten ihr Bedürfnis nach Sexualität, Nahrung und Liebe in einem Ausmaß, das heute als »anormal« eingestuft werden würde. Stattdessen projizierten sie ihre physischen Bedürfnisse und ihren spirituellen Eifer auf die von der Kirche angebotenen Symbolfiguren. Doch führte auch dies oft in eine Sackgasse, denn um die Kirche und damit zugleich die ganze gesellschaftliche Ordnung zu bekämpfen, legten manche Frauen auffällige und selbstzerstörerische Verhaltensweisen an den Tag. Andere verzichteten selbst auf diese Form des Widerstands und hatten trotzdem die härtesten Strafen zu erdulden. Sowohl für den katholischen als auch für den protestantischen Glauben wurden Frauen wie Männer zu Märtyrern, die grausame Foltern erduldeten. Die religiöse Erfahrung von Frauen in der Renaissance kann also als ein Spiegel ihrer widersprüchlichen Rolle in jener Gesellschaft gesehen werden.

Die Hochkultur: Frauen in Waffen und gekrönte Frauen

Jene Zivilisation, die wir heute voller Bewunderung als die »Renaissance« bezeichnen, war eine vom 14. bis zum 17. Jahrhundert währende kulturelle Blütezeit in Europa. Doch hatten an dieser Entfaltung von Macht, Schönheit und Geist nur sehr wenige Männer und noch weniger Frauen Anteil. Von diesen wenigen Frauen kamen manche aufgrund ihrer Machtstellung oder Rolle als Mäzenin zu Ruhm, andere aufgrund ihrer Gelehrsamkeit und ihrer schriftstellerischen (oder anderer) Leistungen. Dabei hatten sie jedoch mit den zutiefst negativen Vorurteilen zu kämpfen, die die männlichen Autoritäten der damaligen Zeit bezüglich der weiblichen Fähigkeiten hegten. Nur widerwillig gewährten diese gestrengen Richter solchen herausragenden Frauen Anerkennung, indem sie, neben dem Bild Evas (die Frau in der Familie) und Marias (die Frau im Kloster) ein neues, weiteres Modell für die weibliche Existenz schufen: die geschlechtslose Virago, ein Zwitter zwischen Jungfrau und altem Weib, ein Mannweib – die bedrohlich mächtige Amazone.

Dieser Typus erscheint uns am deutlichsten in jenen Frauen, die nach militärischer oder politischer Macht strebten, welche ja ein altes Vorrecht des männlichen Geschlechts war. So kämpfte die Jungfrau Jeanne d'Arc, jene von mystischen Erscheinungen inspirierte Bauerntochter, in Männerrüstung für den französischen König und löste damit bei ihren Zeitgenossen Erstaunen und Furcht aus. Hier griff eine Frau in der allerdirektesten Weise nach der Macht. Und obwohl man Jeanne d'Arcs Ehre in späteren Zeiten rehabilitierte, wurde sie doch als Hexe verurteilt und starb auf dem Scheiterhaufen. Welch ein Wunder angesichts der damals herrschenden Normen, daß sie so kühn handeln konnte, wie sie es tat. Denn ungeachtet ihrer offensichtlichen Unbescholtenheit und Frömmigkeit (die letztlich keinerlei Schutz für sie darstellten) war es unvermeidlich, daß ihr Versuch, eine männliche Rolle zu übernehmen, sie ins Verderben stürzen würde. Zwar hatten die adligen Frauen der Feudalzeit oft stellvertretend für ihre Ehemänner gehandelt, wenn es darum ging, die Ländereien der Familie zu verwalten oder zu verteidigen. Das neue und erstaunliche an Jeanne d'Arc war jedoch, daß sie aus völlig eigenem Antrieb handelte und nicht als Stellvertreterin eines männlichen Machtträgers. Im späteren 15. Jahrhundert trat in Italien mit Katharina Sforza eine zwar noch eher dem traditionellen Bild entsprechende, aber nichtsdestoweniger kühne und unabhängige Frauengestalt auf. Zunächst gemeinsam mit ihrem Gatten Girolamo Riario und später nach seiner Ermordung auf sich gestellt, verteidigte sie leidenschaftlich sowohl ihre Familieninteressen als auch die Städte Imola und Forli, für die sie sogar bereit war, ihre sechs Kinder zu opfern. Letztendlich erlebte sie aber bei der Verteidigung dieser Festungen eine Niederlage, wurde wahrscheinlich vergewaltigt und von Cesare Borgia als Gefangene nach Rom verschleppt.

Obwohl diese beiden Frauen militärische Aufgaben übernahmen, gelang es ihnen nicht, sich die Macht dauerhaft zu sichern. Dies gelang zu jener Zeit nur ganz wenigen Frauen, selbst wenn sie aus den höchsten Adels- und Königsgeschlechtern stammten. Die beiden großen Ausnahmen blieben die aus Italien stammende Katharina de' Medici, die Witwe König Heinrichs II. von Frankreich (die als Regentin für seine Nachfolger Franz II. und Karl IX. wirkte), und Elizabeth I., die Tochter des Tudorkönigs Heinrich VIII. von England. Beide schufen sich eine Identität, die für die weibliche Herrscherin in der Renaissance als exemplarisch gelten kann und die Zwiespältigkeit dieser Rolle zum Ausdruck brachte. Katharina de' Medici wählte für sich als Wahrzeichen die Artemis, also einen weiteren Typus jenes keuschen, Waffen tragenden Mädchens. Das besondere an dieser Gestalt war allerdings, daß sie für ihre Pflichtergebenheit gegenüber dem vor ihr verstorbenen Gatten Mausolus bekannt war. Durch diesen Mythos konnte Katharina de' Medici sowohl mit Bestimmtheit auftreten und handeln als auch ihren Respekt gegenüber den männlichen Herrschern demonstrieren, für die sie als Übergangsfigur zur Erhaltung der Macht fungierte. Die noch unabhängigere und kühnere Elisabeth, die sich als Meisterin der Präsentation ihrer Person in der Öffentlichkeit erwies, zeigte sich ihren Untertanen in verschiedenen weiblichen Rollen: Asträa, Deborah, Diana. Um aber auch in Krisenzeiten trotz ihrer unerhörten Erscheinung als weibliche Monarchin ihre Position zu sichern, entwarf sie daneben auch androgyne Bilder ihrer Person (Mann-Frau, König-Königin, Mutter-Sohn) und bezeichnete sich selbst stolz als »prince«, der den Körper einer Frau und das Herz eines Königs habe. Sie war also für sich allein schon eine vollständige Dyade und heiratete nie. Sie beanspruchte das Recht zu herrschen allein aus ihrer eigenen Person heraus und war die einzige Frau der Renaissance, die als Souveränin Macht ausübte.

Kulturell wurde der Königshof der Tudorära im späten 16. Jahrhundert stark von dieser männerähnlichen Jungfrau geprägt, deren Name auch heute noch die Epoche, nämlich das »elisabethanische« Zeitalter bezeichnet. In subtiler Weise äußerten sich die zeitgenössischen Dichter, Dramatiker und Gelehrten zu dem Wunder, das sie da erlebten. Allen voran William Shakespeare, in dessen Komödien wir androgynen Heldinnen begegnen, die als scharfsinnige und ins übernatürliche erhöhte Typisierungen der Monarchin verstanden werden können. Diese weiblichen Figuren – Knaben, die als Frauen verkleidet sind, welche wiederum oft in Männerkleidung schlüpfen, und so zu Wesen von völlig unbestimmbarem Geschlecht werden – waren ebenso bezaubernd und faszinierend wie die Königin selbst. Der Shakespearsche Genius hatte zudem begriffen, welch eine tiefe Verletzung der natürlichen Ordnung das Phänomen dieser König/Königin darstellte. In der scheinbar unbeschwerten Komödie *A Midsummer Nights' Dream* läßt er erkennen, wie abnormal ihm eine Frau als Souveränin erscheint, indem er die Amazone Hippolyta, die hier für Elisabeth steht, letztendlich mit dem rechtmäßigen männlichen Herrscher vermählt. Ebenso wie Jeanne d'Arc wurde Elisabeth als Amazone gesehen (und sah sich auch selbst so) und rief tief im Unterbewußtsein ihrer Zeitgenossen ein Unbehagen hervor: ein Unbehagen, das damals angesichts eines Mädchens in Waffen, einer vernunftbegabten Frau und angesichts emotionaler Kräfte, die nicht von der natürlichen Ordnung gebändigt wurden, wohl unvermeidlich war.

Daß Frauen Macht erbten, wie es bei Katharina de' Medici und Elisabeth I. der Fall war, geschah jedoch nur selten. Denn hierzu mußten zunächst alle Männer, die diesbezügliche Ansprüche geltend machen konnten, vorzeitig sterben. Die meisten Frauen aus den fraglichen gesellschaftlichen Schichten herrschten deshalb nicht selbst, waren aber in gewissen Bereichen an den Vorrechten souveräner Macht beteiligt. In dem pulsierenden künstlerischen und geistigen Klima der Renaissance – und das gilt insbesondere für Italien – bedeutete dies, daß sie als Schutzpatroninnen und Mäzeninnen auftraten. Frauen, die nicht selbst eine Herrscherposition einnahmen oder als Befehlshaberin einer Armee Gewalt über die Kräfte der Zerstörung besaßen, konnten also ihre Autorität und ihren Reichtum nutzen, um Denken und Kultur zu formen.

Unter diesen Frauen ragte besonders Isabella d'Este heraus, die Tochter des Herzogs von Ferrara. Ihre Schwester Beatrice sollte in Mailand eine ähnliche, wenn auch nicht so glanzvolle Rolle spielen, und mit ihren Brüdern Alfonso, Ferrante, Ippolito und Sigismondo konnte sich Isabella d'Este an Ruhm messen. Ihr Lehrer war Battista Guarini, ein Zögling des großen Humanisten Guarino da Verona, mit dessen Unterstützung sie Latein und Griechisch lernte, was als Zeichen echter Gelehrsamkeit galt. Daneben beherrschte sie noch das Lautenspiel und das Tanzen, und wußte überdies geistreiche Konversation zu betreiben. Als Gemahlin des Herrschers von Mantua führte sie die Oberaufsicht bei Festlichkeiten und Vorführungen; ihr unterstanden Künstler, Musiker und Gelehrte; sie verfügte über Bibliotheken mit einer Vielzahl kostbarer Bände und über Räume voller Statuen, Schatullen, Uhren, Lauten, Geschirr, Gewänder, Spielkarten – alles dekoriert mit Malereien, Juwelen, Marmor und Gold. Ariost, Bernardo de Bibbiena und Gian Giorgio Trissino gehörten zu ihren bevorzugten Dichtern. Sie beschäftigte sich mit Geographie und Astrologie und plauderte häufig mit dem herzöglichen Bibliothekar, Pellegrino Prisciano. Mit ihrem *Studiolo* und ihrer *Grotta*, zwei prächtig geschmückten Räumen des herzöglichen Palasts, setzte sie sich ein glanzvolles Denkmal. Bei diesen und anderen Vorhaben, hatte sie die Ornamentik nach Konsultation ihrer humanistischen Berater selbst entworfen. Nachdem ihr Gatte in den Kriegen, die Italien nach der Invasion Frankreichs, Spaniens und des Kaiserreichs erschütterten, in Gefangenschaft geraten war, übte sie für kurze Zeit selbst die Herrschaft aus, zog jedoch wegen dieser eigenmächtigen Aneignung von Autorität Zorn auf sich. Ihre großen Fähigkeiten konnte sie daraufhin nur noch als Schutzpatronin und Mäzenin einsetzen.

Ebenfalls nach einer kurzen Zeit souveräner Herrschaft abdanken mußte die reiche venezianische Adlige Katharina Cornaro. Die Stadt Venedig hatte sie für das reiche, von ihr ererbte Inselkönigreich (das die Venezianer usurpiert hatten) mit der winzigen Insel Asolo entschädigt. An ihrem dortigen Hofe herrschte sie als Königin über einen exklusiven Zirkel von Literaten, zu denen nicht zuletzt Pietro Bembo zählte, der in seinem Werk *Asolani* beschrieb, welch ein geistiges Leben sich dort unter der Schutzherrschaft Katharina Cornaros entfaltete. Bembos Schilderungen erinnern an den Hof von Urbino, den Baldassare Castiglione in seinem Werk *Il Cortigeano* beschreibt. Dort leiten und inspirieren Frauen, die Herzogin Elisabetta Gonzaga und ihre Vertraute Emilia Pia, Diskussionen darüber, welches Verhalten den beiden Geschlechtern jeweils angemessen sei.

In Italien, wo es sehr viele reiche Adelshöfe gab, die als Zentren künstlerischer Aktivität und des gelehrten Diskurses fungierten, boten sich intelligenten Frauen zahlreiche Möglichkeiten, als Mäzenin zu wirken. Auch anderswo, an fast allen Orten, wo ein ausreichendes Maß an Wohlstand und Sicherheit zu finden war – die Voraussetzung für derartige Bestrebungen – traten die Gemahlinnen der Herrscher als Gönnerinnen von Kunst und Kultur auf. Bereits erwähnt wurde hier Margarete von Navarra, die Schwester König Franz I. von Frankreich, die sich durch ihre Novellensammlung *Das Heptameron* selbst als originelle Denkerin erwies und einen Kreis von gelehrten Männern unter ihren Fittichen hatte. Noch vor ihr hatte Anne de Bretagne, die Gattin König Karls VIII., Boccaccios *De claris mulieribus* (dt. Von etlichen Frowen, 1407) ins Französische übersetzen lassen, gebildete Frauen an ihren Hof geholt, und Diskussionen über die platonische Liebe angeregt. Die beeindrukkende Isabella von Spanien leitete Kirchenreformen ein und förderte das geistige Leben in ihrem Land. In England unterstützte ihre Tochter Katharina von Aragon, die später in Ungnade gefallene erste Ehefrau Heinrichs VIII., das Wirken von Erasmus von Rotterdam, Juan Luis Vives und Thomas Elyot. Eine Generation vor ihr wirkte Margaret Beaufort, die bereits als Mutter des ersten Tudorkönigs Erwähnung gefunden hat, in England als Urtypus der königlichen Gönnerin und gebildeten Frau. Am Hofe von Heinrichs Vorgängern, Eduard IV. und Richard III., scharte sie Spielleute und Gelehrte um sich, förderte die damals noch in den Anfängen begriffene Druckkunst und stiftete Theologielehrstühle in Oxford und Cambridge, wo sie auch zwei Colleges gründete. Sie überwachte außerdem die Erziehung ihres Sohnes und ihrer Enkelkinder und übersetzte das Andachtsbuch *The Mirror of Gold of the Sinful Soul* aus dem Lateinischen.

Erziehung und Bildung der Frau

Jene Frauen, die in der Renaissance als Mäzeninnen von Kunst und Literatur auftraten, waren speziell auf diese Rolle vorbereitet worden und besaßen daher einen verfeinerten Geschmack. Doch waren die Erziehung und Ausbildung, die sie genossen, keineswegs der Normalfall. Arme Frauen erhielten ebenso wie arme Männer keinerlei formale Bildung, obwohl viele Männer und manche Frauen in bestimmten handwerklichen Berufen unterwiesen wurden. Die Frauen der mittleren und oberen Gesellschaftsschichten erhielten eine speziell weibliche Erziehung, die sie auf die im Haushalt anfallenden Aufgaben vorbereitete und ihnen eine Lebensweise nahelegte, bei der Handarbeiten und Andachtsbücher im Mittelpunkt standen und Schweigen und Gehorsam oberstes Gebot waren. Zwei Ziele wurden mit dieser Erziehung verfolgt: Erstens wurde die junge Frau angeleitet, jene Charakterzüge zu entwickeln, die für eine Ehe patriarchalischer Prägung am besten geeignet schienen, und zweitens sollte sie jene Fertigkeiten erlernen, die für die Hauswirtschaft den größten Nutzen brachten.

Juan Luis Vives' Abhandlung *De institutione foeminae christianae* (1529), die 40 Auflagen erlebte und ins Spanische, Englische, Niederländische, Französische, Deutsche und Italienische übersetzt wurde, avancierte im 16. Jahrhundert zum führenden Werk über die Erziehung von Frauen und stellt die Quintessenz aller zu diesem Thema vorgebrachten Meinungen dar. So schrieb Vives unter anderem, daß Frauen unter keinem geistigen Mangel litten, der sie daran hindere, Weisheit zu erlangen. Gleichzeitig müßten sie aber sorgfältig vor Unschicklichkeiten bewahrt werden, denn das vorrangige Ziel ihrer Erziehung sei Anstand und Keuschheit. Dieser paradoxe Ratschlag, der für die Einstellung der männlichen Humanisten zur weiblichen Bildung typisch ist, implizierte, daß Frauen zwar durchaus in den Genuß von Bildung kommen sollten, jedoch nur in einem bestimmten Umfang. Als angemessen galten die Kenntnis der Bibel, gute Manieren und einfache moralische Grundsätze; Wissenschaft, Philosophie und Rhetorik hatten hingegen keinen Platz in dieser Bildungskonzeption. Gebet, Lesen und Arbeit seien ein geeignetes Mittel, um Müßiggang zu verhindern, doch könnten sie darüber hinaus keinem weltlichen Ziel dienen. Solche Tätigkeiten sollten ein Mädchen lediglich zu Hause beschäftigen; wenn es ausging, dann hatte dies lediglich zum Zwecke des Kirchgangs zu geschehen. Frauen war es also untersagt, aus der privaten Sphäre des Hauses auszubrechen und sich in der Außenwelt zu bewegen, wo in ökonomischer, sozialer, politischer und auch intellektueller Hinsicht Männer die Vorherrschaft hatten. Den Frauen blieb nur Keuschheit, Anstand, Gehorsam und Schweigen.

Wenn sie durch eine solche Erziehung jegliche ausgeprägte Persönlichkeit verloren hatten, dann hielt man sie für fleißige und produktive Mitglieder der Hausgemeinschaft. Die Tätigkeit von Frauen als Leiterin des Haushalts und als Textilarbeiterin wurde weiter oben bereits beschrieben. Ebenso nahmen handarbeitliche Fertigkeiten und Spinnen in der weiblichen Erziehung breiten Raum ein. Im 14. Jahrhundert mahnte der Florentiner Paolo da Certaldo in seinen *Libri di buoni costumi* alle Familienoberhäupter eindringlich, ein wachsames Auge auf alle in seinem Hause lebenden Frauen zu haben und darauf zu achten, daß sie immer etwas zu arbeiten hätten, um Müßiggang zu verhindern – der zwar für alle Menschen, insbesondere aber für Frauen gefährlich sei. Anstatt lesen sollten Töchter nähen lernen (ausgenommen zukünftige Ordensfrauen), und außerdem sollte man ihnen beibringen, wie man Brot backe, Hühner ausnehme, Betten mache; dazu Weben, Sticken und Sockenstopfen. Auf diese Weise seien sie gut auf ihre zukünftige Rolle als Ehefrauen vorbereitet. Auch nach Auffassung von Alberti konnte ein junges Mädchen dann getrost in die Ehe gehen, wenn die Mutter sie Nähen und Spinnen gelehrt habe. Eine weitergehende Bildung für Frauen führe nur zu schlampiger Haushaltsführung und ehelicher Zwietracht, so glaubte der französische Calvinist Agrippa d'Aubigné, weshalb er seinen Töchtern die Bitte um eine Erziehung, die der ihrer Brüder vergleichbar war, abschlug. 1683 forderte sein Landsmann Fénelon, daß wohlhabende Männer ihren Töchtern lesen und schreiben beibringen sollten, hielt es jedoch nicht für notwendig, daß sie ebenso wie Jungen Latein lernten, weil sie dafür ja keine Verwendung hätten. Madame de Maintenon, die derselben Gesellschaftsschicht angehörte, gab 30 Jahre später den Rat, daß jene Schülerinnen, die nicht den obersten gesellschaftlichen Schichten angehörten, eine ihrem Stand entsprechende Ausbildung erhalten sollten: Sie sollten lernen, wie man einen Haushalt führe und mit dem Ehemann, den Kindern und der

Dienerschaft umgehe; sie sollten sich die ihrer gesellschaftlichen Stellung angemessenen Tugenden zu eigen machen und keinesfalls nach geistiger Bereicherung streben. Sogar noch 1753 schrieb die unkonventionelle englische Lady Mary Wortley Montagu ihrer Tochter in einem Brief, in dem sie Ratschläge zur Erziehung ihrer Enkeltochter erteilte, daß es neben einer umfassenden akademischen Bildung auch wichtig sei, das Mädchen das Nähen zu lehren: Es sei für eine Frau ebenso wichtig, mit der Nähnadel umgehen zu können, wie für einen Mann, das Schwert zu führen.

Die Vorstellung, daß das Kernstück weiblicher Ausbildung in Handarbeiten und Textilherstellung zu liegen habe, war so weit verbreitet, daß Nadeln, Spindeln und dergleichen bei einer neuen, geistig unabhängigen Generation von Frauen oftmals als Symbole der Unterdrückung galten. So schrieb die humanistisch gebildete Olimpia Morata (eine protestantische Konvertitin), daß sie sich der Wahrzeichen ihres Geschlechts entledigt habe: Garn , Weberschiffchen, Korb und Zwirn. Im 16. Jahrhundert forderte die französische Dichterin Louise Labé ihre Geschlechtsgenossinnen auf, sich geistig über ihre Spinnrocken und Spindeln zu erheben, während eine andere Schriftstellerin, Catherine des Roches, eher zwiespältige Gefühle hegte. Sie versprach ihrer Spindel, ihr immer treu zu bleiben und sie in der einen Hand zu behalten, wenn sie mit der anderen die Feder schwang.

Während die meisten Frauen der oberen Gesellschaftsschichten eine traditionelle Erziehung genossen, die aus Charakterbildung und Handarbeiten bestand, besuchten doch manche Mädchen eine Schule. Giovanni Villani berichtete 1338, daß in Florenz zwischen 8000 und 10000 Knaben und Mädchen in Elementarschulen lernten. (Im Anschluß daran besuchten allerdings lediglich die Knaben weiterführende Schulen, wo sie Rechnen oder Logik und Latein lernten, was für das Geschäftsleben bzw. für den Besuch der Universität erforderlich war). Etwas vor dieser Zeit lehrte in der gleichen Stadt eine *doctrix puerorum* namens Clementia Latein. In London, so wurde 1390 berichtet, besuchte die verwaiste Tochter eines Kerzengießers im Alter von 8 bis 13 Jahren eine Elementarschule. Ebenfalls in dieser Stadt wurde 1561 die *Merchant Taylor's School* gegründet, die Mädchen eine grundlegende Bildung vermitteln sollte. Daneben wurden in England noch weitere *dame schools* gegründet, in denen Lesen, Religion und die Spinn- und Webkunst gelehrt wurden. In manchen Städten Nordeuropas fanden Mädchen ebenso wie Knaben in den Schulen der Beginen Aufnahme. Die Stadtverordnung von Ypern sah

1535 in ihren Bestimmungen zum Schutz verwaister und verlassener Kinder vor, daß Mädchen in den üblichen haushaltlichen Fertigkeiten unterwiesen werden sollten, die Begabten jedoch auch im Lesen und Schreiben. In Flandern unterbreitete Juan Luis Vives konkrete Vorschläge zur Erziehung armer Knaben und Mädchen. In Lyon waren zwischen 1490 und 1560 neben 87 Schulmeistern (die nur Knaben unterrichten durften!) lediglich fünf Lehrerinnen tätig. Dennoch existierten überall Zwergschulen, Klosterschulen, städtische Schulen und Nachbarschaftsschulen mit Schulmeisterinnen und Hauslehrerinnen, wo sogar einige wenige Mädchen aus den unteren Gesellschaftsschichten lesen, schreiben und rechnen lernten.

Die Gegenreformation gab Anstoß zu einer Reihe von Initiativen zur Frauenbildung, durch die man das weibliche Geschlecht vor den Übeln des Humanismus, vor sittlicher Verwahrlosung und vor dem Protestantismus zu bewahren hoffte. In Brescia rief Angela Merici eine Bewegung zur christlichen Erziehung ins Leben, die außer in Norditalien auch in Belgien, Frankreich, den Niederlanden und im katholischen Deutschland ein breites Echo fand und bis ins 17. Jahrhundert hinein großen Einfluß ausübte. Das sich im Lauf der Zeit immer stärker abzeichnende Ziel dieser Initiative war nicht die Heranbildung von Ordensfrauen, sondern die Erziehung der Frauen zu guten Müttern. Mancherorts wurden in den betreffenden Bildungseinrichtungen nur sehr dürftige Fertigkeiten, d. h. die allernotwendigsten Kenntnisse im Lesen und Schreiben vermittelt. In manchen, dem Adel vorbehaltenen Internaten der Ursulinen jedoch, erhielten die Mädchen eine weiterführende Bildung, die Latein, Italienisch, Geographie, Aufsatzlehre und in jedem Falle eine religiöse Unterweisung umfaßte. Andere im Zuge der Gegenreformation gegründete Schulen verfolgten ähnliche Ziele, wie zum Beispiel die im 17. Jahrhundert von Mary Ward gegründeten Institute der Englischen Fräulein und die von den Jansenisten ins Leben gerufene Schule von Port-Royal, welche von Jacqueline Pascal (der Schwester des Philosophen Blaise Pascal) geleitet wurde. Alle Schüler und Schülerinnen lernten hier lesen, nutzten diese Fertigkeit aber ausschließlich zur Lektüre religiöser Schriften.

Die vielleicht stärkste Antriebskraft zur Förderung eines Mindestmaßes an Bildung für Frauen ging jedoch vom Protestantismus aus. Wenn alle Gläubigen selbst ihren Frieden mit Gott machen müßten, so wurde argumentiert, und wenn Gott durch die Bibel spreche, dann müßten auch alle Menschen lesen lernen. Luther hatte gehofft, daß Schulen für

Mädchen eingerichtet würden, in denen man täglich eine Stunde lang (entweder in Deutsch oder Latein) die Bibel lese. 1533 gründete Elsa von Kaunitz in Wittenberg, dem Wirkungsort des Reformators, eine derartige Schule. Philipp Melanchthon, der Luthers erzieherische Maximen in die Tat umsetzte, ordnete an, Schulen für Mädchen (wo nur Lehrerinnen unterrichten durften) einzurichten, die diese ein oder zwei Jahre lang täglich ein bis zwei Stunden besuchen sollten. Der Reformator Martin Bucer forderte ebenfalls, in allen Pfarreien öffentliche Schulen aufzubauen, wo sowohl Knaben als auch Mädchen lesen lernen könnten. Bis zum Ende des 16. Jahrhunderts waren aufgrund fürstlicher oder städtischer Erlasse in Hamburg, Lübeck, Bremen, Pommern, Schleswig-Holstein und Württemberg Mädchenschulen gegründet worden. In den deutschen Staaten gab es bis ins 17. Jahrhundert und noch darüber hinaus breite Bestrebungen zur Förderung der Frauenbildung, obwohl damit anfangs nur ganz bestimmte, eingeschränkte Ziele verfolgt wurden. Junge Mädchen sollten durch den ihnen erteilten Unterricht vor allem befähigt werden, ihre christlichen Pflichten zu erfüllen, nicht so sehr jedoch in den Genuß einer Allgemeinbildung kommen. Mit nur einigen wenigen Grundkenntnissen versehen, kehrten sie nach Hause an ihre Webstühle zurück. Diese Entwicklung sollte bis zu Beginn der Neuzeit dazu führen, daß viele Frauen im Durchschnitt etwa dasselbe Bildungsniveau wie die meisten Männer erreichten. Im England der ausgehenden Renaissance betrug das Verhältnis zwischen den des Lesens und Schreibens mächtigen Frauen und Männern eins zu vier, in der Stadt London sogar fünf zu sieben.

Manche Frauen der Renaissance strebten allerdings nach einer tiefergehenden Bildung als jener, die ihnen durch die traditionelle weibliche Erziehung oder die neuen Elementarschulen vermittelt wurde. Daher beschritten sie den vorzüglichsten Bildungsweg, der den Männern der damaligen Zeit offenstand: die humanistische Schule des Quattrocento. Diese brachte im 15. Jahrhundert in Italien und im 16. Jahrhundert im restlichen Westeuropa jene Wundergestalt der Renaissance, die gelehrte Frau, hervor. Schon vor Beginn des Jahrhunderts hatte die aus Padua stammende Maddalena Scrovegni wegen ihrer Gelehrsamkeit (und Keuschheit) die Bewunderung des Veroneser Humanisten Antonio Loschi erregt. Eine Generation später stellte Leonardo Bruni für Battista da Montefeltre einen vollständigen klassisch-humanistischen Lehrplan zusammen. Diese Frauen waren die Vorläuferinnen einer Gruppe von Humanistinnen, die über profunde lateinische Lektürekenntnisse verfügten (in Alessandra Scalas Fall auch über Griechischkenntnisse) und sich in zahlreichen literarischen Genres schöpferisch zeigten. Von Isotta Nogarola, Laura Cereta, Cassandra Fedele, Alessandra Scala und Olimpia Morata (die im frühen 16. Jahrhundert lebte) sind uns Briefe, Gedichte, Reden und Abhandlungen erhalten, die Zeugnis davon ablegen, daß diese Frauen mit den Humanisten ihrer Zeit auf einer Stufe standen. Die vier letztgenannten waren von ihren Vätern, selbst Humanisten, Patrizier oder beides, unterrichtet worden, Isotta Nogarola unter Aufsicht ihrer verwitweten Mutter von einem Humanisten der Guarini-Schule. Abgesehen von den schmeichelnden Worten, die sie von einigen humanistischen Verehrern ernteten, stießen diese Frauen auf den massiven Widerstand der männlichen Intellektuellen, welche fanden, daß Frauen ein bißchen Gelehrsamkeit zwar gut anstünde, daß zuviel davon jedoch vermännlichend und abstoßend sei. Die Befürchtungen dieser Frauen und ihre Enttäuschung und Unzufriedenheit über die geringen Chancen, mit denen sich Frauen in ihrer Gesellschaft abfinden mußten, werden – insbesondere bei Isotta Nogarola und Laura Cereta – in ihren Werken spürbar. Trotz allem schufen sie einen hohen akademischen Maßstab für Frauen, der bis zu Beginn unserer Epoche nur in seltenen Fällen wieder erreicht werden konnte.

Das in Italien zu beobachtende Phänomen der gelehrten Frau war in gewissem Umfang auch in anderen Ländern wiederzufinden, so z. B. in den deutschen Städten. Zu erwähnen ist hier die aus dem Patriziertum stammende Ordensfrau Caritas Pirckheimer, deren Werke auf ein Verbot der kirchlichen (protestantischen) Autoritäten hin nicht veröffentlicht werden durften. Von ihr ist uns eine Sammlung privater Briefe erhalten geblieben. In Frankreich ragt besonders die Person der aus Italien stammenden Christine de Pisan heraus, von der an späterer Stelle noch zu berichten sein wird. All diese Frauen, die oben genannten italienischen Humanistinnen mit eingeschlossen, entstammen dem städtischen Patriziat. In den Monarchien Englands und Frankreichs hingegen waren gelehrte Frauen meist anderer Herkunft: Sie stammten aus dem Hochadel oder waren sogar königlichen Geblüts. Die Französin Margarete von Navarra, die Schwester des französischen Königs, ist hierfür ein gutes Beispiel. In England waren, mit Ausnahme der Töchter des aus dem Landadel stammenden Thomas Morus, die im frühen 16. Jahrhundert wegen ihrer Gelehrsamkeit Berühmtheit erlangten, fast alle hochgebildeten

Frauen königlicher Abstammung. Die Katholikin Katharina von Aragon (die am Hofe der spanischen Königin Isabella erzogen worden war) und ihre Tocher Mary Tudor (eine Schülerin von Juan Luis Vives) verfügten über eine gewisse Kenntnis religiöser Schriften. Die Protestantin Catherine Parr, die sechste Frau Heinrichs VIII., welche schließlich ihren Gemahl überlebte, förderte ebenfalls diese Form frommer weiblicher Gelehrsamkeit. Sie selbst zählt zu jenen acht englischen Schriftstellerinnen, deren Werke zwischen 1486 und 1548 veröffentlicht wurden. Überragt werden all diese Frauen durch zwei Gestalten aus der nachfolgenden Generation, den beiden strahlendsten Vertreterinnen der humanistischen Tradition: Jane Grey, die Enkelin Heinrichs VII., die ein Opfer der Ansprüche ihrer Familie auf den englischen Thron wurde, und Elisabeth Tudor, die Tochter und Thronnachfolgerin Heinrichs VIII.

Für Lady Jane Grey bedeutete die Gelehrsamkeit, ebenso wie für einige der bereits erwähnten italienischen *erudite*, eine Befreiung von ihrem ansonsten recht eingeschränkten Leben. So berichtet der Humanist Roger Ascham von einem Gespräch mit der jungen Frau: Als er sie einmal zu Hause beim Studium des griechischen Originals von Platons *Phaidon* antraf, während ihre ganze Familie zur Jagd geritten war, fragte er sie, warum sie denn die Gelegenheit zu solch sportlicher Betätigung nicht wahrnehme. Ihre Antwort war, daß Platon ihr größeres Vergnügen bereite. Der Grund hierfür, so gestand sie, sei, daß ihre harten und anspruchsvollen Eltern sie bei allen anderen Tätigkeiten ständig verbesserten, kritisierten oder schlugen. Wenn sie aber studiere, sei sie frei. Aufgrund der Beschränkungen, die ihr ihre gesellschaftliche Stellung auferlegte, und wegen der Kürze ihres Lebens konnten ihre Studien niemals in ein Stadium der Vollendung gelangen, doch erinnert ihre Entdeckung, welch eine Befreiung in geistiger Arbeit liegen kann, an die Erfahrungen der großen italienischen Humanisten. Königin Elisabeth betrieb in ihrer Jugend Studien unter der Anleitung von Ascham, der 1550 schrieb, daß keine andere sie überträfe. Sie beherrschte fließend Latein und war außerdem des Griechischen mächtig; sie las drei Stunden täglich Geschichte und beschäftigte sich mit Theologie, Philosophie und den anderen Wissenschaften, die in ihrer Epoche zur höheren Bildung zählten. Anders als ihre Blutsverwandte Jane Grey lebte Elisabeth lange genug, um ihre gewaltigen Talente zu nutzen, die durch eine eigentlich für Männer bestimmte Bildung zurechtgeschliffen worden waren.

Die nach humanistischen Idealen ausgerichteten Grundsätze der

Frauenerziehung, die im Italien des 15. Jahrhunderts und in anderen Regionen Europas im 16. Jahrhundert weithin anerkannt worden waren, verloren bis zum 17. Jahrhundert in den oberen Gesellschaftsschichten an Bedeutung. Das neue Bildungsideal für Frauen dieser Stände beinhaltete keine intellektuelle Förderung mehr. Im besten Falle sollten junge Frauen gewisse »Fertigkeiten« (Zeichnen, Tanzen, Fremdsprachen, Musizieren) erlernen, die der Unterhaltung von Familienmitgliedern und Besuchern dienen und ihre Anziehungskraft für geeignete Ehemänner erhöhen sollten. Castiglione hatte in seinem Werk *Il Cortigiano* dieses andere Ideal bereits angedeutet, als er forderte, daß Frauen musizieren, tanzen, malen können, sich in der Literatur auskennen und zu geistreicher Konversation fähig sein sollten. Er ersetzte also die traditionellen Grundsätze weiblicher Erziehung – Spinnen, Weben, Schweigen und Keuschheit – durch andere Maßstäbe, die jedoch der Vorstellung von der Frau als gelehrter oder schöpferisch tätiger Persönlichkeit ebenso abträglich waren.

Die Stimme der Frau und die Antwort des Mannes

Da Frauen so oft zum Schweigen verurteilt waren, ist es erstaunlich, daß sie überhaupt ihre Stimme erhoben. Doch immerhin war aus dem nahezu völligen Verstummen im Mittelalter im 17. Jahrhundert ein leises Raunen geworden; gegen Ende des Jahrhunderts stammten 2% aller veröffentlichten Werke aus der Feder von Frauen. Während der Renaissance stellten sie zwar immer noch eine Minderheit unter jenen dar, die sich mit dem geschriebenen Wort an die Öffentlichkeit wandten, jedoch eine Minderheit, die Aufmerksamkeit für sich verlangte und forderte, daß das Bild von der Rolle der Frau in ihrer Welt neu zu überdenken sei.

Eine der ersten Autorinnen dieser Ära – und wahrscheinlich auch die berühmteste – war die in Venedig geborene Christine de Pisan, die zu Beginn des 15. Jahrhunderts in Paris lebte und, nachdem sie Witwe geworden war, mit ihrer schriftstellerischen Tätigkeit ihren Lebensunterhalt bestritt. Die Verfasserin zahlreicher Werke – geschichtliche Abhandlungen, Gedichte, Briefe, die durch ihre Kühnheit und Originalität überraschen – bezog am deutlichsten Stellung in ihrem Werk *Cité des dames*. Hier beschrieb sie eine autarke Gesellschaft aus weiblichen Herrscherinnen und arbeitenden und lernenden Frauen. In ihrem *Livre des trois vertus* (1405) skizzierte sie, wie ihrer Auffassung nach eine angemessene Erziehung und Bildung für Frauen auszusehen habe, je nachdem ob es sich um Frauen königlicher Abstammung, Frauen des Hof- und Landadels, Frauen des städtischen Bürgertums und des Handwerkerstands oder um Landarbeiterinnen handelte. Ihr Plädoyer für die Mädchenbildung begründete sie damit, daß der Verstand von Mädchen, wenn er nur richtig gefördert würde, ebenso scharf sei wie der von Knaben. Christine de Pisan selbst hatte besondere Förderung durch ihren Vater erfahren, der auf ihr beachtliches Wissen stolz war, während ihre Mutter versuchte, sie von geistigen Bestrebungen abzuhalten und ans Spinnrad zurückzudrängen.

Christine de Pisans Erbe auf dem Gebiet der ernsthaften Schriftstellerei traten die italienischen Humanistinnen Isotta Nogarola, Laura Cereta, Cassandra Fedele, Alessandra Scala und Olimpia Morata an, die im Jahrhundert nach Christines Tod Berühmtheit erlangten. Die Werke dieser engagierten gelehrten Frauen zeichnen sich durch ihren besonders geschliffenen Stil aus, enthielten aber gleichzeitig auch eine dringliche Botschaft. So waren es unvergeßliche und stürmische Momente der feministischen Geschichte, als Isotta Nogarola auf der Unschuld der Urmutter Eva beharrte und Laura Cereta selbstzufriedene und ziellose Frauen als Verräterinnen ihres Geschlechts bezeichnete. Im 16. Jahrhundert entfernten sich die gelehrten italienischen Frauen von der humanistischen Tradition, behandelten aber weiterhin Themen, die für die Klärung der Situation der Frau von Bedeutung waren. In Moderata Fontes *Il merito delle donne* (vor dem Jahre 1592 verfaßt) tritt die Figur der Universalgelehrten Corinna für die Unabhängigkeit der Frau ein: Sie würde lieber sterben, so bekräftigt Corinna, als sich Männern zu unterwerfen. Die ebenfalls aus Venedig stammende Lucrezia Marinella vertrat in ihrer ungeheuer populären Schrift *La nobiltà et l'eccellenza delle donne* (1600) die Auffassung, daß Frauen in Wahrheit den Männern überlegen seien. Eine dritte Venezianerin, die unfreiwillige Nonne Arcangela Tarabotti, stritt mit ihrem Werk *La semplicità ingannata*, in dem sie die Sitte, Frauen ins Kloster zu sperren, verurteilte, für die grundsätzliche Freiheit der Frau.

Wichtige Stimmen waren auch die Dichterinnen des 16. Jahrhunderts, die teilweise noch lateinisch, häufiger aber schon in ihrer Muttersprache schrieben. Sie vermochten durch Reflexion der von ihnen durchlebten Kämpfe und Liebeserlebnisse das Seelenleben der Frauen darzustellen: Zu den größten unter ihnen zählen die Italienerinnen Vittoria Colonna, Gaspara Stampa, Veronica Franco und die Französin Louis Labé. Veronica Franco und Louise Labé, die eine Tochter eines Höflings, die andere eines Seilers, widersetzten sich offen jener Konvention, die Frauen Keuschheit und Schweigen vorschrieb: Ihre sehr direkten, schönen und kühnen Schilderungen ihrer Ansichten über Gesellschaft und Sexualität sind ihre zentrale Botschaft. Beide Frauen verdankten den Freiraum für ihre schriftstellerische Tätigkeit ihrer urbanen Lebenssphäre (die vielfältig, bewegt und pulsierend war) und der Tatsache, daß ihre eigene soziale Identität sich zwischen den feststehenden Standesunterschieden bewegte. Andererseits bedeutete ihre einzigartige soziale Stellung auch eine Einschränkung für diese Frauen. Denn um ihren Zielen näherzukommen, waren sie auf männliche Bewunderung, männliche Aufmerksamkeit und ein männliches Publikum angewiesen. Diese Rebellinnen gegen die sexuellen Anstandsnormen waren also ironischerweise ebenso von sozial hochgestellten Männern abhängig, als hätten sie niemals ihren Salon verlassen.

Im Gegensatz zu diesen mutigen Wahrheitssucherinnen begnügten sich andere in ihrer Muttersprache schreibende Autorinnen des 16. und 17. Jahrhunderts mit jenen Literaturgattungen, die bereits weiter oben im vorliegenden Kapitel erwähnt wurden. Ihre Werke konzentrierten sich auf zwei Bereiche: Familie und Gott. Sie schrieben über ihre Kinder, für ihre Kinder, an ihre Kinder und an Gott, für Gott und über Gott. Angefangen bei der im 2. Jahrhundert n. Chr. lebenden afrikanischen Sklavin Perpetua und der im 9. Jahrhundert lebenden Fränkin Dhuoda waren dies die typischen weiblichen Literaturgattungen (sofern Frauen überhaupt schrieben). Einige weibliche Pioniere erweiterten jedoch diese Ausdrucksskala bis zum 17. Jahrhundert um geschichtliche Werke und Autobiographien, die bis dahin eine männliche Domäne gewesen waren. (Christine de Pisan stellte hier eine Ausnahme dar.) Besonders in England kam es während des Bürgerkriegs, dessen Wirren vielen Frauen eine gewisse Unabhängigkeit verschafften, häufig vor, daß Frauen ihre Erlebnisse und Erfahrungen niederschrieben und auf diese Weise wertvolle Zeugnisse über die Ereignisse ihrer Epoche hinterließen. Doch sogar hier machen sich die traditionellen Züge weiblicher Schriftstellerei bemerkbar, denn auch wenn die Frauen sich einer neuen Literaturgattung bemächtigten, so schrieben sie ausschließlich, oder hauptsächlich, für oder über ihre Familien.

Im Laufe der Jahrhunderte erweiterte sich das Spektrum der literarischen Genres, derer sich Frauen als Ausdrucksmöglichkeit bedienten, beträchtlich, so daß ein sich ständig vergrößerndes Forum entstand, auf dem sich die weibliche Stimme Gehör verschaffen konnte. In diesen Jahrhunderten, in denen sich der rechtliche und ökonomische Status der Frau verschlechterte, in denen Frauen Opfer von Hexenjägern und Inquisition wurden, in denen sie zu Hause eingesperrt wurden, während die Männer auszogen, um zu erforschen und zu erobern – in diesen Jahrhunderten wurden auch Stimmen des Protests laut. Zwar waren die betreffenden Frauen bei weitem nicht so gebildet wie Männer, doch vertraten sie ihre Auffassungen ebenso mutig wie diese. Bis zu einem gewissen Grade verstanden sie ihren Protest als eine Art bewaffneten Kampf. So verwies die Ordensfrau Beatrice del Sera darauf, daß Schwert und Feder gleichwertig seien (ebenso wie andere den Gegensatz zwischen Feder und Spindel betont hatten): Wenn es doch manche Frauen gewagt hatten, zu den Waffen zu greifen und Schlachten zu schlagen, warum sollten dann andere nicht mit Hilfe der Feder anstatt Krieg zu führen, nach Frieden streben? Möglicherweise ist dieser Kampfgeist einiger Schriftstellerinnen die Erklärung dafür, warum es in der Literatur der Renaissance vor bewaffneten, gefährlichen Frauen nur so wimmelt: In den Werken Ariosts und Tassos bis hin zu Spenser und Milton bevölkerten sie in den ersten beiden Jahrhunderten nach Erfindung der Druckkunst die Buchseiten.

Es handelte sich hier also um Frauen, die, wie Jeanne d'Arc mit dem Schwert, mit der Feder bewaffnet und von ihrer heiligen Mission überzeugt, fremdes Territorium eroberten: bewundert von einigen wenigen, meist jedoch gehaßt von denen, deren Domäne sie bedrohten. Diese Frauen, die aufgrund ihrer Ambitionen oder bedingt durch ihre Lebensumstände in eine Amazonenrolle schlüpften und mutig in die den Männern vorbehaltenen Gehege von Kultur und Gesellschaft eindrangen, nahmen es in Kauf, daß ihre geschlechtliche Identität nicht mehr wahrgenommen oder ihnen sogar ganz abgesprochen wurde. Dabei spielte es keine Rolle, auf welches Terrain – ob nun politisch, wirtschaftlich oder kulturell – sie sich vorwagten. Sie wurden als männische, verbissene und grotesk anmutende Wesen empfunden und nahmen sich häufig auch selbst so wahr. Entkommen konnten sie diesem Klischee, bzw. dieser Selbsteinschätzung nur, indem sie sich gleichzeitig aufs strikteste den Regeln unterwarfen, die in ihrer Gesellschaft für Frauen galten: Keuschheit, Schweigen und Gehorsam.

Besonders scharf reagierten die männlichen Autoren auf die weiblichen Vorstöße in die kulturelle Domäne. Die bereits alte Tradition misogyner Literatur wurde in der Renaissance in einem verbissenen Schlagabtausch fortgesetzt, der unter der französischen Bezeichnung *querelle des femmes* bekannt ist. Ein Plädoyer für die Vortrefflichkeit der Frau (gleich ob nun von einem Mann oder einer Frau vorgebracht) provozierte neue Attacken, die wiederum nach Verteidigung riefen. Das Ausmaß, in dem dieser Streit über den grundsätzlichen Wert der Frau Eingang in die literarische Diskussion fand, ist ein Zeichen dafür, wie tief das männliche Unbehagen, nicht so sehr über die eigentliche Existenz der Frau, sondern über ihre Forderung nach Aufmerksamkeit reichte. Diese *querelle* wurde in Latein und in den verschiedenen Muttersprachen ausgetragen, sie tobte in Italien, Frankreich, England und den deutschen Staaten und bewegte die Gemüter von Katholiken, Protestanten und Juden. Der zündende Funke hierzu war von dem Angriff auf die Frauen ausgegangen, den Jean de Meung in einer Fortsetzung seines *Rosenromans* vorgebracht hatte und welcher in einem Kommentar von Jean de Montreuil (1401) auf lebhafte Zustimmung gestoßen war. Dieses Werk, das Christine de Pisan persönlich zur Begutachtung vorgelegt wurde, inspirierte diese frühe Feministin zu einer Verteidigung der Frau. Daraus ergab sich eine Debatte in Pariser Gelehrtenkreisen, die sich bis an die Schwelle der Moderne ausdehnte. In der Zeit zwischen 1595 und 1655 wurden in Frankreich mindestens 21 Werke für und wider die Frau veröffentlicht. In England wurde die »Frauenfrage« in einer Reihe von Schriften erörtert, die von der misogynen *The Schole House of Women* (1541) herausgegeben worden waren und in dem berühmten Traktat *Hic mulier* (1620) den Gipfel der Polemik erreichten. Erst nach 1639 verlor diese Gruppe wieder an Bedeutung. In *Hic mulier* konzentriert sich augenscheinlich der ganze Haß, den Männer jenen Frauen gegenüber empfanden, die nach literarischem Ruhm oder politischer Geltung strebten: diese geschlechtslosen »maskulin-femininen« Wesen sollten doch ihre »Abartigkeiten« ablegen und die ihnen geziemenden Eigenschaften und Aufgaben annehmen: Sie sollten sich in Keuschheit, Schweigsamkeit, Frömmigkeit und Gehorsam gegenüber ihrem Gefühl üben und ihren Kindern eine nährende Mutter sein.

Obwohl die meisten Männer der uralten Tradition der Frauenfeindlichkeit verhaftet blieben, unterstützten manche die Auffassung (meist in Werken, die berühmten Frauen gewidmet waren), daß Frauen hochzuschätzende Qualitäten besäßen. So hatte der Dichter und Gelehrte Giovanni Boccaccio sicherlich die Absicht, ein Lob der Frau zu singen, als er sein einflußreiches Werk *De claris mulieribus* (dt. Von etlichen Frowen, 1407) verfaßte. Seine Parade herausragender Frauen, die vom Alten Testament durch das ganze Mittelalter hindurch geht, machte allen Lesern bewußt, daß das weibliche Geschlecht in der gesamten Literatur völlig übersehen worden war. Vielleicht sollte man ihm deshalb auch nicht vorwerfen, daß er damit den Frauen unabsichtlich Schaden zufügte. Denn die meisten Frauen, die er in seinem Werk vorstellte, verkörperten die traditionellen Tugenden der Keuschheit, der Schweigsamkeit und des Gehorsams; ihr Beispiel verstärkte eher die misogyne Haltung der Männer. Jene wenigen in der öffentlichen Sphäre aktiven und produktiven Frauen, die er beschrieb (solche furchterregenden Gestalten wie Zenobia, Penthesilea, Camilla und dergleichen), hatten die weiblichen Sexualnormen in irgendeiner Weise verletzt, weshalb sie auch geziemend bestraft wurden. Obwohl also diese Vorbilder für eine neue Generation von Frauen, die sich danach sehnten, ihre Ketten zu sprengen, verlockend erscheinen mußten, förderten sie lediglich die weitere Unterdrückung der Frau.

Boccaccios Abhandlung war der Auslöser für eine Flut von Werken aus der Feder anderer männlicher Gelehrter, die sich mit herausragenden Frauengestalten aus der Bibel, der Antike und dem Christlichen Mittelalter befaßten. Zu ihnen zählten Filippo da Bergamo, Giulio Cesare Capacio, Ludovico Domenichi, Jacopo Filippo Tomasini (der auch Werke von Laura Cereta und Cassandra Fedele veröffentlichte) und Bernardo Scardeone. Im Ferrara des 15. Jahrhunderts, das von dem Adelsgeschlecht der d'Este regiert wurde und dessen weibliche Angehörige ebenfalls einen prägenden Einfluß auf die Stadt ausübten, schrieb der Humanist Bartoloméo Goggio für Eleanora von Aragon sein *De laudibus mulierum*. Der Urhumanist und reformatorische Vorreiter Erasmus von Rotterdams war ein engagierter Befürworter der Frauenbildung. Spinnrocken und Spindel (einmal mehr tauchen diese Gegenstände auf), so argumentierte er, seien für Frauen von Nutzen, doch Studien, die die ganze Seele in Anspruch nähmen, seien noch nützlicher. In einem seiner *Kolloquien* führt eine gelehrte Frau ein Streitgespräch mit einem Abt, in dem sie als Befürworterin und dieser als Gegner weiblicher Bildungsbestrebungen auftritt.

Der bemerkenswerteste Streiter für das Recht der Frau auf Bildung und persönliche Weiterentwicklung war der deutsche Universalgelehrte Heinrich Cornelius Agrippa von Nettesheim. In seiner Abhandlung *De nobilitate et praecellentia foeminei sexus declamatio* vertrat er eine überraschende These: Der einzige Unterschied zwischen Männern und Frauen läge in ihrer Anatomie. Weil beide für das gleiche Ziel geschaffen seien, besäßen sie ein gleichwertiges Maß an Geistesgaben, Verstand und Worten. Adam, und nicht Eva, sei der größere Sünder am Anfang der Welt gewesen (hierin stimmt er mit Isotta Nogarola überein), und deshalb sei Jesus als Mann, und nicht als Frau, zur Errettung der Menschen auf die Erde gekommen. Ein beinahe ebenso energischer Kämpfer für die Frau war der Engländer Sir Thomas Elyot. Seine Schrift *Defense of Good Women* (1540) hatte er nicht nur für einen ganz bestimmten weiblichen Souverän, nämlich Königin Elisabeth geschrieben, sondern er sprach der Frau auch allgemein das Recht zu herrschen zu und stufte Männer und Frauen als gleichermaßen vernunftbegabte Kreaturen ein. Die in der Antike lebende Königin Zenobia, eine jener kämpferischen Gestalten, die unter Boccaccios Heldinnen und unter denen seiner Nachahmer in der Gattung der Biographiensammlungen »weiblicher Persönlichkeiten« zu finden sind, tritt hier auf und fordert für die Frauen das Recht auf Bildung.

Eva, Maria, Amazone

Wenn die Frauen also so viele Fürsprecher hatten, warum erlebten sie dann in den Jahrhunderten der Renaissance keine Triumphe? Nun, im Kern stellt sich das Problem folgendermaßen dar: Wenn Männer Frauen *um ihrer Weiblichkeit willen* rühmten, dann meinten sie damit Eigenschaften, durch die eine Frau sich nur auszeichnen konnte, wenn sie zuhause oder im Kloster eingesperrt blieb, ihre Zeit mit Spinnen, Weben und Beten verbrachte, oder, sofern sie des Lesens und Schreibens mächtig war (zumindest dazu hielt man Frauen für fähig), sich ausschließlich der Lektüre religiöser Schriften befleißigte und nur für sich selbst oder ihre Familie schrieb. Rühmten Männer hingegen die *Bildung oder die Talente* einer Frau, dann hatte dieses Lob einen bitteren Beigeschmack: Solche talentierten Frauen seien eigentlich gar keine »richtigen« Frauen. Das höchste Lob, das Boccaccio einer Frau aussprechen konnte, bestand darin, zu sagen, daß sie »männlich« sei; Elisabeths Lehrer Ascham konnte in seiner Schülerin keine Spur von weiblicher Natur entdecken. Frauen konnten sich entweder dafür entscheiden, eingesperrt zu bleiben oder ihr Geschlecht zu verleugnen: Sie konnten zwischen dem Vorbild Evas, dem Marias und dem der Amazone wählen.

Der Mann der Renaissance hatte acht Gesichter, die Frau nur drei:

Maria, Eva und Amazone; Jungfrau, Mutter oder altes Weib. Da die ersten beiden Gestalten sich in einem unauflösbaren Widerspruch verfingen und erstarrte Polarisierungen weiblicher Lebensmöglichkeiten darstellten, gehörte die Zukunft der dritten Figur. Aus der Amazone, von deren eherner Gestalt in der Renaissance immer wieder ein Schimmer zu erhaschen war, wurde die moderne Frau geboren. Diese hat, wie die Amazone, die Bürde der Einsamkeit zu tragen, konnte aber bisher trotzdem noch keine vollständige Freiheit erringen. Mag sein, daß diese Freiheit – Jahrhunderte nach der Renaissance des Mannes – endlich in einer zukünftigen Renaissance der Frau errungen werden wird.

Kapitel 9

Der Reisende und der Eingeborene

Tzvetan Todorov

An der Wende vom 15. zum 16. Jahrhundert ist zweifellos eine außerordentliche Beschleunigung der europäischen Geschichte, ja sogar der Weltgeschichte zu beobachten. Ein Europäer des Jahres 1490 konnte sich eine umfassende Vorstellung von Europa und den um das Mittelmeer gelegenen Ländern machen. Er hatte wohl auch eine vage Ahnung von Afrika und Asien, doch ergab sich daraus kein zusammenhängendes Bild. Ebenso ging er davon aus, daß die Erde rund ist, ihre Ausmaße aber kannte er nicht. In den dreißig darauffolgenden Jahren wandelt sich jedoch alles. 1492 überquert Columbus den Atlantik und »entdeckt« die Antillen; etwas später erreicht er dann sogar den amerikanischen Kontinent. 1498 umsegelt Vasco da Gama das Kap der Guten Hoffnung und entdeckt den Seeweg nach Indien. Im Jahre 1500 landet Pedro Alvarez an der brasilianischen Küste. Cortez betritt 1519 den Boden Mexikos und beginnt mit der systematischen Eroberung des Kontinents. Magellans Schiffen schließlich gelingt im Jahre 1522 nach dreijähriger Fahrt die erste Weltumsegelung. Niemals zuvor hatte sich innerhalb von dreißig Jahren das Angesicht der Welt so sehr verändert.

Diese Veränderung hatte genaugenommen zwei Seiten. Einerseits vergrößerte sich die Welt zu schier unvorstellbaren Ausmaßen. Dieser Prozeß war schon in den voraufgehenden Jahrzehnten mit der Wiederentdeckung der griechisch-römischen Vergangenheit eingeleitet worden: Das wiedererlangte Bewußtsein jener Zeit verlängerte die Zeitspanne der bekannten Geschichte um das zehn- bis zwanzigfache, und dementsprechend nahm auch das Verständnis für die Größe der Menschheit zu. Der zeitlichen Expansion folgte eine räumliche. Neben dem Mittelmeer kannte man nun den Atlantischen, den Pazifischen und den Indischen Ozean; Europa sah sich mit der Existenz Amerikas, Afrikas und Asiens konfrontiert. Noch nie war die Welt so groß gewesen: nicht nur im Vergleich zu früheren Vorstellungen, sondern auch aufgrund der immer noch geringen Reisegeschwindigkeit (die sich jedoch in den folgenden Jahrhunderten immer mehr beschleunigen sollte). Reisen dauerten nun nicht mehr Tage, sondern Jahre.

Andererseits konnte sich die Welt nun ihrer Begrenztheit bewußt werden und den ersten Schritt hin zu ihrer Einigung tun. Zuvor war es zwar nicht möglich gewesen, so weit zu reisen, doch da die Welt zum größten Teil unbekannt war, konnte man sie dennoch für unendlich groß halten. Natürlich wurden bis ins 19. Jahrhundert hinein neue Landstriche entdeckt, doch wollte man dabei lediglich nach und nach die verbliebenen weißen Flecken auf einer Landkarte beseitigen, deren Umrisse bereits feststanden. Für die Einigung der Welt war Magellans Weltumsegelung sicherlich nur ein kleiner zaghafter Schritt. Dennoch nahm dadurch im Denken der Menschen jene Einheit Gestalt an, die zusammen mit der Verbesserung der Verkehrsverbindungen zu wachsen begann.

Gebildete Europäer erfuhren all diese Neuigkeiten aus Berichten, deren Autoren entweder die Reisenden selbst waren oder Chronisten, die die fernen Länder zwar niemals mit eigenen Augen gesehen, aber mündliche Erzählungen gesammelt hatten. Genaugenommen gingen die Berichte, wenn es auch paradox erscheinen mag, den Reisen voraus. Seit dem Hochmittelalter standen mehr oder weniger phantastische Reiseberichte hoch in der Gunst des Publikums und gaben seiner Neugier immer neue Nahrung. So erfuhr man, daß der irische Mönch St. Brandan sieben Jahre lang zum irdischen Paradies unterwegs gewesen sei, dabei allen Gefahren getrotzt habe und allen möglichen übernatürlichen Wesen begegnet sei. Zu Beginn des 14. Jahrhunderts veröffentlichte Marco Polo nach seiner Rückkehr von einer Reise nach China seinen Reisebericht *Die Wunder der Welt*, der zwar keinerlei Hang zum Übernatürlichen aufweist, aber nichtsdestoweniger seinen Titel rechtfertigt. Etwas später verfaßte John Mandeville sein *Voyage d'Outre-Mer* (Die Reisen des Ritters John Mandeville durch das gelobte Land), ein unentwirrbares Geflecht von Tatsachen und sagenhaften Geschichten. Auch er beschreibt hier das irdische Paradies. Zur gleichen Zeit erschienen immer mehr Kompilationen, *Kosmographien* oder *Weltbilder* (darunter das berühmte *Imago Mundi* des Kardinals Pierre d'Ailly), die ein Inventar des Wissens über alle Länder und Völker der Erde boten. Diese Werke erreichten einen hohen Bekanntheitsgrad und bereiteten in gewisser Weise die Berichte der Reisenden vor, die die dort enthaltenen Informationen übrigens für bare Münze nahmen. So kam es, daß Kolumbus auf seine Fahrt Briefe für den von Marco Polo beschriebenen Großen Khan mitnahm, und Vasco da Gama dem legendären Priesterkönig Johannes, der nach dem Bericht Mandevilles in Indien lebte, Botschaften überbringen wollte.

Folglich waren die Leser und Zuhörer auch nicht sonderlich erschüttert, als ihnen die ersten Berichte über die neuen Entdeckungen zu Ohren kamen, und wahrscheinlich erging es den Reisenden selbst, die ja ebenfalls Leser und Zuhörer gewesen waren, nicht viel anders. Doch gab es für diese Reaktionen neben der Popularität jener älteren Berichte noch einen zweiten Grund, der mit einem besonderen Zug der europäischen Geschichte zusammenhing. Die geographischen Gegebenheiten des Mittelmeeres bedingten den Kontakt zwischen ethnisch sehr unterschiedlichen Volksgruppen: christliche Europäer, Mauren und moslemische Türken, animistische Afrikaner. Zu dieser geographischen Heterogenität kam in der Renaissance bei den Europäern noch das Bewußtsein der eigenen historischen Heterogenität, denn sie fühlten sich nun als die Erben zweier völlig eigenständiger Traditionen: der griechisch-römischen und der jüdisch-christlichen – wobei die letztere schon in sich nicht homogen ist, da sich diese Religion in einzigartiger Weise auf der Grundlage von zwei verschiedenen Glaubenssystemen (Christentum und Judentum) entwickelt hat. Mit anderen Worten, die Europäer waren mit der kulturellen Vielfalt aufgrund ihrer eigenen Vergangenheit und Gegenwart durchaus vertraut; in gewisser Weise verfügten sie also bereits über eine »Schublade«, in die sie neuentdeckte Völker einordnen konnten, ohne daß dadurch ihr gesamtes Weltbild ins Wanken geriet.

Deutlich zeigt dies das Beispiel der Eroberung Amerikas durch Spanien. Als die Konquistadoren die Kultstätten der Indiovölker erblickten, bezeichneten sie diese spontan als »Moscheen«: Der Mechanismus ist hier besonders auffällig, da mit diesem Begriff alsbald jeder Tempel bezeichnet wurde, der einer nicht-christlichen Religion diente. Wenn die Spanier eine etwas größere Stadt entdeckten, nannten sie diese sogleich »das große Kairo«. Und um seinen Eindruck von den Mexikanern wiederzugeben, schrieb Fancisco de Aguilar, einer der ersten Chronisten, auch prompt: »Als Kind und junger Mann begann ich zahlreiche Geschichten und Berichte über die Perser, Griechen und Römer zu lesen.

Durch meine Lektüre waren mir zudem die in Portugiesisch-Indien üblichen Riten bekannt.« Auch die Illustrationen jener Epoche bezeugen diese Projektion von Vertrautem (selbst wenn es als etwas merkwürdig empfunden wurde) auf das Unbekannte.

Die Reisenden sind zahlreich und ebenso die Reiseberichte: Im 16. Jahrhundert erschienen in jedem größeren europäischen Land mehrere hundert. Natürlich befanden sich darunter Werke verschiedenster Prägung. Dies lag zum einen an der Verschiedenartigkeit der bereisten Länder. Unter diesen kristallisierten sich drei große Hauptreiseziele heraus: zunächst Amerika, die fremdartigste und wildeste dieser Welten; in der entgegengesetzten Himmelsrichtung China, das zwar schwer zugänglich schien, dessen Einwohner aber sicherlich keine Wilden waren, schließlich die Türkei, jene klassische Inkarnation der moslemischen Welt, die zwar nicht so weit entfernt, aber trotzdem rätselhaft war und gehaßt und gefürchtet wurde. Übrigens zog sie, anders als man heute vermuten könnte, das größte Interesse auf sich. Zum anderen lag die große Vielfalt der Berichte an den unterschiedlichen Zielsetzungen einer Reise: Man sieht ein Land mit jeweils anderen Augen, je nachdem, ob man als Eroberer oder Missionar, als Händler oder einfach als Entdeckungslustiger reist, und je nachdem, ob man freiwillig oder als Verbannter kommt. Natürlich gab es auch in der Persönlichkeit der Reisenden – genau wie in der Qualität ihrer Berichte – Unterschiede und von daher eine beträchtliche Variationsbreite in der jeweiligen Beschreibung der Eingeborenen. Doch anstatt den Versuch zu unternehmen, die Gesamtheit all dieser Berichte zu erfassen, wollen wir uns hier auf einige besonders einflußreiche und gleichzeitig für diese Vielfalt repräsentative Beispiele konzentrieren, indem wir uns auf die Reisen nach Amerika beschränken.

Christoph Columbus

Es kann nicht erstaunen, daß der erste und berühmteste der großen Reisenden der Epoche keine perfekte Verkörperung jenes neuen Geistes war, der zu dieser Zeit zu entstehen begann. Christoph Columbus (1451–1506) war aus heutiger Sicht ein Mann mit zwei Gesichtern, der zugleich der Vergangenheit verbunden blieb und die Zukunft ankündigte. Zweifellos konnte jener, der soviel zur Geburt der modernen Welt beitrug, ihr nicht bereits mit Leib und Seele angehören.

Allein schon die Vielzahl der Beweggründe, die Columbus zu seinen Reisen veranlaßten, erhellen seine zwiespältige Persönlichkeit. Das Hauptmotiv zunächst hatte nichts Modernes an sich: Es war religiöser Natur. Dieser Aspekt verschwindet allerdings etwas hinter dem immer wiederkehrenden Thema »Gold«, jenem Symbol des Reichtums, das allen religiösen Bestrebungen eigentlich diametral entgegengesetzt war. Doch dies diente nur dem Schein. Columbus sprach nur deshalb von Gold, weil seine Ansprechpartner genau das von ihm erwarteten – seien es nun die Seeleute, die reichen Schiffseigner, die seine Expeditionen finanzierten, oder das katholische Herrscherpaar Spaniens, Ferdinand und Isabella. Und er verschätzte sich nicht, denn als sich herausstellte, daß die neu entdeckten Länder keine großen Goldvorkommen bargen, fiel Columbus in Ungnade.

Doch sein eigentliches Motiv war ganz anderer Natur: Er wollte die christliche Religion überall auf der Welt verbreiten. Aufgrund seiner Lektüre Marco Polos wußte er, daß der Große Khan, also der Kaiser von China, den Wunsch hegte, zum Christentum zu konvertieren: Ihn wollte Columbus auf dem »Westweg« suchen, um ihm dabei zu helfen, diesen weisen Entschluß in die Tat umzusetzen. Hinter diesem unmittelbaren Ziel zeichnet sich aber noch ein anderes, grandioseres Vorhaben ab, denn Columbus träumte von der Wiedereroberung Jerusalems und hoffte durch seine Reise die nötigen Mittel zur Finanzierung eines neuen Kreuzzuges aufzutreiben! Während seiner ersten Reise vertraute er diese Pläne seinem Tagebuch an: Er hoffe Gold zu finden, so schreibt er, »und das in solchen Mengen, daß die Könige binnen dreier Jahre die Wiedereroberung des Allerheiligsten« vorbereiten und ausführen können. Auf diese Weise habe ich Euren Hoheiten den Wunsch kundgetan, daß die Erträge meines gegenwärtigen Unternehmens für die Eroberung Jerusalems aufgewendet werden mögen, worüber Eure Hoheiten lachen ...« Columbus vergaß sein Vorhaben auch während seiner folgenden Reisen nicht und trug dessen Durchführung sogar seinen Erben auf: Sie sollten seine Hinterlassenschaft dazu verwenden, ein Heer auszurüsten, um das Heilige Grab für die Christenheit zurückzugewinnen.

Ein sehr anachronistisches Vorhaben also, denn Ende des 15. Jahrhunderts dachte sonst niemand mehr ernsthaft daran, einen Kreuzzug auszurichten; folglich ist verständlich, daß die katholischen Könige nur Gelächter dafür übrig hatten. Aber neben diesem religiösen Motiv taucht noch ein ganz anderes auf, das uns weit vertrauter erscheint. Columbus war nämlich ein Naturliebhaber, und schon das Entdecken neuer Länder, neuer Inseln und neuer Seewege schien ihm Freude zu bereiten. Ebenso wie ein Gegenstand, eine Handlung oder ein Lebewesen für den modernen Menschen nur dann schön sind, wenn sie ihre Berechtigung in sich selbst finden, so war das »Entdecken« für Columbus eine Handlung, die in sich selbst die schönste Belohnung barg. »Was ich will, das ist soviel sehen und entdecken, wie ich kann«, schreibt er in sein Tagebuch. Es genügte, daß ihm etwas von der Existenz einer neuen Insel zu Ohren kam, und schon packte ihn der Drang, sie zu sehen.

Columbus' Berührung mit der fernen Welt, die er den Europäern eröffnete, weist ebenfalls ambivalente Züge auf. Vorurteile und der Glaube an die traditionellen Autoritäten stehen in dauerndem Widerspruch zu seinen konkreten Erfahrungen; meist gewinnen jedoch die ersteren die Oberhand. So war Columbus nach dem Studium verschiedener Prophezeiungen und Phantasieberichte überzeugt, daß das Festland sich 750 Meilen hinter der Insel Hierro befand. Nachdem er diese Strecke zurückgelegt hatte, weigerte er sich, bei Nacht weiterzusegeln, aus Furcht, er könne das Festland verfehlen, das er *mit Sicherheit* ganz nah wußte. Nach seiner Rückkehr verfaßte Columbus ein *Buch der Prophezeiungen*, das eine Sammlung von Sprüchen aus der Heiligen Schrift enthält, die angeblich sein Abenteuer vorausgesagt hatten, und in dem er außerdem dessen Ausgang schilderte. Im Vorwort schieb er: »Ich habe bereits erklärt, daß mir bei der Durchführung der Expedition nach Indien der Verstand, die Mathematik und die Weltkarte von keinerlei Nutzen waren. Es handelte sich hier nur um die Erfüllung dessen, was Jesaja prophezeit hatte.«

Gleiches gilt für die Identifizierung der von ihm entdeckten Länder. Columbus wollte auf seiner Fahrt nach Westen die Länder Kathei (China) und Zipangu (Japan) erreichen – und so übersah er beharrlich jeden Hinweis, der diesem Entschluß hätte abträglich sein können. Bis zum Ende seines Lebens meinte er, in Asien oder auf den Inseln vor dessen Küste gewesen zu sein. Auch kam er eines Tages zu dem Schluß, daß Kuba Teil des Festlandes sei, und setzte jeglicher Diskussion über diese Frage ein Ende, indem er alle Besatzungsmitglieder *schwören* ließ, daß diese Auffassung der Wahrheit entspreche. Als er hingegen bei seiner dritten Reise die südamerikanische Küste erreichte, glaubte er sehr wohl, einen neuen Kontinent betreten zu haben. Diesmal konnte er sich nämlich auf Pierre d'Ailly berufen, der verkündet hatte, daß es auf der Erde vier Kontinente gäbe, die auf den vier Segmenten eines Kreises lägen. Columbus stellte sich folglich Südamerika als geographisches Gegenstück zu Asien vor, ähnlich wie Afrika zu Europa.

Dies ist nicht der einzige Hinweis auf eine stark von Vorurteilen geprägte Wahrnehmungsweise. Columbus war auf seinen Reisen immer gewappnet, alle möglichen Fabelwesen zu entdecken, und man kann mitverfolgen, wie er nun für sich selbst überprüfte, ob sie existierten oder nicht: Amazonen, ja; Menschen mit zwei Köpfen, nein; mit Schwanz, ja; mit Hundeköpfen, nein; usw. »Der Admiral sagt, daß er am Vortage, als er zum Fluß des Goldes ging, drei Sirenen gesehen habe, die aus dem Meer hochsprangen.« »Bleiben noch im Westen zwei Provinzen, die ich noch überhaupt nicht bereist habe, davon eine, die sie Avan nennen und wo die Leute mit einem Schwanz geboren werden.« Columbus hatte zudem bei Mandeville und Pierre d'Ailly gelesen, daß sich das irdische Paradies in Breiten mit gemäßigtem Klima, jenseits des Äquators, befinden sollte; auf seiner dritten Reise war er überzeugt, es an der Küste Südamerikas gefunden zu haben.

Nach dem gleichen Prinzip verliefen schließlich die ersten Begegnungen von Columbus mit den Indios. Zu Beginn fand keinerlei Kommunikation statt, und das aus gutem Grund: Keine Seite beherrschte die Sprache der anderen. Doch anstatt sich diese Tatsache einzugestehen und zu versuchen, dieses Hindernis zu überwinden, machte sich Columbus etwas vor und meinte, daß die Indianer ihm das mitteilten, was er zu hören wünschte. In der Überzeugung, in dem von Marco Polo beschriebenen Lande Kathei zu sein, »glaubte er zu verstehen, daß hier die gewaltigen Schiffe des Großen Khan ankämen«. Will man ihm glauben, so erzählten die Indios nur von Gold und Gewürzen, von reichen Händlern und edelmütigen Statthaltern. Ebenso war Columbus überzeugt, daß die Indios alles verstanden, was er zu ihnen sagte, obwohl seine eigenen Berichte das Gegenteil beweisen: Seine freundlichen Annäherungsversuche wurden als kriegerische Handlungen ausgelegt, und er selbst mißdeutete die Gesten der Indios in ähnlicher Weise.

In seinem Verhältnis zur Natur zeigte Columbus hingegen eine moderne Haltung. Vor allem beeindruckt die regelrechte Verehrung, die er ihr entgegenbrachte: Unaufhörlich äußerte er seine Bewunderung für Berge und Flüsse, Wiesen und Bäume, Fische und Vögel. Natürlich wollte er seine Entdeckungen in bestmöglichem Licht darstellen, doch gehen seine enthusiastischen Kommentare über bloße Konvention hinaus, und auch an seinem Verhalten wird spürbar, wie fasziniert er war: So unterbrach er seine Reise mehrmals, um die Schönheit der Natur bewundern zu können. »Es mutete ihn so wunderbar an, die Bäume und die Kühle, das so klare Wasser, die Vögel und die Lieblichkeit all jener Orte zu sehen, daß er meinte, er wolle wohl nie mehr von hier fortgehen.«

Doch Columbus begnügte sich nicht mit der Bewunderung und Verehrung der Natur, sondern wußte diese Natur auch zu deuten. Dies erklärt seinen Erfolg als Navigator: Immer wählte er die besten Winde und setzte die günstigsten Segel; er navigierte konsequent nach den Sternen und entdeckte die Deklination der Kompaßnadel. Er besaß zudem die Gabe, Pflanzen und Tiere sowie die Himmelskörper zu beobachten, was ihm einen seiner seltenen Erfolge im Bereich der zwischenmenschlichen Beziehungen bescherte: Als er schon acht Monate an der Küste Jamaikas festsaß, wollte es ihm nicht mehr gelingen, die Indianer zu überreden, ihm weiterhin ohne Gegenleistung Nahrungsmittel bereitzustellen. Doch war ihm der Zeitpunkt einer zukünftigen Mondfinsternis bekannt, so daß er den Eingeborenen verkünden konnte, er werde das Nachtgestirn vom Himmel stehlen, wenn sie seine Forderungen nicht erfüllten. Und als sich seine Drohung tatsächlich zu bewahrheiten begann, fügten sich die Kaziken.

Es trifft wohl zu, daß alle Facetten der Persönlichkeit des Christoph Columbus in gleichem Maße zur Entdeckung Amerikas beigetragen haben. Wäre er kein so sensibler Naturbeobachter und geschickter Navigator gewesen, so hätte er niemals sein Ziel erreicht. Hätte er aber nicht in der halb-phantastischen Welt alter Berichte und Prophezeiungen gelebt, so wäre sein Vorhaben erst gar nicht ausgeführt worden, denn etwas »realistischere« Seeleute hielten diese Reise für viel zu lang (man wußte ja nichts von der Existenz Amerikas) und zu gefährlich. Es bedurfte also eines so festen Glaubens, wie Columbus ihn hatte, um ein so waghalsiges Unternehmen zum Erfolg zu führen.

Wie verhält es sich aber mit den Eingeborenen, nicht so wie Columbus sie wirklich vorgefunden (das werden wir niemals erfahren), sondern so, wie er sie beschrieben hat? Nun, Columbus war auf jeden Fall ein weit besserer Beobachter der Natur als der Menschen. Was ihm am meisten an den Indios auffiel, war ihre Nacktheit. Dies war zwar richtig beobachtet, doch hatte Columbus noch andere Gründe, dies derart hervorzuheben. Diese Menschen, so folgerte er, kannten demnach keine Schamgefühle; mußten sie dann nicht ähnlich wie Adam vor dem Sündenfall sein? Und war das nicht ein weiterer Grund, anzunehmen, das irdische Paradies sei hier ganz nah? Wenn er auch schließlich diese faszinierende Hypothese aufgeben mußte, so kam Columbus die Nacktheit der Eingeborenen doch sehr gelegen: In seinen Augen symbolisierte sie das Fehlen von Kultur, was für ihn die Gewähr bedeutete, diese Menschen leicht für das Christentum gewinnen zu können.

Mit der Zeit aber änderte sich sein Bild von den Indios. Zu Beginn, als er seinen Entdeckungen Anerkennung verschaffen wollte, schilderte er alles in den schönsten Farben. Die Indios waren sanft und liebenswürdig, friedfertig bis zur Feigheit und die großzügigsten Wesen auf der Welt: Ohne Bedauern gaben sie alles her, was man von ihnen verlangte. Als Columbus dann später an der Kolonisierung des Landes beteiligt war, gewann er einen völlig entgegengesetzten Eindruck. Nun wähnte er sich von äußerst grausamen Feinden umzingelt; jene Indios, welche die Spanier angriffen, erschienen ihm als dreiste und rachsüchtige Wesen. Ihre Großzügigkeit deutete er auf einmal als Hang zur Dieberei, denn ebenso leicht wie sie das, was ihnen gehörte, hergaben, nahmen sie das, was anderen gehörte, an sich. Lag hier also nicht vielleicht ein anderes Verhältnis zum Privateigentum vor? Daran konnte kein Zweifel bestehen, doch sind Columbus' Beobachtungen viel zu oberflächlich, um mehr aus ihnen herauslesen zu können.

Auf der Grundlage dieses Bildes von den Indios faßte Columbus weitere Pläne, die ebenso zwiespältig erscheinen. Zum einen war er, getreu dem christlichen Universalismus, überzeugt, daß die Indios konvertieren würden. Er billigte ihnen also den Status freier und im vollen Besitz ihrer Rechte befindlichen Individuen zu, auch wenn er sich in seinem unbewußten Ethnozentrismus niemals fragte, ob sie denn diese Religion für ebenso universal hielten wie er selbst. Andererseits aber erforderte das Ziel der universalen Verbreitung des Christentums, daß er sich die für seine Expeditionen erforderlichen Mittel beschaffte (um einen Kreuzzug auszurüsten,brauchte man Geld). Columbus wollte also aus seinen Entdeckungen auch finanziellen Nutzen ziehen. Da er sich bei diesem Vorhaben aber des Einverständnisses der Eingeborenen nicht sicher war, plante er zunächst die militärische Besetzung der entdeckten Gebiete: Er rekrutierte Soldaten und ließ Festungen errichten. Es verging nicht viel Zeit, bis aus Columbus' Schilderungen des Idylls Kriegserklärungen geworden waren.

Doch war die finanzielle Ausbeute zunächst gering: Gold gab es kaum, reiche Kaufleute existierten nicht. Daraufhin beschloß Columbus, zu nehmen, was sich ihm bot, nämlich die Indios, und sie als Sklaven nach Spanien zu verkaufen. Die Schiffe, die Waren aus Europa herantransportierten, durften nicht leer zurückkehren: »Die Begleitleute könnten als Bezahlung kanibalische Sklaven erhalten, wilde Leute zwar, aber von kräftiger Gestalt und gutem Begriffsvermögen, welche, wenn sie einmal ihrem unmenschlichen Dasein entrissen worden sind, so glauben wir, die besten Sklaven sein werden, die es gibt.« Columbus unterschied also zwischen den guten Indios, die zukünftige Christen darstellten, und den bösen Kannibalen. Die Könige von Spanien waren von diesem Vorhaben nicht besonders angetan, doch setzte Columbus trotzdem seinen Plan in die Tat um: Es gelang ihm schließlich, mehrere Schiffe mit Sklaven nach Europa zu entsenden, von denen gleichwohl über die Hälfte während der Fahrt starben.

Wie ist es nun möglich, daß wir den Namen Columbus mit jenen beiden anscheinend so widersprüchlichen Vorstellungen von den Eingeborenen in Verbindung bringen können, mit dem der »guten Wilden« einerseits und dem der potentiellen Sklaven andererseits? Der Grund dafür mag wohl darin liegen, daß beide Visionen auf den gleichen Ursprung zurückzuführen sind: auf Ignoranz und auf die Weigerung, die Eingeborenen als, zwar andersartige, aber doch gleichwertige Menschen anzuerkennen. Columbus hat demnach zwar Amerika entdeckt, nicht aber die Amerikaner.

Amerigo Vespucci

Warum aber heißt Amerika nicht »Columbien«? Hierauf eine Antwort zu finden, ist nicht so einfach. Die Reisen Amerigo Vespuccis (1454–1512) sind nicht mehr genau zu rekonstruieren, und seine Leistungen als Seefahrer sind umstritten. Die einzige Informationsquelle, aus der wir etwas über seine Verdienste erfahren, ist er selbst, und der Wahrheitsgehalt seiner Berichte kann aus gutem Grunde bezweifelt werden. Obendrein war Amerigo, immer vorausgesetzt, daß alle diese Expeditionen auch wirklich stattgefunden haben, nicht ihr leitender Kopf – und üblicherweise ist es dieser, der den Ruhm eines solchen Unternehmens erntet. Selbst wenn man alle diese Vorbehalte außer acht läßt, so war Amerigo in keiner Hinsicht der erste: weder beim Überqueren des Ozeans noch beim Betreten des Kontinents noch als es darum ging, die entdeckten Länder als neuen

Kontinent zu identifizieren. Warum also der Name »Amerika«? Weil Amerigo derjenige war, aus dessen Feder die besten Reiseberichte stammten: zwei Briefe mit dem Titel *Mundus Novus* und *Quatuor Navigationes*, die bei den Zeitgenossen einen nachhaltigen Eindruck hinterließen – und wohl insbesondere bei den Gelehrten von St. Dié. Diese veröffentlichten 1507 ein geographisches Werk, in welchem der neue Kontinent den Namen »Amerika« erhielt. Die Ehre hier dem Schriftsteller, nicht dem Seefahrer. In Amerigo begegnet uns folglich ein neuer Typus des Reisenden, der auch Intellektueller und Künstler war.

Um die literarischen Qualitäten von Amerigos Werk zu belegen, wollen wir einen seiner Briefe mit dem eines anderen Autors vergleichen: und zwar seinen unter dem Titel *Mundus Novus* bekannten Brief, den er 1503 an Lorenzo de' Medici (der nicht mit Lorenzo dem Prächtigen identisch ist) schickte, mit jenem Brief, den Columbus im Jahre 1493 an Santangel sandte. Sie sind die bekanntesten und am häufigsten aufgelegten Werke der Epoche (der Brief Amerigos noch mehr als der von Columbus). Der – ob nun bewußte oder unbewußte – Vergleich zwischen beiden gab den Ausschlag für die Entscheidung der Gelehrten von St. Dié.

Untersuchen wir zunächst den Gesamtaufbau beider Werke. Der Brief von Columbus läßt keine planvolle Gliederung erkennen. Der Autor beschreibt seine Reise, anschließend die Naturschönheiten auf den Inseln (Haiti und Kuba) und zeichnet dann ein Porträt der Eingeborenen. Schließlich kommt er noch einmal auf die geographischen Gegebenheiten zurück und fügt noch einige weitere Bemerkungen über die »Indianer« hinzu. Dann folgt ein Abschnitt, in dem er über die Ungeheuer berichtet. Am Schluß des Briefes versichert er den Königen, daß diese Länder mit Sicherheit große Reichtümer bergen, und dankt Gott, daß dieser es ihm erlaubt habe, solche Entdeckungen zu machen.

Im Gegensatz dazu enthüllt der Brief Amerigos, daß der Autor eine gewisse rhetorische Bildung genossen hat. Am Anfang und am Ende des Briefes wird in einigen Absätzen das wesentliche zusammengefaßt. In genau diesen Passagen wird in bewegender Weise bekräftigt, was für eine völlig neue Welt hier entdeckt wurde. Der Text dazwischen besteht aus zwei klar voneinander unterschiedenen Teilen: Der erste Teil beschreibt die Reise (mit einem Exkurs über Amerigos exzellente Fähigkeiten als Navigator), der zweite schildert die neu entdeckten Länder und ist in drei Unterabschnitte gegliedert, die schon vorher (am Ende des ersten Teils) angekündigt werden und sich auf die Menschen, die Erde und den Himmel beziehen. Amerigos Brief weist eine bei Columbus nicht vorhandene quasi-geometrische Form auf, die den Leser unweigerlich in ihren Bann zieht.

Bei Amerigo spielte der Leser eine wichtige Rolle, während aus Columbus Brief zu ersehen ist, daß ihm der Leser völlig gleichgültig war. Die Position der beiden Seeleute/Erzähler unterschied sich in grundlegender Weise. Ob Columbus nun an Santangel, den hohen Beamten und Ausrüster seiner Expedition, oder an andere Persönlichkeiten schrieb, eigentlich wandte er sich immer in erster Linie an das spanische Königspaar, Ferdinand und Isabella, die er von den Reichtümern der neuentdeckten Länder und von der Notwendigkeit, neue Expeditionen zu entsenden, überzeugen wollte. Seine Briefe hatten also eine instrumentelle Funktion, einen Zweckcharakter. Nichts dergleichen bei Amerigo, der mit seinen Reisen Ruhm und kein Geld zu erwerben beabsichtigte und dessen schriftstellerische Tätigkeit auf den gleichen Motiven beruhte (»um den Ruhm meines Namens zu verewigen«, zur »Ehre meines Alters«). Er wollte mit seinen Briefen vor allem seine Freunde in Florenz beeindrucken, sie unterhalten und entzücken. Er ließ *Mundus Novus* ins Lateinische übersetzen, damit das gebildete Publikum in ganz Europa »erfahren kann, wieviele wunderbare Dinge man alle Tage entdeckt«. In *Quatuor Navigationes*, das er in Form eines Briefes verfaßte, der an einen anderen florentinischen Würdenträger, Soderini, gerichtet war, betonte Amerigo erneut, was er mit seinem Werk bezweckte: Er war überzeugt, daß der Empfänger des Briefes ihn mit Vergnügen lesen würde, und schloß sein Vorwort mit einer Formel, die trotz ihrer Konventionalität nichts von ihrer Bedeutsamkeit verlor: »Obwohl Eure Magnifizenz fortwährend mit öffentlichen Angelegenheiten beschäftigt sind, wird Sie sich wohl einige Stunden der Muße gönnen, um sich ein wenig Zeit für vergnügliche und angenehme Dinge zu nehmen, und ebenso wie der Fenchel für gewöhnlich nach einem angenehmen Mal serviert wird, um eine bessere Verdauung zu gewährleisten, so könnt Ihr, um Euch von Euren großen Aufgaben zu erholen, meinen Brief lesen.« Columbus schrieb Dokumente, Amerigo hingegen Literatur.

Auch wandte sich Amerigo mit seinem Werk nicht nur an jenen eben genannten Würdenträger (dem er überdies eher Zerstreuung bieten wollte, als ihn zur Finanzierung neuer Expeditionen zu bewegen), sondern dachte zugleich an weitere Leser und gestaltete seinen Brief entsprechend. Daher der klare Aufbau und die Zusammenfassung am Anfang und am Schluß des Briefes: Die Sorge, daß er von anderen auch verstanden werden möge, beschäftigte ihn am meisten. Wenn Amerigo beispielsweise auf Fragen der Kosmographie zu sprechen kam, mit denen seine Leser vermutlich wenig vertraut waren, erklärte er alles gleich doppelt und rechtfertigte sich mit den Worten: »Damit Ihr besser versteht«, wobei er gleich noch ein kleines Diagramm hinzufügte. Bei Columbus ist nichts dergleichen zu finden. In *Quatuor Navigationes* bemühte sich Amerigo als geübter Erzähler nicht nur darum, sich seinem Leser gut verständlich zu machen, sondern versuchte ferner mit allerlei Versprechungen seine Neugier auf das zu lenken, was ihn erwartete. »Auf dieser Reise sah ich Dinge, die wahre Wunder waren, wie Eure Magnifizenz sehen werden«; »Menschen, die schlimmer als Tiere waren, wie Eure Magnifizenz verstehen werden.«

Auch bei der Auswahl der von ihm abgehandelten Themen machte sich Amerigo viele Gedanken um die Leser, obgleich die beobachteten (oder erdachten) Fakten bei Columbus und Amerigo recht ähnlich sind. Columbus beschrieb die Indianer als nackte, furchtsame, freigebige, glaubenslose und manchmal kannibalische Wesen. Amerigo, der sich auf die gleichen Eigenschaften bezog, interpretierte diese jedoch in drei verschiedenen Richtungen. So zog er zunächst eine Verbindung zwischen der Nacktheit der Eingeborenen, ihrem Heidentum, ihrer Friedfertigkeit, ihrem fehlenden Besitzdenken und den uralten Vorstellungen vom Goldenen Zeitalter und schuf damit das moderne Bild vom »guten Wilden«:

»Sie tragen weder Gewänder aus Wolle, noch aus Leinen noch aus Katun, denn sie bedürfen solcher überhaupt nicht; und es gibt bei ihnen kein Eigentum, alles gehört allen. Sie leben ohne König oder Regenten, und jeder ist sein eigener Herr. Sie haben soviele Frauen, wie es ihnen beliebt, und der Sohn lebt mit der Mutter zusammen, Brüder mit ihren Schwestern, Vettern mit ihren Basen, und jeder Mann mit der erstbesten Frau. Sie brechen die Ehe, so oft es ihnen gefällt, und unterwerfen sich in dieser Hinsicht keinerlei Gesetzen. Sie haben weder Tempel noch Glauben und beten auch keine Götzen an. Was kann ich noch mehr sagen? Sie leben nach der Natur.«

Wie man weiß, war es genau diese Beschreibung, die Thomas Morus zu seiner *Utopia* inspirierte; und das gleiche galt für unzählige andere, auf ihn folgende Autoren.

Das zweite Phänomen, das zum Objekt von Amerigos Interpretationen werden sollte, war der Kannibalismus. Columbus' Berichte hierüber verdankten sich dem Hörensagen (obwohl er kein Wort der Sprache der Eingeborenen verstand). Amerigo hingegen erging sich in langen Kommentaren: Die Indianer nähmen Kriegsgefangene, um sie später zu verspeisen; die Männer würden mit Vorliebe ihre Frauen und Kinder verzehren; er selbst, Amerigo, hätte mit einem Mann gesprochen, der ihm gestanden habe, mehr als 300 Menschen verschlungen zu haben, und während eines Besuchs bei den Indianern hätte er an Pfosten aufgehängtes, gesalzenes Menschenfleisch gesehen, wie man es bei uns mit Schweinefleisch machte. Amerigo schildert uns also diese, wenn man so sagen darf, pikanten Details, bevor er uns über die Sicht der Indios berichtet, die den Abscheu der Europäer angesichts eines so köstlichen Mahls nicht verstehen konnten. Zweifellos hatte Amerigo dieses Thema nicht zufällig gewählt: Man muß nur einmal sehen, wie häufig es in zeitgenössischen Schilderungen und selbst in Berichten aus späteren Zeiten auftaucht.

Der dritte Bereich schließlich, in dem sich Amerigo an eine Interpretation wagte, war die Sexualität. Columbus hatte sich diesem Thema mit der Bemerkung begnügt, daß »auf allen diesen Inseln sich die Männer mit einer Frau begnügten«. Amerigo bemerkte das genaue Gegenteil, und angesichts dieser Thematik überschlug sich seine Phantasie. Die Frauen der Indios seien äußerst lüstern, so betonte er immer wieder, und unterhielt seine Leser (europäische Männer) mit den folgenden Details: Die Frauen würden ihre Männer von giftigen Tieren in den Penis beißen lassen; der Penis würde zu einer unglaublichen Größe anschwellen, so daß er am Ende platzen und die Männer zu Eunuchen würden (man kann sich hier das Erschauern und die Erleichterung der Leser gut vorstellen). Und noch eine weitere gute Nachricht wurde dem europäischen Leser geboten: Er erfuhr nämlich, welchen Erfolg europäische Reisende bei den Frauen der Eingeborenen hatten – was darauf schließen läßt, daß sie demnach nicht den gleichen Gefahren ausgesetzt waren wie die eingeborenen Männer. »Wenn sie Gelegenheit haben, mit Christen zu kopulieren, lassen sie sich von ihrer exzessiven Lüsternheit treiben und bieten sich an.« Und damit hatte Amerigo noch nicht alles gesagt: »Das Schamgefühl erfordert es, daß ich es unterlasse, euch zu sagen, welches Hilfsmittels sie sich bedienen, um ihre zügellose Wollust zu befriedigen.« Ein nur allzu bekanntes Mittel, um der Phantasie der Leser auf die Sprünge zu helfen ...

Die eben beschriebenen Passagen aus *Mundus Novus* zielten auf die Gesamtheit der Leser (wie gesagt, alles Männer, alles Europäer). Andere sollten dem Stolz der besten unter ihnen, der Gebildeten, schmeicheln, aber auch gleichzeitig allen das Gefühl vermitteln, zur kulturellen Elite zu gehören. In *Quatuor Navigationes* zitierte Amerigo antike und zeitgenössische Schriftsteller wie Plinius, Dante und Petrarca; in *Mundus Novus* zog er, nachdem er die »guten Wilden« beschrieben hatte, ganz nonchalant den Schluß: »Man könnte sie eher als Epikuräer denn als Stoiker bezeichnen«; er versäumte also nicht, die Schriften der Philosophen zu beschwören. Auch eine andere Passage im ersten Teil des Briefes ist bezeichnend: Amerigo beklagte sich darüber, daß der Steuermann des Schiffes ein Ignorant sei und daß ohne ihn, Amerigo, niemand gewußt hätte, welche Strecke sie zurückgelegt hätten; er sei der einzige auf dem Schiff, der nach den Sternen navigieren könne und sich des Quandranten und des Astrolabiums zu bedienen wisse. Und mehr noch: »Seit diesem Tage genoß ich ihre Achtung, denn ich zeigte ihnen, daß ich auch ohne praktische Erfahrung, dank der Seekarten der Navigatoren, geschickter war als alle Steuerleute der Welt zusammen. Denn diese kennen nur die Gewässer, die sie schon einmal befahren haben.« Es ist also kein Zufall, wenn das Bild, das die zeitgenössischen Stiche uns von Amerigo vermitteln, auch das eines Weisen ist.

Unabhängig davon schließlich, daß sich Amerigo so sehr um seine Leser bemühte, fanden diese in seinen Werken von vornherein eine ihnen vertraute Welt vor. Amerigo bezog sich auf die italienischen Dichter, die Philosophen der Antike, kaum allerdings auf christliche Quellen. Columbus hingegen hatte nur die Heilige Schrift und die wunderbaren Erlebnisse Marco Polos oder Pierre d'Aillys im Sinn. In dieser Hinsicht war Columbus ein Mann des Mittelalters, Amerigo aber ein Vertreter der Renaissance. Ein anderes Indiz hierfür sind gewisse, bei Amerigo angedeutete Ansätze eines kulturellen Relativismus: Er beschrieb nämlich auch, wie die Indios die Europäer sahen (und nicht nur seine eigene Sicht der Eingeborenen). Nun aber gehörten seine so auf Neuigkeiten erpichten Leser selbst zu dieser neuen Zeit. Außerdem präsentierte Amerigo im Unterschied zu Columbus eine rein »menschliche« Welt. Keine der Monstrositäten, die er beschreibt, sind dem Reich des »Übernatürlichen« zuzurechnen: So verwendete er dieses Wort z. B. nur, als er erwähnte, daß die Indios sich die Wangen und die Lippen durchstachen und sich dort zum Schmuck Edelsteine einsetzten. Die einzigen Unwahrscheinlichkeiten bei Amerigo sind seine Übertreibungen, die jedoch eher die mangelnde Wahrheitsliebe des Marktschreiers als die Naivität des Gläubigen ausdrücken. So erzählt er z. B., daß die Indios 150 Jahre alt würden, und in *Quatuor Navigationes* berichtet er von einem Eingeborenenvolk, bei denen die Frauen so groß wie die europäischen Männer seien und die Männer wiederum noch größer als diese. Ebenso muß man nur einmal näher betrachten, wie sich Columbus und Amerigo über das irdische Paradies äußern, um die Unterschiede zwischen beiden Autoren zu erkennen: Columbus glaubte im wahrsten Sinne des Wortes an dessen Existenz und meinte, es mit eigenen Augen erblickt zu haben; Amerigo bediente sich des Begriffs als simpler Hyperbel (vielleicht auch angeregt durch Columbus' verzückte Beschwörungen), und verwendete ihn lediglich zur Abrundung einer durch nichts vom Herkömmlichen abweichenden Schilderung der dortigen Natur: »Wenn es ein Paradies auf Erden gibt, dann kann es von diesem Lande nicht weit entfernt liegen.«

Alberto Magnaghi, ein Historiker des 20. Jahrhunderts, legt stichhaltige Argumente vor, die beweisen sollen, daß Amerigo nicht der Autor der unter seinem Namen veröffentlichten Briefe war, sondern daß diese von einigen florentinischen Gelehrten – professionellen Schriftstellern – verfaßt wurden, die sich des damals sehr modernen Themas bemächtigt hatten. Magnaghis Schlußfolgerungen wurden ihrerseits wiederum in Frage gestellt, sind aber nichtsdestoweniger bestechend: Stimmt man ihnen zu, so könnte man sagen, daß diese Briefe nicht nur *für* Leser sondern auch *von* Lesern geschrieben wurden; in diesem Fall wären sie ein Symbol für den Triumph der Literatur.

Hernando Cortez

Auf Columbus, den Seefahrer, und Amerigo, den Schriftsteller, folgte Cortez, der Konquistador (1485–1547). Der Eroberer Mexikos verdient nicht nur deshalb hier genannt zu werden, weil er als erster in der »Neuen Welt« einen echten militärischen Eroberungsfeldzug führte, sondern auch weil niemand an seinem Vorbild vorbei kam: All seine Nachfolger ahmten sein Vorgehen entweder bewußt nach oder setzten sich ebenso bewußt von ihm ab. Cortez war der erste Amerikareisende, der sich über seine politische, ja sogar historische Rolle vollkommen im Klaren war. Vor ihm gab es wirklichkeitsfremde Schwärmer (wie Columbus) oder neugierige Seefahrer (wie Amerigo); und vor allem eine Masse von Abenteurern, die in den Entdeckungen eine Möglichkeit sahen, sich schnell und mühelos zu bereichern. Dies war wohl auch das Ziel von Cortez gewesen, bevor er die Führung einer Expedition übernahm, die das Gebiet Mexikos erkunden sollte. Beim ersten Blick auf das Land jedoch war sein Sinneswandel besiegelt. Einer seiner Seeleute schlug ihm vor, einige bewaffnete Männer loszuschicken, um Gold zu suchen. »Cortez antwortete ihm unter Gelächter, daß er nicht wegen so geringer Dinge gekommen sei, sondern um Gott und dem König zu dienen.« Sobald er von der Existenz von Montezumas Königreich erfuhr, beschloß er, sich nicht mit der Erpressung von Reichtümern zufriedenzugeben, sondern das ganze Land zu unterwerfen. Dieses Vorhaben mißfiel zwar seinen Soldaten, doch ließ er sich von seinen Plänen durch nichts mehr abbringen.

Um seine politischen Ziele zu erreichen, bemühte sich Cortez um bessere Kenntnisse über die Eingeborenen und erlangte so die Kontrolle über die gegenseitige Verständigung. Als er sich mexikanischer Erde näherte, galt seine erste Sorge nicht dem Gold, sondern der Suche nach einem Dolmetscher. Zunächst sollte ihm ein Spanier als solcher dienen, den es Jahre zuvor nach einem Schiffbruch an die mexikanische Küste verschlagen hatte und der mittlerweile die Sprache der Indios beherrschte. Später konnte er sich dann die Unterstützung einer offensichtlich sprachbegabten (aber auch politisch geschickten) Indiofrau, der berühmten Malinche oder Dona Marina, sichern, deren Talente sich als ungeheuer wertvoll erweisen sollten: Sie übersetzte nämlich nicht nur zuverlässig, was die Indios zu Cortez sagten, sondern deutete ihm auch das Verhalten seiner Gegner.

Nachdem nun das Sprachverständnis gewährleistet war, nutzte Cortez jede Gelegenheit, sich neue Informationen zu verschaffen, und belohnte seine Informanten großzügig. Genau dies ist die Erklärung für seine militärischen Erfolge. Denn er entdeckte schnell, daß zwischen den verschiedenen Indiovölkern Uneinigkeit herrschte; so wollten z.B. einige unter ihnen die Vormachtstellung der Azteken nicht hinnehmen. Dieses Wissen sollte im Laufe des Krieges eine entscheidende Bedeutung gewinnen: Cortez machte sich geschickt die regionalen Rivalitäten zunutze, indem er sich jeweils einem Volk als Befreier von der Herrschaft eines anderen präsentierte. Auf diese Weise sicherte er sich die aktive Unterstützung der Eingeborenen. Bezeichnenderweise wurde der endgültige Fall des Aztekenreiches durch Cortez' hervorragendes Informationssystem beschleunigt: Als er von der Flucht Cuauhtémocs, Montezumas Nachfolger, erfuhr, gelang es ihm, diesen in seine Gewalt zu bringen. Und nachdem der König gefangen war, ergab sich das ganze Reich.

Cortez begnügte sich aber nicht damit, wertvolle Informationen zu sammeln. Ein wichtiger Bestandteil seiner Strategie war ferner, den Feind durch irreführende Informationen zu verwirren. Er achtete deshalb streng darauf, welches Bild sein eigenes Verhalten oder das seiner Soldaten bei den Indios hinterließ. Plünderer aus den Reihen seines Heeres wurden hart bestraft, denn sie raubten das, was sie nicht rauben sollten (die persönliche Habe der Indios) und vermittelten etwas, was sie nicht vermitteln sollten (einen schlechten Eindruck von den Spaniern). Als er einmal zu einem frühen Zeitpunkt seines Eroberungsfeldzuges zusammen mit Montezuma einen der 114 Stufen hohen mexikanischen Tempel erstiegen hatte, lud ihn der aztekische Herrscher ein, sich auszuruhen. »Cortez gab ihm mittels unserer Dolmetscher zur Antwort, daß keiner von uns aus irgendeinem Grunde jemals ermüde.« Ein Chronist enthüllt uns den Hintersinn dieses Verhaltens, indem er eine Rede zitiert, die Cortez seinen Soldaten gehalten haben soll: »Der Ausgang des Krieges ist sehr von unserem Ruf abhängig.«

Gleichzeitig achtete Cortez darauf, daß die Indios sein eigenes Informations- und Kommunikationssystem nicht durchschauten. So gab er beispielsweise vor, daß er nicht etwa durch seine Informanten über all ihre Bewegungen Bescheid wisse, sondern daß er hierzu seinen Kompaß zu Rate ziehen könne. Auch wußten die Indios anfangs nicht, ob die von den Spaniern mitgebrachten Pferde, die für sie ja unbekannte Tiere waren, überhaupt sterbliche Wesen waren. Um sie in dieser Ungewißheit zu halten, ließ Cortez die Kadaver getöteter Tiere sofort in der auf eine Schlacht folgenden Nacht sorgfältig vergraben. Er sorgte zudem dafür, daß alle seine Schritte immer bis zu einem gewissen Grade undurchsichtig blieben, und brachte auf diese Weise die aztekischen Würdenträger in ausweglose Situationen, in denen sie ihm zwangsläufig zugleich vertrauen und mißtrauen mußten. Wenn er schwach war, vermittelte er ihnen den Eindruck von Stärke; dort wo er stark war, täuschte er Schwäche vor. So gelang es ihm, die Azteken in mörderische Hinterhalte zu locken.

Während des gesamten Feldzugs zeigte Cortez eine besondere Vorliebe für spektakuläre Aktionen, deren symbolträchtigen Charakter er sehr wohl kannte. So war für ihn von entscheidender Bedeutung, die erste Schlacht gegen die Indios zu gewinnen, ihre Götterbilder bei der ersten Auseinandersetzung mit ihren Priestern zu zerstören und ihnen seine Unverwundbarkeit zu demonstrieren; seine Brigantinen mußten aus dem ersten Zusammenstoß mit den Kanus der Indios siegreich hervorgehen; er setzte mit Bedacht einen mitten in einer Indiostadt gelegenen Palast in Brand, um zu zeigen, wie weit seine Soldaten schon vorgedrungen waren; oder er erklomm einen Tempel, damit ihn alle sehen konnten. Zum Mittel der Bestrafung griff er nur selten, statuierte dann aber jedesmal ein Exempel und sorgte dafür, daß dies überall bekannt wurde. Die Art, wie er seine Waffen einsetzte hatte eher symbolische Wirkung als praktischen militärischen Nutzen. So ließ er ein Katapult konstruieren, das zwar nicht funktionierte, aber den Indios nichtsdestoweniger Angst einflößte. Ebenso dienten seine Kanonen eher dazu, Verhandlungspartner einzuschüchtern, als Mauern zu durchschlagen. Auf ähnliche Weise verwendete er auch seine Pferde.

Cortez' Vorgehen erinnert unweigerlich an die zeitgenössischen Lehren Machiavellis. Doch eher als um direkte Beeinflussung handelt es sich hier um den Geist einer Epoche, der sich sowohl in den Schriften des einen als auch in den Taten des anderen ausdrückt. Außerdem war da noch der »katholische« König Ferdinand, dessen Absichten Cortez keinesfalls ignorieren konnte und der von Machiavelli als ein Beispiel des »neuen Fürsten« beschrieben wurde. Warum sollte man also keinen Zusammenhang zwischen Cortez' Kriegslisten und den Lehren Machiavellis sehen, der den Ruf und den falschen Schein zu den höchsten Prinzipien in seiner Wertehierarchie erhob? »Ein Herrscher braucht also alle die vorgenannten guten Eigenschaften nicht in Wirklichkeit zu besitzen; doch muß er sich den Anschein geben, als ob er sie besäße. Ja, ich wage zu behaupten, daß sie schädlich sind, wenn man sie besitzt und stets von ihnen Gebrauch macht, und daß sie nützlich sind, wenn man sich nur den Anschein gibt sie zu besitzen.« (Machiavelli 1532 [1978] S. 73) In der Welt Machiavellis und Cortez' war also der Diskurs weder durch die beschriebene Sache bestimmt noch durch seine Übereinstimmung mit der Tradition, sondern auf das Ziel gerichtet, das es zu erreichen galt.

Das komplexeste taktische Manöver, auf das sich Cortez einließ, stützte sich auf den Mythos des Gottes Quetzalcoatl. Dieser Indiomythos erzählt vom Fortgang des Gottes Quetzalcoatl und sagt voraus, daß er eines Tages zurückkehren werde. Cortez kannte diese Geschichte und wußte sie für sich zu nutzen: Er behauptete gegenüber Montezuma, daß sein eigener Herrscher Karl V. Quetzalcoatl sei. Letzten Endes vergaßen die Indios sogar, daß Cortez nur das »Bindeglied« zu dem Gott darstellte, und hielten ihn für Quetzalcoatl selbst. Dieses Manöver erwies sich für Cortez als in jeder Hinsicht vorteilhaft: Er konnte damit gegenüber den Eingeborenen seine Person legitimieren und ermöglichte es den Indios außerdem, an ihre eigene Geschichte zu glauben. Andernfalls wäre ihnen seine Ankunft wohl völlig unerklärlich erschienen, und sie hätten ihm sicher weitaus mehr Widerstand geleistet.

All diese Beobachtungen lassen vermuten, daß Cortez ziemlich genaue Kenntnisse über die Indios erworben hatte, die er vielleicht nicht unbedingt theoretisch zum Ausdruck bringen konnte, die er aber so weit verinnerlicht hatte, daß er sein Handeln danach ausrichtete. Die Unterschiede zu Columbus und Amerigo springen ins Auge. Hin und wieder ist aber selbst bei ihm ein ehrliches Interesse für die Kultur der Indios zu beobachten. Wenn er auch zunächst nur danach trachtete, die Götzenbilder und die Tempel zu zerstören (dies gehört zu seiner mit den Mitteln der Symbolik arbeitenden Militärstrategie), so war er wenig später darum besorgt, sie als Zeugnisse der aztekischen Kultur zu erhalten. »Er zeigte sich sehr verärgert, denn er wollte, daß die Götzentempel als Monumente erhalten blieben«, berichtet einer seiner Gegner.

In Cortez' Urteilen über die Azteken schwang häufig Bewunderung mit. Natürlich darf hier nicht übersehen werden, daß er wie Columbus versuchte, seine Entdeckungen in ein möglichst günstiges Licht zu rücken. Dennoch scheint die Achtung, die er den Indios entgegenbrachte, ehrlich gemeint. »In ihrem Verhalten und ihren Handelsbeziehungen pflegen die Menschen fast die gleiche Lebensweise wie in Spanien, und es herrscht auch ebensolche Ordnung und Harmonie wie dort.« Die Städte seien gut verwaltet, die Häuser schön, die Märkte üppig, die Sitten kultiviert, Schmuck und Stoffe wunderbar. Trotzdem führte der Kontakt zwischen Cortez und den Indios im wesentlichen zu ihrer Vernichtung: und zwar zur Vernichtung ihrer kulturellen Identität und schließlich ihres Lebens (man schätzt, daß sich Ende des 16. Jahrhunderts die Bevölkerungszahl auf ein Zehntel – oder sogar weniger – dessen reduzierte, was Cortez bei seiner Ankunft vorgefunden hatte: eine Folge des »bakteriellen Schocks«). Man kann also andere Kulturen kennenlernen und sogar bewundern, aber trotz allem zu ihrer Auslöschung beitragen. Wie ist etwas Derartiges möglich?

In Wahrheit galt Cortez' Bewunderung den von den aztekischen Handwerkern hergestellten Gegenständen; doch die Angehörigen dieses Volkes erkannte er nicht als ihm gleichwertige menschliche Wesen an. Für Cortez könnten die Indios gute Arbeiter, tapfere Krieger, treue Verbündete sein, niemals aber sah er sie im vollen Sinne des Wortes als »Subjekte«, als mit freiem Willen ausgestattete Individuen. Als er sich, bei anderer Gelegenheit, zur Versklavung der Indios äußern sollte, behandelt er das Problem nur unter einem einzigen Blickwinkel: dem der Rentabilität. Kein Wort verlor er darüber, was die Indios möglicherweise selbst wollten. Und bezeichnenderweise vergaß Cortez in seinem Testament niemanden, der es verdient hatte, sein Vermögen zu erben: Seine Familie und seine Diener, die Klöster, Hospitäler und seine Gefährten wurden erwähnt. Nur die Indios vergaß er, obwohl sie doch die Quelle all seinen Reichtums gewesen waren.

Bartholomé de Las Casas

Columbus, Vespucci und Cortez waren Reisende, die angesichts der Eingeborenen vor allem an sich selbst dachten, an ihre eigene Kultur, an die Vorteile, die sie sich durch die Indios verschaffen konnten. Bei Las Casas (1485–1566) verhielt es sich ganz anders: Er war der erste, der sich vor allem darum sorgte, die Eingeborenen vor Leid und vor den Ausschreitungen der Eroberer und Kolonisatoren zu schützen. Verdient er also seinen Beinamen »Verteidiger der Indios«? Genaugenommen wechselte Las Casas während der vielen Jahre seines Wirkens mehrere Male seine Position, und ohne auf alle Einzelheiten einzugehen, kann man bereits zwischen mehreren Etappen, mehreren Stufen seiner Bemühungen zur Verteidigung der südamerikanischen Eingeborenen unterscheiden.

Der in Spanien geborene Las Casas landete 1502, im Alter von 17 Jahren, zum ersten Mal auf den Antillen. Er ließ sich auf der »Spanischen Insel« (Haiti) nieder und wirkte dort als Kolonist und Prediger. 1514 wurde das Jahr seiner ersten »Bekehrung«: Einerseits kannte er das Leid der Indios aus eigener Anschauung, andererseits hatte ihn die Verurteilung der spanischen Vorgehensweise gegenüber den Indios durch die Dominikaner betroffen gemacht. Ihm selbst verweigerte ein Mönch sogar die Abnahme der Beichte, weil er Indiosklaven besaß, was dem christlichen Geist widerspreche. Las Casas entschloß sich daher, auf seine Indios zu verzichten, und begann für ihre Rechte zu kämpfen. Gleichzeitig predigte er aber die friedliche Kolonisierung und brach an der Spitze einer Gruppe von Bauern und Landarbeitern (ohne Soldaten) auf, um ein im heutigen Venezuela gelegenes Gebiet zu kolonisieren. Es kam dort aber dennoch zu bewaffneten Auseinandersetzungen mit den Eingeborenen, und die Expedition mißlang. Daraufhin folgte Las Casas' zweite »Bekehrung«: 1523 trat er dem Dominikanerorden bei; über zehn Jahre lebte er beinahe vollkommen von der Welt abgeschieden und bildete sich während dieser Zeit durch intensive Lektüre weiter. Ab 1535 widmete er sich wieder aktiv dem Kampf für die Rechte der Indios, und das sowohl auf dem amerikanischen Kontinent (er unternahm einen neuen Versuch der friedlichen Kolonisierung im Gebiet Guatemalas) als auch in Spanien, wo er beim König und den kirchlichen Autoritäten intervenierte.

Aus dieser Zeit stammen die berühmtesten Stellungnahmen von Las Casas. In erster Linie verurteilte er unermüdlich die Grausamkeiten der spanischen Konquistadoren und Kolonisatoren: Sein Werk *Die Verheerung Westindiens* ist das berühmteste, wenn auch nicht das einzige Beispiel hierfür. Zweitens schlug er konkrete juristische und politische Maßnahmen vor, die zu einer Verbesserung der Situation in den amerikanischen Kolonien beitragen sollten. Drittens reflektierte er außerdem über die moralische und philosophische Rechtfertigung seines Handelns und fand diese letztendlich in dem – für ihn christlichen – Prinzip der Einheit des Menschengeschlechts und darin, daß dessen Angehörige alle über ein gleiches Maß an Würde verfügten. »Die Gesetze, die natürlichen Regeln und die Rechte der Menschen sind für alle Völker gleich, ob christlich oder heidnisch, ohne Ansehen ihrer Religionsgemeinschaft, ihrer Gesetze, ihres Standes, ihrer Hautfarbe und ihres Ranges.« Durch dieses Credo erscheint Las Casas in unseren Augen als einer der ersten Verfechter der Menschenrechte.

Problematisch bleibt jedoch die Tatsache, daß Las Casas ein glühender Christ und Befürworter einer Bekehrung der Indios war. Die Idee einer Universalreligion ist bereits in sich zwiespältig, denn durch den Anspruch, für alle zu gelten, droht eine Religion ihre Identität zu verlieren; und wenn sie, umgekehrt, sich selbst treu bleibt, ist ihre Universalität in Frage gestellt. »Die christliche Religion ist ein universaler Weg und ist durch die göttliche Gnade allen Völkern beschert worden, damit sie die Wege und Sekten des Unglaubens verlassen.« Was aber, wenn die anderen Völker sich nicht die gleiche Vorstellung von diesem universellen Ideal machen? Soll man sie mit Gewalt bekehren, wenn alle friedlichen Bemühungen fehlgeschlagen sind?

Las Casas sah nur eine Lösung um diese Spannung zu überwinden und um dem christlichen Glauben in seiner Eigenart und zugleich dem Ideal der Universalität treu zu bleiben, ohne jedoch zu Gewalt zu greifen: Er ignorierte die Unterschiede zwischen den Völkern und Kulturen und dachte sich die Indios so, wie es ihm gelegen kam, bereits mit christlichen Tugenden ausgestattet. »Noch niemals sah man in anderen Epochen oder bei anderen Völkern solche Fähigkeiten, eine solche Eignung noch Mühelosigkeit für die Bekehrung. Auf der ganzen Welt gibt es keine gelehrigeren noch weniger widerspenstigen Völker, keine, die geeigneter oder geneigter sind als diese, das Joch Christi zu tragen.« Die Indios, so wurde er nicht müde zu wiederholen, waren demütig, friedfertig, sanftmütig und freigebig; kurz, sie besaßen bereits alle christlichen Tugenden.

Als Gefangener seiner eigenen Strategie zeichnete Las Casas also ein äußerst einseitiges Porträt jener Indios, die er doch eigentlich sehr gut kennen mußte und für die er voller Zuneigung war. »All diese universalen und unzähligen Völker jeglichen Charakters, Gott hat sie äußerst einfach erschaffen, ohne Bosheit und Falschheit, voller Gehorsam und Treue gegenüber ihren natürlichen Herren und den Christen, denen sie dienen; sie sind die demütigsten, duldsamsten, friedfertigsten und ruhigsten Menschen, die es auf der Welt gibt; ohne Groll und Gelärme, weder gewalttätig noch streitsüchtig, ohne Verbitterung, Haß oder Rachsucht.« Es ist verblüffend zu sehen, wie Las Casas sich hier gemäß dem Topos vom Goldenen Zeitalter veranlaßt fühlte, die Indios beinahe ausschließlich durch die Negation von Begriffen zu beschreiben: Sie haben *keine* Fehler, sie sind *weder* wie dieses *noch* wie jenes ... Man muß sich demnach fragen, ob sich Las Casas, der sich gegen physische Gewalt und militärische Aggression wandte, hier nicht zum Komplizen einer begrifflichen Gewalt machte, die sicherlich weit weniger grausam war als die direkte, deren Folgen jedoch keinesfalls zu unterschätzen sind: er weigerte sich, die Indios so zu sehen, wie sie waren, und drängte ihnen ein Bild auf, das sein eigenes geistiges Produkt darstellte. Die Indios wurden auf diese Weise den Christen *assimiliert*.

Ähnliches gilt auch für Las Casas' eigentliche politische Ideen. Ob man nun seinen Vorstoß in Venezuela oder sein späteres Unternehmen in Guatemala betrachtet, beide zeigen, daß er den Gedanken der Kolonisation nicht ablehnte; doch anstatt durch Kriege und Massaker sollten diese nach seinen Vorstellungen friedlich und allmählich vor sich gehen. Dies diene nicht nur dem Wohlergehen der Indios, sondern sei auch den Finanzen des Königs zuträglich. »Wir erklären uns bereit, sie zu befrieden und sie dem König, unserem Herrn, dienstbar zu machen, sie zu bekehren und sie über ihren Schöpfer zu belehren; hernach werden wir dafür Sorge tragen, daß diese Völker Seiner Majestät jedes Jahr Tribute und Dienste zukommen lassen, entsprechend den ihnen zur Verfügung stehenden Mitteln; all das zum größten Nutzen des Königs von Spanien und dieser Länder.« Las Casas wollte weder der Expansion des spanischen Reiches Einhalt gebieten noch die Verbreitung der christlichen Religion verhindern. Er träumte lediglich von einer »guten« Kolonisierung, die sich unter der Führung von Ordensleuten vollziehen sollte – also von einem theokratischen Staat, in dem die geistliche Macht der zeitlichen übergeordnet war. Auch unter diesem Aspekt bleibt Las Casas demnach ein Verfechter der kulturellen Assimilation; doch wenn diese auch unbestritten der Vernichtung vorzuziehen ist, so ist sie nichtsdestoweniger kein Prinzip, das man von jedem Vorwurf freisprechen könnte.

Doch hörten damit Las Casas' Metamorphosen noch nicht auf. Ohne daß man nun von einer dritten »Bekehrung« sprechen könnte, ist dennoch festzustellen, daß seine Positionen gegen Ende seines Lebens an Radikalität zunahmen und daß er die Indios erneut mit anderen Augen sah. Dieser letzte Sinneswandel datiert um das Jahr 1550, als Las Casas in einem öffentlichen Streitgespräch in Valladolid gegen Sepulveda, einen weltlichen Gelehrten, auftrat, der die Indios unter Berufung auf Aristoteles' Lehre von den natürlichen Sklaven für minderwertige Wesen erklärte und den gegen sie geführten Eroberungskrieg für legitim hielt. Las Casas widersprach dieser Sichtweise auf das heftigste; es scheint, daß er bei seiner Argumentation gegen Sepulveda seine letzten Standpunkte entwikkelt hat. Zwar wurde die Debatte nicht offiziell entschieden, doch stand am Ende die Position von Las Casas in einem besseren Licht da als die Sepulvedas.

Der Punkt, in dem Las Casas seine Argumentation glaubte verbessern zu müssen, betraf die von den Azteken praktizierten Menschenopfer. Dieser Brauch hatte die Phantasie der Europäer ebenso beschäftigt wie der Kannibalismus. Die den Indios ablehnend gegenüberstehenden Autoren sahen in diesen fremden Sitten den offensichtlichsten Beweis für deren Unterlegenheit und schlossen daraus auf die Rechtmäßigkeit der Eroberungskriege und der Versklavung der Indios. Las Casas nahm diese Herausforderung an und stellte sich der Debatte. Dabei verfolgte er eine zweifache Verteidigungsstrategie. Zum einen bemühte er sich, die betreffenden Praktiken weniger fremd erscheinen zu lassen, indem er auf die in der Bibel beschriebenen Opferrituale hinwies. Zum anderen, und das ist in diesem Zusammenhang wichtiger, entwickelte er eine grundsätzlich neue Position gegenüber den verschiedenen Religionen und damit auch zur Pluralität der Kulturen.

Las Casas unterschied nun zwischen dem Objekt des religiösen Kultes und der Qualität der religiösen Erfahrung. Und er behauptete, daß die Vortrefflichkeit im letzteren Bereich jener vorzuziehen sei, die im ersteren erreicht werden könnte. Mit der Praktizierung von Menschenopfern hätten die Azteken das falsche Objekt gewählt; der christliche Gott hätte nicht jene Opfer verlangt, die der blutrünstige Tezcatlipoca forderte. Doch indem die Indios diese Opfer darbrachten, bezeugten sie die Intensität ihrer religiösen Empfindungen, da sie ja bereit seien, ihrem Gott das Wertvollste überhaupt zu opfern: das menschliche Leben.

»Die Völker, die ihren Göttern Menschenopfer darboten, zeigten auf diese Weise, als irregeleitete Götzenanbeter zwar, welch hohes Bild sie von der Vortrefflichkeit der Gottheit, vom Wert ihrer Götter hatten, und bewiesen auch, wie edel und hochstehend ihre Verehrung der Gottheit war. Dadurch machten sie deutlich, daß sie, mehr als die anderen Völker, über eine natürliche Überlegtheit, über Aufrichtigkeit und ein vernunftgemäßes Urteil verfügten; besser als andere machten sie von ihrem Begriffsvermögen Gebrauch. Und an Religiosität übertrafen sie alle anderen Völker, denn sie sind die gläubigsten Völker der Welt, die zum Wohle ihrer Menschen ihre eigenen Kinder als Opfer darbieten.«

Las Casas' Argumentation ist nur scheinbar richtig (das, was eigentlich Mord ist, stellte er als Selbstmord dar), aber trotzdem: Die Problematik des Menschenopfers bewirkte bei ihm eine neue Toleranz. Da nun Religiosität und Religion für ihn zweierlei bedeuteten und er die Azteken für religiöser als die Spanier hielt, mußte daraus nicht folgen, daß die Bekehrung der Indios zum Christentum weniger dringlich war, als es zuvor geschienen hatte? Nun, Las Casas war zwar nicht weniger von der Überlegenheit seines eigenen Glaubens überzeugt, doch räumte er jetzt ein, daß es viele Wege gab, die zu Gott führten; er hatte folglich gelernt, den Glauben anderer zu respektieren. Ebenso wandelten sich seine politischen Auffassungen: Im gleichen Zeitraum (nach 1550) riet Las Casas dem König, seine Eroberungsfeldzüge aufzugeben und die alten Herrscher wieder in ihre Rechte einzusetzen; falls diese es wünschen sollten, und nur dann könnte der König von Spanien sie in eine Art Föderation aufnehmen, an dessen Spitze er selbst stünde, die lokalen Häuptlinge aber in vollem Umfang ihre Autonomie behielten. Diese Vorschläge Las Casas' fanden, wen wird es wundern, keinen Anklang bei den Adressaten.

In dieser letzten Phase entwickelte Las Casas seine egalitären Vorstellungen noch weiter und gelangte zu einer noch uneingeschränkteren Anerkennung des freien Willens anderer. Man kann sich jedoch fragen, ob seine Forderungen (und hierin wäre er ein Vorläufer jüngerer Veränderungen in unserer Mentalität) nicht mit einem Übermaß an kulturellem Relativismus einhergingen. Aus demselben Impuls heraus, aus dem er den Indios das Recht zuerkannte, ihre Religiosität nach ihren Vorstellungen zu gestalten, entschloß er sich auch, auf jegliches transkulturelle Urteil zu verzichten und die »Barbarei« zu einer absolut relativen Kategorie zu erklären. »Ebenso wie wir die Einwohner Indiens für Barbaren halten, denken sie über uns das gleiche, weil sie uns nicht verstehen.« Und doch ist ein Menschenopfer in unseren Augen ein barbarischer Akt, viel barbarischer als etwa das Anzünden einer Kerze.

Es sieht ganz so aus, als ob Las Casas nur extreme Positionen eingenommen hätte: Nachdem er zunächst den christlichen Glauben als universales Ideal betrachtete, verzichtete er nun auf jegliches absolute Wertesystem. Doch ist es, um der Skylla des Ethnozentrismus zu entgehen, wirklich notwendig, sich der Charybdis des Relativismus auszuliefern?

Bernardino de Sahagun

Las Casas war vor allem ein militanter Humanist, auch wenn er Schriften hinterließ, die zu einer besseren Kenntnis der Indios beigetragen haben. Jedoch sollte sich im 16. Jahrhundert eine andere Gruppe von Autoren herausbilden, deren Hauptziel es war, mehr über die Indios zu erfahren. Vor allem aus diesem Grund unternahmen diese Männer ihre Reisen und Forschungen, weniger aus politischen, humanitären, religiösen oder künstlerischen Motiven. Ihr bemerkenswertester Vertreter ist der Franziskanermönch Bernardino de Sahagun (1499–1590), der als Symbolfigur für diese letzte Kategorie von Reisenden gesehen werden kann.

Sahaguns Leben war bezeichnenderweise ziemlich arm an Ereignissen, und nicht zu vergleichen mit den bewegten Schicksalen von Columbus und Amerigo, Cortez und Las Casas. Sahagun wurde in Spanien geboren, wo er bereits als sehr junger Mann dem Franziskanerorden beitrat. Im Jahre 1529 überquerte er den Atlantik und sollte Mexiko bis zu seinem Tode nicht mehr verlassen. Sein ganzes Leben verbrachte er damit, zu lernen und zu lehren, zu lesen und zu schreiben. »Er war von sanftem Gemüt, bescheiden und arm, zurückhaltend in seinen Äußerungen und liebenswürdig zu jedermann«, berichtet einer seiner Gefährten.

Sahagun lehrte vornehmlich in der Schule von Tlatelolco, einer jener Institutionen in Mexiko, die die Kinder aztekischer Würdenträger aufnahm, um sie in die christliche Religion und die lateinische Grammatik einzuweisen. Doch gelernt wurde bei Sahagun auf beiden Seiten: Während er Latein unterrichtete, nutzte er den Kontakt zu den Indios, um seinerseits das Nahuatl, die Sprache der besiegten Azteken, zu lernen. Dieses Bemühen war natürlich nicht frei von Eigennutz, denn die Kenntnis dieser Sprache erleichterte die Verbreitung des christlichen Glaubens. Nichtsdestoweniger ist hierin aber ein Hinweis auf eine neue Einstellung zu sehen. Denn weder Cortez noch Las Casas, ganz zu schweigen von den ersten Amerikareisenden, hatten sich die Mühe gemacht, eine der Indiosprachen vollständig zu erlernen. Was auch immer die wirklichen Motive Sahaguns gewesen sein mögen, zunächst einmal hatte er sich den anderen (der Sprache der anderen) unterworfen, anstatt seinerseits ihre Unterwerfung zu fordern.

Sahagun begnügte sich aber nicht mit dem Erlernen der Sprache; er begann gleichzeitig, sich mit der Kultur der Mexikaner vertraut zu machen. Er sammelte verschiedene Texte, rituelle Formeln, religiöse Lobgesänge, Berichte über die spanische Eroberung. Und als sein Superior ihn beauftragte, eine Art Beschreibung der aztekischen Kultur zu verfassen, die den mit der Bekehrung der Indios betrauten spanischen Geistlichen zur Information dienen sollte, konnte Sahagun seinen religiösen Eifer und leidenschaftlichen Erkenntnisdrang vereinen. Er entwarf ein monumentales, in seiner Form einzigartiges Werk, eine Art Enzyklopädie der aztekischen Kultur, mit dem Titel *Historia general de las cosas de Nueva Espagna**. Dieses Buch, das sowohl in der geistlichen als auch in der weltlichen Hierarchie auf Widerstand stieß, sollte erst im 19. Jahrhundert veröffentlicht werden.

Sahaguns Werk setzte von seinem Ansatz her eine im Christentum gut bekannte Tradition fort: das Studium der Religion, der Kultur und der Sitten heidnischer Völker, das letztlich dazu bestimmt war, ihre Bekehrung zum Christentum zu erleichtern. Neu war also nicht die Absicht, in

* Auszüge aus diesem Werk sind in deutscher Übersetzung unter dem Titel *»Sie suchen nach dem Gold wie die Schweine«. Die Eroberung Mexiko-Tenochtitlans aus indianischer Sicht* (hrsg. von K. Braun, Tübingen 1982) erschienen *(Anm. der Übers.)*.

der es verfaßt wurde, sondern die Ernsthaftigkeit, mit der sich Sahagun in diese Aufgabe vertiefte und die Qualität der von ihm geleisteten Arbeit. Zunächst als bloßes Mittel zum Zweck gedacht, wurde die Kenntnis der anderen nach und nach zum eigentlichen Ziel. Dies zeigt sich in Sahaguns Entscheidung, das Werk im Original nicht auf spanisch, sondern in der Nahuatl-Sprache zu verfassen, und eine spanische Übersetzung beizufügen. Dieses zweisprachige Buch hatte demnach auch zwei Adressaten: die spanischen Geistlichen, die die Bekehrung der Indios vorantreiben sollten, aber auch die gebildeten Mexikaner, die etwas über die Geschichte und die alten Bräuche ihres eigenen Landes erfahren wollten. Mit seiner Entscheidung nimmt Sahagun selbst unter jenen Geistlichen eine Sonderstellung ein, die sich, wie er, für die Kultur der Eingeborenen interessierten.

Das erste Problem, das er bei seiner Arbeit zu lösen hatte, war die Erstellung des Korpus. Zu diesem Zweck pendelte Sahagun zwischen »Feldstudien« und Auswertung des Materials hin und her. Bei einer ersten Beratung mit seinen Schülern konnte er einen Plan und eine Fragensammlung entwerfen. Diese legte er in der ersten Stadt, die er zum Zwecke seiner Forschungen aufsuchte, den besten Kennern der Indiotraditionen vor; zwei Jahre lang sammelte er Antworten, schrieb sie auf und übersetzte sie. Anschließend begab er sich an einen anderen Ort, um dort das Verfahren erneut anzuwenden. Er konsultierte andere Kenner der Materie, denen er die Ergebnisse der ersten Untersuchung vorlegte, er sammelte neue Antworten, schrieb neue Kommentare. Dies dauerte noch ein weiteres Jahr. Dann folgte die dritte Phase: Sahagun zog sich mit seinen besten Schülern zurück, sichtete das gesamte Material, ordnete es in zwölf Bände, fügte noch weitere, schon früher gesammelte Dokumente hinzu; schließlich fertigte er eine freie Übersetzung ins Spanische an und ließ das Manuskript illustrieren. Insgesamt benötigte Sahagun für diese Arbeit, von einigen Unterbrechungen abgesehen, vierzig Jahre. Das Resultat jedoch war, man kann es nicht anders sagen, außergewöhnlich.

Dennoch darf man sich nicht vorstellen, daß in diesem Werk die Indios von spanischem Denken unbeeinflußt zu Wort kamen. Mochte Sahagun sich noch so sehr für die Nahuatl-Kultur interessiert haben, so war seine Mentalität nichtsdestoweniger spanisch geblieben. Und wenn er auch die Worte seiner Informanten getreulich niedergeschrieben hat, so waren diese doch ausdrücklich an ihn, einen Spanier und Christen, gerichtet. Nun ist aber der Adressat einer Äußerung auch für ihren Inhalt verantwortlich (wenn auch in geringerem Maße als ihr Absender). Sahaguns Einflußnahme zeigt sich auf verschiedene Weise. So wandte er sich manchmal direkt an seine Informanten und beschwor sie, ihren Aberglauben aufzugeben; und manchmal an den Leser, um das Schicksal dieser irregeleiteten Völker zu beklagen. An anderer Stelle verglich er das aztekische Pantheon mit dem der Römer. Eigentlich war es also Sahagun, der die Gesamtstruktur des Werkes bestimmte (man schreitet vom höchsten zum niedrigsten, von der Welt der Götter bis zur Welt der Steine) ebenso wie den Aufbau der einzelnen Kapitel, in denen noch die von seinen Fragensammlungen stammende Gliederung erkennbar ist. Die *Historia general de la cosas de Nueva Espagna* ist in Wahrheit weder der spanischen noch der aztekischen Kultur zuzuordnen; sie ist eher das erste große Monument der mexikanischen Kultur, einer hybriden Kultur, die aus dem Zusammentreffen zweier Welten hervorgegangen ist.

Die gleiche Ambivalenz scheint auch dort durch, wo Sahagun die Welt der Azteken insgesamt beurteilt. So konnte er nicht übersehen, daß die Ankunft der Spanier entgegen der allgemeinen Annahme keine segensreichen, sondern eher negative Auswirkungen verursachte. Die Korruption, die Habgier und der Egoismus der Spanier hatten sich als ansteckend erwiesen. Die Indios, so meint er ähnlich wie Las Casas, hatten sich vor der Ankunft der Spanier durch eine größere Religiosität ausgezeichnet, auch wenn ihre Religion nicht die richtige war; doch mußte man »bessere« Religiosität nicht einer besseren Religion vorziehen? In Sahaguns Werk werden immer wieder zwei konträre Kräfte spürbar, die von zwei verschiedenen Notwendigkeiten herrühren: einerseits von der Christianisierung der Mexikaner und andererseits von der Feststellung, daß eine solche Bekehrung sie von Gott entferne anstatt sie ihm näherzubringen.

Sahaguns Urteile über die Eingeborenen enstanden auf der Grundlage des gleichen christlichen Universalismus wie bei Las Casas. »Sicher ist, daß alle diese Menschen unsere Brüder sind, die ebenso aus dem Stamm Adams hervorgegangen sind wie wir selbst; sie sind unsere Nächsten, die wir lieben sollen wie unseresgleichen.« Doch im Gegensatz zu Las Casas hinderte dieser Gegensatz Sahagun nicht daran, von jeglicher Idealisierung Abstand zu nehmen: Die Indios waren weder besser noch schlechter als die Spanier. Ihre Zugehörigkeit zu einer anderen Kultur hatte nicht automatisch ein moralisches Urteil zur Folge; das Gute und das Böse begegneten sich überall.

Es wäre ein Anachronismus, in Sahagun den ersten Ethnologen zu sehen, und zwar nicht nur aufgrund eines Proselytentums, sondern auch weil er niemals den Blick auf sich selbst richtete, weil er keine radikalen Vergleiche anstellte, d.h. den Vergleich zwischen sich und den anderen vermied. Doch gebührt Sahagun und allen anderen, die in Amerika oder anderswo Ähnliches versucht haben, der Verdienst, sich der Herausforderung gestellt zu haben, die in dieser phantastisch anmutenden Vervielfachung der Erdoberfläche durch die neuen Entdeckungen lag. Vor ihren Augen entfaltete sich eine den Europäern völlig unbekannte Welt, die aufgrund der Eroberung und der medizinischen wie auch kulturellen »Ansteckung« zum Untergang verurteilt war. Sahagun und seinesgleichen, die die ethnographischen Studien auf ein vorher ungekanntes Niveau führten, haben es ermöglicht, daß wir heute einen Blick auf das Angesicht dieser fremden Welt werfen können, daß wir als unvorhergesehene Beobachter an der bemerkenswertesten Begegnung zwischen Reisenden und Eingeborenen teilhaben können, die jemals in der Geschichte der Menschheit stattgefunden hat.

Literaturhinweise

(Die mit einem * gekennzeichneten Titel sind in der italienischen Originalausgabe nicht aufgeführt.)

Allgemeine Werke über die Epoche

Buck, A. (Hrsg.), *Zu Begriff und Problem der Renaissance,* Darmstadt 1969*

Burckhardt, J., *Die Kultur der Renaissance in Italien,* Stuttgart 1976[10]

Burke, P., *Die Renaissance in Italien,* Berlin 1984*

Chastel, A., *Der Mythos der Renaissance, 1420–1520,* Genf 1969*

Diwald, H., *Anspruch auf Mündigkeit, um 1400–1555,* Frankfurt/Berlin/Wien 1975 (Propyläen Geschichte Europas)*

Dülmen, R. v., *Die Entstehung des frühneuzeitlichen Europa 1550–1648,* Frankfurt 1982 (Fischer Weltgeschichte Bd. 24)*

Engel, J. (Hrsg.), Die Entstehung des neuzeitlichen Europa, *Handbuch der europäischen Geschichte,* hrsg. v. Th. Schieder, Bd. 3, Stuttgart 1971*

Garin, E., Die Kultur der Renaissance, in: G. Mann (Hrsg.), *Propyläen Weltgeschichte,* Bd. VI., Berlin/Frankfurt/Wien 1964, S. 431–534*

Hassinger, E., Das Werden des neuzeitlichen Europas 1300–1600, in: Ritter, G. (Hrsg.), *Geschichte der Neuzeit,* Braunschweig 1964[2]*

Hay, D., *Die Renaissance,* München/Zürich 1968

Heller, A., *Der Mensch der Renaissance,* Köln 1982

Huizinga, J., *Herbst des Mittelalters,* Stuttgart 1975[11]

Kristeller, P. O., *Humanismus und Renaissance,* 2 Bde, München 1974–76*

Lutz, H., *Reformation und Gegenreformation,* München/Wien 1979*

Lutz, H., Mann, G., Roots u. a., Von der Reformation zur Revolution, in: G. Mann (Hrsg), *Propyläen Weltgeschichte,* Berlin/Frankfurt/Wien 1964*

Martin, A. v., *Soziologie der Renaissance,* München 1974[3]

Meuthen, E., *Das 15. Jahrhundert,* München/Wien 1984*

Rachum, I., *Enzyklopädie der Renaissance,* Frankfurt 1988*

Romano, R., Tenenti, A., *Die Grundlegung der modernen Welt, Spätmittelalter, Renaissance, Reformation,* Frankfurt 1967 (Fischer Weltgeschichte Bd. 12)*

Zeeden, E., *Hegemonialkriege und Glaubenskämpfe 1556–1648,* Frankfurt/Berlin/Wien 1977 (Propyläen Geschichte Europas)*

Der Fürst

Allgemein

The Cambridge Medieval History, vol. VIII, The Close of the Middle Ages, Cambridge 1936.

The New Cambridge Modern History, vol. I, The Renaissance, Cambridge 1961

Europa

Hale, J.R., *Renaissance Europe,* London 1971 (dt. *Fürsten, Künstler, Humanisten: Renaissance, Anbruch der Neuzeit,* Reinbek b.H. 1973)

Hay, D., *Europe in the Fourteenth and Fifteenth Centuries,* London 1966 (dt. *Die Renaissance,* München/Zürich 1968)

Hofmann, H.H. (Hrsg.), *Die Entstehung des modernen souveränen Staates,* Köln/Berlin 1967*

Koenigsberger, H.G., Mosse, G.D. , *Europe in the Sixteenth Century,* London 1968

Mattingly, G., *Renaissance Diplomacy,* London 1965

Shennan, J.H., *The Origins of the Modern European State,* London 1974

Italien

Hay, D., Law, J.E., *Italy in the Age of the Renaissance* (in Vorbereitung)

Law, J.E., *The Lords of Renaissance Italy,* London 1981

Pieri, P., *Il Rinascimento e la Crisi Militare Italiana,* Turin 1952

England und Heinrich VII.

Anglo, S., Ill of the dead. The posthumous reputation of Henry VII, in: *Renaissance Studies,* vol. I, 1967

Griffiths, R.A., 1485 and all that: Where are we now?, in: *History and Archeology Review,* Nr. 1, 1986

Der Condottiere

Ancona, C., Milizie e condottieri, in: *Storia d'italia di einaudi,* vol V.I. Turin 1952, S. 641–665

Bayley, C. C., *War and Society in Renaissance Florence. The »De Militia« of Leonardo Bruni,* Toronto 1961
Bueno de Mesquita, D. M., Some condottieri of the Trecento, in: *Proceeding of the British Academy,* XXXII, 1946, S. 219–241
Canestrini, G., Documenti per servire alla storia della milizia italiana dal secolo XIII al XVI, in: *Archivo storico italiano,* XV, 1851
Cardini, F., *Quellàntica festa crudele. Guerra e culture della guerra dall'età feudale alla grande revoluzione,* Florenz 1982
Del Treppo, M., Gli aspetti organizzativi, economi e sociali di una compagnia di ventura italiana, *Rivista storica italiana,* LXXX, 1973, S. 253–275
Delbrück, H., *Geschichte der Kriegskunst im Rahmen der politischen Geschichte,* Bd. 3 und 4, Berlin 1907/1920*
Hale, J. R., *War and Society in Renaissance Europe (1450–1620),* London 1985
Howard, M., *Der Krieg in der europäischen Geschichte,* München 1981*
Lanza Tomasi, G., *Il Ritratto del Condottiero,* Turin 1967
Mallett, M. E., *Mercenaries and their Masters; Warefare in Renaissance Italy,* London 1974
Mallett, M., Hale, J. R., *The Military Organisation of a Renaissance State: Venice, c. 1400–1617,* Cambridge 1984
Parker, G., *The Miltary Revolution, Military Innovation and the Rise of the West, 1500–1800,* Cambridge 1988 (erscheint in Kürze in dt. Übersetzung im Campus Verlag)*
Pieri, P., *Il Rinascimento e la crisi militare italiana,* Turin 1952
Puddu, R., *Eserciti e monarchie nazionali nei secoli XV e XVI,* Florenz 1975
Ricotti, E., *Storia delle compagnie di ventura in Italia,* Turin 1844
Taylor, F. L., *The Art of War in Italy 1494–1529,* Cambridge 1921
Waley, D. P., Condotte and condottieri in the thirteenth century, in: *Proceeding of the British Academy,* LXI, 1975, S. 337–371
Zorzi, G., Un Vicentino alla corte di Paolo II. Chirighino Chiericat e il suo trattatello della milizia, *Nuovo archivo veneto,* ns. XXX, 1915, S. 369–444

Der Kardinal

Alberigo, G., *Cardinalatao e collegialità. Studi sull'ecclesiologia tra l'XI e il XIV secolo,* Florenz 1969
Antonovics, A. V., Counter-Reformation Cardinals, 1534–90, in: *European Studies Review,* II, 1972, S. 301–27
Baumgarten, P. M., *Von den Kardinälen des 16. Jahrhunderts,* Krumbach 1926
Chambers, D. S., The Economic Predicament of Renaissance Cardinals, in: *Studies in Medieval and Renaissance History,* III, 1966, S. 289–313

– The Housing Problems of Cardinal Francesco Gonzaga, in: *Journal of the Warburg and Courtauld Institutes,* XXXIX, 1976, S. 21–58

D'Amico, J. F., *Renaissance Humanism in Papal Rome, Humanists and Churchmen on the Eve of Reformation,* Baltimore/London 1983

Delumeau, J., *Vie économique et sociale de Rome dans la seconde moitié du XVIe siècle,* Paris 1957

Dionisotti, C., Chierici e laici, in: *Geografica e storia della letteratura italiana,* Turin 1967, S. 47–73

Feine, H. E., *Kirchliche Rechtsgeschichte,* Köln 1972[5]*

Fürst, C. G., *Cardinalis. Prolegomena zu einer Rechtsgeschichte des römischen Kardinalskollegiums,* München 1967*

Gardi, A., La fiscalità pontificia tra medioevo ed età moderna, in: *Società e storia,* Nr. 33, 1986, S. 509–557

Gatz, E. (Hrsg.), *Römische Kurie, Kirchliche Finanzen, Vatikanisches Archiv. Studien zu Ehren H. Hoberg,* 2 Bde., Rom 1979*

Girgensohn, D., Wie wird man Kardinal? Kuriale und außerkuriale Karrieren an der Wende des 14. zum 15. Jahrhundert, in: *Quellen und Forschungen aus italienischen Archiven und Bibliotheken,* 57, 1977, S. 138–162*

Hay, D., *La Chiesa nell'Italia rinascimentale,* Rom/Bari 1979

– The Renaissance Cardinals: Church, State, Culture, in: *Synthesis,* III, 1976, S. 35–46

Hofmann, W. v., *Forschungen zur Geschichte der kurialen Behörden vom Schisma bis zur Reformation,* 2 Bde., Rom 1914*

Hurtubise, P., La »table« d'un cardinal de la Renaissance, in: *Mélanges de l'école francaise de Roma. Moyen age-Temps modernes,* XCII, 1980, S. 249–282

Jedin, H. (Hrsg.), *Handbuch der Kirchengeschichte,* III/2, Freiburg/Basel/Wien 1968*

– Proposte di riforma del collegio cardinalizio, in: *Chiesa della fede Chiesa della storia,* Brescia 1972, S. 156–192

McClung Hallman, B., *Italian Cardinals. Reform and the Church as Property 1492–1563,* Berkeley/Los Angeles/London 1985

Mozzarelli, C. (Hrsg.), *»Familia« del principe e famiglia aristocratica,* Rom 1988

Partner, P., Papal Financial Policy and the Counter-Reformation, in: *Past and Present,* Nr. 80, 1980, S. 17–62

Pastor, L. v., *Geschichte der Päpste seit Ausgang des Mittelalters,* 16 Bde., Freiburg 1886–1933*

Prodi, P., *Il sovrano pontefice. Un corpo e due anime: la monarchia papale nella prima età moderna,* Bologna 1982

Prosperi, A., »Dominus beneficiorum«: il conferimento die benefici ecclesiastici tra prassi curiale e ragione politiche negli Stati italiani tra '400 e '500, in: P. Prodi, P. Johanek (Hrsg.). *Strutture ecclesiastiche in Italia e in Germania prima della Riforma,* Bologna 1984

Ranke, L. v., *Die römischen Päpste in den letzten vier Jahrhunderten,* Neuausgabe Stuttgart 1953*

Reinhard, W., Nepotismus. Der Funktionswandel einer papstgeschichtlichen Konstanten, in: *Zeitschrift für Kirchengeschichte,* LXXXVI, 1972, S. 145–185

– Struttura e significato del Sacro Collegio tra la fine del XV e l' inizio del XVI secolo, in: *Città italiana del '500 tra Riforma e Contrariforma,* Lucca 1988, S. 257–265

Rosa, M., La »scarsella de Nostro Signore«: aspetti della fiscalità sprituale pontificia nell'età moderna, *Società e storia,* Nr. 38, 1987, S. 817–845

Schimmelpfennig, B., *Das Papsttum. Grundzüge seiner Geschichte von der Antike bis zur Renaissance,* Darmstadt 1984*

– Der Ämterhandel an der römischen Kurie von Pius II. bis zum Sacco die Roma (1458–1527), in: I. Mieck (Hrsg.), *Ämterhandel im Spätmittelalter und 16. Jahrhundert,* Berlin 1985*

Seppelt, F. X., Schwaiger, G., *Geschichte der Päpste von den Anfängen bis zur Mitte des 20. Jahrhunderts,* Bd. 4 und 5, München 1957/59*

Soldi Rondinini, G., *Per la storia del cardinalato nel secolo XV,* Istituo lombardo di scienze e lettere, Mailand 1973

Thomson, J. A. F., *Popes and Princes 1417–1517. Politics and Polity in Late Medieval Church,* London 1980

Der Höfling

Barberis, W., Uomini di corte nel '500, in: *Storia d'Italia, Annali,* 4, Turin 1981

Boucher, J., *La cour de Henri III,* La-Guerche-de-Bretagne 1986

Buck, A. (Hrsg.), *Europäische Hofkultur im 16. und 17. Jahrhundert,* Wolfenbüttel 1981

Cartellieri, O., *Am Hofe der Herzöge von Burgund,* 1926

Castiglione, B., *Das Buch vom Hofmann,* München 1986 (ital. Original 1528)*

Dickens, A. G. (Hrsg.), *The Courts of Europe,* London 1977 (dt. *Europas Fürstenhöfe. Herscher, Politiker und Mäzene 1400–1800,* Graz/Wien/Köln 1978)

Elias, N., *Die höfische Gesellschaft,* Neuwied 1969

Evans, R., *Rudolph II and his World,* Oxford 1973 (dt. *Rudolf II.: Ohnmacht und Einsamkeit,* Graz/Wien/Köln 1980)

Geertz, C., *Negara: the Theatre State in Nineteenth-Century Bali,* Princeton 1981 (dt. *Dichte Beschreibung. Beiträge zum Verstehen kultureller Systeme,* Frankfurt 1983)

Green, R. F., *Poets and Princepleasers,* Toronto 1980

Greenblatt, S., *Sir Walter Raleigh,* New Haven 1973

– *Renaissance Self-Fashioning from More to Shakespeare,* Chicago 1980

Gundersheimer, W., *Ferrara: the Style of a Renaissance Despotism*, o.O. 1973
Hanning, R.W., Rosand D. (Hrsg.), *Castiglione*, New Haven 1983
Huizinga, J., *Herfstij der Middeleeuwen*, Haarlem 1919 (dt. *Herbst des Mittelalters. Studien über Lebens- und Geistesformen des 14. und 15. Jahrhunderts in Frankreich und in den Niederlanden*, Stuttgart 1952)
Jaeger, C.S., *The Origins of Courtliness*, Philadelphia 1985
Javitch, D., *Poetry and Courtliness in Renaissance England*, Princeton 1978
Kelso, R., *The Doctrine of the English Gentleman*, Urbana 1929
– *Doctrine for the Lady of the Renaissance*, Urbana 1956
Kiesel, H., *Bei Hof, bei Höll*, Tübingen 1979
Kipling, G., *The triumph of honour*, Leiden 1977
Knecht, R., *Francis I.*, Cambridge 1982
Levey, M., *Painting at court*, London 1971
Lewalski, K.F., Sigismund I. of Poland: Renaissance King and Patron, *Studies in the Renaissance*, 14, 1967
Loades, D., *The Tudor Court*, London 1986 (dt. *Maria Tudor. 1516–1558. England unter Maria der Katholischen*, München 1982)
Lytle, G., Orgel, S. (Hrsg.), *Patronage in the Renaissance*, Princeton 1981
Ossola, C. (Hrsg.), *La corte e il cortegiano*, Rom 1980
Pfandl, L., *Philipp II.*, München 1938
Quondam, A. (Hrsg.), *Le corti farnesiane*, Rom 1978
Rebhorn, W.A., *Courtly Performances*, Detroit 1978
Smith, P.M., *The Anti-Courtier Trend in 16th-Century French Literature*, Genf 1966
Solnon, J.-F., *La cour de France*, Paris 1987
Starkey, D., *The English Court*, London 1987
Stevens, J., *Music and Poetry in the Early Tudor Court*, Cambridge 1960
Tenenti, A., La corte nella storia dell'Europa moderna (1400–1700), in: Quondam, A. (Hrsg.), *Le corte farnesiane*, Rom 1978
Uhlig, C., *Hofkritik in England*, o.O. 1973
Vasoli, C., *La cultura delle corti*, o.O. 1980
Warnke, M., *Hofkünstler*, Köln 1985

Der Philosoph und Magier

Buck, A., *Der Humanismus*, Wolfenbüttel 1988*
Burdach, K., *Reformation, Renaissance, Humanismus*, Berlin/Leipzig 1926²*
Cassirer, E., *Individuum und Kosmos in der Philosophie der Renaissance*, Leipzig 1927
Dilthey, W., *Auffassung und Analyse des Menschen im 15. und 16. Jahrhundert*, (Ges. Schriften, Bd. 2) Stuttgart 1960⁶*

De Gandillac, M., La philosophie de la »Renaissance«, in: *Histoire de la Philosophie* (Encyclopédie de la Pléiade), vol. II, Paris 1973, S. 3–356
Flasch, K., *Das philosophische Denken im Mittelalter*, Stuttgart 1986*
Gadol, J., *Leon Battista Alberti: Universal Man of the Early Renaissance*, Chicago 1969
– Universal Man, in: *Dictionary of the History of Ideas*, hrsg. v. Philip P. Wiener, vol. IV, New York 1973, S. 437–43
Garin, E., *L'umanesimo. Filosofia e vita civile nel Rinaseimento*, Rom 1984*
Gerl, H.-B., *Einführung in die Philosophie der Renaissance, Darmstadt 1989**
Heller, A., A Reneszansz Ember, Budapest 1967 (dt. *Der Mensch der Renaissance*, Köln 1982)
Koyré, A., *Mystiques, spirituels, alchimistes du XVI siècle allemand*, Paris 1971
Kristeller, P. O., *The Philosophy of Marsilio Ficino*, New York 1943 (dt. *Die Philosophie des Marsilio Ficino*, Frankfurt 1972)
Nauert, Jr., Ch. G., *Agrippa and the Crisis of Renaissance Thought*, Urbana 1965
Pagel, W., *Paracelsus. An introduction to Philosophical Medicine in the Era of the Renaissance*, Basel/New York 1982[2]
Rossi, P., *Francesco Bacone. Dalla magia alla scienza*, Turin 1978
Shumaker, W., *The Occult Sciences in the Renaissance. A Study in Intellectual Patterns*, Berkeley/Los Angeles 1972
Suchodolski, B., *Anthropologie philosophique de la Renaissance*, Wroclaw 1976
Vasari, G., *Leben der ausgezeichneten Maler, Bildhauer und Baumeister*, deutsche Ausgabe von L. Schorn u. E. Förster, Stuttgart/Tübingen 1832–1849 (Neuauflage hrsg. v. J. Kliemann, Worms 1983)*
Yates, F. A., *Giordano Bruno and the Hermetic Tradition*, London 1964
Wind, E., *Pagan Mysteries in the Renaissance*, Oxford 1980[3] (dt. *Heidnische Mysterien in der Renaissance*, Frankfurt 1981)

Der Kaufmann und der Bankier

Bec, Ch., *Les marchands écrivains à Florence 1375–1434*, Paris/Den Haag 1967*
Branca, V. (Hrsg.), *Mercandi scrittori. Ricordi nella Firenze tra Medioevo e Rinascimento*, Mailand 1986*
Braudel, F., *Sozialgeschichte des 15. bis 18. Jahrhunderts*. Bd. 2: *Der Handel*, München 1986*
Cipolla/Borchardt (Hrsg.), *Europäische Wirtschaftsgeschichte*, Bd. 1 und 2, Stuttgart 1979*
Dollinger, Ph., *Die Hanse*, Stuttgart 1976*
Ehrenberg, R., *Das Zeitalter der Fugger, Geldkapital und Kreditverkehr im 16. Jahrhundert*, 2 Bde, Jena 1896*

Gurjewitsch, A.J., Der Kaufmann, in: J. Le Goff, *Der Mensch des Mittelalters,* Frankfurt 1989*
Kellenbenz, H., Europäische Wirtschafts- und Sozialgeschichte vom ausgehenden Mittelalter bis zur Mitte des 17. Jahrhunderts, *Handbuch der europäischen Wirtschafts- und Sozialgeschichte,* Bd. 3, Stuttgart 1986*
Le Goff, J., *Kaufleute und Bankiers im Mittelalter,* Frankfurt 1989*
Miskimin, H.A., *The Economy of Later Renaissance Europe 1460–1600,* Cambridge 1977*
Origo, I., *Im Namen Gottes und des Geschäfts,* München 1985*
Pirenne, H., *Wirtschafts- und Sozialgeschichte Europas im Mittelalter,* Bern 1976⁴*
Pölnitz, G. v., *Die Fugger,* Tübingen 1970³*
Postan, M.M., *Medival Trade and Finance,* Cambridge 1973*
Roover, R., *The Rise and Decline of the Medici Bank (1397–1494),* Cambridge (Mass.) 1963*
– *Business, Banking and Economic Thoughts in Late Medieval and Early Modern Europe,* Chicago/London 1974*
Sombart, W., *Der moderne Kapitalismus,* 3 Bde., Berlin 1927–28*
Stromer, W. v., *Oberdeutsche Hochfinanz 1350–1450,* Bd. 1–3, Wiesbaden 1970*
The Cambridge Economic History of Europe, Bd. 3–5, Cambridge 1952–1977*

Der Künstler

Baxandall, M., *Giotto and the orators, humanist oberservers of painting in Italy and the discovery of pictorial composition,* Oxford 1971
– *Die Wirklichkeit der Bilder. Malerei und Erfahrung im Italien des 15. Jahrhunderts,* Frankfurt 1988*
Camesasca, E., *Artisti in bottega,* Mailand 1966
Castelnuovo, E., *Das Künstlerische Portrait in der Gesellschaft,* Berlin 1988*
Chambers, D.S., *Patrons and artists in the Italian Renaissance,* London 1970
Chastel, A., *Chronique de la peinture italienne 1280–1580,* Fribourg 1983 (dt. *Chronik der italienischen Renaissancemalerei 1280–1580,* Würzburg 1984)
– *Die Kunst Italiens,* München 1987*
Gaye, G., *Carteggio inedito d'artisti dei sec. 14–16,* trois volumes, Florenz 1839–1840
Gilbert, G., *Italian Art 1400–1500,* Princeton Hall 1980
Gombrich, E.H., *The heritage of Apelles. Studies in the art of the Renaissance,* London 1976 (dt. *Zur Kunst der Renaissance;* 3 Bde., Stuttgart 1985–87)
Grotz, L., *Hier bin ich ein Herr, Dürer in Venedig,* München 1956
Italienische Kunst. Eine neue Sicht auf ihre Geschichte, Berlin 1988*
Klein, R., Zerner. H., *Italian Art 1500–1600,* Princeton Hall 1966

Jestaz, B., *Die Kunst der Renaissance,* Freiburg/Basel/Wien 1985*
Lecoq, A. M., Georgel, P., *La peinture dans la peinture,* Paris 1987[2]
Panofsky, E., *Die Renaissancen der europäischen Kunst,* Frankfurt 1984[2]*
Prinz, W., Beyer, A. (Hrsg.), *Die Kunst und das Studium der Natur vom 14. bis zum 16. Jahrhundert,* Weinheim 1987*
Storia dell'arte italiana. 1. Bd.: *Materiali e problemi;* 2. Bd.: *L'artista e il pubblico,* Turin 1979; darin: Burke, P., *L'artista: momenti e aspetti;* Conti, A., *L'evoluzione dell'artista*
Wackernagel, M., *Der Lebensraum des Künstlers in der florentinischen Renaissance,* Leipzig 1938

Die Frau

Bainton, R., *Women of the Reformation in Germany and Italy,* Minneapolis 1971*
– *Women of the Reformation in France and England,* Minneapolis 1973*
Bellonci, M., *Lucrezia Borgia,* Mailand 1974*
Brown, J. C., *Schändliche Leidenschaften. Das Leben einer lesbischen Nonne in Italien zur Zeit der Renaissance,* Stuttgart 1988*
Brucker, G., *Giovanni und Lusanna. Die Geschichte einer Liebe im Florenz der Renaissance,* Reinbek 1988*
Davis, N. Z., *Frauen und Gesellschaft am Beginn der Neuzeit,* Berlin 1986*
De Matteis, M. C. (Hrsg.), *Idee sulla donna nel Medioevo. Fonti e aspetti giuridici, antropologici, religiosi, sociali, e letterari della condizione femminile,* Bologna 1981*
Ennen, E., *Frauen im Mittelalter,* München 1984*
Goody, J., *Die Entwicklung der Ehe und Familie in Europa,* Frankfurt 1989*
Heritier, J., *Katharina von Medici,* München 1984*
Herlihy, D., *Medieval Households,* Cambridge (Mass.) 1985*
Hexen und Hexenprozesse, hrsg. v. W. Behringer, München 1988*
Hexenwelten, Magie und Imagination, hrsg. v. R. v. Dülmen, Frankfurt 1987*
Historie de la famille, hrsg. v. A. Burgière, Chr. Klapisch-Zuber, M. Segalen, Fr. Zonabend, Paris 1986*
Hunt, D., *Parents and Children in History. The Psychology of Family Life in Early France,* New York/London 1974*
Köhler, M., *Maria Ward. Ein Frauenschicksal des 17. Jahrhunderts,* München 1984*
Mitterauer, M., *Ledige Mütter. Zur Geschichte illegitimer Geburten in Europa,* München 1983*
–, Sieder, R., *Vom Patriarchat zur Partnerschaft. Zum Strukturwandel der Familie,* München 1977*

Pernoud, R., *Jeanne d'Arc, Zeugnisse und Selbstzeugnisse*, Freiburg/Basel/Wien 1965*
– *Christine de Pizan*, München 1990*
Power, E., *Medieval Women*, hrsg. v. M. M. Postan, Cambridge 1975*
Renzi, P., Vetere, B. (Hrsg.), *Profili di donne, mito, immagine, realtà fra medievo ed età contemporanea*, Galatina 1986*
Rossiaud, J., Dame Venus, *Prostitution im Mittelalter*, München 1989*
Sozialgeschichte der Famile in der Neuzeit Europas, hrsg. v. W. Conze, Stuttgart 1976*
Stone, L., *The Family, Sex and Marriage in England 1500–1800*, London 1977*
Williams, N., *Elisabeth I.*, München 1978*

Der Reisende und der Eingeborene

Atkinson, G., *Les Nouveaux Horizons de la Renaissance francaise*, Paris 1935
Bataillon, M., *Etudes sur Bartolomé de Las Casas*, Paris 1935
Baudet, H., Paradise on Earth, *Some Thoughts on European Images of Non-European Man*, New Haven 1965
Chaunu, P., *Conquete et exploitation des nouveaux mondes*, Paris 1969
Chiappelli, F. (Hrsg.), *First Images of America*. Berkeley/Los Angeles/London. 1976.
Cline, H. F. (Hrsg.), *Guide to Ethnohistorical Studies (Handbook of the Middle American Indians*, Bd. 12–15), Austin 1972–75
Degenhard, U., *Entdeckungs- und Forschungsreisen im Spiegel alter Bücher*, Stuttgart 1987*
Edmondson, M. S. (Hrsg.), *Sixteenth-century Mexico, The Work of Sahagun*, Albuquerque 1974
Elliott, J. H., *The Old World and the New, 1492–1650*, Cambridge 1970
Frederici, G., *Der Charakter der Entdeckung Amerikas durch die Europäer*, 3 Bde., Stuttgart/Gotha 1925/36*
Friede, J., Keen, B. (Hrsg.), *Bartolemé de Las Casas in History*, Dekalb 1971
Gerbi, A., *La naturaleza de las Indias Nievas*, Mexico 1978
Gibson, Ch., *Spain in America*, New York 1966
Hanke, L., *Aristotle and the American Indian*, Bloomington/London 1959
Heers, J., *Christophe Colomb*, Paris 1981
Henze, D., *Enzyklopädie der Entdecker und Erforscher der Erde*, Graz 1975 ff*
Kaiser, K. (Hrsg.), *Die berühmten Entdecker und Erforscher der Erde*, Köln 1965*
Julien, Ch.-A., *Les Voyages de découverte et les premiers établissements (XV–XVI s.)*, Paris 1948
Keen, B., *The Aztec Image in Western Thought*, New Brunswick 1971

Konetzke, R., *Entdecker und Eroberer Amerikas,* Frankfurt 1963*
Levillier, R., *America la Bien Llamada*, Buenos Aires 1948
Magnaghi, A., *Amerigo Vespucci, studio critico*, Rom 1926
Mahn-Lot, M., *Bartolomé de Las Casas et le droit des Indiens,* Paris 1982
O'Gorman, E., *La Idea del descubrimiento de America,* Mexico 1951
Parry, J. H., *Zeitalter der Entdeckung,* Zürich 1963*
Rein, A., *Die europäische Ausbreitung über die Erde,* Potsdam 1931*
Salentiny, F., *Das Lexikon der Seefahrer und Entdecker,* Frankfurt 1977*
Schmitt, E. (Hrsg.), *Dokumente zur Geschichte der europäischen Expansion,* München 1986 ff*
Schmitz, S., *Große Entdecker und Forschungsreisende,* Düsseldorf 1983*
Wolf, E. R., *Die Völker ohne Geschichte. Europa und die andere Welt seit 1400,* Frankfurt 1986*
Zavala, S., *L'Amérique latine, philosophie de la conquete,* Paris/La Haye 1977

Autorinnen und Autoren

Eugenio Garin (geb. 1919) ist emeritierter Professor der Scuola Normale Superiore in Pisa. Zu seinen Arbeiten über die Renaissance gehören: *Der italienische Humanismus* (dt. von Giuseppe Zamboni. Bern 1947); *Medioevo e Rinascimento* (Rom/Bari 1987²); *Scienza e vita civile nel Rinascimento italiano* (Rom/Bari 1985⁵); *Astrology in the Renaissance: The Zodiac of Life* (engl. von Carolyn Jackson und June Allen. London 1983); *Il ritorno dei filosofi antichi* (Neapel 1983); *La cultura del Rinascimento* (Mailand 1988); *Weltkulturen. Renaissance in Europa* (Frankfurt/Berlin/Wien 1976 = Propyläen-Weltgeschichte, Bd. 6, 2. Halbband).

John Law wurde 1945 in Kilmarnock (Schottland) geboren. Er unterrichtet seit 1971 Mittelalterliche Geschichte am Universitäts-College Swansea (Universität Wales). Er ist Mitglied der Royal Historical Society, korrespondierendes Mitglied des Venetischen Verbandes für Heimatgeschichte und stellvertretender Chefredakteur der Zeitschrift »Renaissance Studies« (Oxford University Press). In Zusammenarbeit mit Denis Hay verfaßte er den Band *Italy in the Age of the Renaissance, 1380–1530* (London u. a. 1989 = Longman History of Italy, Bd. 3).

Michael Mallett, geb. 1932, ist Dozent für Geschichte an der Universität Warwick. Er veröffentlichte u. a.: *The Florentine Galleys in the Fifteenth Century* (Oxford 1967); *The Borgias: The Rise and Decline of a Renaissance Dynasty* (London 1969); *Mercenaries and their Masters: Welfare in Renaissance Italy* (London 1974); *The Military Organization of a Renaissance State: Venice, c. 1400–1617* (in Zusammenarbeit mit J. R. Hale. Cambridge 1984).

Massimo Firpo, geb. 1946 in Turin, ist Ordinarius für Moderne Geschichte an der Fakultät für Politische Wissenschaften der Universität Cagliari (Sardinien). Veröffentlichungen: *Pietro Bizzarri esule italiano del Cinquecento* (Turin 1971); *Antitrinitari nell'Europa orientale del '500* (Florenz 1977); *Il problema della tolleranza religiosa nell' età moderna. Dalla riforma protestante a Locke* (Turin 1978).

Peter Burke (geb. 1937), Professor für Geschichte an der Universität Cambridge, ist Fellow des Emmanuel College in Cambridge. In deutscher Sprache liegen u. a. vor: *Helden, Schurken und Narren: Europäische Volkskultur in der frühen Neuzeit* (hrsg. und mit einem Vorwort von Rudolf Schenda; übers. von Susanne Schenda. Stuttgart 1981); *Die Renaissance in Italien: Sozialgeschichte einer Kultur zwischen Tradition und Erfindung* (übers. von Reinhard Kaiser. Berlin 1984 u. Frankfurt/Olten/Wien 1988); *Städtische Kultur in Italien zwischen Hochrenaissance und Barock: Eine historische Anthropologie* (übers. von Wolfgang Kaiser. Berlin 1986).

Alberto Tenenti wurde 1924 in Viareggio geboren. Er ist korrespondierendes Mitglied der British Academy (seit 1981) sowie des Istituto Veneto di Scienze, Lettere e Arti. Er unterrichtet Sozialgeschichte der europäischen Kulturen an der Ecole des Hautes Etudes en Sciences Sociales. An Veröffentlichungen liegen u. a. vor: *La vie et la mort à travers l'art du XVe siècle* (Paris 1952 u. 1983); *Il senso della morte e l'amore della vita nel Rinascimento: Francia e Italia* (Turin 1957); *Venezia e i corsari, 1580–1615 (Bari 1961); La formazione del mondo moderno: XIV–XVII secc.* (Bologna 1987); *Die Grundlegung der modernen Welt: Spätmittelalter. Renaissance. Reformation* (in Zusammenarbeit mit Romano Ruggiero. Frankfurt/Main 1982 = Fischer Weltgeschichte, Bd. 12).

André Chastel (geb. 1912 in Paris) ist einer der hervorragendsten Kenner der italienischen Kulturgeschichte. Er ist Studienleiter an der IV. Sektion der Ecole des Hautes Etudes en Sciences Sociales und Professor am Collège de France. Zu den von ihm verfaßten grundlegenden Werken über die Renaissance und die italienische Kunst gehören: *Art et humanisme à Florence au temps de Laurent le Magnifique* (Paris 1959); *Italienische Renaissance: Die Ausbildung der großen Kulturzentren in der Zeit von 1460–1500* (übers. von Franz Graf von Otting. München 1965); *Le grand Atelier d'Italie. 1460–1500* (Paris 1965); *Die Kunst Italiens* (Bd. 1 übers. von Erna Melchers; Bd. 2 übers. von Herma Buse. Darmstadt 1961 u. 1962 sowie München 1987); *Die Ausdrucksformen der Künste in der Zeit von 1460–1500* (übers. von Franz Graf von Otting. München 1975); *Die Krise der Renaissance. 1520–1600* (übers. von Renate Böschenstein-Schäfer. Genf 1968); *Der Mythos der Renaissance. 1420–1520* (übers. von Knud Lambrecht. Genf 1969); *Chronik der italienischen Renaissancemalerei 1280–1580* (übers. von Guido Meister. Würzburg 1984); *Louis d'Aragon: un voyageur princier dans l'Europe de la Renaissance* (Paris 1986); *L'art italien* (Neue Ausg. Paris 1987).

Margaret L. King, geb. 1947 in New York, unterrichtet Geschichte am Brooklyn College (New York City) und nimmt am »Graduate Program in History« der City University in New York teil. Veröffentlichungen u. a.: *Her Immaculate Hand: Selected Works by and about the Women Humanists of Quattrocento Italy* (Binghamton, New York 1983); *Venetian Humanism in an Age of Patrician Dominance* (Princeton, New Jersey 1986).

Tzvetan Todorov, geb. 1939 in Sofia (Bulgarien), lebt in Frankreich. Er beschäftigt sich mit Literaturtheorie, Ideengeschichte und Kulturanalyse. Zu seinen Veröffentlichungen gehören: *Mikhail Bakhtine, le principe dialogique* (Paris 1981); *Die Eroberung Amerikas: Das Problem des anderen* (übers. von Wilfried Böhringer, Frankfurt 1985); *Frêle bonheur, essai sur Rousseau* (Paris 1985).